MW01114382

sociología
y
política

LA POLÍTICA EXTERIOR DE MÉXICO: METAS Y OBSTÁCULOS

coordinado por

GUADALUPE GONZÁLEZ G.

OLGA PELLICER

textos de

OLGA PELLICER * LEONARDO CURZIO
GENARO LOZANO * ALEJANDRO ANAYA MUÑOZ
CARLOS HEREDIA ZUBIETA * LUIS HERRERA-LASSO M.
RAÚL BENÍTEZ MANAUT * DANIELA GONZÁLEZ IZA
PAOLA IZA MARTÍNEZ * JESÚS VELASCO
LUZ MARÍA DE LA MORA * JOSÉ LUIS LEÓN MANRÍQUEZ
ALEJANDRO GONZÁLEZ MORGADO * LORENA RUANO
STÉPHAN SBERRO * MAURICIO DE MARIA Y CAMPOS
MARCO A. ALCÁZAR * SERGIO SILVA CASTAÑEDA
HERNÁN F. GÓMEZ BRUERA * GUADALUPE GONZÁLEZ G.
RAFAEL FERNÁNDEZ DE CASTRO * NADJELI BABINET
JUAN EIBENSCHUTZ * ROLANDO ALMADA REYES COURET
MIGUEL MOLINA * ROGELIO GRANGUILLHOME
JOSÉ OCTAVIO TRIPP

siglo
veintiuno
editores

 grupo editorial
siglo veintiuno

siglo xxi editores, méxico
CERRO DEL AGUA 248, ROMERO DE TERREROS,
04310 MÉXICO, DF
www.sigloxxieditores.com.mx

siglo xxi editores, argentina
GUATEMALA 4824, C 1425 BUP
BUENOS AIRES, ARGENTINA
www.sigloxxieditores.com.ar

salto de página
ALMAGRO 38, 28010
MADRID, ESPAÑA
www.saltodepagina.com

biblioteca nueva
ALMAGRO 38, 28010
MADRID, ESPAÑA
www.bibliotecanueva.es

anthropos
DIPUTACIÓN 266, BAJOS,
08007 BARCELONA, ESPAÑA
www.anthropos-editorial.com

F1228
P45
2013   *La política exterior de México : metas y obstáculos /* coordinado por
        Guadalupe González González, Olga Pellicer ; textos de Olga Pellicer, *et al.*
        — México : Siglo XXI Editores, 2013.
     445 p. — (Sociología y política)

        ISBN-13: 978-607-03-0516-0

        1. México – Relaciones exteriores. 2. México – Relaciones exteriores –
        Estados Unidos. 3. México – Relaciones exteriores – América Latina.
        I. González González, Guadalupe, autor, editor. II. Pellicer, Olga, autor,
        editor. III. t. IV. Ser.

primera edición, 2013

© siglo xxi editores, s.a. de c.v.
en coedición con el instituto tecnológico
   autónomo de méxico, itam

isbn 978-607-03-0516-0

PRESENTACIÓN

La política exterior de México: metas y obstáculos es el tercer libro que sale a la luz como resultado de un esfuerzo colectivo de reflexión y análisis sobre el futuro de las relaciones internacionales de México al que, Coppan 2050, un espacio plural orientado al análisis estratégico internacional en México de Grupo Coppan S. C., promueve en forma regular y constante desde 2006. El punto de partida es el mismo: se trata de contribuir a ampliar la visión mexicana de los grandes problemas nacionales incorporando la dimensión internacional y de impulsar la construcción de una lectura mexicana del mundo.

En esta ocasión la obra contó con el valioso apoyo del Departamento de Estudios Internacionales del Instituto Tecnológico Autónomo de México (ITAM). Un reconocimiento especial a su director, doctor Rafael Fernández de Castro, por el entusiasmo con el que auspició la coedición del libro.

Al igual que en los dos libros anteriores, *México ante el mundo: tiempo de definiciones* (2006) y *Los retos internacionales de México* (2011), se logró convocar a un grupo plural, en este caso de 27 especialistas en diversos campos de las ciencias sociales con trayectorias profesionales distintas. Un rasgo particular de este libro es que parte de un diálogo multigeneracional. Las coordinadoras hicieron un esfuerzo deliberado por integrar a nuevas generaciones de internacionalistas mexicanos a fin de aportar una mirada novedosa y fresca de las consecuencias de los cambios mundiales en México. El resto de los autores son académicos, funcionarios y diplomáticos con una larga trayectoria profesional en sus respectivos campos y reconocido prestigio.

El libro ofrece una colección de 22 ensayos que, en conjunto, realizan una reflexión informada y crítica sobre cinco grandes temas en torno a los cuales está en juego la capacidad de México para adecuarse a las grandes transformaciones mundiales del siglo XXI: la imagen internacional del país, la relación con Estados Unidos, la diversificación más allá del continente americano, los vínculos con América Latina y los desafíos globales en la política exterior.

Ciertamente no se trata de una revisión exhaustiva de la agenda internacional pendiente que enfrenta México, pero sí de una mirada integral sobre las principales regiones y los asuntos prioritarios en los que el país requiere ponerse al día. Si bien hay lagunas en la obra como son los temas multilaterales, que serán objeto de futuras reflexiones colectivas, se introducen aspectos novedosos en los que está aún por desarrollarse un pensamiento y una mirada propia desde México. Tal es el caso de los asuntos relativos a la proyección de la imagen internacional del país, la administración de las fronteras, la dimensión asiática de la política exterior, las relaciones con África y el panorama mundial de energía.

¿A quién está dirigida la obra? Esta obra está dirigida a un público amplio y diverso más allá del círculo de quienes están directamente encargados de definir y conducir las estrategias de política exterior dentro del gobierno federal y del poder legislativo. Está pensada, principalmente, para ofrecer un panorama general del estado de las relaciones internacionales de México a una audiencia universitaria constituida por académicos y estudiantes. Esperamos que el libro sea útil como material docente en la formación de nuevos cuadros de internacionalistas mexicanos y su actualización.

Nos interesa también provocar una discusión entre otros actores de la sociedad civil organizada, el sector privado y los partidos políticos cuyo interés tiende generalmente a concentrarse en temas políticos, económicos y sociales de carácter interno. Se trata de invitarlos a poner en la agenda nacional aquellos asuntos internacionales de los que dependerá, en gran medida, el futuro del país. La agenda internacional de México es amplia y compleja lo que exige llamar la atención de los distintos sectores políticos, sociales y económicos del país, en especial de los centros universitarios. Este libro busca contribuir a este objetivo.

No queremos cerrar esta presentación sin hacer un reconocimiento a todas las personas que lo hicieron posible. La excelente disposición, compromiso y profesionalismo por parte de los autores fue la clave para llevar a buen puerto este ejercicio colectivo de diálogo y reflexión. A todos ellos, nuestro agradecimiento por sus valiosas aportaciones y apertura en las sesiones de trabajo para intercambiar ideas y críticas sobre los avances de los distintos ensayos.

Queremos agradecer a Juan Ernesto Trejo por su excelente trabajo de revisión editorial de los ensayos que componen esta obra.

GUADALUPE GONZÁLEZ GONZÁLEZ y OLGA PELLICER

INTRODUCCIÓN

OLGA PELLICER

El presente título es el segundo volumen publicado bajo el sello de Siglo XXI Editores, con el que las coordinadoras buscan atraer la atención sobre la importancia de las relaciones exteriores de México en el destino de la vida nacional. El subtítulo del libro anterior se refería a "la urgencia de una mirada nueva",[1] un llamado que sigue siendo válido.

México es un país particularmente vulnerable con respecto a lo que ocurre allende sus fronteras. Diversos motivos contribuyen a esta situación: la ubicación geopolítica como vecino de la potencia más importante del mundo; su carácter birregional, culturalmente perteneciente a América Latina, económicamente anclado a Estados Unidos; la apertura de su economía, uno de los países que ha firmado mayor número de acuerdos de libre comercio; el peso de sus relaciones exteriores en la conformación de la identidad nacional y la cohesión interna; la condición de país de emigración, transmigración e inmigración; la transnacionalización del crimen organizado y el mercado de drogas ilegales.

A pesar de ello, el factor externo desempeña recientemente un papel secundario en el discurso de las élites políticas. Una rápida lectura de documentos clave para la acción gubernamental, como los planes nacionales de desarrollo o, más recientemente, el Pacto por México, el gran acuerdo entre las principales fuerzas políticas representadas en el Congreso para conducir las reformas emprendidas por el nuevo gobierno encabezado por Enrique Peña Nieto, dan fe de la escasa atención otorgada a los problemas internacionales.

Aun cuando en el arranque del nuevo sexenio se ubica al mayor compromiso con la acción en el exterior como uno de los cinco ejes del programa de gobierno, la atención pública y gubernamental se ha centrado en la agenda de reformas pendientes y no hay evidencia de que exista efectivamente la intención de invertir los recursos políticos

---

[1] Guadalupe González González y Olga Pellicer (coords.), *Los retos internacionales de México; urgencia de una mirada nueva*, México, Siglo XXI Editores, 2012.

y presupuestales necesarios para hacer realidad la promesa de transformar al país en un "actor con responsabilidad global".[2]

Esa omisión es particularmente llamativa en momentos en que el mundo atraviesa por un periodo de aceleradas transformaciones que modifican el peso económico y político de los principales actores, colocan nuevos temas en la agenda de prioridades de la política internacional y obligan a repensar las estrategias para ubicarse en las nuevas coordenadas. La emergencia de China como potencia mundial, el debilitamiento, en ciertas áreas, de la hegemonía de Estados Unidos, el papel aún incierto de las llamadas potencias emergentes, las discusiones para reformar la arquitectura financiera internacional y la importancia adquirida por la lucha contra el cambio climático ilustran, de manera rápida, las complejidades del nuevo mundo.

Este libro, en el que se integran veintidós artículos escritos por conocedores de diversos ángulos de las relaciones exteriores de México, no pretende ser exhaustivo. Son evidentes ciertas lagunas, como la reflexión sobre la posición de México en foros multilaterales. Sin embargo, proporciona elementos de reflexión y discusión sobre un buen número de problemas sobresalientes para la política exterior de México al iniciarse el periodo presidencial de Enrique Peña Nieto.

Los ensayos que integran este volumen organizados en cinco secciones difieren en las categorías analíticas utilizadas, los problemas que se subrayan o el mayor o menor optimismo con que contemplan el futuro. Ahora bien, todos coinciden en tres orientaciones básicas: la primera, identificar los problemas que enfrentan las diversas áreas de la política exterior mexicana; la segunda, señalar las metas a perseguir para enfrentarlos, y la tercera, reflexionar acerca de los obstáculos que se alzan en el camino.

La primera sección contiene tres artículos que se refieren a un tema nuevo para México en la época contemporánea: el deterioro de su imagen. El periodo que inició en 2007 se ha caracterizado por el desencadenamiento de situaciones de violencia de proporciones inusitadas al interior del país. Ello trascendió a los medios de comunicación internacionales lo que, a su vez, dio lugar a una percepción muy negativa del país en el exterior registrada en numerosas encuestas de opinión. No es un asunto de coyuntura. En la era de la información,

[2] Plan Nacional de Desarrollo 2012-2018.

la competitividad y la confianza internacional requieren de estrategias adecuadas para proyectar una imagen positiva del país.

Los artículos, tanto de Leonardo Curzio como de Genaro Lozano, constatan ese deterioro, elaboran sobre las causas que lo han generado y, apoyados en una interesante literatura sobre la construcción de la imagen de un país, proponen acciones a llevar a cabo para contrarrestar las percepciones negativas. No escapa a su atención que el primer requisito es modificar la realidad interna, pero sí advierten que hay mucho campo de acción, explorado exitosamente por otros países, para un trabajo consistente a favor de la imagen de México.

Dentro de sus propuestas se encuentra promover la imagen de México como país que, sin renegar de sus tradiciones, aspira a dar un gran salto hacia la modernidad seguro de sí mismo; tener institutos a través del mundo para proyectar la cultura mexicana y contribuir a la enseñanza del español; contar con un canal de televisión internacional propio, con informativos profesionales y programación atractiva y moderna, lejos de fórmulas tradicionales; crear una oficina encargada de diplomacia pública al interior de la Secretaría de Relaciones Exteriores; tener presencia activa en las redes sociales.

El ensayo de Alejandro Anaya sobre México y los derechos humanos forma parte de esta primera sección. No es casual haberlo situado allí. El activismo en los foros multilaterales de derechos humanos durante el sexenio de Calderón, las reformas constitucionales para apuntalar el cumplimiento de los compromisos internacionales asumidos en la materia, las medidas para cumplir los fallos de cortes internacionales, fueron pasos significativos, pero no suficientes. Es aún grande la brecha entre los "derechos en principio" y los "derechos en la práctica". La situación real de los derechos humanos en el país, ilustrada por los ataques a periodistas, desapariciones forzadas, persistencia de la tortura o las agresiones a migrantes centroamericanos, mantienen a México en la mira de gobiernos y ONG internacionales; la imagen del país está de por medio.

La segunda sección se compone de cinco artículos en torno a la relación con Estados Unidos, sin duda la que mayormente impacta el desarrollo nacional. A primera vista no hay nada nuevo en la agenda de las relaciones con ese país; comercio, fronteras, seguridad, migración, diálogo entre los poderes ejecutivos. Lo interesante es el grado en que cada uno de esos temas ha tomado dimensiones nuevas.

Como lo señala Carlos Heredia en su ensayo sobre los retos más allá del TLCAN, ahora no se trata de fijar la atención en las condiciones para el intercambio de bienes sino de lograr que la integración productiva que existe en sectores como el automotriz, de autopartes o aéreoespacial, sea el punto de partida para incursionar conjuntamente en los mercados globales. La negociación del Acuerdo Transpacífico (TPP) será una pieza importante para poner a prueba la posibilidad de actuar regionalmente como América del Norte y acrecentar, o no, el poder negociador y los beneficios que se puedan obtener.

Conforme a ese orden de ideas, Heredia analiza las posibilidades de relanzamiento del concepto de América del Norte en un contexto geopolítico muy distinto al existente cuando se firmó el TLCAN hace veinte años. En la actualidad, dicho relanzamiento no se dará de manera automática, nos dice. México necesita una estrategia para convencer a sus socios del TLCAN que la competitividad futura de América del Norte depende más de resolver sus desafíos internos como región y aprovechar su interdependencia, que de sólo ganar acceso a otros continentes. Sin embargo, hoy no existe una agenda compartida entre los tres países para avanzar en esa dirección. Por lo tanto, la integración futura de la región puede seguir llevándose a cabo, pero de manera desordenada, sin una hoja de ruta dirigida por los gobiernos.

El ensayo de Raúl Benítez aborda el difícil problema de la redefinición de las relaciones entre México y Estados Unidos en materia de seguridad al ocurrir un cambio de gobierno. Los años del gobierno de Calderón marcaron una diferencia cuantitativa y cualitativa en la relación de México con las agencias encargadas de seguridad en Estados Unidos; se puso fin entonces a la resistencia de México a cooperar estrechamente con ellas. La cercanía directa y mucho más intensa que en el pasado entre las agencias estadunidenses y las diversas instancias relacionadas con la seguridad en México dio el tono a la relación con Estados Unidos en ese sexenio.

Esa cercanía no condujo necesariamente a la creación de un clima de confianza mutua. Uno y otro lado desconfían de su contraparte por motivos distintos. Del lado estadunidense, por la debilidad institucional y los niveles de corrupción existente en México. Desde aquí, por la ineficiencia que se puso en evidencia con operativos como el llamado "Rápido y furioso", por la escasa disposición a combatir el lavado de dinero y por la resistencia cultural a tomar acciones para controlar el tráfico de armas. En opinión de Benítez, quedan, sin embargo, elementos positivos, como entender que la cooperación entre los dos países es indispensable en el ámbito de la seguridad.

Luis Herrera-Lasso analiza en su ensayo una de las asignaturas pendientes más complejas entre México y Estados Unidos: el establecimiento de fronteras seguras y eficientes. A pesar de la importancia que se asigna a la frontera como piedra de toque para que los estadunidenses sientan protegida su seguridad nacional, de ser un espacio por excelencia para imaginar y poner en marcha programas de cooperación, el hecho es que no existen las instituciones necesarias para alcanzar esos fines. Cada país mantiene sus propias perspectivas para manejar la frontera; la parte estadunidense interesada en fortalecer el control; la parte mexicana mucho más permisiva y carente de elementos para ejercer verdaderas medidas de supervisión; ambos con objetivos erráticos de cooperación.

Herrera-Lasso enfatiza la urgencia para México de tener un andamiaje institucional —necesario también para la frontera sur   basado en cuatro pilares: sistemas de información, esquemas de coordinación nacional, profesionalización de los encargados de políticas fronterizas y programas de cooperación internacional. La construcción de dicho andamiaje no es tarea fácil, pero no tomar la decisión de iniciar esta tarea conlleva graves riesgos para la estabilidad futura del país.

El ensayo de Daniela González Iza y Paola Iza hace un rápido repaso de la política restrictiva hacia los trabajadores indocumentados mexicanos que aceleró la lucha antiterrorista en Estados Unidos a partir del 11/09, el colapso de las negociaciones para una reforma migratoria en 2007, los efectos de la crisis económica y el ascenso de la extrema derecha republicana encarnada en el Tea Party.

El punto de transición para la política migratoria en Estados Unidos, inesperada para muchos, fue la importancia del voto electoral de los hispanos en las elecciones de 2012. El papel fundamental de dicho voto en el triunfo para un segundo periodo presidencial de Barack Obama ha llevado a una profunda revisión de la política antimigrante por parte del partido republicano. En las nuevas circunstancias, ha sido posible el gran empuje hacia la reforma migratoria promovido por senadores demócratas y republicanos cuya iniciativa de ley está en discusión.

Las autoras reflexionan sobre las consecuencias que la situación actual tiene para el presente y futuro de los flujos migratorios de México hacia Estados Unidos. El gobierno mexicano no puede, en su opinión, seguir manteniendo una "política de no tener política". Asumir posiciones activas en la redefinición de la política migratoria que está ocurriendo en Estados Unidos es, a su parecer, una responsabilidad ineludible.

Con una mirada escéptica, Jesús Velasco examina el peso de las situaciones estructurales en la relación México-Estados Unidos, situaciones cuya nota distintiva es una vinculación asimétrica en la que el segundo es el poder dominante. Ante esa realidad, argumenta Velasco, los cambios en el poder ejecutivo que acaban de ocurrir simultáneamente en los dos países pueden traer nuevos discursos, promesas y esperanzas. En realidad, los diálogos a nivel diplomático poco pueden hacer para modificar las situaciones estructurales. En éstas hay poco campo para que se den cambios sustanciales.

La tercera sección aborda un tema siempre presente en el discurso de la política exterior de México: la diversificación. Esta sección es la más larga, lo que obedece a la importancia creciente de la diversificación de las relaciones exteriores de México en la actual transición del poder mundial. Ese objetivo tiene nuevos e importantes matices en el segundo lustro del presente siglo a partir de tres fenómenos: la pujanza económica de Asia, la crisis económica de Europa y las nuevas perspectivas de crecimiento en África.

La presencia de los países asiáticos en el comercio exterior de México es uno de los hechos más sobresalientes de las actuales relaciones exteriores del país. Como señala Luz María de la Mora, en 2011 las importaciones provenientes de Asia ya representaban el 30% del total de dicho comercio; las exportaciones desde México representaban sólo el 4%, lo que nos habla del problema del déficit, uno de los dolores de cabeza más serios para la política exterior.

De la Mora nos recuerda que, contrariamente a lo que muchos piensan, los artículos provenientes de Asia no son baratijas. En ellos dominan bienes intermedios tecnológicamente sofisticados que son incorporados a las exportaciones que se dirigen a Estados Unidos. Pese a la importancia de Asia como fuente de dichos bienes, la autora hace notar hasta dónde la región ha sido una gran ausente de la política comercial, de negociaciones comerciales y de promoción de negocios. De ahí la urgencia de tener una gran estrategia en esa parte del mundo que tome en cuenta que no se trata de un enorme espacio homogéneo. Sabedora de que hay un artículo especial sobre China, De la Mora no aborda el tema pero sí explora en su ensayo las oportunidades que ofrecen a México países como Australia, Nueva Zelanda, Corea del Sur y la India.

La mirada a Asia exige comprender la diversidad de la región y la identificación de prioridades. China es, sin duda, el país de mayor importancia para México en Asia. El segundo en importancia para el conjunto de su comercio exterior desde el punto de vista de las importaciones. El flujo comercial para 2011 ya era de 58 000 millones de dólares con un déficit en contra de México de 46 000 millones de dólares.

La pregunta ¿Qué hacer con China?, como se titula el ensayo de José Luis León, es a todas luces de enorme pertinencia. Sin embargo, tal y como lo señala el autor, por motivos difíciles de entender la atención concedida a ese país durante los doce años de gobiernos del PAN distó mucho de estar a la altura de los desafíos que presentaba. Desde el punto de vista económico, el sentimiento que ha flotado en el ambiente ha estado dominado por el descontento y perplejidad experimentada por los empresarios mexicanos ante lo que resienten como *la amenaza china*. Desde el punto de vista político, varios desencuentros, algunos por motivos menores, dificultaron en años recientes el diálogo diplomático entre los dos países.

José Luis León propone que superar el déficit comercial no sea lo que domine la búsqueda de mejores relaciones con China. Sin minimizarlo, se debe tomar en cuenta que revertirlo es una meta difícil de alcanzar y de largo plazo. Por lo tanto, se deben explorar otros caminos para equilibrar la relación comercial como son inversiones, turismo o exportaciones de materias primas como petróleo. Señala que áreas poco exploradas son los acuerdos para apoyarse mutuamente en foros multilaterales en los que México y China tienen interesantes coincidencias, así como en la lucha contra el narcotráfico.

Recomponer la relación con China no será un camino fácil. Hay un rezago en el estudio y conocimiento mutuo y, sobre todo, limitaciones serias de la planta productiva mexicana para competir en China. Pero, por otra parte, las oportunidades son enormes y ofrecen al gobierno de Peña Nieto la posibilidad de hacer un giro que puede aportarle ganancias prontas en términos económicos, aunque no sean espectaculares, y una buena imagen política.

La meta de una mayor presencia mexicana en Asia está vinculada, en opinión de algunos, al destino que tengan las negociaciones sobre un acuerdo comercial del que se habla mucho y se conoce poco: el TPP.

En efecto, aunque las negociaciones y resultados que se van obtenien-do son considerados claves para el futuro del comercio internacional, por decisión propia de quienes participan en ellas, transcurren bajo el principio de la secrecía. El texto de Alejandro González tiene el gran mérito de dar elementos para conocer cuáles son los objetivos del TPP y discutir sus motivos geoestratégicos y económicos. En su artículo ana-liza el liderazgo que ha asumido Estados Unidos, lo que se pretende regular con el TPP, y los retos y beneficios que presenta para México. Contribuye a poner en su justa dimensión el papel del TPP, por un lado como posible instrumento de la diversificación hacia Asia, y por el otro, como una forma de revisar y ampliar los compromisos asumidos en el TLCAN. Hay dos temas que parecen ser, de acuerdo con lo poco que ha trascendido, los que generan mayor polémica en el caso de México: propiedad intelectual y compras de empresas estatales.

Y, del lado del Atlántico, ¿qué implicaciones tiene para México la crisis económica en Europa y el decaimiento de la Unión Europea como modelo de integración? Como bien lo señalan Lorena Ruano y Stephan Sberro en sus artículos respectivos sobre la relación de Mé-xico con Europa, dicha relación se caracteriza por tener el nivel más acabado de institucionalización dentro del panorama de las relaciones exteriores de México. En efecto, existe un acuerdo de libre comercio, diálogo político y cooperación con la Unión Europea (UE); México ha sido reconocido por la UE como un socio estratégico, calidad que sólo comparte con Brasil en América Latina; a ello cabe sumar la mul-tiplicidad de acuerdos bilaterales firmados con países europeos. En otro orden de ideas, es pertinente referirse al tamaño y calidad de las embajadas de México en ese continente, las mejor equipadas desde el punto de vista de recursos humanos y materiales, si se les compara con las existentes en otras partes del mundo.

Desde el punto de vista económico, Europa ocupa para México el segundo lugar en importancia después de Estados Unidos; un 25% de la inversión extranjera directa durante la última década proviene de allí. El porcentaje de comercio exterior es también el segundo en importancia, aunque tomando a los países individualmente ese lugar ha sido ocupado por China.

Con tales antecedentes, la relación con Europa debía ser priori-taria, sin embargo, Lorena Ruano nos hace ver que los intereses de México se sitúan ahora en otras latitudes: en lo que ella llama el "re-greso" a América Latina o en la atracción irresistible de la pujanza económica de Asia. A su vez, Europa, inmersa en la crisis económica iniciada desde 2008 y de la que no acaba de salir, ha colocado sus relaciones extra regionales en un segundo plano. La buena noticia, nos dice la autora, es que México (junto con Brasil) son los dos países latinoamericanos que la UE ha decidido no desatender.

Ruano y Sberro insisten, desde perspectivas diferentes, en que, a pesar del declive europeo, lejos de prestar menor atención a las relaciones con ese continente México debe potenciarlas y aprovechar las oportunidades —hasta ahora descuidadas— de un marco institucional muy desarrollado. Llaman a no olvidar la presencia tan importante que goza Europa en los foros multilaterales y su papel indiscutible de líder cultural del mundo occidental.

El continente olvidado es el título del ensayo de Mauricio de Maria y Campos sobre las relaciones de México con África. Se trata, ciertamente, de un gran olvido que hasta ahora sigue sin remediarse. Lo que sí ha cambiado es la posición de África en el panorama económico mundial. La mayoría de los analistas la consideran una de las regiones más prometedoras, con un crecimiento anual del 6% en promedio desde el año 2000, que según las predicciones se mantendrá gracias al mejor manejo de la economía, la demanda sostenida de materias primas y servicios turísticos, así como a las inversiones productivas y de infraestructura provenientes de China, los demás BRICS y otros países emergentes como Corea del Sur y Turquía.

De Maria y Campos propone incrementar de siete a doce el número de embajadas que nuestro país tiene en la región, identificando, con criterios bien establecidos, los países claves para México y sus objetivos; impulsar las relaciones políticas, de negocios y de cooperación mediante visitas de alto nivel, empresariales y académicas; trabajar, en resumen, para participar del despertar africano.

La cuarta sección se refiere a los claroscuros de la política hacia América Latina. La región no es una más para la política exterior de México. Su prioridad se impone por el grado en que la opinión pública mexicana se siente identificada y desea el acercamiento con los países latinoamericanos. Paradójicamente, lo anterior no significa que se hayan establecido lazos económicos o políticos significativos. Por el contrario, la realidad de las relaciones de México con los países al sur de la frontera ha sido de descuido, inconsistencia en las alianzas estratégicas, escasez de recursos para la cooperación e intercambios comerciales reducidos.

Centroamérica ha sido, en ocasiones, una excepción. Dos ensayos escritos respectivamente por Marco Alcázar y Sergio Silva, dan testimonio del lugar de prioridad y carácter diferenciado que ha tenido esa región en la política exterior mexicana. Aunque el interés en ella aparece tardíamente en la diplomacia mexicana, tal y como lo recuerda Alcázar, durante los años ochenta y noventa del siglo pasado la diplomacia mexicana invirtió importantes recursos humanos y financieros en Centroamérica. Primero, promoviendo una solución pacífica a las guerras civiles que sacudían la región; después, apoyando la consolidación de los regímenes democráticos que sustituyeron a las viejas oligarquías sostenidas por el ejército; más tarde, con un programa de cooperación gestionado desde la Comisión Mexicana para la Cooperación con Centroamérica, encabezada por la Secretaría de Relaciones Exteriores.

El relajamiento de las agencias gubernamentales, ocurrido en el gobierno de Fox, debilitó en forma grave esa cooperación. La Comisión fue sustituida por el Plan Puebla Panamá, un buen nombre con muy pocos resultados; en el sexenio siguiente, la iniciativa Mesoamérica, logró avances interesantes en materia de salud, conexiones eléctricas y formas de enfrentar desastres naturales pero, con poco apoyo financiero, no dejó huella ni en el desarrollo económico ni en el buen ánimo de los dirigentes centroamericanos.

Durante el último lustro varios asuntos obligan a colocar la política hacia Centroamérica en el centro de atención de la política exterior; hoy, Centroamérica es prioridad. Entre los motivos para ello se encuentra el incremento de los flujos migratorios que atraviesan el territorio mexicano para dirigirse a Estados Unidos. Al coincidir con la ola de violencia en México son secuestrados, extorsionados, asesinados; se convierten en uno de los problemas más dolorosos de la imagen de México en materia de derechos humanos. Un segundo problema es la violencia compartida por México, Guatemala, El Salvador y Honduras, alentada por la presencia de los cárteles de la droga mexicanos. El tercer problema, del que poco se habla en los medios pero que está teniendo serias consecuencias para la sustentabilidad de la región, es el deterioro del medio ambiente. Alcázar y Silva coinciden en la urgencia de manejar los problemas anteriores con un enfoque regional que debe incorporar a todos los países del istmo, Estados Unidos y Canadá. Sin esa acción conjunta será difícil o imposible hacer frente a problemas que aumentan cada día.

La relación con los países sudamericanos es el tema que analiza en su ensayo Guadalupe González G. con una mirada integral sobre los rasgos que caracterizan a la región en nuestros días, la autora llama la atención sobre su crecimiento económico, su diversidad de proyectos y de liderazgos, sobre los espacios que se han abierto a su política exterior en un mundo cuyas relaciones de poder, en particular por la forma de actuar de Estados Unidos, han cambiado. En su opinión, el momento actual de América Latina abre oportunidades para fortalecer la presencia mexicana; esto se constata con el aumento de la inversión mexicana que hace de nuestro país el primer inversionista latinoamericano en la región. No obstante, las posibilidades de un fortalecimiento general de la presencia mexicana en América Latina encuentran varios obstáculos.

La autora señala que ha existido tradicionalmente una falta de definición entre los líderes políticos de nuestro país respecto a lo que México debe aspirar en la región. Para unos existe un liderazgo inevitable, aunque en la realidad nunca lo hemos tenido; para otros, lo mejor es actuar sobre espacios subregionales uno de cuyos ejemplos más conspicuos en la actualidad es la Alianza del Pacífico; para otros, lo mejor es construir la relación a través de foros multilaterales, por ejemplo, la relativamente nueva Comunidad de Estados Latinoamericanos y Caribeños (CELAC), en su momento impulsada por México.

Las vacilaciones respecto a los caminos a seguir coinciden con la poca voluntad de invertir recursos financieros en materia de cooperación y la falta de continuidad en la selección de aliados estratégicos desde un punto de vista político; el caso brasileño es un ejemplo de lo último. Para el futuro, Guadalupe González recomienda reconocer América Latina en su diversidad y tomar conciencia de que dicha diversidad no impide que haya objetivos compartidos, como puede serlo el de la integración.

Respondiendo a la preocupación por la relación incierta con Brasil, el artículo de Hernán Gómez ofrece algunos grandes motivos por los que no sólo es deseable sino urgente avanzar en la construcción de una alianza más sólida con ese país. En primer lugar, porque es congruente con el objetivo primordial e inaplazable de diversificar nuestro comercio exterior, en particular las exportaciones. En segundo término, porque favorecería la integración latinoamericana, permitiría a México sentar un pie más firme en Sudamérica y actuar como puente entre Norteamérica y Sudamérica. En tercer lugar, una relación estratégica con ese país le permitiría a México acercarse a las potencias emergentes agrupadas en los BRICS. Por último, una relación más estrecha con Brasil permitiría a los dos países beneficiarse de oportunidades que existen para la complementariedad comercial, la cooperación y el diálogo político entre los dos países. En opinión de Gómez, el acercamiento a los BRICS es importante porque éstos dibujan un nuevo mapa geopolítico; su irrupción afecta a México porque modifica la posición de poder que ha disfrutado hasta ahora su principal socio comercial, Estados Unidos.

El artículo de Rafael Fernández de Castro y Nadjeli Babinet toca uno de los problemas más graves para los países latinoamericanos: el aumento de la violencia como fenómeno que acompaña su crecimiento económico y sus procesos de urbanización. La inseguridad, nos señala, no es sólo un tema mexicano, es un desafío latinoamericano. La región es, de acuerdo con los datos de diversas instituciones internacionales, la más insegura del planeta; concentra más del 40% de los homicidios del mundo.

Frente a esta situación, los autores abogan por hacer de la lucha por la seguridad una prioridad de la agenda interamericana. En esa lucha se debe combinar la cooperación tradicional en materia de crimen organizado con los nuevos esquemas en materia de seguridad pública y ciudadana desarrollados por instituciones como el Banco Interamericano de Desarrollo y el Banco Mundial. Combatir la violencia implica también la necesaria participación tanto de los gobiernos federales estatales y locales como de los actores no estatales, sociedad civil organizada, academia, empresarios y movimientos de víctimas, entre otros. El combate a la inseguridad a nivel regional, insiste, debe estar en el centro de preocupaciones del gobierno de Peña Nieto.

La quinta sección agrupa tres temas que tienen un carácter global: México en el panorama mundial de la producción y consumo de energéticos, la situación de las finanzas internacionales y la cooperación internacional. Son, además, asuntos globales que se engarzan con prioridades nacionales. Tomando en cuenta la importancia del petróleo en la economía mexicana y la intención, como parte de los acuerdos establecidos en el mencionado Pacto por México, de impulsar una iniciativa de reforma energética en el segundo semestre de 2013, el análisis de lo que ocurre en el mundo en materia de energía es imprescindible.

El artículo de Juan Eibenschutz y Rolando Almada presenta una síntesis de las grandes transformaciones ocurridas mundialmente en el ámbito de la energía como resultado de la demanda proveniente de los países asiáticos en pleno ascenso económico, la consecuente alza de los precios y el impresionante avance tecnológico para la exploración de hidrocarburos no convencionales como es el gas de esquisto o *shale gas*, a un nivel de competitividad que era impensable hace pocos años.

Esa última circunstancia ha tenido un efecto de enorme trascendencia en la posición de Estados Unidos en materia de energía, al ser ellos quienes mejor han desarrollado las nuevas tecnologías. Esto, aunado al esfuerzo exitoso para el uso más eficiente de la energía, ha permitido que, después de ser uno de los más grandes importadores de petróleo, ese país se encuentre ahora en el umbral de ser autosuficiente y convertirse en un gran exportador de petróleo e hidrocarburos no convencionales. Los autores señalan que las consecuencias geopolíticas y geoestratégicas de la situación anterior son todavía difíciles de medir pero sin duda afectan la posición de México como país productor y exportador de petróleo.

Desde la perspectiva de la política exterior está presente la disyuntiva de acelerar la integración energética con Estados Unidos o empeñarse en la diversificación, tanto desde el punto de vista de las exportaciones de petróleo como de los acuerdos para obtener tecnología, indispensable para llevar adelante la exploración y explotación de petróleo en aguas profundas o de hidrocarburos no convencionales en México.

En su artículo sobre las tendencias de la situación financiera internacional, Miguel Molina regresa al problema de la persistencia de la crisis económica en los países industrializados de Occidente, expresada en sus tasas muy bajas o negativas de crecimiento económico y constantes sobresaltos respecto a las dimensiones que puede tomar la recesión en los países más endeudados.

En su opinión, uno de los motivos principales para explicar la persistencia de la crisis económica es la desigual distribución de utilidades entre el sector financiero y otros sectores de la economía. Esto es atribuible a la posición única que tiene el primero (especialmente bancos y casas de bolsa y fondos de inversión) al tener acceso a información confidencial. De confirmarse esa hipótesis, opina Molina, serviría para repensar el orden económico nacional e internacional, de tal forma que, desaparecida la distorsión provocada por los privilegios en materia de información de los financieros, pudiera retomarse un crecimiento y desarrollo económico más equitativo.

La cooperación internacional, nos dicen Rogelio Granguillhome y José Antonio Tripp, es una herramienta fundamental para el desarrollo interno, así como para la proyección de los intereses de un país en el ámbito internacional. Sin embargo, en México su utilización ha sido históricamente modesta y a la zaga de los rendimientos que podría reportar. De ahí que la nueva Ley de Cooperación Internacional para el Desarrollo promulgada en abril de 2011 sea vista como un punto de inflexión muy positivo. Los autores se refieren a dos experiencias valiosas en materia de cooperación: la que llevan a cabo Brasil y China. Tales experiencias les sirven como referencia útil para reflexionar sobre las líneas a seguir para obtener mayores beneficios de la cooperación, tanto económicos como políticos.

El gran desafío para el nuevo gobierno, opinan, es lograr la plena implementación de la mencionada ley. Para ello deberá existir comprensión, traducida en apoyos financieros entre otros, de la potencialidad de una política de cooperación forjada con una visión estratégica que permita recuperar presencia en zonas de interés especial para México, así como la voluntad de dar mayor peso y visibilidad a la Agencia Mexicana de Cooperación Internacional para el Desarrollo.

Este rápido recorrido acerca de los ensayos de este libro permite identificar los obstáculos para la política exterior que han registrado la mayoría de los autores. El primero de ellos es el rezago existente y la falta de una visión de largo plazo. Los doce años transcurridos entre el comienzo del siglo XXI y la toma de posición de un nuevo gobierno en diciembre de 2012, se caracterizaron por un difícil y poco logrado aprendizaje de un partido político para gobernar. Los resultados en el campo de la política exterior fueron poco satisfactorios. Los errores en materia de agenda para el diálogo político, la improvisación para comunicarse con el exterior, la falta de una visión estratégica integral, la dificultad para asimilar los cambios tan profundos que estaban ocurriendo en la economía y la política internacional, dejaron como herencia problemas pendientes o no abordados que ahora obligan a recuperar el tiempo perdido. Numerosas omisiones y errores se advierten en la agenda de la relación con Estados Unidos, la política hacia Asia, las relaciones fronterizas o la cooperación con Centroamérica. Más aún, agencias gubernamentales para las relaciones con el exterior desaparecieron, se debilitaron o fueron ignoradas. La Comisión Binacional México-Estados Unidos o la Comisión de Cooperación con Centroamérica serían un ejemplo.

No todo puede atribuirse a los errores durante los gobiernos del PAN. Hay muchas otras circunstancias que han estado ahí desde hace muchos años. El primero se relaciona con el funcionamiento de estructuras gubernamentales destinadas a conducir la política exterior. De hecho, no existe una entidad gubernamental bien identificada encargada de la planeación estratégica y a largo plazo para la inserción de México en un mundo en transición. En principio, es la Secretaría de Relaciones Exteriores, pero lo cierto es que diversas funciones sustantivas para tales relaciones las llevan otras secretarías como la de Gobernación, Defensa o Marina, para todo lo relacionado con seguridad o migración; la de Economía para cuestiones comerciales y la de Energía y Pemex para temas energéticos. Como dato adicional puede hacerse alusión a la pobreza tradicional del presupuesto federal que se asigna a la Secretaría de Relaciones Exteriores, tomando en cuenta que parte de sus gastos son en moneda extranjera.

La coordinación entre las secretarías es precaria, no forman parte de un verdadero gabinete de política exterior, porque éste no existe. La brújula que apunte hacia donde se dirige el barco debe provenir entonces de la Presidencia de la República. Sin embargo, la atención que desde esa dependencia se presta a la política exterior puede atender coyunturas, pero no permite la institucionalización de mecanismos de seguimiento y evaluación serios.

No es extraño entonces que tengan lugar fallas y ausencias notables en agencias gubernamentales que son centrales para conducir las relaciones con el exterior. Casos notorios se dan en la frontera sur, donde la ausencia de instituciones del gobierno es evidente. Existen amplias regiones que son verdaderamente tierra de nadie. Igualmente alarmante es el hecho de que, en materia de migración, la responsabilidad recae en un instituto cuya credibilidad y confiabilidad son cuestionables.

El segundo problema es el de la escasa coordinación entre política interna y política exterior. El caso más notable en la actualidad es el de la política energética. La reticencia a incorporar los factores externos en las propuestas de política energética no es una novedad. Por ello no sorprende que en el Plan Nacional de Energía 2013-2027, presentado por la Secretaría de Energía al Senado de la República en marzo de 2013, no se haga referencia a los cambios en el panorama internacional. No obstante, es evidente que México no puede tener proyectos exitosos de política energética sin mirar al exterior.

Un tercer problema es que la información sobre negociaciones internacionales no fluye hacia la opinión pública en general y, en particular, hacia los sectores directamente interesados. Uno de los mejores ejemplos en estos momentos es el TPP. Dada la trascendencia de este acuerdo debía ser objeto de grupos de estudio, de discusión e identificación de temas de consenso y de conflicto. Es urgente conocer el punto de vista de empresarios, académicos, legisladores, líderes sindicales; nada de eso está ocurriendo. Que exista la decisión de iniciar negociaciones que no se hacen públicas, no quiere decir que no proceda entablar el diálogo con esos grupos.

Finalmente, cabe señalar la poca atención que el tema de la política exterior tiene en el debate nacional, en momentos caracterizados por la decisión de entablar negociaciones en el Congreso sobre problemas claves para la vida nacional cuya discusión y medidas legislativas, para no enfrentarlos, habían permanecido congeladas. Cierto es que dentro de los cinco ejes que guían la acción gubernamental se encuentra el de "un México con responsabilidad global". Un término muy genérico, importante políticamente, para impulsar la activa participación de México en el ámbito internacional. Sin embargo, no todo es global; la atención al problema de fronteras seguras y eficientes es un ejemplo.

En una publicación anterior,[3] varios de quienes colaboramos en este libro exploramos los motivos por los que en la historia reciente de México las élites políticas se han resistido a la tarea de fijar derroteros claros en las relaciones exteriores del país. Las experiencias históricas que han propiciado actitudes defensivas hacia el exterior; el costo político de asumir el peso de Estados Unidos en la vida interna y externa de México; la escasa atención que prestan los medios nacionales de comunicación a los asuntos externos y la complejidad de las pugnas internas que no deja espacio para ocuparse del mundo, explican esas resistencias. Aunque el paso del tiempo confirma la urgencia de tener una visión distinta, esas actitudes permanecen.

En el mismo texto terminábamos expresando confianza en el papel positivo que tiene el estudio de los problemas de las relaciones exteriores del país en la apertura de nuevos enfoques para su política exterior. La misma esperanza nos acompaña, siete años después, al cerrar la edición de este libro.

---

[3] Luis Herrera-Lasso (coordinador), *México ante el mundo: tiempo de definiciones*, México, Fondo de Cultura Económica, 2006. Introducción, pp. 19-22.

PRIMERA PARTE

PERCEPCIONES Y REALIDADES

LA IMAGEN DE MÉXICO

LEONARDO CURZIO

Una lectura somera de la prensa nacional e internacional nos permite contestar que la imagen de México no pasa por su mejor momento. Escribía Lorenzo Meyer (comentando un texto de John Carlin sobre la "mexicanización de Sudáfrica") que "si la imagen del sistema político mexicano ya era mala al concluir la primera larga época del priismo, ahora el cierre del capítulo panista no es mejor".[1] Más allá de la imagen que el sistema político proyecta al exterior en otras ponderaciones más amplias, como la de Luis Prados, queda claro que la imagen del país requiere cirugía mayor. El periodista español remata su texto así: "México necesita una nueva imagen y reclama a gritos una agenda de inclusión...".[2] En el mismo sentido se expresaba Matt Vasilogambros[3] al afirmar que de todos los retos que hoy enfrenta México el más relevante es mejorar su imagen externa, particularmente en Estados Unidos. Según una encuesta de Vianovo, el 50% de entrevistados tiene una imagen desfavorable de México, el 39% la tiene neutra y un residual 17% tiene una imagen favorable. Nada que pueda entusiasmar. Además, en noviembre de 2012, el 72% de los estadunidenses consideró que México es un país poco seguro para viajar y tan sólo el 17% de los encuestados lo considera un país moderno. En suma, un país inseguro y antiguo.

De las tres referencias anteriores se desprende la palabra imagen y vale la pena preguntarnos si realmente la imagen que un país proyecta de sí mismo es tan importante o puede considerarse un elemento adjetivo. Dice el Reputation Institute[4] que uno de los canales más importantes para promover el crecimiento en un país es su reputación internacional. La forma en que ésta se construye no es lineal, es una

[1] Lorenzo Meyer, "La imagen de nuestra política en el exterior", *Reforma*, 6 de septiembre de 2012, p. 11.

[2] Luis Prados, "¿Cuál es el relato del nuevo PRI?", *El País*, 30 de octubre de 2012, p. 6.

[3] Matt Vasilogambros, "Poll: Most Americans View Mexico Negatively", <www.nationaljournal.com>.

[4] Véase <www.reputationinstitute.com>.

interacción entre confianza, estima y admiración que baja o sube en función del desempeño general de un país. La reputación de cada país es variable y puede subir o descender en función de indicadores como la capacidad de su gobierno para proveer un entorno económico, legal y de seguridad satisfactorio, la calidad de los productos y servicios que un país ofrece, lo atractivo que pueda resultar para inversionistas, ejecutivos, turistas y finalmente científicos como lugar de destino y su desempeño general en materia de innovación respecto al medio ambiente y recursos humanos. En síntesis, depende de un cúmulo de factores que interactúan en un contexto geográfico y temporal determinado.

Para todo país que compite por atraer inversiones, turistas y otros flujos de recursos materiales y humanos, como es el caso del nuestro, su imagen externa es básica para mejorar su desempeño relativo en un entorno global marcado por la competencia.[5]

México es un país que en el contexto actual proyecta cuatro fortalezas: la primera es su privilegiada ubicación geográfica;[6] la segunda es su sofisticada red de tratados de libre comercio; la tercera es su estabilidad macroeconómica, ampliamente ponderada en estos años de crisis de las economías centrales y, finalmente, la cuarta es el contar con un sistema bancario sano y sólido.[7]

Ahora bien, con todas sus ventajas geográficas, macroeconómicas y su muy sofisticada red de tratados de libre comercio, México no ha conseguido —y debe hacerlo— labrarse la reputación de destino privilegiado de la inversión extranjera. Como bien lo señala René Villareal en un estudio reciente,[8] la pregunta más frecuente de los últimos años en los círculos de inversionistas internacionales es ¿por qué México no es una de las economías emergentes con mayor dinamismo y no ha logrado colarse al grupo de los BRICS;[9] a pesar de que el país

---

[5] Véase el Informe del IMCO <http://imco.org.mx/images/pdf/Indice-de-Competitividad-Internacional-2011.pdf>.

[6] Son muy numerosas las menciones de esta gran ventaja comparativa. A título de ejemplo véase el artículo "The global mexican" de Schumpeter en *The Economist* (27 de octubre de 2012).

[7] Véase Global Financial Development 2013 <www.publications.worldbank.org>.

[8] René Villareal, *El modelo económico del cambio: crecimiento competitivo e incluyente y la reindustrialización de México*, México, CECIC, 2012.

[9] Los nuevos países emergentes llamados BRICS son Brasil, Rusia, la India, China y Sudáfrica. El Banco Mundial incluye a Corea del Sur e Indonesia y estima que estos países representarán más de 50% del crecimiento de la economía mundial para 2025.

forma parte de la Organización para la Cooperación y el Desarrollo Económicos (OCDE), el G-20 y es miembro de pleno derecho del TLCAN, del Foro de Cooperación Económica Asia-Pacífico y tiene una Asociación Estratégica con la Unión Europea?

Hay un desfase importante entre lo que México es y lo que potencialmente podría ser. Esa percepción de que el país no es una de las economías emergentes más vibrantes (a pesar de su enorme potencial) ha tratado de ser modificada con insistencia en los discursos presidenciales de los primeros años de la administración de Felipe Calderón. De manera reiterada se intentaba mitigar la incómoda pregunta de por qué México no estaba entre las locomotoras emergentes, citando las proyecciones de Goldman Sachs (hacia 2040), en el sentido de que México se consolidaría como una de las grandes economías del planeta.[10] Que el país tiene futuro (faltaría más) casi nadie lo niega, pero para conquistarlo hay que imprimir un sentido de vigencia al tema. A una conclusión similar a la de Goldman Sachs llegan otros especialistas (como los reunidos en el Foro Consultivo Científico y Tecnológico), pero para escalar peldaños se debe operar una serie de transformaciones de gran relieve como elevar nuestro gasto en ciencia y tecnología y una renovación muy amplia de sectores económicos en los que no hay prácticamente competencia.

Es verdad que las proyecciones más serias sugieren que, por sus dimensiones, la economía mexicana se consolidará como una de las grandes en el ecuador del siglo XXI, sin embargo, en los años recientes la imagen que México ha proyectado al exterior es la de un país que se ha abierto parcialmente a sus instituciones políticas y ha liberalizado también de forma fragmentada sus sectores económicos sin erosionar el poder de corporaciones monopólicas y el carácter extractivo de un modelo económico que fomenta y estimula la desigualdad. México proyecta, en suma, la imagen de un país anclado en un pasado que le impide dar el gran salto y modernizar sus estructuras. Más allá de subjetividades, esta debilidad estructural se refleja en su captación

---

En este grupo de las economías emergentes más dinámicas por su crecimiento no aparece México.

[10] Desde el inicio de su mandato el entonces presidente usó este argumento y lo hizo en múltiples foros como el de Davos o el G-20. En un seminario sobre oportunidades de inversión con la UK Trade & Investment el 29 de enero de 2007 lo puso sobre la mesa y, en el discurso del 20 de junio de 2012 por motivo de la visita de David Cameron, lo volvió a plantear <www.presidencia.gob.mx>.

de inversión extranjera directa (IED). En 2011, según el informe de
la Conferencia de las Naciones Unidas sobre Comercio y Desarrollo,
México captó 19 554 millones de dólares en IED, ocupando el lugar
17 a nivel mundial. Comparado con los BRICS, la desventaja es innegable, ya que todos ellos fueron más hábiles para captarla: "China con
123 985 millones de dólares, más de seis veces la captación de México,
ocupando el segundo lugar a nivel mundial; Brasil, en el quinto lugar,
recibió 66 660 millones de dólares, tres veces más; Rusia 52 878 millones de dólares, más de 2.5 veces y, finalmente, la India 35 554 millones
de dólares, casi dos veces más".[11]

Lo anterior en cuanto al tema de atracción de inversiones, pero si
analizamos otros componentes nos encontraremos con razones y argumentos todavía mayores para invertir esfuerzos en mejorar la imagen del país. En efecto, cuando un país (con el potencial que tiene
México) ocupa el lugar número 47 en la clasificación de la "marca
país",[12] por debajo de cinco países latinoamericanos (Costa Rica ocupa el 24, Brasil el 31, Argentina el 32, Chile el 34 y Perú el 44) no hay
espacio para la duda: es tarea primordial del gobierno construir una
renovada narrativa para compartirla con la comunidad global que
está expuesta (a la merced de las nuevas tecnologías) a una infinidad
de mensajes que compiten por atraer la atención.

La disputa por la atención de las audiencias y los tomadores de decisiones es fundamental ya que en ella se construye una percepción en
ámbitos tan dispares como la ecología y la cultura, las libertades y los
derechos humanos. Todo país que juegue en esas ligas debe proyectar
a través de sus propios medios dos grandes temas:

- Un ángulo de lectura propio de lo que ocurre en el mundo: todos los países que tienen vocación global cuentan con canales de
  televisión internacionales que transmiten en varios idiomas, para
  llegar a diferentes audiencias, y ofrecen una perspectiva propia
  de sus asuntos internos y de la forma en que ven al mundo y no
  dependen de coberturas de corresponsales extranjeros o de invi-
  taciones a programas estelares, como ocurrió con la participación
  en 2011 del presidente Calderón en el programa *The Royal Tour*

---

[11] René Villareal, "El modelo económico del cambio", Centro de Capital Intelectual
y Competitividad (CECIC), ciudad de México, pp. iii-iv.
[12] Country Brand Index, 2011, <www.futurebrand.com>.

conducido por Peter Greenberg.[13] Un suscriptor promedio de televisión por cable puede acceder a dos canales chinos, un colombiano, un alemán, tres españoles, un francés, un italiano, dos ingleses y por supuesto a varios estadunidenses. No tiene sentido proseguir con la lista, Venezuela impulsa Telesur y el mundo árabe proyecta su mensaje al mundo a través de Al Jazeera. México tiene mucho que hacer en este terreno.

- Una imagen al exterior de la visión que se tiene de sí mismo, de sus secretos y bellezas: una ventana para proyectar la mejor cara de un país se consigue mediante una intensa diplomacia pública y la promoción de la identidad propia. China impulsa a través del Instituto Confucio su lengua y cultura, España lo hace a través del Cervantes y México tiene su propio Instituto, pero la promoción de la lengua española, a pesar de ser el mexicano el grupo hispanohablante más numeroso del mundo, no figura entre nuestras prioridades. La promoción de la cultura nacional (que en estricto sentido es una pluralidad) es además un vínculo fundamental con la diáspora (que no es otra cosa que nuestra frontera viva) y con la comunidad de personas que tienen algún tipo de afinidad con el país, su economía, su historia y su cultura. La mexicanidad debe aglutinar a esos grupos y darles un sentido de pertenencia y cercanía. Hacer crecer la "mexicanofilia" en el mundo no es un ejercicio estéril.

Muchos teóricos sugieren que un país puede obtener mejores resultados en su acción externa proyectando poder blando (o suave) al exterior. Debe conseguir que otras comunidades admiren sus instituciones, sus proyectos de infraestructura, sus ciudades, su teatro, su sistema de investigación científica o sus civilizaciones milenarias. En este sentido, explica Nye, "es tan importante tener la vista puesta en la política mundial y atraer a terceros, como obligar a otros a cambiar mediante amenazas o el uso de armas militares o económicas. Este aspecto del poder —lograr que otros ambicionen lo que uno ambiciona— es lo que yo llamo poder blando. Más que coaccionar, absorbe a terceros".[14]

---

[13] En YouTube se encuentran muchas cápsulas de su participación.

[14] Para más detalles véase Joseph S. Nye Jr., Bound to Lead: *The Changing Nature of American Power* (Nueva York, Basic Books, 1990), capítulo 2. Esto se basa en lo que Peter Bachrach y Morton Baratz llamaron la "otra cara del poder", *American Political Science Review*, septiembre de 1963, pp. 632-642.

Por poder suave o blando se entiende, en consecuencia, todo el conjunto de valores culturales y artísticos con los que un país influye en los demás. El poder blando se funda en la persuasión o la capacidad de transformar a los demás mediante argumentos,[15] pero es necesario proyectarlo. Para ganar argumentos y modificar percepciones es necesario tener los canales apropiados para hacerlos llegar a las audiencias objetivo. Un país que quiera dialogar con el mundo y persuadirlo de la validez de sus postulados debe tener una gran capacidad instalada para generar contenidos y una infraestructura enorme para proyectarlos. En este sentido, queda un enorme espacio para crear señales mexicanas de televisión internacional (públicas y privadas) y un esfuerzo equivalente en radio e Internet. Incluso la Agencia de Noticias del Estado Mexicano (Notimex) está muy por debajo de su potencial para ser fuente confiable para medios de distintas latitudes que busquen informar sobre lo que ocurre en México. No tenemos la fuerza necesaria para proyectar nuestra lectura de la realidad a muchas audiencias a las que nos interesa que nos vean de otra manera. Según la encuesta de Vianovo, citada anteriormente, el 18% de los encuestados creen que las noticias más recientes que han tenido de México tienen que ver con las drogas y la violencia. La primera idea a la que México se asocia es drogas y violencia con 72%, la segunda es corrupción con 21% y sólo el 7% nos ubica como un buen destino turístico.

En resumen, una prioridad del próximo gobierno debería ser alinear capacidades existentes (públicas y privadas) y construir nuevas para proyectar una imagen renovada de México en el exterior. No podemos esperar que otros lo hagan. Es crucial comprender que en el nuevo contexto la tarea de proyectar la imagen del país al exterior no puede (ni debe) descansar exclusivamente en la acción exterior del gobierno, aunque éste juegue un papel central en la estrategia.

En efecto, la relación entre los países puede adquirir mil formas, desde las bélicas hasta las culturales, pasando por una amplia gama de recursos intermedios que ayuden a que las relaciones entre naciones hoy sean mucho más que un vínculo entre cancillerías o departamentos especializados. En estos tiempos las comunidades empresariales, académicas, deportivas y artísticas conviven con sorprendente

---

[15] Joseph S. Nye Jr., *La paradoja del poder norteamericano*, Madrid, Taurus, 2003, pp. 30-31.

naturalidad sin requerir necesariamente un paraguas gubernamental que las promueva, las incentive y mucho menos que las regule. Los medios de comunicación, a través de programas informativos o de entretenimiento, contribuyen a la construcción de la imagen de un país por aquello que dicen y también por aquello que dejan de decir. Las redes entre sociedades tienen una complejidad creciente y en muchos casos una enorme autonomía, sin embargo, la proyección de imagen al exterior sigue siendo, en gran medida, responsabilidad de los gobiernos.

Un gobierno puede, en efecto, hacer mucho por mejorar o empeorar (depende de su orientación y actuación) la imagen de un país que en el mundo debe potenciarse. Su capacidad de desplegar la llamada "diplomacia pública". La diplomacia pública es la capacidad de aportar información oportuna, relevante y directa a otras comunidades en el exterior para tejer y reforzar relaciones de largo aliento. Según el ya citado Nye, la diplomacia pública tiene tres dimensiones: la primera es la comunicación directa que explica el actuar de un gobierno a las comunidades que interesa comunicarlo; la segunda es la comunicación estratégica que "vende" o "posiciona" algunas ideas, rasgos o propuestas nuevas al estilo de una campaña política o publicitaria y, finalmente, la tercera es vincular, de manera estable con el país, a individuos clave como intelectuales, periodistas, becarios, inversionistas, músicos y artistas, a fin de mantener un sentido de comunidad y de pertenencia.[16]

ENTRE TRADICIÓN Y MODERNIDAD

¿Qué estamos comunicando al mundo en esta segunda década del siglo XXI? México es un país con una identidad muy fuerte. Tiene una personalidad muy marcada. Desde su eufónico nombre, que tiene ecos de imperios remotos y fascinantes, hasta la X con la que escribe su nombre, que no tiene límites en los horizontes a los que apunta, México es un país carismático. No hay duda, el país posee una identidad poderosa que se proyecta con mucha claridad en el escenario

[16] Joseph S. Nye, "La nueva diplomacia pública", en *Project Syndicate. A world of ideas*, <www.projectsyndicate.org/commentary/the-new-diplomacy>.

internacional, aunque cabe preguntarse si este enorme capital se ha actualizado con los tiempos que corren y si efectivamente ha generado los beneficios, en términos de poder e influencia, que con justicia puede esperar.

Los países milenarios pueden (involuntariamente) proyectar una imagen anquilosada y resistente al cambio. Egipto, Irán y tal vez Turquía quepan en ese apartado. Sus añejas estructuras arraigadas en prácticas centenarias se resisten a aceptar innovaciones y eso delinea la imagen de un país sometido por inercias irrefrenables del pasado. En el caso de México se atisba algo así en la poderosa argumentación de Acemoglu y Robinson sobre los orígenes del poder, la prosperidad y la pobreza entre los países.[17] Los autores construyen su edificio interpretativo con base en modelos económicos extractivos e instituciones políticas excluyentes. México es su primer ejemplo para explicar que el arraigo a estructuras excluyentes y extractivas impide al país mejorar su condición general y permitir a sus ciudadanos crear riqueza y distribuirla mejor. No profundizaremos en este tema porque el objetivo de este capítulo es la imagen; simplemente rescataremos la idea de que en ciertas coyunturas específicas un gobierno dispone de un espacio, que puede usar o no, para poner en marcha señales de cambio, y a México le resulta prioritario enviarlas en el corto plazo.

En determinadas coyunturas los países tienen ventanas de oportunidad para tomar una "nueva deriva institucional" y cambiar, tanto su realidad como la imagen que de él mismo se tiene en el mundo. Muchos países han hecho esfuerzos sistemáticos por mejorar su imagen y tratar de forjar lo que se ha llamado "marca país" (*nation branding*) con resultados variados (algunos afortunados y otros desastrosos) de los cuales podemos extraer lecciones útiles. Por ejemplo, países como Chile y España han logrado cambiar (en un par de décadas) la imagen de países autoritarios y cerrados por imágenes de éxito empresarial, deportivo y de libertades. Brasil, a pesar de sus graves problemas estructurales, se presenta al mundo como una nación moderna y ambiciosa. Otros países como Sudáfrica han trabajado exitosamente para dejar atrás su tormentoso pasado (Apartheid) y labrarse el prestigio de potencia emergente. Finalmente, hay muchos otros países de Asia Central y Europa Oriental que bregan para ubicarse en el mapa men-

---

[17] Daron Acemoglu y James Robinson, *Why Nations Fail*, Nueva York, Crown Bussines, 2012.

tal de la nueva geografía mundial con atributos positivos que les permitan atraer inversiones y flujos turísticos para mejorar su economía, aunque muchos de esos intentos han sido fallidos.

El Partido Acción Nacional (PAN) tuvo en 2000 un contexto favorable generado por la alternancia para posicionar a México como un país en vías de modernización acelerada. Los resultados de 12 años de gobiernos de derecha no fueron lo suficientemente profundos para modificar la percepción que se tiene en el exterior acerca de México. Es más, en algunos sentidos, la imagen se deterioró aún más. La pregunta que surge en esta segunda alternancia es la siguiente: ¿podrá el Partido Revolucionario Institucional (PRI) aprovechar su regreso al poder por la vía democrática para cambiar las bases del modelo político vigente en el país y ganar por esa vía una nueva imagen y, por ende, credibilidad en el nuevo escenario global?

En otras palabras, cabe preguntarse si el gobierno de Enrique Peña Nieto tendrá la habilidad de usar adecuadamente el potencial que tiene el país y proyectar en aquellas audiencias de países a los que más interés les despierta todo el "poder suave" y operar así la transformación. Es importante tener claro que la estrategia de comunicación global que un país emplea funciona solamente si existe una sincronía entre los fines que persigue (que en buena lógica debería ser un posicionamiento claro como nación moderna y con ánimo de dar el gran salto) y la acción del gobierno al interior. Crearse un prestigio nuevo pasa por desterrar, con hechos contundentes y creíbles, el viejo posicionamiento de país autoritario, pintoresco, revolucionario y atípico para los parámetros occidentales.

Para obtener un posicionamiento claro es necesario que el trabajo de comunicación sea coherente con la realidad. No se puede simular que se es un país democrático y no serlo. La construcción de prestigio siempre tiene un equilibrio frágil.

Además de lo que haga el gobierno, hay que revisar si la proyección de la mexicanidad es genuina y lo suficientemente matizada. La forma en que nos ven y en que nos vemos genera inercias culturales que es muy difícil matizar para dar paso a valores más compatibles con la modernidad a la que aspira el país. No se puede inventar lo que no existe, ni crear una imagen de país inexistente.

Las imágenes obedecen a estereotipos muy arraigados, como ocurrió con la transmisión de un conocido programa de la British Broadcasting Corporation (BBC), *Top Gear*, en el que se presentó ante el

público inglés una marca mexicana de coches (Mastretta), y de paso
una buena parte de los lugares comunes, y se repitieron a mansalva
los tópicos más deleznables que México proyecta al exterior. La falta
de delicadeza de la televisión pública británica fue puesta de relieve
por el embajador de México en el Reino Unido a través de una petición de rectificar lo vertido en el programa. La controversia se saldó
con una disculpa del productor, pero el fondo del tema de la imagen
del país permanece: México debe hacer un esfuerzo sistemático por
presentar una imagen mucho más matizada de su propia realidad. No
proyectamos la imagen de un país moderno y vigoroso, sediento de
modernidad e innovación.

La imagen internacional de México en el sistema global de entretenimiento sigue dominada por charros despechados (muy machos),
narcos despiadados, muertas de Juárez, líderes sindicales millonarios
y ramplones e indígenas oprimidos por un sistema que los usa pero
al mismo tiempo los niega. Más allá de esas estampas, lo cierto es que
las manifestaciones artísticas reflejan, mejor que ninguna otra cosa, el
alma de un país y así la languidez de nuestras canciones (captada por
sensibilidades sublimes como María Callas) nos dice mucho de nosotros mismos. Algo tiene la música que expresa mejor que cualquier
otro lenguaje la esencia y el alma de un pueblo. En muchos países de
América Latina, España y Estados Unidos, la música tradicional mexicana se sigue programando en estaciones de radio y la fascinación
que despierta se mantiene viva, aunque es cada vez más claro que lo
más valorado se ubica en el pasado nostálgico y no en los artistas del
momento que, como es obvio, los hay y muy buenos. La imagen de
México tiene un componente más cercano al bolero melancólico, a lo
nostálgico o a lo francamente trágico, a diferencia de los sincopados
ritmos caribeños, las alegrías salseras e incluso las sugerentes lamba-
das brasileñas. No propongo cambiar esencias ni ponernos máscaras
que no nos corresponden, simplemente constato que la imagen de
México tiende a ser la de un país que sabe lamentarse (como los por-
tugueses con sus fados) con maestría y ésa es parte de la imagen que
proyectamos al exterior. Un país en el que la vida vale poco y en donde se llora cuando los otros ríen ("quién pudiera reír como llora Cha-
bela". Dice Joaquín Sabina en una de sus más celebradas canciones).

México ejerce también un magnetismo por sus civilizaciones milenarias que proyectan, con inusitado vigor, una fascinación en el mundo entero. Los mayas en especial suscitan simpatías e interés. No en

vano en una reciente votación realizada en Internet el icónico castillo de Chichén Itzá fue designado como una de las nuevas maravillas del mundo. El México colonial, a pesar de sus incontables tesoros, no ha conseguido proyectar al exterior una personalidad tan definida como la estética prehispánica. La fuerza semiótica de lo mexicano está en las culturas precolombinas, ya que no hay algún monumento o expresión artística del México independiente que rivalice con el enorme valor icónico del calendario azteca. Al igual que con la música, no propongo mistificar nuestra imagen, simplemente constatar que la principal fuerza articuladora de nuestra identidad está muy ligada a un pasado remoto. Nuestra mejor cara no es, como sucede en Estados Unidos o en Emiratos Árabes Unidos, la edificación de modernas y deslumbrantes ciudades (de hecho, no tenemos ninguna que despierte admiración) ni tampoco por las modernas infraestructuras. Digámoslo con claridad, la ciudad mejor planeada de México sigue siendo Teotihuacan.

Visto el tema desde una perspectiva benévola y edificante, el país cosecha muchas ventajas comparativas por mantenerse como un espacio en el que el pasado pervive. Podremos seguir explotando la fascinación que las comunidades indígenas despiertan en esos turistas (tan bien descritos por Xavier Vidal-Folch) que buscan la armonía primigenia en "el buen salvaje", pero es evidente que uno de los resortes más poderosos para cambiar la imagen del país es ofrecer un nuevo trato a los indígenas para otorgarles garantías de que sus lenguas y culturas serán preservadas porque son patrimonio de la humanidad. Es crucial desmentir que somos un país semisalvaje en el que las mujeres indígenas pueden ser vendidas o explotadas y la población autóctona puede ser objeto de un racismo estructural. México debe encontrar su modernidad redimiendo su raíz indígena.

Somos un país que además proyecta una violencia centenaria. Los personajes más emblemáticos de la historia patria están vinculados a episodios turbulentos. Los dos caudillos con mayor proyección exterior son Emiliano Zapata y José Doroteo Arango, *Pancho Villa*. Ambos cumplen una función redentora e icónica (solamente igualada por Ernesto Guevara, *el Che*) en la tradición revolucionaria de todo el mundo. No hay reformador, constitucionalista o estadista que dispute la notoriedad de estos personajes. La historia de México proyecta dolor, injusticia, oprobio y caudillos que a través de la lucha quisieron redimir a este pueblo que se asume, en casi todas sus expresiones, como una víctima de oscuras fuerzas. Más allá de lo que esto implique en la forma en que nos vemos a nosotros mismos, la proyección exterior es la de un país lacerado por la injusticia y esporádicamente sacudido por la violencia liberadora de revoluciones "epopéyicas" que de forma sistemática son derrotadas por las inercias internas y los oscuros intereses externos que vuelven a someter a las mayorías.

Al igual que en los temas aludidos antes, no pretendo cambiar las cosas, simplemente constatar que en la construcción de nuestra imagen pesa más la turbulencia que la estabilidad y que nuestros grandes héroes no son (como Thomas Jefferson, Benjamin Franklin, George Washington o John Adams) edificadores de instituciones, sino jinetes del pueblo que blandieron su espada para liberar y abolir. A los mexicanos se nos da aquello de celebrar inicios de gestas, mucho más, en todo caso, que proyectos terminados y exitosos. Somos un país perpetuamente aspiracional en el que la justicia es la eterna asignatura pendiente. La diferencia es sustantiva con la imagen consolidada que proyectan nuestros vecinos del norte y otras naciones. Lo nuestro ha sido revolucionar, es decir, cambiar violentamente y nunca concluir.

La violencia asociada a nuestra historia se complementa con nuestras expresiones artísticas, muchas de ellas tienen un sistemático y persistente culto a la muerte. No nos detendremos en la psicología nacional, pues ha sido objeto de múltiples y sesudas reflexiones; destacaremos, para avanzar en nuestra argumentación, que las calaveras de José Guadalupe Posada siguen siendo un elemento emblemático de nuestras tiendas para turistas, al igual que en todos los museos de México, la postal más visible es siempre la de algún cuadro de la atormentada Frida Kahlo.

Nuestra imagen externa contiene un genoma mucho más marcado por el pasado y la tradición que por la modernidad y la capacidad de construir una comunidad armónica, dinámica e innovadora. Nuestra experiencia colectiva del siglo XX no hizo otra cosa que profundizar, a través de la historia oficial y la cultura del mural, en una estética y una nomenclatura que hace las veces de soldadura con el pasado para reforzar un conservadurismo, por no llamarlo inmovilismo, que obstaculiza los cambios o por lo menos los amenaza de manera sistemática con el fantasma de la rebelión y la violencia atrabancada del México bronco: ¡no toquen Pemex ni la estructura agraria; tampoco a las estructuras criminales porque se abre la puerta a una inquietante inestabilidad! La consigna política que parece reflejar mejor nuestra realidad política institucional es la siguiente: no mueva nada, no toque paraestatales ni sindicatos corporativos, porque si se agita el avispero, las consecuencias serán imprevisibles.

En otras palabras, a pesar de todas sus cualidades y virtudes, México no ha conseguido fijar en la opinión internacional la imagen de una marca que lo ubique como un país con ánimo de dar el gran salto y de proyectarse. Veamos algunos datos que nos ayudan a profundizar en la argumentación.

¿SOMOS TAN CERRADOS COMO SE PIENSA?

México es un país muy globalizado. Son muchas las áreas de relación con el exterior, como lo revela el Índice Elcano de Presencia Global (IEPG),[18] que compara muchos ámbitos de la acción exterior de los países. México ocupa un sólido vigésimo lugar en la escala mundial y, por supuesto, ocupa el primero de América Latina;[19] sin embargo, como antes lo veíamos, no proyecta de manera equilibrada y solvente la imagen de nación en trance por modernizarse. Muchos temas de actuación exterior se deben activar para que el país pueda gozar de una imagen diferente y el nuevo gobierno deberá valorar si permanece conservadoramente en una política exterior cautelosa y tradicional o bien apuesta por una mayor proyección externa. Cuatro áreas me parecen de atención inmediata:

a] Apoyo a Centroamérica y usar intensivamente de manera más amplia la palanca de la cooperación para el desarrollo. Somos un país que por sus problemas internos no ha logrado valorar (a pesar de los importantes avances que se han dado en las leyes y las instituciones de cooperación) la importancia que tiene la cooperación internacional, en especial con países de nuestro entorno inmediato. México podría mejorar sustancialmente su imagen con un despliegue mucho más agresivo en el Caribe y América Central. Hay un abanico de opciones que van desde la infraestructura hasta programas de becas. Un país que coopera con otros, aunque lo haga movido por el más claro interés nacional, gana prestigio y autoridad moral.

[18] <www.realinstitutoelcano.org>.
[19] *Ibid.*

b] En cultura y ciencia, nuestra presencia es relativamente baja. El espacio para mejorar la imagen del país a través de nuevas iniciativas es enorme. Si en el IEPG a nivel agregado, como ya se ha señalado, ocupamos el lugar 20, en el capítulo de cultura y ciencia perdemos 15 lugares para caer hasta el lugar 35, lejos del 12 que ocupa España o del 15 de Brasil. En difusión educativa la situación es todavía peor, pues nuestra posición se desploma hasta el lugar 46, por debajo de Venezuela. Otros indicadores nos abren otros espacios de trabajo constructivo. Ninguna universidad mexicana (ni pública ni privada) figura entre las primeras 200 más importantes; la mejor clasificada es la Universidad Nacional Autónoma de México que ocupa el lugar 350, según el índice de la prestigiosa revista *Times Higher Education*.[20] Nuestra presencia en la lista de los Premios Nobel es raquítica.

En deportes ocupamos el lugar número 30 en el citado índice. El deporte, como se constató una vez más en los Juegos Olímpicos de Londres en 2012, es un mecanismo de influencia y proyección de poder invaluable, aunque algunos puristas lo menosprecien. Izar la bandera es un gesto de afirmación colectiva, aunque la medalla premie la excelencia de un individuo o de un equipo como ocurrió con la medalla de oro en el futbol. La energía y seguridad que inyecta a un país es proporcional al prestigio que ese país proyecta a un auditorio que rara vez se interesará por un país remoto y ajeno a su realidad cotidiana, por lo tanto, es una oportunidad más bien rara. Además, un deportista carismático puede hacer por la imagen de su país mucho más que las declaraciones de sus políticos.

Los éxitos personales de los deportistas de élite son asumidos por la colectividad como éxitos propios que suben la autoestima y, sobre todo, proyectan otra imagen al exterior. Pero lo que sí quiero subrayar es la necesidad de repensar la proyección de poder suave al exterior, y el deporte es una de sus vías. Los países en ascenso (como China) muestran su fortaleza en el medallero y aquellos que declinan relativamente (como Rusia) viven de sus viejas glorias; los que están estancados o muy por debajo de su potencial también son vistos en todo su esplendor o miseria en las justas olímpicas. En 2012, México tuvo en Londres un desempeño comparable al de certámenes precedentes, con lo cual se ratifica esa imagen de un país que de pronto consigue

---

[20] <www.timeshighereducation.co.uk/world-university-rankings-2012-13/world-ranking>.

descollar, pero en términos agregados sigue anclado a estructuras tradicionales que le impiden dar el gran salto.

c] Mejorar nuestra imagen ante el gran público estadunidense; como expliqué anteriormente, está severamente deteriorada y ha tenido una acelerada caída en los últimos años (véase la gráfica 1). Si analizamos la trayectoria de la imagen que tenemos en Estados Unidos, constataremos que no es muy diferente a la que tienen países como China y Egipto, pero estamos muy lejos de Canadá (que es el que mejor imagen proyecta), Japón o el Reino Unido, países a los que se les percibe de manera muy favorable. Además, como se aprecia en la gráfica 1, la imagen del país ha sufrido una caída en picada en los últimos años que es imperativo invertir. No veo trabajo más importante en el frente externo que modificar esa percepción.

Veamos los datos con más detalle. Si clasificamos a los países por el balance de las imágenes positivas y negativas que suscitan en la opinión estadunidense, podemos ubicar tres grupos de naciones: en primer lugar está el grupo de los que gozan de una opinión mayoritariamente positiva que incluye a Canadá, Japón y el Reino Unido (véase la gráfica 2); en segundo lugar están los que ofrecen una imagen polarizada, entre los que está México, junto con otros países ideológicamente desafectos a la potencia y con capacidad de crearle problemas como China, Jordania y Rusia (véase la gráfica 3) y, finalmente, no es tranquilizador que haya otra franja de países en una gama inferior (véase la gráfica 4), porque se trata de naciones y gobiernos que confrontan activamente a Estados Unidos y están asociados con conflictos geopolíticos, programas de armas nucleares, ayatolas y demás fantasmas que, en el diario acontecer de los noticieros, aparecen como los enemigos de los estadunidenses.

Vale la pena preguntarse el porqué un socio comercial, con quien comparte su perímetro de seguridad y muchas otras cosas más, tiene tan mala prensa y la primera respuesta tiene que ver con los recelos tradicionales que el vecino provoca y que sin ambages fueron sistematizados por Jeffrey Davidow en el libro que narra su experiencia como embajador.[21] En la crisis de 2001 quedó claro que a los dos países los separa un océano espiritual y afectivo. Una segunda lectura nos permite identificar que la percepción se deteriora de manera concomitante con el deterioro que los propios mexicanos percibimos de

---

[21] Jeffrey Davidow, *El oso y el puercoespín*, México, Grijalbo, 2005.

GRÁFICA 1

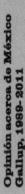

Opinión acerca de México
Gallup, 1989-2011

¿Cuál es su opinión general acerca de México? Muy favorable, algo favorable, algo desfavorable o muy desfavorable?

Muy/algo favorable · Muy/algo desfavorable

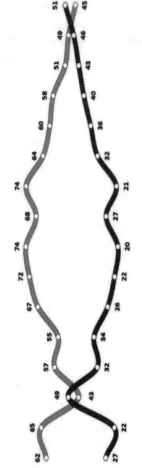

* No se muestra NS/NC

3

bSl | buendía&laredo

1989 1991 1993 1996 1999 2001 2002 2003 2004 2005 2006 2007 2008 2009 2010 2011

GRÁFICA 2

Balance de opiniones en distintos países

■ MUY/ POCO DESFAVORABLE   ■ MUY/ALGO FAVORABLE

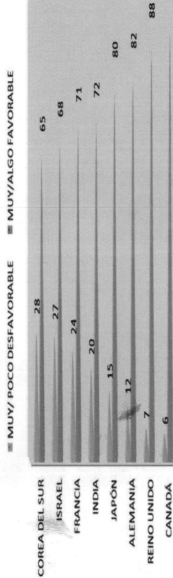

	MUY/ POCO DESFAVORABLE	MUY/ALGO FAVORABLE
COREA DEL SUR	28	65
ISRAEL	27	68
FRANCIA	24	71
INDIA	20	72
JAPÓN	15	80
ALEMANIA	12	82
REINO UNIDO	7	88
CANADÁ	6	92

Fuente: opinión acerca de México, Gallup, febrero 2011. Buendía & Laredo.

GRÁFICA 3

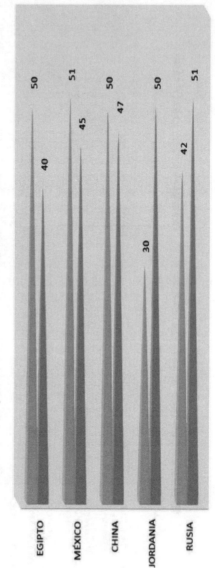

Balance de opiniones en distintos países

■ MUY/ALGO DESFAVORABLE ■ MUY/ALGO FAVORABLE

País	Muy/algo desfavorable	Muy/algo favorable
EGIPTO	40	50
MÉXICO	45	51
CHINA	47	50
JORDANIA	30	50
RUSIA	42	51

Fuente: opinión acerca de México, Gallup, febrero 2011. Buendía & Laredo.

GRÁFICA 4

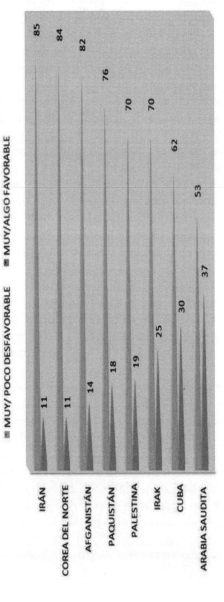

Balance de opiniones en distintos países

MUY/ POCO DESFAVORABLE   MUY/ALGO FAVORABLE

País	MUY/ POCO DESFAVORABLE	MUY/ALGO FAVORABLE
IRÁN	11	85
COREA DEL NORTE	11	84
AFGANISTÁN	14	82
PAQUISTÁN	18	76
PALESTINA	19	70
IRAK	25	70
CUBA	30	62
ARABIA SAUDITA	37	53

Fuente: opinión acerca de México, Gallup, febrero 2011. Buendía & Laredo.

nuestra situación en materia de violencia e inseguridad pública. Si vemos el comportamiento de la gráfica 1, podemos apreciar que, desde 2006, el prestigio del país ha experimentado una caída alarmante de las menciones positivas, al tiempo que crecían (en medios de comunicación estadunidenses) mensajes sobre el deterioro relativo que experimentaba el país. México no ha conseguido revertir esa tendencia reforzando los valores compartidos y ubicando temas alternativos que compensaran o equilibraran el alud de noticias relacionadas con la violencia criminal.

Es evidente que una de las más visibles debilidades de México es carecer de mecanismos de generación de mensajes alternativos que refuercen la cercanía y maticen los mensajes negativos. En un espacio abierto, como la democracia estadunidense, no se puede negar que se hable de un tema, al contrario, lo que sí se puede hacer es equilibrar con información coherente, sistemática y atractiva aquellas cosas que pueden quedar marginadas por la espectacularidad de las notas criminales.

d] La imagen de las instituciones nacionales y del nuevo gobierno. Una de las consecuencias más directas del proceso electoral de 2012 es el triunfo de Enrique Peña Nieto y su partido, el PRI, y por consiguiente la inquietud de la comunidad internacional sobre el significado político de este hecho. En muchos sectores de la opinión internacional, la victoria del tricolor equivale a una restauración del viejo sistema político mexicano y, por lo tanto, a una interrupción del proceso de democratización que había experimentado el país desde mediados de los años noventa. La percepción no es minoritaria, puesto que el propio Peña Nieto publicaba (un día después de su victoria) un artículo en el *The New York Times*[22] en el que intentaba matizar algunos de estos vaticinios. Peña Nieto reconocía tener conciencia de que el triunfo de su partido podría ser visto desde dos perspectivas: 1] un retorno a las viejas prácticas antidemocráticas y corruptas que caracterizaron el ejercicio de los gobiernos priistas del siglo XX y 2] un debilitamiento del compromiso del gobierno mexicano para luchar contra el crimen organizado y, en particular, los narcotraficantes.

La idea que alentaba el texto publicado en el influyente diario era salir al paso de esas percepciones y proyectar la imagen de un político joven; invocaba pertenecer a una nueva generación comprometida

---

[22] <http://www.nytimes.com/2012/07/03/opinion/mexicos-next-chapter.html>.

con la democracia y se reconocía como un realista pragmático que rechazaba las prácticas a las que tradicionalmente se asociaba a su partido. Con gran énfasis, el triunfador de las elecciones argumentaba que el objetivo de su generación era obtener resultados mensurables en reducción de los niveles de pobreza y que por supuesto no daría tregua a los criminales. Es importante subrayar que se comprometía a continuar, con nuevos matices, la lucha contra las organizaciones criminales iniciada por su predecesor Felipe Calderón.

En el plano interno el presidente Peña lanzó también una ofensiva política para morigerar los temores de aquellos sectores que aventuraban que el regreso del PRI significaba (mecánica e ineludiblemente) un retorno al pasado. En su manifiesto sobre una presidencia democrática[23] aseguraba que los nuevos tiempos (y sus convicciones) lo ponían en la tesitura de ejercer el poder con los controles propios de una democracia, la rendición de cuentas y los equilibrios constitucionales. El documento en cuestión planteaba profundizar en tres ejes que concentraban buena parte de los señalamientos críticos que se han hecho a los gobiernos del tricolor: el primero es profundizar en transparencia y rendición de cuentas; el segundo es establecer un mecanismo que evite que el dinero público sirva para comprar tiempo en los medios que favorezcan el culto a la personalidad o cierren espacios a la pluralidad que ha vivido el país en los últimos años, y el tercero es un combate frontal a la corrupción a través de una nueva oficina encargada de sancionar de manera ejemplar esa práctica tan difundida en México y ampliamente asociada con los usos y costumbres del PRI.

Para el gobierno de Peña Nieto resulta crucial acumular puntos en los frentes externo e interno con el fin de mejorar la muy mala reputación de su partido y labrarse una imagen (supongo que parecida a la de Ernesto Zedillo) de político austero y modernizador. Más allá de los beneficios personales que en términos de imagen pueda cosechar, el gran tema es la imagen que México tendrá en el exterior. No es un secreto para nadie que el país tiene una pésima reputación en materia de integridad. De hecho, el índice de Transparencia Mexicana[24] más reciente ubicaba a México en el lugar número 105.

[23] <http://www.enriquepenanieto.com/dia-a-dia/entrada/por-una-presidencia-de-mocratica-manifiesto/>.

[24] <http://www.transparenciamexicana.org.mx/documentos/IPC2011/03_IPC_2011_Mapa.pdf>.

En otras épocas de la historia el país ha hecho esfuerzos conscientes y sistemáticos por cambiar su imagen. A finales de los años sesenta, el gobierno de México le planteó al afamado arquitecto Eduardo Terrazas construir la imagen de México para la justa olímpica: "Nos interesaba desarrollar la ciudad de México [...] y dar una imagen de país con rica historia y a la vez moderno e industrial. De esa síntesis entre tradición y progreso surgió el logotipo [...] trazamos líneas paralelas al estilo de las tablas de los huicholes pero modernizadas por la geometría".[25] En los años noventa, el gobierno de Carlos Salinas de Gortari desplegó un colosal y muy eficiente trabajo de reposicionamiento de la imagen del país. En pocos años se colocó en la opinión estadunidense y europea la imagen de un México que rompía las ataduras que lo ligaban al pasado. La imagen de un México abierto y competitivo que se integraba a la región de América del Norte y a la OCDE fue muy poderosa. El problema fue que en 1994 las contradicciones que generó una modernización de fachada con una realidad atávica y resistente colapsaron lo conseguido en reputación internacional. Es más, descubrimos que el contragolpe en el prestigio puede ser aún más devastador. Salinas quiso presentar un México abierto, competitivo y democrático, y fracasó porque el cambio no era tan profundo como lo proclamaba. Cuidado con las maniobras cosméticas que pueden comenzar bien pero que están condenadas a finales desastrosos y contraproducentes.

RECOMENDACIONES Y LÍNEAS DE ACCIÓN

Un par de reflexiones para terminar. Es cierto que los números reflejados en las encuestas sobre la imagen del país no mueven el entusiasmo, pero la iniciativa privada ha sido sensible a los intentos del gobierno de Calderón de cambiar esa imagen. Por ejemplo, en un balance final se apunta lo siguiente:

Entre los aciertos del gobierno saliente [el de Calderón] está el esfuerzo por mejorar la imagen de México en el mundo, con logros como la presencia en foros como el de Davos, que han contribuido a contrarrestar una visión dis-

---

[25] *El País*, jueves 4 de octubre de 2012, p. 33.

torsionada o parcial de nuestro país, producto del problema real de la delincuencia organizada. Son activos que ayudarán al próximo gobierno y a todos, si nos ocupamos de mantenerlos y fortalecer otras áreas, como la "Marca México" […]. Como país, tenemos vocación y enorme proyección como líder en turismo y comercio exterior. Hay que seguir por ese camino: comprometámonos a reforzar proyectos como la Alianza Nacional por el Turismo y decisiones acertadas como el Tianguis Turístico itinerante. En el mismo sentido, somos ya una potencia exportadora y contamos con bases para llevar esta realidad a niveles mucho más destacados.[26]

De cierta forma, estos cambios le permiten al gobierno de Peña Nieto contar con una prometedora plataforma que fue ampliamente documentada por un muy prometedor número de la influyente revista británica *The Economist*.[27] La oportunidad está abierta, de cualquier forma.

Más allá de las sutilezas publicitarias, mejorar la imagen del país depende, en primera instancia, de nuestra habilidad para cambiar nuestra propia realidad. No se puede cambiar la imagen sin cambiar la sustancia. Debemos hacer, por lo tanto, lo siguiente:

1] Mejorar la imagen del país coordinando de manera eficiente a todos los actores que emiten mensajes al exterior.

2] Posicionar la imagen de un país que (sin renegar de sus tradiciones) aspira a dar el gran salto y que mira con relativa confianza al futuro.

3] Posicionar la imagen de un país que tiende a institucionalizarse y, por lo tanto, que comparte con Occidente los valores democráticos, el imperio de la ley y los derechos humanos, y desterrar la imagen del México heterodoxo que invoca la particularidad para no castigar el abuso o que explica los fraudes por usos y costumbres.

4] Tener un Instituto —México, Octavio Paz o como se le quiera llamar— para proyectar la cultura mexicana y nuestro idioma en el mundo. Además de impulsar los estudios mexicanos en una muy versátil red de académicos e investigadores.

5] Tener, por lo menos, un canal internacional de México con in-

---

[26] Programas transexenales. La voz del Consejo Coordinador Empresarial, mensaje 027, 8 de octubre de 2012.

[27] <http://www.economist.com/news/leaders/21567081-america-needs-look-again-its-increasingly-important-neighbour-rise-mexico>.

formativos profesionales y programación atractiva y moderna, lejos de fórmulas tradicionales.

6] Proyectar la imagen de un país justo y seguro.

7] Invertir seriamente en cooperación regional y en programas de intercambio universitario, en especial en Centroamérica y el Caribe.

8] Desplegar una política deportiva que permita la proyección de grandes atletas y consiga "habituarnos al éxito".

9] Una política en ciencia y tecnología que ubique a nuestra red de universidades y tecnológicos en la órbita de la innovación.

La imagen de un país no depende del éxito de una campaña publicitaria, sino de su realidad.

LA REINVENCIÓN DE MÉXICO EN LA ERA DIGITAL

GENARO LOZANO

Durante el sexenio de Felipe Calderón varios fueron los aciertos de la política exterior impulsada por la excanciller Patricia Espinosa. México volvió a tener una presencia y una buena relación con América Latina, en especial con Cuba y Venezuela, así como una notable participación en los foros multilaterales. La Conferencia de las Partes de la Convención Marco de las Naciones Unidas sobre el Cambio Climático (COP16) o la presidencia del Grupo de los 20 (G-20) destacan dentro de esos aciertos. Sin embargo, los aciertos palidecieron ante un hecho innegable: la imagen del país se deterioró como resultado de un sexenio marcado por la violencia de la guerra contra el narcotráfico.

En los medios de comunicación internacionales, México estuvo presente en la nota roja, en las fotografías de fosas comunes, en las notas sobre operativos fallidos y escandalosos como "Rápido y furioso", en las imágenes de la masacre de 72 migrantes centroamericanos o en los reportes de los enfrentamientos entre las fuerzas de seguridad del Estado mexicano con los cárteles de la droga. Drogas, muerte y violencia se sumaron a la percepción negativa del país en el mundo, como sinónimos o como adjetivos que acompañaron el nombre de México o a la "marca país", término acuñado por el especialista Simon Anholt, durante todo el sexenio pasado.

En efecto, si a inicios del nuevo milenio la alternancia en el poder ejecutivo con Vicente Fox atrajo la atención del mundo y ayudó a que se difundiera la imagen de un país con consolidación democrática, el sexenio del segundo presidente emanado del Partido Acción Nacional (PAN) significó un retroceso en la imagen de México por la violencia desatada como resultado de la política de seguridad que se volvió el sello distintivo de la administración calderonista desde el arranque de su gestión. Cinco años después, al inaugurar la XXII Reunión Anual de Embajadores y Cónsules en enero de 2011, la excanciller Patricia Espinosa señaló un tibio reconocimiento del deterioro en la imagen del país al señalar que "Debemos, por tanto, dar mayor difusión a los avances de México. Debemos velar porque la imagen de nuestro país en el extranjero siga recuperándose, que ésta corresponda a nuestra realidad en todos los órdenes y que logremos que prevalezca la idea de que México es mucho más grande que los retos que le impone la coyuntura".[1]

Tibio reconocimiento al que se sumó el presidente Felipe Calderón unas semanas después al participar en una reunión de la Confederación de Cámaras Industriales (Concamin) y al invitar a los convocados a "hablar bien de México", tanto en el país como en el extranjero.[2]

Sin embargo, las peticiones de la canciller y del presidente llegaron tarde y se quedaron en exhortos, ya que no fueron acompañadas de una política pública institucional encaminada a lograr el propósito de mejorar la imagen del país. Durante el sexenio, fueron pocos o nulos los intentos de lanzar una campaña para mejorar la imagen de México. Los esfuerzos en ese sentido fueron, por un lado, la exposición México en tus sentidos y el Museo Itinerante, ambos del empresario y director de cine Willy Sousa y realizados con motivo de los festejos del Bicentenario de la Independencia de México en distintos países; por el otro, en 2010, el gobierno mexicano contrató los servicios de Ogilvy Public Relations, agencia que en el verano de 2011 convenció al presidente Calderón de participar como guía de turistas en el programa de televisión llamado *The Royal Tour*, conducido por el periodista estadounidense Peter Greenberg, para promocionar la imagen de México en Estados Unidos. Ambos esfuerzos fueron insuficientes y tuvieron incluso el efecto contrario: el empresario Willy Sousa acabó en la cárcel por un proceso de evasión de impuestos y fraude en 2012, al tiempo que el programa *The Royal Tour* no tuvo realmente el impacto deseado e incluso puso en peligro al presidente de México, cuando él y el periodista estadounidense quedaron colgados en una tirolesa por una veintena de minutos, según trascendió en algunos medios.

Si en los medios tradicionales se dieron esfuerzos escasos y mal planeados, en las nuevas tecnologías de la información y la comunicación (TIC) hubo una notable desatención, en el tiempo que la diplomacia de países como Brasil, Estados Unidos, la India, Suecia y muchos más

---

[1] Discurso de la excanciller Patricia Espinosa al inaugurar la XXII Reunión Anual de Embajadores y Cónsules el 6 de enero de 2011, < http://saladeprensa.sre.gob.mx/index.php/es/comunicados/460-sre>, 6 de diciembre de 2012.

[2] "Calderón pide hablar bien de México", *El Economista*, <http://eleconomista.com.mx/sociedad/2011/01/21/calderon-pide-hablar-bien-mexico>.

fueron de los primeros en atender la nueva realidad de la comunicación: el ciberespacio y la promoción de sus agendas nacionales en un mundo cada vez más interconectado a través de Internet y las llamadas redes sociales, esfuerzos conocidos como Diplomacia Pública 2.0.

En este capítulo se discute cómo México ha desaprovechado el uso de las TIC para promover la imagen del país en el mundo cuando hay ejemplos claros de que ésas pueden ser herramientas útiles para promover la imagen de un país y su agenda diplomática. Para tal efecto, en la primera parte de este trabajo se ofrecen algunos conceptos teóricos sobre diplomacia pública, comunicación estratégica, *nation branding*, *competitive identity*, redes sociales, tecnologías de la información y poder suave. El marco teórico ayudará a comprender mejor cuáles son los debates en torno a estos temas en la literatura académica. Posteriormente, se expondrá el caso de éxito del lanzamiento de la Diplomacia Pública 2.0 del Departamento de Estado estadunidense, ya que éste ha usado las TIC y en especial las redes sociales para promover su interés nacional y empujar su poder suave. De hecho, la estrategia estadunidense ha servido como modelo para otros casos de éxito, pero la extensión de este ensayo limita el ahondar en otros casos. Este ensayo concluye con una breve revisión sobre lo que hizo la Secretaría de Relaciones Exteriores (SRE) durante el sexenio de Calderón en materia de redes sociales y TIC, cuáles fueron algunos aciertos y errores, y se exploran algunas recomendaciones sobre qué más se podría hacer en el sexenio del presidente Enrique Peña Nieto para crear una verdadera política pública que instrumente una diplomacia 2.0 que pueda servir mejor, de manera más vigente, rápida y eficiente a la promoción del interés nacional de México y al mejoramiento de la imagen de México en el exterior.

IMAGEN NEGATIVA Y EN PICADA

¿Qué es la "imagen de un país"? ¿Por qué debe importar? ¿Cómo está la imagen internacional de México? De acuerdo con Simon Anholt, "la forma en la que un país es percibido por otros países hace una diferencia crítica en el éxito de sus negocios, comercio y turismo, así como para sus esfuerzos diplomáticos y sus relaciones culturales con otros países".[3] Desde 1996, la consultora GfK elabora el índice anual Anholt-GfK Roper Nation Brands Index que mide la imagen internacional de 50 países, incluido México y otros de Latinoamérica. El índice mide seis variables: 1] la calidad y percepción de los bienes de consumo exportados por un país; 2] la percepción de la opinión pública con respecto a las capacidades y competencias de un gobierno nacional y su compromiso con valores como democracia, justicia, combate a la pobreza y protección al medio ambiente; 3] las percepciones globales de la herencia cultural y las manifestaciones contemporáneas de la cultura de un país; 4] la reputación de la población de un país, su nivel de apertura y sociabilidad; 5] el interés que hay por visitar las atracciones turísticas de una nación y, finalmente, 6] el atractivo de un país para atraer inversiones y recursos humanos de otros países. De acuerdo con este Índice de Marca País 2012, México cayó al lugar 32 de los 50 países evaluados, su punto más bajo desde 2008.[4]

En el mismo tenor, el académico César Villanueva advierte "la imagen internacional de un país es importante desde la emergencia del Estado-nación por razones relacionadas a la seguridad nacional y a la sobrevivencia de un Estado. Las percepciones de los estados sobre sus enemigos o amigos tienen influencia en cómo las naciones se comportan entre ellas".

La encuestadora Gallup elabora un estudio anual titulado Country Favorability Ratings en el que mide la percepción de los estadunidenses con respecto a 21 países. El estudio de 2011 muestra cómo de 2005 a 2011 la imagen de México en Estados Unidos fue en declive año tras año. En 2005, un 74% de los encuestados tenía una buena imagen de México, mientras que sólo un 21% tenía una imagen negativa. En 2011, los datos arrojaron un 51% con una imagen negativa de México y un 45% con una positiva, sólo por encima de Egipto y debajo de China.[5]

De igual forma, un estudio de Roberto Newell, del Woodrow Wilson Center, dedica el análisis al tratamiento informativo de México en dos de los principales diarios de Estados Unidos (*The New York Times* y

---

[3] Véanse los siguientes libros de Simon Anholt: *Nation Branding y Competitive Identity: The New Brand Management for Nations* y *Cities and Regions.*

[4] Véase *Nation Brand Index,* <http://www.gfkamerica.com/practice_areas/roper_pam/nbi_index/index.en.html>.

[5] Para consultar el estudio de Gallup véase <http://www.gallup.com/poll/146090/iran-north-korea-americans-least-favorite-countries.aspx>.

The Wall Street Journal) entre 1987 y 2010. De acuerdo con Newell, "sólo un 13% de los artículos escritos en 1993 era sobre crimen, corrupción y temas fronterizos, incluyendo inmigrantes ilegales y conflictos fronterizos. La economía y las relaciones políticas de Estados Unidos con México eran los temas principales". En 2010 hay un cambio contrastante. Newell reporta que en este año "un 84% de los artículos escritos en el *The New York Times* sobre México estaba relacionado al crimen organizado, inmigrantes ilegales y a la corrupción. Solamente un 7% estaba relacionado con la economía y un 8% con temas políticos".[6]

Con base en esos datos duros es innegable que algo tiene que hacerse para mejorar la imagen internacional de México, ya que, como mencionan Newell y otros autores, "la imagen negativa de un país en el mundo influye en la toma de decisiones de otros países en diferentes grados y niveles de intensidad. Las decisiones de consumo de turistas y las inversiones de compañías extranjeras se ven afectadas por la mala percepción de un país en el mundo",[7] que de poco sirvieron las estrategias débiles y descoordinadas impulsadas durante el sexenio del presidente Calderón para mejorar la imagen internacional de México, especialmente en Estados Unidos, nuestro principal socio comercial.

ALGUNOS CONCEPTOS

Los expertos en "manejo de marca" (*brand managers*) dedican buena parte de su trabajo a tomar "marcas en desprestigio" como clientes, principalmente, empresas que por alguna razón tienen una crisis internacional, ya sea un banco al que se le descubrió que desviaba fondos ilegales en sus sucursales o una compañía petrolera multinacional que no tomó las precauciones necesarias y acabó contaminando la bahía de alguno de los países donde opera. El trabajo de estos expertos ayuda a las empresas en el "manejo de crisis" y logra hacer que la información negativa que fluía en torno a dicha empresa en los

[6] Roberto Newell, *Restoring Mexico's International Reputation*, Working Paper Series on U.S.-Mexico Economic Integration, Woodrow Wilson International Center, junio de 2011, pp. 20-24, <http://www.wilsoncenter.org/sites/default/files/Restoring%20 Mexico%20Report.pdf>.

[7] *Ibid.*, pp. 26-29.

medios tradicionales, "de repente", deja de aparecer y se convierte en una narrativa positiva.

De igual forma, el texto citado de Roberto Newell hace una referencia al respecto de la "marca México" al señalar que "los gerentes de marca han fallado en desarrollar una comunicación estratégica para contrarrestar el daño causado a la reputación de México por los reportes de noticias que se conocen en el mundo".[8] En el análisis de Newell existe la sugerencia de que un país puede ser apoyado por expertos para el manejo de crisis en su imagen internacional. Newell, al igual que muchos otros autores, es prescriptivo: explica el problema y propone soluciones.

Con ese enfoque, se piensa que un país con problemas de imagen puede desembolsar grandes cantidades de dinero a una compañía que le ofrece la mejor "comunicación estratégica" con "tecnologías de la información" que ayudarán a los esfuerzos de "diplomacia pública" de un país para garantizar una mejoría de la imagen de su cliente. Aunque, como veremos más adelante, no hay fórmulas mágicas que permitan cambiar la imagen de un país de la noche a la mañana.

De hecho, en ocasiones, el uso de la terminología es confuso. Por ello, a continuación, ofrezco un breve repaso a los conceptos.

Diplomacia pública: a mediados de la década de los años cincuenta, el académico y diplomático estadunidense Edmund Gullion, de la Fletcher School of Law and Diplomacy, afirma que "la diplomacia pública trata sobre la influencia en las percepciones públicas al respecto de la formulación y ejecución de la política exterior. Comprende dimensiones tradicionales de las relaciones internacionales más allá de la diplomacia tradicional; la medición de la opinión pública de otros países por parte de un gobierno; la interacción de grupos privados y de los intereses de un país en otro; así como el reporte de los asuntos internacionales y su impacto en las políticas públicas de un país".[9] Debido a que en este término entran otros como "diplomacia cultural" e incluso, durante la era de la confrontación bipolar entre Estados Unidos y la ex Unión Soviética, era fácil confundir el concepto de diplomacia pública con el de "propaganda", el académico Joseph Nye propuso incluir tres dimensiones de la diplomacia pública, que

---

[8] *Ibid.*, p. 30.
[9] Nicholas J. Cull, "Public Diplomacy' Before Gullion: The Evolution of a Phrase", USC Center on Public Diplomacy, p. 1.

incluyen lo siguiente: a] comunicación diaria, b] comunicación estratégica y c] desarrollo de relaciones duraderas con actores.[10] Para Nye y para otros académicos como Bruce Gregory, de la Universidad George Washington, lo más importante de la diplomacia pública es, en efecto, la dimensión de la comunicación estratégica.

Comunicación estratégica: definida como un conjunto de temas sencillos, son aquellos mensajes como los que se distribuyen en una campaña electoral o en una de publicidad y tienen el objetivo de avanzar alguna política gubernamental en particular. Para Nye, la comunicación estratégica no es más que una dimensión de la diplomacia pública, aunque tal vez la más importante, y debe incluir temas culturales, de defensa a la democracia y valores y tradiciones de un país. Sus resultados se miden en el mediano plazo, no en el inmediato.

Como se mencionó anteriormente, hay autores que defienden la idea de que la imagen de un país puede ser cuidada por una compañía dedicada a esos temas con una buena campaña de comunicación estratégica que acompañe los esfuerzos de diplomacia pública de algún país. Sin embargo, autores como Simon Anholt advierten que la imagen de un país no puede ser cambiada de la noche a la mañana. Anholt advierte que "la comunicación no es sustituta de las políticas públicas y alterar la imagen de un país o una ciudad requiere algo mucho más sustantivo que el diseño gráfico, la publicidad o las campañas de relaciones públicas".[11] Por ello, Anholt propuso primero hablar del concepto de "marca país" o *nation branding* y más recientemente prefiere utilizar el concepto de *competitive identity*, ambos conceptos definidos de la siguiente manera:

Nation branding: es un concepto crucial para la reputación de un país, reputación entendida como un concepto externo, incluso un fenómeno cultural, que no se encuentra bajo el dominio del "dueño de la marca", y que, sin embargo, es importante porque toca cada relación entre la marca y sus consumidores. El *nation branding* involucra una coalición robusta y productiva entre el gobierno, el sector empresarial y la sociedad civil.[12]

Competitive identity: Anholt propone también ligar el concepto an-

---

[10] Joseph Nye, "The New Public Diplomacy", <http://www.project-syndicate.org/commentary/the-new-public-diplomacy>.

[11] Simon Anholt, Places: *Identity, Image and Reputation*, Nueva York, Palgrave MacMillan, 2010, p. 9.

[12] *Ibid.*, p. 12.

terior con el de *competitive identity*, colocándolo en un contexto de un mundo globalizado en el cual los países tienen asociada una imagen positiva o negativa, casi como un cliché, en el que "los gobiernos son responsables de darse cuenta de esa imagen internacional de sus países y deben desarrollar una estrategia adecuada para manejarla y construir una reputación que sea justa, verdadera, poderosa y genuinamente útil para sus objetivos económicos, políticos y sociales, y que reflejen el espíritu, la creatividad o el ingenio y la voluntad de sus habitantes, lo cual es una de las principales habilidades que los gobiernos deben desarrollar en el siglo XXI".[13]

Hasta este momento se han definido ya los principales conceptos que involucran la imagen de un país, el "qué" del problema. Sin embargo, ahora falta definir el "cómo" y, para ello, no se discutirán en este capítulo las estrategias empleadas en los medios tradicionales, sino que se explorarán los medios no tradicionales y el uso de las nuevas herramientas digitales para la promoción de la imagen de México. Por ello, defino rápidamente los términos más usados en la parte del "cómo".

Tecnologías de la información: para el sociólogo español Manuel Castells, las tecnologías de la información implican "el uso de un conocimiento científico para especificar modos de hacer cosas de un modo *reproducible*". Entre las tecnologías de la información se incluyen el "conjunto convergente" de tecnologías en microelectrónica, computación (máquinas y *software*), telecomunicaciones y transmisiones, y la optoelectrónica.[14]

Redes sociales: definir qué son las redes sociales es una tarea complicada. Lo es porque éstas han demostrado tener una gran versatilidad para sus millones de usuarios. Definirlas es una tarea complicada, pero recurro a la definición del politólogo James L. Gibson, quien ve a las redes sociales como "formas de transmitir información innovadora y valores e ideas asociadas con la democracia en una sociedad". Para tal efecto, Gibson afirma que las redes deben "promover la discusión de la política entre los ciudadanos, así como estar compuestas por vínculos débiles, entendidos como segmentos relativamente

---

[13] Simon Anholt, "Competitive Identity: A New Model for the Brand Management of Nations, Cities and Regions", *Policy & Practice: A Development Education Review*, vol. 4, primavera 2007, pp. 3-13, <http://www.developmenteducationreview.com/issue4-focus1>.

[14] Manuel Castells, *La era de la información. Economía, sociedad y cultura*, México, Siglo XXI Editores, 2002.

heterogéneos de la sociedad, en lugar de estar basados en parentescos o clanes".[15]

Diplomacia 2.0: también llamada ciberdiplomacia. El término ha ganado notoriedad luego de que la administración del presidente Barack Obama anunciara que lanzaría una vigorosa campaña de diplomacia pública que ayudara a mejorar la imagen internacional de Estados Unidos tras los años de la guerra contra el terrorismo impulsada por el gobierno de George W. Bush. De acuerdo con Gabriel Terrés, "a la vertiente de la diplomacia pública que aprovecha la nueva generación de las TIC (particularmente de la web 2.0) para escuchar, entablar diálogos e influenciar a públicos-objetivo con el propósito de crear un ambiente favorable para alcanzar objetivos de seguridad nacional, políticos, culturales o económicos, se la ha denominado diplomacia pública 2.0".[16]

LA DIPLOMACIA 2.0 DE ESTADOS UNIDOS

Estados Unidos es el país que más resalta en cuanto a casos de éxito de uso de diplomacia pública y comunicación estratégica en la era digital. Si bien la diplomacia estadunidense tiene una larga tradición de instrumentar ejercicios de diplomacia pública, lo cierto es que en los últimos cinco años el Departamento de Estado se ha abocado a crear una verdadera diplomacia 2.0, cumpliendo con las palabras que Hillary Clinton afirmara el día que asumió la titularidad de secretaria de Estado. En efecto, en su primer día como jefa diplomática, Clinton señaló "Éste va a ser un tiempo de retos que requerirá de las herramientas y soluciones del siglo XXI para enfrentar nuestros retos y dimensionar nuestras oportunidades".[17]

Las palabras de Clinton no eran para menos. La guerra contra el terrorismo le había dado a Estados Unidos una mala imagen en el

[15] James L. Gibson, "Social Networks, Civil Society, and the Prospects for Consolidating Russia's Democratic Transition", *American Journal of Political Science*, vol. 42, núm. 1, enero 2001, p. 53.

[16] Gabriel Terrés, "Diplomacia pública 2.0: una propuesta virtual para un mundo real", *Revista Mexicana de Política Exterior*, núm. 92, pp. 97-126.

[17] Palabras de la secretaria Clinton el 22 de enero de 2009, <http://www.state.gov/secretary/rm/2009a/01/115262.htm>.

mundo y uno de los primeros cometidos de la secretaria Clinton fue diseñar una estrategia orientada a mejorar la imagen de su país. Para ello, una de las primeras tareas de Clinton fue solicitar un incremento presupuestal para las actividades en general del Departamento de Estado, pero en específico para el rubro de diplomacia pública. De hecho, durante los dos últimos presupuestos solicitados por el gobierno de George W. Bush, el Congreso de Estados Unidos destinó a la diplomacia pública alrededor de 359 millones de dólares en 2008 y 395 millones para 2009. Para 2010, la secretaria Clinton solicitó al Congreso cerca de 520 millones de dólares para ese rubro, al tiempo que se aprobaron también unos 633 millones para programas culturales y de intercambios educativos.[18]

Clinton entendió que la instrumentación de su misión requería un buen presupuesto, pero también necesitaba un brazo derecho, un experto en las tecnologías de la información que le diseñara la estrategia a seguir. En abril de 2009, Hillary Clinton invitó a Alec Ross a trabajar en el Departamento de Estado en un cargo creado sólo para él: Asesor Sénior de Innovación y Tecnología de la Secretaría de Estado. Ross había sido uno de los principales responsables de la campaña presidencial en el mundo digital del presidente Obama y ahora entraba al mundo diplomático para apoyar a la secretaria Clinton y a los funcionarios de la Oficina de Asuntos Públicos del Departamento de Estado a desarrollar la combinación entre diplomacia y tecnología, y para diseñar la iniciativa llamada 21st Century Statecraft, el eje rector de la diplomacia pública 2.0 que sería impulsada con éxito por Clinton y sus asesores.

De acuerdo con la página de la iniciativa, todos los embajadores y cónsules del Servicio Exterior estadunidense fueron capacitados con entrenamiento en redes sociales a través de una oficina llamada E-diplomacy. De igual forma, el Departamento de Estado tiene 301 cuentas oficiales en Twitter, con casi tres millones de seguidores y con comunicación en once idiomas. En Facebook, hay unas 408 cuentas administradas por el Departamento de Estado con casi 16 millones de seguidores. Con esas plataformas, la página de la iniciativa mencionada presume estar en contacto directo con alrededor de veinte millones de personas en todo el mundo.[19]

---

[18] Para un comparativo del presupuesto destinado a diplomacia pública e intercambios culturales y educativos de los tres años véase <http://www.state.gov/documents/organization/123551.pdf>.

[19] La página de la 21st Century Statecraft ofrece muchos más detalles sobre este

El caso estadunidense es tal vez atípico por diversas razones. La primera es que la ex titular de la diplomacia estadunidense es una figura pública reconocida en todo el mundo y su reconocimiento de nombre va acompañado, en general, de una buena opinión. La segunda, y tal vez la más importante, es que el presupuesto destinado sólo a los rubros de diplomacia pública e intercambios culturales del Departamento de Estado supera los 1 155 millones de dólares, el presupuesto más alto dedicado a esos rubros en los últimos 50 años. Para ponerlo en perspectiva, ese presupuesto es más del doble del presupuesto total aprobado por la Cámara de Diputados para la Secretaría de Relaciones Exteriores de México en 2010 —poco más de 700 millones de dólares.[20]

Sin embargo, dejando de lado el estatus de "estrella mediática" de Hillary Clinton, quien por cierto no tuvo cuenta de Twitter como secretaria de Estado, ignorando también al mismo presidente Barack Obama y también dejando de lado el multimillonario presupuesto de diplomacia pública, el caso estadunidense es uno de éxito debido a que la imagen de Estados Unidos en el mundo tuvo un rápido deterioro durante los años más duros de la guerra contra el terrorismo (2001-2007), como muestran los estudios realizados año tras año por el Pew Global Attitudes Project,[21] al mismo tiempo en el que las estrategias impulsadas por la diplomacia 2.0 tuvieron un buen efecto, pues el mismo estudio señala un cambio positivo en la imagen global de Estados Unidos para los años 2009 y 2010, especialmente en los países europeos y los del Medio Oriente, donde la imagen de Estados Unidos había ido en declive.[22]

En resumen, la estrategia de diplomacia pública 2.0 instrumentada por el Departamento de Estado obtuvo los resultados esperados y sus operaciones están siendo coordinadas desde una oficina del Departamento de Estado y no de manera descoordinada por algunos actores diplomáticos en solitario o por las diversas agencias gubernamentales.

---

programa, <http://www.state.gov/statecraft/overview/index.htm>.

[20] Para consultar un comparativo del presupuesto de la SRE de 2006 a 2012 véase <http://www.sre.gob.mx/images/stories/doctransparencia/rdc/memodoc/10mddgpop.pdf>.

[21] Estudio de la imagen de Estados Unidos en el mundo durante los ocho años de la administración Bush, <http://www.pewglobal.org/2008/12/18/global-public-opinion-in-the-bush-years-2001-2008/>.

[22] Véase <http://www.pewglobal.org/2009/07/23/confidence-in-obama-lifts-us-image-around-the-world/>.

Ésta es tal vez una de las mayores lecciones que el caso estadunidense arroja para los países que deseen instrumentar ejercicios similares.

LA DIPLOMACIA PÚBLICA 1.5 DE MÉXICO

Académicos como César Villanueva señalan cómo la larga tradición de la diplomacia cultural mexicana, que en algunos momentos tuvo como representantes a algunos de los mexicanos más universales como Carlos Fuentes, Octavio Paz y Jaime Torres Bodet, "se ganó un reconocimiento en el mundo de habla hispana".[23] Villanueva también hace un buen recuento de los ejercicios de diplomacia pública de la diplomacia mexicana, con especial énfasis en los años noventa, cuando la negociación del Tratado de Libre Comercio de América del Norte con Canadá y Estados Unidos significó un esfuerzo importante del gobierno mexicano y de la oficina de prensa de la embajada mexicana en Estados Unidos para promover el interés comercial de México y la imagen del país con los socios comerciales norteamericanos.[24]

Sin embargo, la llegada de las redes sociales y las TIC no significó el lanzamiento de una estrategia coordinada de diplomacia 2.0. Arturo Sarukhán, quien tuvo el cargo de embajador de México en Estados Unidos durante todo el sexenio de Calderón, innovó en lo individual al abrir su cuenta en Twitter en octubre de 2009. En varios medios de comunicación estadunidenses se presumía el hecho de que Sarukhán fue el primer embajador acreditado en Washington que ingresaba a las redes sociales en ese año (@Arturo_Sarukhan). Al cierre de 2012, Sarukhán acumulaba poco más de 96 000 seguidores en esa red social, mientras que la cuenta institucional de la SRE (@SRE_mx) fue abierta en diciembre de 2009 y a finales de 2012 rebasaba los 73 000 seguidores. Por su lado, la excanciller Patricia Espinosa abrió su cuenta en Twitter en noviembre de 2010 y cerró su gestión en diciembre de 2012 con poco más de 40 000 seguidores. Durante todo ese tiempo,

---

[23] César Villanueva, "The Rise and Fall of Mexico's International Image: Stereotypical Identities, Media Strategies and Diplomacy Dilemmas", *Place Branding and Public Diplomacy*, vol. 7, núm. 1, pp. 23-31.

[24] Para una excelente revisión de ese periodo véase el libro *Misión en Washington*, del embajador Jorge Montaño.

el embajador Sarukhán no siguió la cuenta de la excanciller Espinosa en Twitter ni viceversa.

En 2010 todos los titulares de las dependencias del gobierno federal estaban ya en Twitter y algunos mantenían una página de Facebook. El presidente Calderón presumía que todo su gabinete era *twittero* y que su gobierno estaba emprendiendo una buena comunicación digital. Sin embargo, toda la comunicación en redes sociales era coordinada desde la oficina de Internet de la Presidencia, por lo cual el proceso de actualización de la información fue deficiente y lento. De hecho, las cuentas en Twitter de los secretarios de Estado de México no son uniformes en cuanto a la intensidad de la comunicación compartida. Algunos de ellos compartían información relevante respecto a sus labores, como la cuenta de la expresidenta del Consejo Nacional para la Cultura y las Artes, Consuelo Sáizar (@CSaizar), otros compartían poca información y muy a destiempo, como la cuenta de la misma excanciller Espinosa, mientras que algunos secretarios de Estado se dedicaban a participar en peleas personales en las redes sociales, entre muchas otras cosas, como la cuenta del exsecretario del Trabajo, Javier Lozano (@JLozanoA).

Con respecto a las embajadas, misiones y consulados de México en el mundo, puede decirse lo mismo. Si bien es loable el esfuerzo que se hizo para que casi la totalidad de las 75 embajadas de México en el extranjero tuviesen una página de Internet,[25] lo cierto es que no basta con eso. La comunicación efectiva requiere actualizar la información casi en tiempo real y la mayoría de las páginas de Internet de las embajadas mexicanas en el exterior tenían información desfasada o incluso sin un minisitio con el idioma del país ante el cual estaban acreditadas. Respecto a las redes sociales, solamente algunas embajadas abrieron una cuenta oficial en Twitter o una página en Facebook durante 2010. En diciembre de 2012, únicamente 26 de las 75 embajadas de México tenían una cuenta oficial de Twitter y 25 contaban con una página de Facebook, tal y como se muestra en el siguiente cuadro.

---

[25] Solamente la Embajada de México en Kuwait no tenía página de Internet en diciembre de 2012; además, la de la Embajada de México en Rumania no servía.

EMBAJADAS DE MÉXICO CON CUENTA EN TWITTER Y PÁGINA OFICIAL EN FACEBOOK

Embajada	*Cuenta en Twitter*	*Página de Facebook*
Alemania	@embamexale	Sí
Argentina	@embamexarg	Sí
Austria	@embamexaua	Sí
Belice	@embamexbee	Sí
Bolivia	@embamexbol	Sí
Brasil	@embamexbra	No se encontró información en portal
Canadá	@embamexcan	Sí
Chile	@embamexchi	Sí
Colombia	@embamexcol	Sí
Dinamarca	@embamexdin	Sí
España	@embamexesp	Sí
Estados Unidos	@embamexeua	Sí
Federación Rusa	@embamexrus	No se encontró información en portal
Finlandia	No	Sí
Francia	@embamexfra	Sí
Grecia	@embamexgre	No se encontró información en portal
Guatemala	No	Sí
Honduras	@embamexhonduras	Sí
Indonesia	No	Sí
Irán	@embamexirn	Sí
Irlanda	@embamex_irlanda	Sí
Nueva Zelanda	@embamexnze	Sí
Panamá	@embamexpan	No
Perú	@embamexper	Sí
Portugal	@embamexport	Sí
Reino Unido	@embamexru	Sí
Turquía	@embamextur	Sí
Venezuela	@embamexven	No se encontró información en portal

Fuente: elaboración propia con información de los portales web de las embajadas y de la Secretaría de Relaciones Exteriores <sre.gob.mx>.

Es decir, en diciembre de 2012, de las 75 embajadas de México en el extranjero, 49 no tenían presencia alguna en el mundo de las redes sociales y las que sí lo tenían hacían un uso desigual de las mismas. La falta de coordinación en los mensajes enviados a través de las cuentas de Twitter de las 26 embajadas mexicanas es más que notable. Mientras que la cuenta oficial de la Embajada de México en Estados Unidos se activa casi exclusivamente para replicar los mensajes del embajador Sarukhán, las cuentas de las embajadas de Portugal y de Panamá, por poner otros dos ejemplos, fueron actualizadas hace más de cinco meses. De igual forma, las páginas de Facebook de algunas embajadas se dedicaban a subir fotos de los eventos sociales de los titulares de sus embajadas en lugar de dar información útil para los mexicanos residentes o los que están de paso en esos países, o sobre los servicios consulares para los interesados en viajar o invertir en México.

La descoordinación en los mensajes de la diplomacia pública mexicana, o "diplomacia pública 1.5", como la he llamado en diversos lugares, se debe a varios factores: en primer lugar, a que la SRE no tiene una oficina o una Subsecretaría de diplomacia pública, como sí la tiene el Departamento de Estado; en segundo lugar, a la falta de presupuesto y capacitación. El presupuesto destinado a Comunicación Social de la Cancillería en 2010 apenas rebasó los dos millones de dólares (menos del 0.30% del presupuesto total de la SRE en ese año, que ascendió ya modificado a más de 700 millones de dólares). De igual forma, la Oficina de Internet de la Presidencia era la encargada de coordinar la comunicación en Internet de todas las dependencias del gobierno mexicano, lo que generaba tardanza en la actualización de la información y el que no se pudiese realmente instrumentar una diplomacia pública 2.0 que ayudara a revertir la mala imagen de México en el mundo.

CONCLUSIONES

Hay entonces, por un lado, evidencia y datos que demuestran que la imagen internacional de México está mal y, por el otro, se han presentado cuáles son las herramientas teóricas que se usan en la literatura que estudia el tema de la diplomacia pública. Si bien el gobierno de Felipe Calderón lanzó algunos esfuerzos descoordinados para atender este problema, el gobierno de Enrique Peña Nieto, y en particular la SRE, bajo la tutela del nuevo canciller José Antonio Meade, tiene el reto de corregir los errores y de lanzar una vigorosa estrategia de diplomacia pública 2.0 para reinventar la imagen de México en tiempos de las TIC y las redes sociales. Sin embargo, y como menciona Simon Anholt, esto no es tarea sencilla, ya que es casi imposible cambiar drásticamente la imagen de un país en el corto plazo. Lo que se necesita es una estrategia en el largo plazo y que sea transexenal.

Para finalizar, cierro este capítulo con cinco propuestas para que México pueda iniciar el camino hacia una diplomacia pública del siglo XXI:

1. Crear una oficina encargada de diplomacia pública dentro de la Secretaría de Relaciones Exteriores que sea la encargada de coordinar los esfuerzos de esta dependencia en la materia y de capacitar a los integrantes del Servicio Exterior Mexicano.

2. Dotar de un mayor presupuesto a la Dirección General de Comunicación Social que sea dirigido para el lanzamiento de una estrategia de diplomacia pública digital.

3. La SRE debería ser la dependencia encargada de coordinar cualquier iniciativa de contratación de una agencia especializada en *nation branding* y no que sea un esfuerzo nacido en la Presidencia, heredado a ProMéxico y luego abandonado, como ocurrió en el sexenio de Calderón.

4. Todos los nuevos estudiantes del Instituto Matías Romero deben tomar al menos un curso de comunicación estratégica para que al integrarse al Servicio Exterior Mexicano cuenten ya con las herramientas de comunicación necesarias para realizar una mejor difusión de la promoción del interés nacional de México y de la imagen del país.

5. Todas las embajadas, misiones y consulados de México deben tener presencia activa en las redes sociales, al igual que todos los embajadores y cónsules de México, sin excepción, y todos tienen que aprender a comunicarse en equipo, con mensajes claros y contundentes.

EL ROSTRO AMBIVALENTE DE MÉXICO: LOS DERECHOS HUMANOS

ALEJANDRO ANAYA MUÑOZ

INTRODUCCIÓN

Entre 2007 y 2011 dieciséis órganos o procedimientos especializados en derechos humanos de la Organización de las Naciones Unidas (ONU) y de la Organización de los Estados Americanos (OEA) visitaron México como parte de sus labores de monitoreo y escrutinio de la situación de derechos humanos en el mundo. En el marco de estas visitas de investigación *in loco*, integrantes de la Comisión Interamericana de Derechos Humanos (CIDH), Relatores Especiales de la ONU y dos distintas titulares de la Oficina del Alto Comisionado de las Naciones Unidas para los Derechos Humanos (OACNUDH) se entrevistaron con funcionarios de los distintos poderes del Estado y de los tres niveles de gobierno, con dirigentes de organizaciones no gubernamentales, nacionales y locales, especializadas en derechos humanos, y con los familiares o las presuntas víctimas de violaciones a los derechos humanos, con el fin de recopilar información de primera mano sobre la situación en el país. Lo mismo hicieron dirigentes de alto nivel e investigadores de organizaciones no gubernamentales internacionales dedicadas a la promoción y defensa de los derechos humanos, como Amnistía Internacional, Human Rights Watch o la Washington Office on Latin America, entre muchas otras, quienes pudieron también reunirse con todo tipo de actores y plantear en público, y sin impedimentos, argumentos críticos sobre una amplia gama de temas y situaciones concretas de violación a los derechos humanos en México. Miembros del Parlamento Europeo también visitaron el país, con el mismo fin de conocer de cerca los detalles de distintos casos o situaciones. De esta manera, actores intergubernamentales, no gubernamentales e incluso supranacionales, con un interés en la promoción y defensa de los derechos humanos en el mundo, incluyeron a México en su agenda de preocupaciones, monitorearon la situación, visitaron el país e incluso expusieron valoraciones críticas o abiertamente cuestionaron el comportamiento del gobierno de México en materia de este tipo de derechos. Todo ello en un contexto de gran apertura por parte de las autoridades del país. En efecto, lejos de negar la legitimidad de actores internacionales para monitorear y evaluar de manera crítica la situación interna de derechos humanos, durante los últimos años el gobierno mexicano los ha aceptado como interlocutores legítimos y ha desarrollado un claro discurso de compromiso con el régimen internacional. Por otro lado, de manera paralela y durante los últimos dos sexenios, el gobierno de México ha sido muy activo en foros multilaterales de derechos humanos, asumiendo roles de liderazgo (presidiendo la primera sesión del Consejo de Derechos Humanos de la ONU, entre 2006 y 2007) y promoviendo numerosas iniciativas relativas a la promoción y protección de grupos en particular situación de vulnerabilidad, como las personas con discapacidad, los pueblos indígenas, las mujeres y la población migrante.

Esta aceptación del escrutinio internacional de derechos humanos y el activismo en el marco de los foros multilaterales, no obstante, es relativamente reciente y se consolidó durante los dos gobiernos federales encabezados por el Partido Acción Nacional (PAN). Como ha sido documentado por la literatura, la política exterior del gobierno mexicano, durante gran parte de la segunda mitad del siglo XX, se basó en una interpretación rígida del principio de soberanía y, en su corolario práctico, en la no intervención en los asuntos internos del país. En otras palabras, los gobiernos emanados del Partido Revolucionario Institucional (PRI) se caracterizaron por una política exterior de derechos humanos que buscaba evitar el monitoreo y el escrutinio crítico por parte de actores externos de cualquier tipo, insistiendo en que los asuntos internos de derechos humanos eran de la exclusiva competencia de los mexicanos. No había espacio, entonces, para las evaluaciones críticas "desde afuera". Por ello, en su actividad multilateral, los gobiernos del PRI no buscaron el desarrollo de un régimen internacional de derechos humanos con facultades y recursos suficientes para involucrarse activa y efectivamente en la promoción (y menos aún en la protección o defensa) de éstos en países concretos. De manera congruente con esta postura "soberanista", los distintos gobiernos del PRI evitaron —con muy escasas excepciones— pronunciarse de manera crítica sobre el comportamiento de derechos humanos por parte de gobiernos de otros países.

Tomando en cuenta lo anterior, ante el regreso del PRI al gobierno federal surgen inevitablemente las siguientes preguntas: ¿cómo manejará el nuevo gobierno la agenda de derechos humanos dentro de su política exterior? ¿Regresará a la que fue su tradicional postura de "soberanía y no intervención" o mantendrá el curso actual de apertura al escrutinio internacional y de activismo en los foros multilaterales de derechos humanos? En este ensayo se desarrollan estas preguntas. Para ello, en su primer apartado, se ofrece un recuento de las principales características de la política exterior de derechos humanos en México a partir de la alternancia de finales de 2000. El ensayo argumenta que la política exterior de México, durante los últimos doce años, se ha caracterizado por una gran apertura al monitoreo y al escrutinio crítico por parte de todo tipo de actores internacionales, y por la activa participación de México en la promoción multilateral mundial de los derechos humanos, lo cual ha sido acompañado por el desarrollo de un claro discurso de compromiso con el régimen internacional.[1] En el segundo apartado, el ensayo demuestra la existencia de una brecha importante entre esta política exterior de apertura y activismo, y la vigencia de los derechos humanos "en la práctica". Es decir, se insiste en que la apertura, el activismo y el discurso no han resultado en un proceso que lleve a mejorar de manera significativa los niveles de respeto de estos derechos en el país. En su tercer y último apartado, el ensayo reflexiona sobre los costos que tendría para el nuevo gobierno federal intentar regresar a la "tradicional" política exterior "soberanista" en materia de derechos humanos, característica de los gobiernos del PRI durante la segunda mitad del siglo XX. En este sentido, siguiendo un argumento de inspiración constructivista, se afirma que el abandonar la política de apertura y activismo en foros multilaterales afectaría el proceso de construcción de una identidad de México como un Estado comprometido con los derechos humanos y, en consecuencia, como un Estado democrático y "civilizado". Por otro lado, se subraya que la consolidación de dicho proceso de construcción de identidad se ha visto afectada por la ya mencionada brecha existente entre la política exterior y la situación de los "derechos

---

[1] Las primeras señales serias de apertura al monitoreo y escrutinio internacional comenzaron a darse a partir de 1996. Sin embargo, la política de apertura se adoptó de manera clara y sin ambigüedades a partir de 2001, por lo que este ensayo considera a dicho año como el punto de cambio fundamental en materia de la política exterior de derechos humanos de México.

en la práctica" en el interior del país. De esta manera, se argumenta que si el nuevo gobierno quiere impulsar y consolidar la identificación o el reconocimiento internacional de México como un Estado democrático y "civilizado", más allá de mantener la política de apertura y activismo, así como el discurso de compromiso con el régimen internacional de derechos humanos, tiene que tomarse más en serio las recomendaciones formuladas por los distintos actores internacionales dedicados a la promoción y defensa de esos derechos e intentar con mayor determinación disminuir la brecha entre los "derechos en principio" y los "derechos en la práctica". De otra manera, la membrecía de México en el club de estados democráticos y "civilizados" seguirá siendo cuestionada y el gobierno tendrá que seguir administrando la presión internacional.

LA POLÍTICA EXTERIOR DE DERECHOS HUMANOS DE 2001 A 2012[2]

La política exterior de derechos humanos de un país en desarrollo que tiene problemas o retos internos importantes en la materia tiene una orientación y una finalidad diferente a la de una potencia o a la de una "democracia desarrollada". Es decir, en el caso de un país como México, la política exterior de derechos humanos no tiene tanto que ver con "promover y defender" los derechos más allá de sus propias fronteras, sino más bien con la manera en que se manejan o se encauzan las dinámicas o procesos que "desde afuera" pueden o pretenden influir en los procesos y dinámicas internas. Así, para este tipo de países, las preguntas sobre la definición de la política exterior

---

[2] Para acercamientos detallados a la política exterior de México en materia de derechos humanos, antes y después de la alternancia de 2000, véanse Ana Covarrubias Velasco, "El problema de los derechos humanos y los cambios en la política exterior", *Foro Internacional*, vol. 39, núm. 4, 1999, pp. 429-452; Natalia Saltalamacchia Ziccardi y Ana Covarrubias Velasco, "La trayectoria de los derechos humanos en la política exterior de México (1945-2006)", en Natalia Saltalamacchia Ziccardi y Ana Covarrubias Velasco (coords.), *Derechos humanos en política exterior. Seis casos latinoamericanos*, México, Miguel Ángel Porrúa-ITAM, 2011, pp. 161-210; Alejandro Anaya Muñoz, "Actors and processes in the generation of change in the human rights policy of Mexico", en Monica Serrano, Vesselin Popovski y Nicholas Turner (eds.), *Human Rights Regimes in the Americas*, Tokio, United Nations University Press, 2010, pp. 189-206; Alejandro Anaya Muñoz, "Transnational and domestic processes in the definition of human rights policies in Mexico", *Human Rights Quarterly*, vol. 31, núm. 1, 2009, pp. 35-58.

(entendida como el conjunto de actividades llevadas a cabo por un Estado con respecto a su "ambiente externo")[3] en materia de estos derechos tienen que ver menos con el cuándo, dónde y cómo "intervenir" y más con el "cómo manejar" o "qué hacer con" los procesos que, "desde afuera", buscan intervenir en sus asuntos internos. ¿Qué tipo de política exterior de derechos humanos ha tenido recientemente el gobierno mexicano? ¿Cómo ha encauzado los procesos o dinámicas que, "desde afuera", buscan influir en su comportamiento en la materia?

Como se señaló en la introducción, los gobiernos del PRI desplegaron una política exterior de derechos humanos basada en el principio de soberanía y no intervención, lo cual, en la práctica, se tradujo en la negación de la legitimidad del escrutinio crítico del comportamiento del gobierno mexicano por parte de cualquier actor externo. En efecto, los primeros cambios en esta política exterior "soberanista" comenzaron a darse desde 1996, en el gobierno de Ernesto Zedillo (1994 a 2000). En dicho año, el gobierno aceptó la primera visita *in loco* de la CIDH, la cual estaba particularmente preocupada por las denuncias de violaciones a los derechos humanos en el marco del conflicto armado en Chiapas. El año siguiente, el gobierno aceptó la visita del Relator Especial de la ONU sobre la tortura y en 1998 aceptó la jurisdicción de la Corte Interamericana de Derechos Humanos para atender los casos concretos de violaciones a estos derechos en México. En 1999, siguió la visita de la relatora especial de la ONU sobre las ejecuciones extrajudiciales, sumarias o arbitrarias, y en 2000 la de la entonces Alta Comisionada de las Naciones Unidas para los Derechos Humanos, Mary Robinson. De manera paralela y contradictoria, funcionarios del más alto nivel del gobierno de Ernesto Zedillo insistían en manejar un discurso que enfatizaba la no intervención y negaba la legitimidad de las críticas internacionales, al mismo tiempo que el gobierno expulsaba observadores internacionales de derechos humanos del país y se confrontaba públicamente con actores internacionales muy reconocidos, como Amnistía Internacional. De esta manera, en efecto, durante los últimos años del último gobierno del PRI, antes de la alternancia de 2000, se empezaron a dar los primeros pasos hacia la apertura. No obstante, la manera en que el gobierno de México

[3] Véase Ruby Gropas, *Human Rights and Foreign Policy. The case of the European Union*, Atenas y Bruselas, Sakkoulas / Bruylant, 2006, p. 62.

asumió o encauzó las dinámicas externas que intentaban incidir en la situación al interior del país fue, en el mejor de los casos, contradictoria: aceptando cierto escrutinio de parte de "algunos" órganos y procedimientos de la ONU y la OEA, pero rechazando con firmeza la injerencia de grupos internacionales de la sociedad civil.

La "vuelta en U" definitiva en este sentido se concretó durante los primeros años del sexenio de Vicente Fox (2000-2006) cuando, en palabras del entonces director general de Derechos Humanos y Democracia de la Secretaría de Relaciones Exteriores, "el país abrió sus puertas para que vinieran [actores externos] a revisar, a criticar, a investigar, a ver y a hacer recomendaciones".[4] En palabras del mismo funcionario, la apertura fue tal que el gobierno mexicano dijo a los actores externos interesados en visitar el país: "levanten el dedo y fórmense".[5]

De esta manera, durante los primeros cinco años del gobierno de Fox se dieron catorce visitas al país por parte de órganos y procedimientos de derechos humanos de la ONU y la OEA. En la misma línea de la apertura, el gobierno de Fox impulsó el fortalecimiento de los compromisos de México con el régimen internacional de derechos humanos, promoviendo la ratificación de un buen número de tratados internacionales (así como el retiro de algunas reservas), aceptando la competencia de órganos convencionales de la ONU para recibir comunicaciones o quejas individuales sobre casos de presuntas violaciones a los derechos humanos y firmando un acuerdo de asesoría técnica con la OACNUDH, el cual implicó el establecimiento en México de una oficina de representación. De esta manera, el panorama cambió significativamente en poco tiempo, pasando de un escenario cerrado al escrutinio internacional, a uno caracterizado por visitas constantes de todo tipo de actores, nuevos compromisos vinculantes, nuevos espacios institucionales internacionales para dirimir casos concretos e incluso la presencia en el país de una oficina de la OACNUDH.

De manera complementaria, el gobierno mexicano jugó un papel muy activo en distintos foros intergubernamentales, promoviendo iniciativas relacionadas con los derechos humanos de los pueblos indígenas, las personas migrantes, las mujeres y las personas con disca-

---

[4] Alejandro Anaya Muñoz, "Hacia una nueva política exterior mexicana en materia de derechos humanos: entrevista a Juan José Gómez Camacho", *Revista Iberoamericana de Derechos Humanos*, núm. 2, 2006, p. 189.

[5] Alejandro Anaya Muñoz, *op. cit.*, p. 195.

pacidad. Finalmente, en un claro distanciamiento de la política "soberanista", el gobierno mexicano comenzó a participar en el escrutinio crítico multilateral de la situación de los derechos humanos en terceros países mediante la votación en resoluciones adoptadas por la (hoy extinta) Comisión de Derechos Humanos de la ONU. En este último sentido, vale la pena señalar que, más allá de las muy comentadas y controversiales resoluciones relativas a Cuba, y de las relacionadas con la ocupación israelí de los territorios palestinos y el Golán, durante el periodo de Vicente Fox, el gobierno de México votó a favor de resoluciones críticas sobre la situación en países como Bielorrusia, Corea del Norte, Irán, Iraq, Libia y Rusia, entre otros.

Esta política exterior de derechos humanos, caracterizada por la apertura, la adopción de mayores compromisos con el régimen internacional y la participación activa en foros multilaterales fue mantenida por el gobierno de Felipe Calderón. Durante los primeros cinco años del sexenio, el presidente de la CIDH y su relator especial sobre la libertad de expresión realizaron visitas de investigación *in loco* al país, así como los o las titulares de varias relatorías especiales de la ONU: la Relatoría Especial sobre la venta de niños, la prostitución infantil y la utilización de niños en la pornografía; la Relatoría Especial sobre los derechos humanos y libertades fundamentales de los indígenas; la Relatoría Especial sobre el derecho a la vivienda adecuada; la Relatoría Especial sobre la libertad de expresión; la Relatoría Especial sobre el derecho a la educación; la Relatoría Especial sobre la independencia de jueces y abogados; la Relatoría Especial sobre los derechos de las personas migrantes, y la Relatoría Especial sobre el derecho a la alimentación. También visitaron al país los miembros del Subcomité para la Prevención de la Tortura de la ONU, integrantes del Grupo de Trabajo sobre Desapariciones Forzadas de la ONU, así como Louise Arbour y Navy Pallay, ambas titulares de la OACNUDH.

La apertura al escrutinio internacional también se manifestó en la ratificación de la presencia en México de la ya mencionada oficina de la OACNUDH y mediante la adopción de más compromisos vinculantes en el ámbito internacional. En este último sentido, durante el sexenio de Felipe Calderón, México firmó y ratificó —o, en su caso, se adhirió a— la Convención Internacional para la Protección de todas las Personas contra las Desapariciones Forzadas, la Convención sobre los Derechos de las Personas con Discapacidad y su Protocolo Facultativo, el Segundo Protocolo Facultativo del Pacto Internacional de Derechos

Civiles y Políticos destinado a Abolir la Pena de Muerte y el Protocolo a la Convención Americana sobre Derechos Humanos relativo a la Abolición de la Pena de Muerte.

Además de mantener la política de apertura, el gobierno de Calderón continuó participando en la promoción multilateral de los derechos humanos en el mundo. En este sentido, continuó siendo un actor protagónico en la escena de los foros multilaterales. Particularmente notorio en este sentido fue la exitosa presidencia de México durante el primer periodo de sesiones del Consejo de Derechos Humanos de la ONU, órgano que fue establecido en 2006 por la Asamblea General como el principal foro internacional en la materia, en sustitución de la Comisión de Derechos Humanos. Por otro lado, el gobierno mexicano continuó proponiendo numerosas iniciativas en foros multilaterales relativas a la promoción de los derechos humanos de los grupos en situación de vulnerabilidad mencionados con anterioridad o sobre temas específicos, como el respeto a esos derechos en el marco de la lucha contra el terrorismo. En total, durante los primeros cinco años del gobierno de Calderón, México propuso más de 50 resoluciones relativas a éstos (y otros) asuntos en foros como la Asamblea General y el Consejo de Derechos Humanos de la ONU y la Asamblea General de la OEA.

Finalmente, el gobierno de Calderón continuó participando en el ejercicio multilateral de "tomar postura" con respecto a la situación interna de derechos humanos en terceros países. Durante su gobierno, y aun cuando con el cambio de la Comisión al Consejo de Derechos Humanos de la ONU perdió preeminencia el procedimiento de la adopción de resoluciones críticas sobre la situación en países concretos (por ejemplo, ya no se han votado resoluciones relativas a la situación en Cuba), México ha votado a favor de prácticamente todas las resoluciones sobre países concretos adoptadas por el Consejo de Derechos Humanos. Por otro lado, como miembro del Consejo de Derechos Humanos de la ONU, durante el sexenio en cuestión, México participó activamente en el ejercicio de evaluación conducido por el Examen Periódico Universal, haciendo más de 600 recomendaciones concretas a los estados que hasta mediados de 2012 habían sido evaluados.

EL IMPACTO DE LA APERTURA Y EL ACTIVISMO

En este marco de apertura y activismo internacional en materia de derechos humanos, entre 2001 y 2011, los órganos y procedimientos especializados de la ONU y la OEA elaboraron 31 informes sobre la situación en México y formularon 1 206 recomendaciones concretas. Por su parte, la Corte Interamericana de Derechos Humanos adoptó seis sentencias sobre el mismo número de casos concretos en las que planteó 80 medidas de reparación y no repetición.[6] Por su parte, en sus informes anuales durante todo el periodo en cuestión, organizaciones no gubernamentales internacionales, como Amnistía Internacional y Human Rights Watch, realizaron evaluaciones sumamente críticas sobre la situación en el país y elaboraron numerosos informes especiales en los que centraron su atención en temas o situaciones concretas, como la desaparición y el asesinato masivo y sistemático de mujeres en Ciudad Juárez, la represión de movimientos sociales (como en los casos de Atenco o Oaxaca), los derechos humanos de los migrantes o las violaciones a los derechos humanos en la lucha contra el narcotráfico y el polémico tema de la jurisdicción militar, entre otros. Al igual que los órganos y procedimientos de la ONU y la OEA, las organizaciones no gubernamentales internacionales plantearon en sus informes un gran número de recomendaciones específicas al Estado mexicano, con el fin de influir en su comportamiento. Finalmente, aunque en menor medida, también actores gubernamentales monitorearon la situación de derechos humanos en México. Más allá de los informes anuales elaborados por el Departamento de Estado de Estados Unidos, en algunas ocasiones, órganos como el Parlamento Europeo y el Congreso de Estados Unidos nombraron relatores especiales para investigar situaciones concretas, elaboraron informes e incluso adoptaron resoluciones críticas al respecto.

En efecto, como ya se ha subrayado, el gobierno mexicano no negó la legitimidad de todos estos actores para monitorear e incluso evaluar de manera crítica la situación de los derechos humanos en el país. De manera consistente, representantes del gobierno se reunieron con actores externos e intercambiaron respetuosamente información, puntos de vista y argumentos, desarrollando a lo largo de todo el

---

[6] Véase la base de datos Recomendaciones Internacionales a México en Materia de Derechos Humanos, <www.recomendacionesdh.mx>.

periodo un discurso que enfatizó el compromiso de México, así como, en términos generales, el valor o los méritos de las críticas y recomendaciones "desde afuera".

Sin embargo, en la práctica, la apertura y el discurso de compromiso no se reflejaron en una mejora en la situación de los derechos humanos. Una revisión de los informes de los actores internacionales recién mencionados proporciona evidencia de que la situación (en el terreno) no ha mejorado en los últimos 12 años. Como se puede ver en la gráfica 1, de acuerdo con la información contenida en los informes de Amnistía Internacional y del Departamento de Estado de Estados Unidos, codificados por el CIRI Human Rights Data Project, la vigencia de los derechos humanos en México no ha mejorado, sino que incluso en algunos indicadores ha empeorado durante los últimos doce años.[7]

La gráfica 1 presenta dos índices concretos: uno sobre violaciones a los derechos de integridad física y otro sobre violaciones a los derechos de "empoderamiento". El primero se conforma con indicadores sobre ejecuciones extrajudiciales, tortura, desapariciones y encarcelamiento político, y puede variar entre cero puntos (mayores violaciones) y nueve puntos (mayor respeto). El segundo incluye indicadores sobre violaciones a los derechos a la libertad de movimiento, a la libertad de expresión, a la libertad de asamblea y asociación, a los derechos laborales, a la libre determinación electoral y a la libertad religiosa, y puede variar de 0 puntos (mayores violaciones) a 16 puntos (mayor respeto).

En efecto, de acuerdo con estos indicadores, las violaciones a los derechos de integridad física no han variado demasiado a partir de 2001, oscilando entre uno y tres puntos; lo cual, en cualquier caso, demuestra muy altos niveles de violaciones a los mismos. Por otro lado, las violaciones a los derechos de "empoderamiento" muestran una tendencia negativa (si bien moderada) en el periodo en cuestión.

En suma, por los motivos que sean, las decenas de informes y sentencias, y los cientos de recomendaciones y medidas de reparación y no repetición no han tenido una influencia positiva sobre el comportamiento del gobierno de México durante los últimos 12 años. Con una política exterior marcada por la apertura, el activismo en foros multilaterales y un discurso de compromiso con los derechos huma-

[7] Véase <http://ciri.binghamton.edu>.

nos, la situación interna en la materia no solamente no ha mejorado, sino que incluso, para algunos derechos, ha empeorado.

GRÁFICA 1. DERECHOS DE INTEGRIDAD FÍSICA Y DERECHOS DE EMPODE-RAMIENTO DE 1996 A 2010

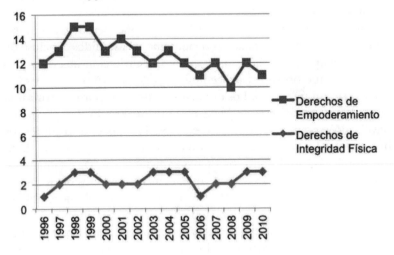

Fuente: elaboración propia. Datos de <http://ciri.binghamton.edu/>.

PERSPECTIVAS PARA EL NUEVO GOBIERNO

Como se adelantó en la introducción de este ensayo, una pregunta casi obligada es la siguiente: ¿cuál será la política exterior de derechos humanos del nuevo gobierno de México tras el regreso del PRI a la Presidencia? Quizá alguien podría plantear la posibilidad del regreso a la política "soberanista". Sin embargo, un cambio radical en este sentido parece poco probable. La política de apertura cuenta con distintos "candados" formales y vinculantes desde una perspectiva jurídica; como los derivados de la ratificación de tratados y el reconocimiento de la jurisdicción de la Corte Interamericana de Derechos Humanos o de la competencia de los órganos convencionales de la ONU para considerar casos individuales y, por supuesto, la reciente reforma al Artículo 89 de la Constitución, mediante la cual se incluyó el respeto, la promoción y la protección de los derechos humanos dentro del listado de los principios normativos que deben guiar la política exterior de México. Por otro lado, la política exterior de derechos humanos tiene otro tipo de "ancla" o "candado": el vinculado a un proceso de construcción de identidad internacional del Estado mexicano (desde una perspectiva constructivista). Es en esta última perspectiva (la relativa a la identidad) en la que me quisiera enfocar en estas reflexiones finales.[8]

Los costos para el nuevo gobierno de intentar denunciar compromisos jurídicamente vinculantes recientemente asumidos o incluso de ignorar compromisos informales (como la invitación abierta y permanente a que órganos y procedimientos de la ONU o la OEA visiten al país) serían muy altos. Los esfuerzos de décadas por construir una identidad internacional de México como un Estado democrático y "civilizado" serían severamente afectados. El respeto a los derechos humanos se ha vuelto una parte fundamental en la definición de lo que implica ser un Estado con dichas características. De esta manera, parece evidente que lo racional (que, como en muchos otros casos y circunstancias, coincide con "lo apropiado") es que el nuevo gobierno mantenga sin mayores alteraciones la política exterior basada en la apertura y el activismo, y que siga manejando un discurso que enfatice el compromiso de México con el régimen internacional. Muy probablemente, surgirá la tentación de cerrar un poco "la llave", disminuyendo ligeramente, por ejemplo, el número de visitas de órganos y procedimientos de la ONU o la OEA, u obstaculizando las funciones de actores de la sociedad civil internacional. El nuevo gobierno podrá sucumbir a esta tentación, pero si lo hace perderá más de lo que gane.

Es poco probable y sería igualmente dañino, en el mismo sentido, que el nuevo gobierno abandone el reciente activismo en foros multilaterales. El abanderar causas como las de los derechos de los pueblos indígenas, las personas migrantes, las mujeres o las personas con discapacidad, así como presidir el Consejo de Derechos Humanos y el tomarse en serio su participación en el Examen Periódico Univer-

---

[8] Otro argumento sería que la política exterior de derechos humanos es "producto de un cambio político y social de largo aliento y no una simple ocurrencia panista [...]. Podemos suponer que ello refleja un consenso básico alcanzado entre la clase política en esta materia y apunta a que en el futuro será difícil prescindir de este tema en el diseño de la política exterior". Natalia Saltalamacchia Ziccardi y Ana Covarrubias Velasco, "La dimensión internacional de la reforma de derechos humanos: antecedentes históricos", en Miguel Carbonell y Pedro Salazar (coords.), *La reforma constitucional de derechos humanos: un nuevo paradigma*, México, Universidad Nacional Autónoma de México/Instituto de Investigaciones Jurídicas, 2011, p. 34.

sal ha contribuido de manera importante al ya referido proceso de construcción de identidad de México como un Estado democrático y "civilizado", que se toma en serio los principios y valores que dan fundamento y sentido a la comunidad a la que pertenece. México ya es identificado como un Estado comprometido con el régimen internacional de derechos humanos y con la promoción de los derechos de algunos grupos en situación de vulnerabilidad. El dejar de "desempeñar ese papel" enviaría una señal que sugeriría inconsistencia y afectaría al ya mencionado proceso de construcción de identidad.

Desde otra perspectiva, el proceso de construcción de identidad de México en materia de derechos humanos ha sido "contaminado" por la ya mencionada brecha entre "derechos en principio" y "derechos en la práctica". Si la identidad del Estado, en la esfera internacional, se construye mediante un proceso comunicativo (conformado por acción y discurso), entonces la comunidad internacional ha estado recibiendo "señales mixtas"[9] sobre la identidad del Estado mexicano. En otras palabras, se podría plantear que la consolidación del referido proceso de construcción de una identidad de Estado democrático y "civilizado", ha sido obstaculizado, en la práctica, por el mal desempeño en materia de protección de los derechos humanos en el interior del país.

El argumento más común, particularmente entre los integrantes de las organizaciones no gubernamentales nacionales o locales de derechos humanos, es que la brecha entre la política exterior y la realidad interna —o la falta de aplicación de las recomendaciones internacionales— resulta de la falta de "voluntad política" del gobierno. Sin duda, eso puede ser una parte importante de la explicación: el gobierno mexicano no se ha tomado muy en serio la mayoría de las recomendaciones internacionales formuladas por actores externos. Sin embargo, también es posible que existan otras razones, como la falta de capacidades técnicas o incluso de recursos humanos capacitados, o la existencia de demandas de "mano dura" por parte de la sociedad.[10]

Como quiera que sea, la brecha entre los "derechos en principio"

---

[9] Véase Kathryn Sikkink, *Mixed Signals. U.S. Human Rights Policy and Latin America*, Ithaca y Londres, Cornell University Press, 2004.

[10] Para este último punto, véase Alejandro Anaya Muñoz, "Security versus human rights: The case of contemporary Mexico" en Paul Kenny, Mónica Serrano y Arturo C, Sotomayor (eds.), *Mexico Security Failure: Collapse into Criminal Violence*, Nueva York, Routledge, 2012, pp. 122-140.

y los "derechos en la práctica" continuará alimentando las visiones críticas sobre México y por lo tanto obstaculizando la construcción de una identidad de Estado democrático y "civilizado". Por otro lado, continuará alimentando la presión "desde afuera" sobre el gobierno del país, el cual tendrá que dedicar importantes recursos diplomáticos para "administrarla". En este sentido, si el nuevo gobierno federal tiene un interés en continuar desarrollando una identidad de Estado democrático y "civilizado" en el ámbito internacional, tendrá que tomarse más en serio las recomendaciones internacionales de derechos humanos y esforzarse aún más en reducir la brecha entre los "derechos en principio" y los "derechos en la práctica". De otra manera, nunca será verdaderamente admitido como "miembro del club" y tendrá que seguir dedicando importantes recursos diplomáticos a administrar la presión.

SEGUNDA PARTE

MÉXICO ANTE ESTADOS UNIDOS

MÁS ALLÁ DEL TLCAN

CARLOS HEREDIA ZUBIETA

La relación entre Estados Unidos y México es absolutamente estratégica para este último. No hay otra nación con la que México sostenga una relación más intensa. Sin embargo, los vínculos bilaterales están marcados por paradojas que les impiden alcanzar su nivel de madurez, lo que exige una mayor claridad en la definición de nuestros objetivos como país.

La primera paradoja es que formalmente Estados Unidos y México son socios, pero sus vínculos están marcados por una asimetría de poder. Muchos autores latinoamericanos han escrito volúmenes acerca de la dependencia de nuestros países respecto a la potencia del norte. Sin embargo, este diagnóstico cobra incluso mayor fuerza cuando se origina en la corriente dominante de pensamiento, en la política y en la diplomacia estadunidense. Siguiendo este enfoque, a lo largo de la mayor parte del siglo XX y en los albores del siglo XXI, Estados Unidos ha dominado a México en los ámbitos económico, militar y diplomático.[1]

La segunda paradoja es que hay un nivel de interlocución sin precedentes entre funcionarios de ambos países, pero a este diálogo le hace falta la confianza recíproca. El embajador Arturo Sarukhán tuvo el oído del presidente Barack Obama entre 2009 y 2012. Sin embargo, WikiLeaks reveló que Estados Unidos decide discrecionalmente cuáles agencias del gobierno mexicano merecen su confianza y cuáles no. El ataque del 24 de agosto de 2012 en el estado de Morelos a un vehículo que transportaba a agentes de la Agencia Central de Inteligencia de Estados Unidos dejó más preguntas que respuestas respecto al intervencionismo de la inteligencia estadunidense en México.

La tercera paradoja es que el cambio de la política unilateral del presidente George W. Bush al lenguaje de la "responsabilidad compartida" del presidente Barack Obama careció de contenido, más allá

---

[1] Sidney Weintraub, *Unequal Partners: The United States and Mexico*, Pittsburgh, Pitt Latin American Studies, University of Pittsburgh Press, 2010.

de la retórica. Con la "guerra contra las drogas" la relación bilateral se volvió casi monotemática en torno al tema de seguridad. Washington acusa a México de no detener los envíos de droga hacia el norte y México responsabiliza a Estados Unidos de no impedir los flujos de dólares del narco y de armas de asalto que van a dar a manos del crimen organizado en nuestro país. No existe una búsqueda conjunta de soluciones compartidas para problemas comunes.

La cuarta paradoja es que cuando las constelaciones parecen alinearse para México al inicio del gobierno de Enrique Peña Nieto, Washington está estancado en disputas internas, con una polarización política sin precedentes, de modo que la falta de acuerdos respecto al "abismo fiscal" y al techo de endeudamiento de Washington ponen a ese país y al nuestro en elevado riesgo.

La quinta paradoja es que cuando las élites económicas y políticas estadunidenses apuntan que hay condiciones favorables para un resurgimiento económico de México, la imagen de este país en las percepciones del público estadunidense es muy desfavorable.[2]

Dos fechas han marcado indeleblemente el rumbo de la relación bilateral en años recientes: por un lado, los atentados terroristas del 11 de septiembre de 2001, y por el otro, la crisis económica y financiera detonada en Estados Unidos a partir del 15 de septiembre de 2008. Se ha dicho acertadamente que en Estados Unidos "toda la política es local" y por lo tanto las consideraciones internas prevalecen sistemáticamente sobre la política exterior.[3] Los imperativos de la política interna y de los equilibrios de poder al interior de Estados Unidos opacan a la política de "buena vecindad" que difícilmente rebasa el ámbito de la retórica.

La presencia territorial de las bandas mexicanas de narcotráfico

---

[2] Según la consultora Anholt-GfK Roper, en 2012 la imagen internacional de México ocupó el lugar 32 de 50 países evaluados. En el estudio de Gallup titulado Country Favorability Ratings, en 2005, 74% de los encuestados tenía una buena imagen de México, al tiempo que sólo 21% tenía una imagen negativa. En 2011, 51% tenía una imagen negativa y 45% una visión positiva de México. Genaro Lozano, "El reto ciberdiplomático de Meade", *Reforma*, 25 de diciembre de 2012.

[3] El Centro de Investigación y Docencia Económicas (CIDE) relanzó en 2011 los estudios de Estados Unidos en México. De 1977 a 1992 el Instituto de Estudios de Estados Unidos del propio CIDE cumplió esta función; sin embargo, tras la negociación del TLCAN la mayoría de los estudios realizados en México se centraron en la relación bilateral o en la integración de América del Norte. Hoy es crucial dotar a la clase política, a los empresarios y a los organismos de la sociedad civil mexicana de elementos de comprensión de lo que ocurre al interior de Estados Unidos y de su naturaleza "interméstica", con importantes implicaciones para México.

de ambos lados de la frontera y la fallida "guerra contra el narco", así como la negativa de la parte estadunidense para aceptar su responsabilidad en el surgimiento y la extensión de ambos fenómenos, han hecho que México pasara de ser un socio comercial de Estados Unidos y un actor que favorecía la estabilidad política regional en los últimos años del siglo xx, a ser percibido como un problema de seguridad nacional para Washington en los albores del siglo xxi.

Washington y la ciudad de México carecen de una carta de navegación para orientar el curso de la integración entre ambos países. La simbiosis entre los dos países ocurre cotidianamente por una cada vez mayor imbricación de sus mercados de trabajo, por la migración mexicana, por el incremento en el volumen comercial y por la vasta red de contactos entre empresas y ciudadanos de los dos países. Además de la diplomacia entre los presidentes, se da la diplomacia parlamentaria entre los congresos, la diplomacia federativa entre los estados de ambos lados de la frontera, la diplomacia artística, la cultural y la educativa. Sin embargo, los gobiernos no han sido capaces o no han tenido la voluntad política de dotarse de una hoja de ruta común hacia adelante, que confirme posibilidades y dé cauce al enorme potencial de la acción conjunta.

El presente texto está estructurado en tres partes: en la primera, haré una exposición de la evolución del Tratado de Libre Comercio de América del Norte (TLCAN), desde su gestación hasta la hora actual; en la segunda, versaré sobre el paso de la liberalización comercial hacia la integración productiva entre Canadá, Estados Unidos y México; finalmente, en la tercera parte, apuntaré las opciones de relanzamiento que tiene América del Norte en un contexto geopolítico radicalmente distinto del que existió en 1994.

EL TLCAN A VEINTE AÑOS DE SU NEGOCIACIÓN

Desde su entrada en vigor en 1994, el TLCAN fue visto como el codificador de la relación bilateral México-Estados Unidos. El gobierno de Carlos Salinas de Gortari concibió al pacto comercial como una manera de dejar atrás políticas "proteccionistas" y de "blindar" las políticas económicas instrumentadas en México, de modo tal que no fuera posible revertir la liberalización comercial por parte de algún futuro gobierno que se adscribiese a otra escuela de pensamiento económico. De acuerdo con lo establecido en su preámbulo, los objetivos declarados del TLCAN permitirían lo siguiente a los tres países:

- Incrementar la competitividad de sus empresas en los mercados globales.
- Impulsar la creatividad y la innovación, y promover el comercio de bienes y de servicios amparados bajo los derechos de propiedad intelectual.
- Crear nuevas oportunidades de empleo, proteger los derechos básicos de los trabajadores y mejorar los niveles de vida en sus respectivos territorios.
- Promover el desarrollo sustentable y salvaguardar el bienestar público.
- Fortalecer el cumplimiento de leyes y normas ambientales.

En este trabajo me concentraré en los objetivos comerciales y de competitividad regional, dado que el desafío inicial del TLCAN era integrar a países con niveles de desarrollo muy desigual, generando un proceso de convergencia en indicadores económicos y sociales por el cual México cerraría la brecha del desarrollo con respecto a la de sus vecinos del norte del río Bravo.

El efecto dinamizador y estimulante de las exportaciones y de las inversiones fue muy significativo hasta 2001, aprovechando la bonanza de alto crecimiento de la economía estadunidense durante el último decenio del siglo XX. Entre 1994 y 2012, el comercio entre Estados Unidos y México se multiplicó por cinco, mientras que la facilitación de los flujos de inversión hizo que éstos se multiplicaran por seis respecto a los niveles existentes antes del pacto comercial.

Las exportaciones mexicanas a Estados Unidos crecieron desde 42 000 millones de dólares en 1993 hasta 263 000 millones de dólares en 2011; casi 80% de las ventas mexicanas al exterior se dirigen al mercado estadunidense, incluyendo petróleo crudo, frutas, legumbres, televisores, teléfonos celulares, computadoras y vehículos de pasajeros. A su vez, en 2011, las ventas estadunidenses a México llegaron a 198 000 millones de dólares, monto superior a las ventas de Estados Unidos a Brasil, la India, Japón y el Reino Unido juntos.[4]

---

[4] Nick Miroff y William Booth, "Middle-class Mexicans snap up more products 'Made in USA'", *The Washington Post*, 9 de septiembre de 2012.

Sin embargo, a partir de 2001 el impulso del TLCAN disminuyó. La participación de América del Norte en el comercio mundial pasó de 30% en 1994 a 36% en 2001 y cayó a 29% en 2001. El TLCAN cumplió su propósito de incrementar los flujos comerciales y de inversión, y ha concluido su ciclo; en lo que toca a México, el pacto comercial ha dejado de servir como hoja de ruta para la integración regional, al menos por cuatro razones:

- Las élites económicas y políticas de México consideraron el pacto comercial como un punto de llegada, más que como un punto de partida.
- La situación geopolítica y de seguridad se complicó radicalmente a partir de los ataques terroristas del 11 de septiembre de 2001.
- La ausencia de previsión del ascenso de la República Popular China y de Asia-Pacífico como la región más dinámica de la economía mundial.
- La más severa recesión económica y financiera desde la Gran Depresión de 1929 se desató en Estados Unidos a partir del otoño de 2008.

Con todo, la razón principal de la falta de dinamismo del TLCAN desde 2001 fue que a los tres socios les faltó visión y no supieron pensar en grande, al tiempo que Asia dio un gran salto hacia adelante.[5] Adicionalmente, entre amplios sectores de la población en los tres países signatarios del TLCAN, está muy extendida la convicción de que los beneficiarios del pacto comercial son los habitantes de otro país distinto del suyo. En México se culpa al tratado por el desmantelamiento de la agricultura campesina. En Estados Unidos se cree que el acuerdo ha presionado a la baja los salarios y causado una fuga de empleos manufactureros hacia México,[6] al tiempo que en Canadá se señala la ofensiva contra las medidas de protección y bienestar social,

[5] Robert Pastor, "Beyond the Continental Divide", *The American Interest*, vol. 7, núm. 6, julio-agosto 2012, pp. 61-68.

[6] "Si detuviera a gente en la calle y les preguntara si el TLCAN ha enviado empleos estadunidenses a México, ochenta por ciento me contestarían que sí", declaración de Barry Lawrence, director de Texas A&M Supply Chain Lab, citado por Hall (2012) en una nota sobre la conferencia "NAFTA at 20", llevada a cabo en San Antonio, Texas, los días 16 y 17 de noviembre de 2012, conmemorando el vigésimo aniversario de la firma del tratado, ocurrida el 17 de diciembre de 1992.

y el incumplimiento estadunidense en madera suave como muestra de la ineficacia del pacto.

Adicionalmente, las reformas emprendidas por los sucesivos gobiernos de México a partir de 1983 no abordaron y por lo tanto no solucionaron los principales obstáculos que enfrenta el país para alcanzar un crecimiento económico sostenido y sustentable.[7]

El ingreso per cápita en México es de alrededor de un cuarto o un tercio del registrado en Estados Unidos, dependiendo de la metodología que se use para medirlo. En 2009, la producción por trabajador en México se ubicaba ligeramente por debajo de un tercio de la registrada en Estados Unidos. Ello significa que no se ha producido un efecto de convergencia económica entre estos dos países como resultado del TLCAN o relacionado con éste; hay al menos tres razones que explican la persistencia de las asimetrías entre las dos economías:[8]

- Las reformas económicas mal instrumentadas: como la privatización de la banca sin un marco regulador adecuado, o la de Telmex, que pasó de ser un monopolio público a convertirse en un monopolio privado. La falta de otras reformas en áreas como el Estado de derecho, la competencia económica, el sector financiero, la educación y la infraestructura, frenaron el crecimiento e impidieron la construcción de una economía moderna.
- La falta de un motor interno que complemente al sector industrial y al consumo de Estados Unidos: el TLCAN ha sincronizado los ciclos de negocios de Estados Unidos y México. Durante el auge económico en los años noventa, el efecto fue benéfico, pero se convirtió en desfavorecedor, en efecto, a raíz de la crisis financiera en Estados Unidos y la recesión global de 2008.

[7] Juan Carlos Moreno-Brid y Jaime Ros, *Development and Growth in the Mexican Economy: A Historical Perspective*, Londres, Oxford University Press, 2009.

[8] Blecker y Esquivel hacen notar que ellos usan el término "convergencia económica" de manera diferente que otros economistas, quienes plantean el tema con una interrogación: ¿se encuentra México mejor con el TLCAN que sin éste?, o ¿sería menor la brecha del desarrollo entre Estados Unidos y México en ausencia del TLCAN? Para estos autores, convergencia económica significa una reducción en la brecha absoluta México-Estados Unidos en términos de variables que afectan directamente el bienestar económico, tales como el ingreso per cápita, los salarios medios, y la productividad del trabajo, así como un acercamiento eventual de los niveles registrados en México a los niveles registrados en Estados Unidos para estas variables. Robert Blecker y Gerardo Esquivel, "Nafta, Trade and Development", CESifo Forum 4/2010, pp. 17-30, <http://www.cesifo-group.de>.

- Las políticas macroeconómicas restrictivas: el Banco de México tiene como objetivo único la estabilidad de precios, mientras que la política fiscal busca un déficit cero sin importar si hay crecimiento o recesión. Por esta combinación de políticas, la economía mexicana absorbe los choques externos sin capacidad de emprender políticas de estímulo independientes.

El TLCAN acentuó las asimetrías económicas y regulatorias preexistentes. Se esperaba que el pacto permitiese que las economías de América del Norte produjeran los bienes y servicios donde pudieran hacerlo más eficientemente. En el largo plazo, se esperaba que el acuerdo facilitara la convergencia salarial y regulatoria entre las partes y, por lo tanto, una mejora en la calidad de vida de la mayoría de la población, pero en los hechos ello no ha ocurrido.[9]

DE LA LIBERALIZACIÓN COMERCIAL A LA INTEGRACIÓN PRODUCTIVA

A finales de 2012, no hay apetito en ninguna de las tres capitales por la profundización del TLCAN. Lejos de construir una comunidad de intereses para hacer a América del Norte más competitiva y segura, los sucesivos gobiernos en la ciudad de México, Ottawa y Washington D.C. han optado por regresar a las relaciones bilaterales que caracterizaron al periodo previo al TLCAN:[10]

en vez de desarrollar formas robustas de colaboración para hacer frente a los temas trinacionales que deberían ocuparlos, nuestros líderes dieron marcha atrás e hicieron suyo el método de enfrentar un tema a la vez y abordar sólo un país en cada ocasión [...] midieron el avance de la integración trilateral por el número de reuniones sostenidas entre sí, y no por los resultados.

No existe una agenda trinacional consensuada. La cumbre de líderes Calderón-Harper-Obama ni siquiera se celebró con la periodicidad anual prevista; en el mejor de los casos, cuando ocurre una

[9] Kevin Gallagher, Enrique Dussel Peters y Timothy Wise, "The Future of North American Trade Policy–Lessons from NAFTA", *Pardee Center Task Force Report*, Boston University, 2009.

[10] Robert Pastor, *op. cit.*

cumbre, el seguimiento se da en comités paralelos que responden a la dinámica bilateral, en vez de grupos de trabajo trinacionales. Canadá está reticente a cualquier esquema de TLCAN en el futuro y prefiere concentrarse en su relación bilateral con Estados Unidos.[11] En espera de relanzar los vínculos trilaterales, el presidente Enrique Peña Nieto visitó en Washington al presidente Barack Obama el 27 de noviembre de 2012 y el día siguiente al primer ministro Stephen Harper en Ottawa, y los invitó a sostener la próxima Cumbre de Líderes de América del Norte en México en marzo de 2013.

¿El renacimiento de la manufactura en América del Norte? La multiplicación de fuentes de energía hará que Estados Unidos sea el mayor productor mundial de petróleo en 2017, y que América del Norte tenga las mayores reservas. Hay cambios muy importantes en la tecnología, en la geografía y en la escala de explotación de los recursos.[12] La explotación de petróleo y gas de esquisto en los tres países, las enormes reservas de petróleo en las arenas bituminosas de Alberta y el proyecto de tender el oleoducto Keystone XL hasta las refinerías en el estado de Texas[13] han arrojado como resultado que Canadá y México sean los mayores proveedores de energía de Estados Unidos, lo que disminuye la importancia relativa de países como Arabia Saudita y otros en el Medio Oriente, así como Venezuela.

Durante su campaña de proselitismo, Enrique Peña Nieto prometió abrir la puerta del mercado energético a mayor inversión privada, tanto nacional como extranjera. "Si el próximo gobierno de México pone sobre la mesa propuestas para abrir el sector energético, la autosuficiencia y la seguridad energética se volverían una realidad",

---

[11] Carlos Heredia Zubieta, "La relación entre México y Estados Unidos en el siglo XXI: retos y oportunidades", en Arturo Oropeza García (coord.), *México 2012: la responsabilidad del porvenir*, México, IIJ-UNAM, 2012.

[12] Walter Russell Mead, "La revolución energética: cómo está cambiando la geopolítica en el mundo", conferencia en el Consejo Mexicano de Asuntos Internacionales (Comexi), 4 de diciembre de 2012.

[13] El científico James Hansen, quien es el mayor experto de la NASA sobre el clima, ha alertado que las arenas bituminosas canadienses contienen una cantidad de dióxido de carbono equivalente al doble del emitido por el uso global del petróleo en toda la historia. Si se explotan las arenas bituminosas canadienses a su máxima capacidad y se permite el oleoducto Keystone, se aceleraría el cambio climático inducido por el hombre, trayendo consigo sequías e inundaciones en el oeste del territorio estadunidense y un desastre de consecuencias muy graves para el clima en el planeta. Hansen propone un impuesto a las compañías que explotan los combustibles fósiles ("Game Over for the Planet", *The New York Times*, 9 de mayo de 2012).

sostiene Arturo Sarukhán, exembajador de México en Washington.[14]

Esta revolución energética traería consigo un resurgimiento de la industria manufacturera en América del Norte. De manera creciente, los tres socios concurren a dichos mercados con productos que contienen componentes de los tres países, como resultado de procesos de producción compartida. Es el caso de las industrias automotriz, de autopartes y aeroespacial.

América del Norte ha dejado atrás la fase del comercio internacional en que un país vendía productos nacionales y compraba productos extranjeros. Hoy asistimos a la globalización y regionalización de las cadenas de suministro. Los procesos productivos están mucho más integrados, de manera que un producto que Estados Unidos le compra a México tiene cerca de 40% de contenido estadunidense, pues México a su vez le compró a Estados Unidos los insumos necesarios para fabricar dicho producto. En el caso de Canadá, esta proporción es de 25%, mientras que en los casos de China, Brasil o la India sólo alcanza porcentajes de 4, 3 o 2%, respectivamente. Así, las importaciones mexicanas de productos estadunidenses representan un estímulo a la industria y a los empleos en aquel país.[15]

Mientras tanto, el alza de los salarios en China y el incremento sostenido de los precios de los combustibles, que encarecen el transporte de contenedores en la ruta transpacífico, han resultado en una ventaja comparativa para México en la actividad manufacturera. En 2000, el costo de emplear a un trabajador en el sector manufacturero de China era de 32 centavos de dólar, comparado con 1.51 dólares en México; en 2011, el costo fue de 1.63 dólares por hora en China, mientras que en México sólo ascendió a 2.10 dólares por hora.[16]

Las economías de Estados Unidos y de México dependen una de la otra más de lo que la mayor parte de la gente se da cuenta. El comercio bilateral supera los mil millones de dólares por día: México es el segundo mercado más grande para las exportaciones de Esta-

[14] David Hendricks, "Meeting looks beyond NAFTA", *San Antonio Express-News*, 16 de noviembre de 2012.

[15] Christopher Wilson, "NAFTA: Twenty Years on, Time for a Change", Woodrow Wilson Center for International Scholars, Mexico Institute, 17 de diciembre de 2012, <www.wilsoncenter.org>.

[16] *The Economist*, "The rise of Mexico–America needs to look again at its increasingly important neighbor", informe especial: *México y Estados Unidos*, 24 de noviembre de 2012.

dos Unidos, y éste es el mayor comprador de productos mexicanos. Estados Unidos y México manufacturan bienes de manera conjunta, enviando partes a través de la frontera común varias veces para llegar al producto final.[17] Expandir su comercio y promover la convergencia económica con México está en el interés de Estados Unidos por las siguientes razones:[18]

En primer lugar, el comercio de Estados Unidos con México es mucho más una avenida de doble circulación que con cualquiera de los países asiáticos. México es un gran cliente de Estados Unidos y, por lo tanto, el comercio con México respalda más empleos en Estados Unidos; de aquí que una economía mexicana en crecimiento sería una oportunidad y no una amenaza para Estados Unidos.

En segundo lugar, el factor económico más importante que impulsa la migración desde México hacia Estados Unidos es el persistente diferencial salarial entre los dos países, es decir, la falta de convergencia en los salarios. En vez de construir muros, promover el crecimiento y la convergencia entre las dos economías serían la mejor manera de reducir las presiones de la migración irregular de México hacia Estados Unidos.

En tercer lugar, hay oportunidades de beneficios mutuos en los servicios de salud y el cuidado de adultos mayores. Los beneficios del Medicare y de los seguros de salud privados deberían fluir hacia proveedores mexicanos sujetos a controles de calidad, que pueden suministrar dichos servicios a pensionados estadunidenses a un costo significativamente menor.

El pacto comercial tuvo un impacto significativo en los flujos de comercio e inversión, pero sólo un modesto efecto en las variables que más importan, como la distribución del ingreso, el empleo y el crecimiento. El mayor problema no es lo que el TLCAN hizo, sino lo que no hizo: fomentar un proceso de integración regional para dinamizar a la economía mexicana e inducir la convergencia del ingreso per cápita de México y sus salarios medios hacia los niveles de Estados Unidos. No se han adoptado políticas como los fondos de cohesión regional y social del tipo de los de la Unión Europea para promover la convergencia de las regiones menos desarrolladas.[19]

---

[17] Woodrow Wilson Center, "A Stronger Future: Policy Recommendations for U.S.-Mexico Relations", The Annenberg Retreat at Sunnylands, 2012, <www.wilsoncenter.org>.

[18] Robert Blecker y Gerardo Esquivel, *op. cit.*

[19] Robert Pastor, *The North American Idea: A Vision of a Continental Future*, Nueva York, Oxford University Press, 2011.

De acuerdo con la Oficina de Estadísticas Laborales del gobierno estadunidense, durante las próximas dos décadas Centroamérica y México aportarán una buena parte de la fuerza de trabajo que ayudará a rejuvenecer la población económicamente activa de Canadá y Estados Unidos, y les otorgará un margen de competitividad respecto a China, Europa y Japón. México debe convencer a sus socios del TLCAN de que la movilidad laboral es un ingrediente fundamental de la competitividad regional; lo que apenas hace unos años parecía imposible, hoy luce más factible dado que la migración irregular neta de México a Estados Unidos llegó a cero en 2010.

La complementariedad demográfica entre Estados Unidos y México puede aprovecharse de manera óptima únicamente durante los próximos quince años; después de 2025, lo impedirá el envejecimiento de la población mexicana. América del Norte puede beneficiarse de un esquema de movilidad laboral con base en una migración legal, ordenada y regulada.

LA INTEGRACIÓN TRILATERAL EN EL MARCO DE LOS BLOQUES GLOBALES

El mapa geopolítico mundial ha cambiado de manera acelerada. México es un país de pertenencias múltiples: somos socios del TLCAN, estamos negociando el Acuerdo Estratégico Transpacífico de Asociación Económica (TPP), impulsamos la Alianza del Pacífico latinoamericano[20] y tenemos un tratado con la Unión Europea. Hay un amplio consenso de que la prioridad es América del Norte, pero la integración trinacional sólo tiene futuro si los tres países logramos insertarnos exitosamente en el marco de los bloques globales.

Un acuerdo "espejo" del TLCAN es el Tratado de Libre Comercio Centroamérica-Estados Unidos-República Dominicana (DR-CAFTA), que asocia a Estados Unidos con El Salvador, Guatemala, Honduras y República Dominicana. El 1 de septiembre de 2012 entró en vigor el Tratado de Libre Comercio Único México-Centroamérica, que unifi-

---

[20] Los vínculos de México con Chile, Colombia y Perú en el marco de la Alianza del Pacífico han avanzado exitosamente y constituyen un modelo de integración regional con mayor futuro que el Mercosur.

có los que por separado habíamos suscrito con el triángulo del Norte (El Salvador, Guatemala y Honduras), con Nicaragua y con Costa Rica; también, se debe buscar incorporar a la República Dominicana. Tendría mucho sentido incluir a los países mencionados como parte de la región América del Norte-México-Centroamérica y el Caribe, que representaría una superficie de 22 millones de kilómetros cuadrados, una población de más de 500 millones de habitantes y un PIB de casi 20 billones de dólares.

Ninguno de los tres países de América del Norte parece decidido a profundizar el TLCAN. Canadá, Estados Unidos y México podrían fortalecer las cadenas de suministro en América del Norte si llegan juntos a la región Asia-Pacífico. Las negociaciones del TPP representan la primera ocasión en que los socios del TLCAN están reunidos en una mesa de negociación desde su propio tratado.[21] Sin embargo, no necesariamente han adoptado posturas comunes ni una estrategia coordinada; lo que es más, las negociaciones del TPP han suscitado las tres preocupaciones siguientes en los círculos mexicanos que no se adscriben a la posición estadunidense:[22]

- Las reuniones de negociación han transcurrido en secreto y no se conoce públicamente el texto que se está discutiendo. Una vez que la Casa Blanca declare finalizadas las negociaciones, el TPP irá al Capitolio, donde su aprobación puede demorarse o atorarse.
- Los propios estadunidenses reconocen que el TPP es una estrategia geopolítica "para contener a China". La República Popular China a su vez mantiene negociaciones de un TLC con Japón y con Corea del Sur, y los tres juntos participan en negociaciones con la Asociación de Naciones del Sudeste Asiático (ANSEA+3). Washington cuenta con que Seúl y Tokio eventualmente se unirán al TPP, pero hasta ahora no hay nada seguro.
- En tanto se desconoce el texto del TPP, existe el temor de que otorgue a las corporaciones poderes que tengan primacía sobre los gobiernos electos, y que se impongan restricciones inaceptables a las empresas de propiedad gubernamental, como las compañías petroleras nacionales.

[21] David Hendricks, "Meeting looks beyond NAFTA", *San Antonio Express-News*, 16 de noviembre de 2012.

[22] Opiniones expresadas por dos antiguos embajadores de México en la República Popular China en el seminario México ante el TPP: retos y oportunidades, realizado en el CIDE el 13 de abril de 2012.

México cuenta con los atributos necesarios para convertirse en una plataforma manufacturera y logística de clase mundial. Su ubicación geográfica entre el océano Pacífico y océano Atlántico, y al lado del mercado estadunidense; su dotación actual y su potencial de recursos energéticos; su mano de obra especializada, considerada por las industrias siderúrgica, automotriz y aeroespacial entre las más competitivas del mundo en la relación costo-calidad; y su estabilidad macroeconómica, lo posicionan de manera favorable en la cadena de suministro global.

Sin embargo, ello no va a ocurrir en automático. México necesita una estrategia para convencer a sus socios del TLCAN que la competitividad futura de América del Norte depende más de resolver sus desafíos internos y aprovechar su interdependencia, que de ganar acceso a los mercados de países de otros continentes. En la economía mundial es importante la globalización, pero es más importante aún la regionalización de las tres principales regiones del mundo: Asia del Este aporta 22% al PIB mundial, Europa 28% y América del Norte 29%. Canadá, Estados Unidos y México ganan más si llegan a Asia-Pacífico juntos que cada uno por su cuenta.

Como lo ha señalado el autor de "La idea de América del Norte", es muy pequeña la posibilidad de llegar a un acuerdo sobre movilidad laboral, armonización de estándares ambientales, elaboración de un plan de transporte o cualquier cosa que cueste dinero o perturbe a los grupos de interés, a menos que haya una visión de una comunidad más amplia que movilice al público para vencer las resistencias y la inercia.[23]

Adicionalmente, la geografía no puede hacer por sí misma lo que sólo la calidad de las instituciones políticas y jurídicas puede lograr. Los beneficios de la estrategia comercial de México deben sentirse al interior del país; de otra forma, cualquier política carecerá de legitimidad y sustento.[24] El TLCAN se adoptó en México sin programas de integración regional dentro del país que vincularan al norte manufacturero con el sur que provee materias primas y sin una política industrial que fortaleciera la capacidad productiva propia. Ningún tratado internacional puede sustituir el papel que juega una política nacional

[23] Robert Pastor, *op. cit.*

[24] Luz María de la Mora Sánchez, *Apertura con reciprocidad: cómo reinsertar a México en la economía global*, México, Colección Coyuntura y Ensayo, CIDE, 2012.

de desarrollo. En este sentido, hay tareas que nadie más puede hacer por México:

- Aumentar la recaudación tributaria e impulsar políticas vigorosas de competencia económica en su mercado interno.
- Reducir la violencia del crimen organizado y mejorar su marca-país.
- Mejorar la calidad de su educación.
- Adoptar y hacer valer leyes y reglas previsibles y de aplicación general en el largo plazo.

En los hechos predominó la visión del TLCAN como una región abierta al comercio mundial en lugar de un bloque comercial más competitivo, al tiempo que se perdió el objetivo de promover la convergencia económica de México a los niveles de ingreso de Canadá y Estados Unidos. El TLCAN ha propiciado un incremento de la inversión extranjera directa en México y un mayor flujo comercial con sus socios; sin embargo, no genera un desarrollo económico dinámico. Desde la perspectiva mexicana, las asignaturas pendientes son las siguientes:

- El cierre de la brecha de desarrollo entre miembros del TLCAN: instrumentos valiosos para lograr este objetivo son el impulso a los derechos laborales y ambientales, la creación de fondos de desarrollo regional en el sur y sureste del país, y la movilidad estudiantil y académica con Estados Unidos.
- México como plataforma productiva manufacturera y centro logístico de distribución global que conecte la región Norte-Centroamérica y el Caribe aprovechando sinergias y complementariedades.
- La participación de los ciudadanos de Canadá, Estados Unidos y México en el debate respecto al futuro de la integración regional. México tiene que potenciar de manera inteligente la relación con su diáspora para hacer política en Estados Unidos.

MÁS ALLÁ DEL TLCAN

En años recientes, México y Estados Unidos han ido más allá de la agenda bilateral para intercambiar puntos de vista sobre temas globales como la crisis económica y el cambio climático. El hecho de que México fuese anfitrión de dos reuniones mundiales clave (la Conferencia de las Partes, número 16, de la Convención Marco de las Naciones Unidas sobre el Cambio Climático, en Cancún, en diciembre de 2010 y la Cumbre de Líderes del Grupo de los 20, en Los Cabos, en junio de 2012) ha facilitado este proceso. Estados Unidos presionó para que se admitiera a México en el seno del TPP, y al día siguiente Canadá decidió que no podía quedarse afuera si sus dos socios ya formaban parte del mayor acuerdo comercial que actualmente se negocia.

Las cinco paradojas que enuncié al inicio de este texto van a seguir allí, y tendremos que vivir con ellas. Hacia adelante, lo importante es que México tenga claro qué quiere con Estados Unidos y se proponga impulsar aquello que está a su alcance, tratando de incidir en la política estadunidense:

En el futuro es de esperarse que haya menos atención periodística y política hacia México en Estados Unidos, pero quizá de mayor calidad en los temas que nos permiten manejar la integración *de facto* que existe entre ambos países. Es mejor estar en la categoría de países que se comentan poco, pero con los cuales la relación es fluida y se puede resolver los temas de fondo con agilidad. Esto requiere de un fino manejo de la relación bilateral desde México, fijando objetivos claros y fomentando relaciones con el sinnúmero de actores políticos, cívicos y empresariales nacionales y locales que inciden en la política norteamericana fragmentada y descentralizada. La falta de atención a México puede ser una buena señal si se acompaña con una política activa de cabildeo y cultivo de relaciones políticas en favor de una agenda mexicana clara.[25]

El TLCAN no ha sido ni la panacea prometida por el gobierno mexicano ni el desastre pronosticado por algunos de sus adversarios en Estados Unidos. Sin embargo, la integración cotidiana continuará; el reto es cambiar la narrativa de la integración para hacer de la rela-

---

[25] Andrew Selee, "México y la atención de EU", *El Universal*, 27 de diciembre de 2012.

ción bilateral una relación de cooperación. Como lo expresa Jaime Serra: "la integración futura de la región seguramente ocurrirá independientemente de las políticas seguidas por los gobiernos de los tres países. Se puede pensar en dos escenarios extremos: una integración desordenada, que vaya a contracorriente de los liderazgos de la región o, en un mejor escenario, una integración ordenada que sea conducida por esos liderazgos".[26]

La ecuación geopolítica global está cambiando de manera radical, y México y Estados Unidos no pueden dejar pasar la ocasión. El reto en el futuro para los gobiernos de estos países es encontrar una manera de relanzar el proceso de integración regional de modo tal que sirva a los intereses mutuos.

Hoy no existe una agenda binacional compartida entre Estados Unidos y México, pero mucho ayudaría que al menos tuviésemos clara una agenda mexicana respecto a lo que queremos con Estados Unidos, apuntando a acciones conjuntas que —en el marco de las paradojas enunciadas— destraben el *impasse* en que hoy se encuentra su asociación comercial a casi veinte años de su inicio. Nada más, pero nada menos.

---

[26] Beatriz Leycegui Gardoqui, "Socios sin barreras: urgencia de una visión estratégica común en América del Norte", *Reflexiones sobre la política comercial internacional de México 2006-2012*, México, Secretaría de Economía-ITAM-Miguel Ángel Porrúa, 2012, p. 164.

FRONTERAS SEGURAS Y EFICIENTES: ASIGNATURA PENDIENTE

LUIS HERRERA-LASSO M.

INTRODUCCIÓN

El estado de las fronteras territoriales de un país refleja su forma de interacción con el mundo. También, refleja su situación interna. Como en pocos ámbitos, en las fronteras terrestres se puede saber si es un Estado con políticas restrictivas o flexibles, abierto o cerrado. Se puede también elucidar el nivel de eficiencia de su política, de sus esquemas de operación y de su andamiaje institucional.

Las fronteras no se pueden ver aisladas del resto del país, pues lo que ahí sucede es reflejo de lo que sucede en su interior. El Estado es responsable de lo que sucede al interior de su territorio y en sus fronteras. Todo Estado cuenta con un gobierno central que tiene entre sus principales responsabilidades cuidar y proteger el territorio y a sus pobladores de amenazas externas. El Estado define quién entra en su territorio y distingue entre los cruces deseables y no deseables, legales e ilegales —sea de personas o mercancías—, e instrumenta las medidas para que dichas disposiciones se apliquen en su territorio, incluyendo sus fronteras.

México tiene más de 4 000 kilómetros de fronteras terrestres. Dos terceras partes corresponden a su frontera con Estados Unidos y una tercera parte a su frontera con Belice y Guatemala. Estas fronteras, en sus distintos tramos, tienen características particulares en su orografía, topografía e hidrografía, que requieren de esquemas de operación distintos cuando de vigilancia y control se trata. En el caso de México, sus dos fronteras son, además, muy distintas en demografía, niveles de desarrollo y premisas culturales. Al norte colinda con un país de origen anglo, mayor en territorio, población y economía; al sur, con países latinoamericanos (con excepción de Belice) de menor tamaño, población y economías. El contraste es notorio.

En la frontera norte la división es franca en lo que a límites físicos se refiere. Más consecuencia de las políticas estadunidenses que de las decisiones mexicanas. Estados Unidos ha optado por las barreras físicas y por los controles estrictos en los puntos de tránsito de sur a norte. México mantiene una política flexible frente a los tránsitos norte-sur. La diferenciación entre ciudadano mexicano y estadunidense queda claramente manifiesta al momento del ingreso a Estados Unidos. No existe libre circulación de sur a norte. Es restrictiva y controlada. De norte a sur es flexible. En la mayor parte de los puntos de internación a México ni siquiera es necesario presentar un documento de identidad, ni existe diferencia en el trato si son visitantes estadunidenses o si son mexicanos que regresan a su país. México no cuenta con información sobre quién entra y quién sale por su frontera norte, ni siquiera para fines estadísticos.

Cualquier mexicano que desee ingresar a Estados Unidos requiere de una autorización expresa y personalizada del gobierno de ese país. Debe solicitar una visa y pagar por el servicio. La mayor parte de los mexicanos no son elegibles para obtener la visa. En contraste, cualquier estadunidense puede ingresar a México como turista sin necesidad de visa y sin costo alguno. Para México los cruces de norte a sur no representan una amenaza y existe la idea de que facilitarlos fortalece la economía del país, en particular en la región fronteriza. Por lo menos, éstos han sido los argumentos históricos para mantener una política flexible y de facilitación de cruces sin restricciones ni costo de norte a sur. Para Estados Unidos su vecino del sur es un país más del orbe internacional cuyo ingreso está restringido. No existe trato diferenciado. Aplican las mismas regulaciones (por categorías de países) que al resto del mundo. La vecindad geográfica, en este caso, no otorga preferencias.

La frontera sur de México es muy distinta. La política del Estado mexicano es restrictiva pero poco efectiva. Salvo para quienes cruzan cotidianamente y que pueden contar con un documento de tránsito local, cualquier otro ingreso requiere de documentación formal. En la práctica, un gran número de personas cruza sin documentos. La frontera física es suficientemente porosa para permitir cruces vehiculares por más de 50 puntos donde no existe presencia alguna de autoridad y los cruces peatonales y por los ríos, en esas circunstancias, son incontables. Cruzar legal o ilegalmente termina por ser una decisión de quien realiza el cruce, no de la autoridad. La dinámica cotidiana rebasa el ordenamiento legal. Esto también sucede en la frontera norte, que no es infranqueable (hasta ahora ha sido imposible sellar 3 000 kilómetros de frontera), pero donde cruzar sin documentos resulta mucho más difícil, costoso y riesgoso. Aquí, el margen es muy estrecho; en la frontera sur de México, más amplio.

Las condiciones de ingreso y estadía a cualquier territorio nacional son decisión soberana del Estado, al igual que las políticas de control de frontera. Sin embargo, la dinámica de cualquier frontera terrestre es el resultado de la combinación de las políticas y acciones —u omisiones— de los países que la comparten. A mayor compatibilidad de políticas, mayor fluidez en los cruces, como sucede entre los miembros de la Unión Europea. A políticas disímiles, como sucede entre México y Estados Unidos, mayor complejidad, disparidad y dificultad en los cruces. A mayor compatibilidad, mayor cooperación, pero no necesariamente.

En este ensayo buscamos hacer algunas reflexiones en torno a las opciones que tiene México para el manejo de sus fronteras terrestres, lo que implica profundizar en las razones e intenciones de sus políticas de frontera, identificar la naturaleza de los problemas que se plantean y esbozar algunas ideas sobre lo que conviene a México y la forma de lograrlo. A diferencia de otros trabajos previos en los que he profundizado en la agenda fronteriza, en este ensayo pongo mayor énfasis en los procesos y en las condiciones institucionales.

DE LA DINÁMICA FRONTERIZA

Tendemos a ver la dinámica fronteriza como si las fronteras fueran la fuente natural de los problemas o de los conflictos, cuando en realidad la mayor parte de las turbulencias que se presentan en las fronteras terrestres no son sino manifestaciones de situaciones que se generan en el interior o exterior del país.

El tráfico de drogas —entendido como el paso ilegal de drogas de un país a otro— se materializa en los cruces fronterizos, pero la frontera no es ni el origen ni el destino de las drogas; es sólo un lugar de paso. Sólo una mínima fracción de las drogas que se trafican se consume en la región fronteriza. Históricamente, es demostrable que los controles fronterizos inciden sólo marginalmente en la ecuación entre demanda y oferta en el mercado internacional de las drogas.

La razón es sencilla. Los márgenes de ganancias de ese negocio son tan jugosos, que permiten considerar las incautaciones como parte de los costos de operación, sin dejar de ser un gran negocio, lo que justifica el riesgo y las pérdidas marginales, sean éstas de mercancía o de operadores. Disminuir significativamente el paso ilegal de drogas por las fronteras terrestres sólo es posible si se impide su producción, su llegada a la frontera o si se restringe la demanda en el lugar donde se realiza el consumo.

En el caso de la migración ilegal, aunque la "mercancía" es muy distinta, encontramos una lógica similar. Los flujos migratorios ilegales no se generan en la frontera, se originan en las diferencias salariales y en la brecha entre oportunidades de empleo y niveles de vida entre dos países o regiones. Si los flujos son ilegales —cruces no autorizados por fronteras políticas— es debido al desfase que existe entre la oferta laboral para extranjeros en Estados Unidos y los márgenes legales de ingreso para esos flujos. En el caso de la relación entre Estados Unidos y México, la realidad económica ha dejado atrás el ordenamiento legal. La presencia de 11.1 millones de residentes indocumentados en Estados Unidos, de los cuales 5.8 millones son mexicanos (2011), es la mejor prueba de que la combinación de alta demanda de trabajadores extranjeros, con estrechos márgenes de ingreso legal para ese segmento de la población, no detiene los cruces laborales.[1] Incrementa los costos y los riesgos para quienes cruzan, pero no los detiene. En última instancia, la frontera poco tiene que ver con los desfases en el mercado laboral y es solamente el espacio territorial en el que se manifiestan estos desfases, sin alterarlos ni modificarlos significativamente.

Otro ejemplo que muestra la incompatibilidad de políticas entre Estados Unidos y México es el tráfico de armas. En el país del norte se promueve la fabricación, compra-venta y exportación de armas. Estados Unidos es la primera potencia militar del orbe y es el primer exportador de armas al mundo, sin duda, la democracia más militarizada del planeta. Más allá de la fuerza militar del Estado, socialmente existe en ese país una amplia aceptación a la producción, compra y posesión de armas. Para muchos estadunidenses comprar y poseer armas es un derecho casi inalienable; los *lobistas* de la industria armamentista así lo defienden y hasta ahora han ganado casi todas las batallas.

---

[1] Cifras del Pew Hispanic Center Tabulations of 2010 Census.

Mientras esto sucede en Estados Unidos, en México, desde 1968, existe una legislación altamente restrictiva en materia de producción, compra y posesión de armas. Sólo las armas deportivas, la mayoría de bajo calibre, están permitidas. Lo que no significa que en México no abunden las armas, la mayor parte, ilegales y sin registro. Algunas estimaciones hablan de 12 millones. El abultado mercado interno se alimenta del norte y del sur. México colinda, en sus dos fronteras, con países con políticas permisivas en materia de compra y posesión de armas y, a pesar del castigo ejemplar que representa ser sorprendido con la introducción ilegal de armas a México (diez años de prisión sin derecho a fianza), el flujo no se detiene. En este punto es importante señalar que las armas no llegaron a México con la expansión reciente del crimen organizado; estos grupos simplemente han modernizado y sofisticado el arsenal. Para efectos del ingreso de armas prohibidas, ambas fronteras resultan porosas, pues México cuenta con un ordenamiento legal ampliamente restrictivo, pero carece del andamiaje institucional para su puesta en ejecución.

Como podemos observar en estos tres ejemplos (flujos ilegales de drogas, personas y armas) las amenazas y dificultades que generan estos tres fenómenos se manifiestan en las fronteras, pero se originan lejos de las fronteras. También podemos observar que los problemas y los cuellos de botella se generan en buena medida a partir de la incompatibilidad de las políticas, en este caso de Estados Unidos y México, frente al mismo fenómeno. Las políticas en materia de movilización nacional de la fuerza de trabajo son incompatibles. Para México, la migración a Estados Unidos sigue siendo una válvula de escape a su economía y no tiene ningún problema con ello, por el contrario, si regresaran mañana los cerca de seis millones de indocumentados mexicanos en Estados Unidos, ése sí sería un problema. Para Estados Unidos, esos trabajadores y sus familias cometen un delito al ingresar a Estados Unidos sin autorización y son considerados y tratados como ilegales, con todo lo que ello implica. Hasta ahora México no ha podido hacer nada para modificar esa situación; hoy son más los mexicanos que se trasladan a trabajar a Estados Unidos sin documentos, que los que lo hacen en forma legal.

En materia de compra y posesión de armas, como ya señalamos, las políticas son también incompatibles. En contraste, en materia de drogas, las políticas y los ordenamientos legales son similares, ambos restrictivos, pero los efectos del fenómeno en uno y otro país son muy

distintos; mucho más graves en la agenda de seguridad de México
que en la de Estados Unidos. En este caso, la compatibilidad no se traduce automáticamente en cooperación eficiente. El expresidente de
México, Felipe Calderón, en una de sus últimas apariciones públicas
internacionales, en noviembre de 2012, en la sede de Naciones Unidas en Nueva York, concluyó culpando a Estados Unidos por los males
que aquejan a México en materia de seguridad pública por no detener el flujo de armas y por no controlar el consumo de drogas, lo que
parece colocarnos en un callejón sin salida.

En las buenas noticias están los flujos legales (los deseables) en
ambas fronteras. Por la frontera norte cruzan más de un millón de
personas diariamente en forma legal. El comercio fronterizo es uno
de los mayores en el planeta entre dos países. Todos estos cruces están llenos de trámites y requisitos, engorrosos muchos de ellos, pero
al final funcionan, a pesar de que la infraestructura fronteriza y los
procedimientos distan de estar en el ideal y que la cooperación bilateral en procesos y procedimientos es muy reducida. En la práctica, se
compatibilizan las políticas y programas, pero no se generan políticas
ni procedimientos conjuntos. En la frontera sur de México, la interacción cotidiana de personas y mercancías es significativa, beneficia a
ambos países y no necesariamente quebrantan la ley. Sin embargo, en
esta frontera, incluso más que en la frontera norte, las malas noticias
sobre lo que ahí sucede eclipsan los beneficios de la interacción cotidiana. La cooperación efectiva con los gobiernos de los países vecinos
en el sur es incluso menor que en la frontera norte.

INTERÉS NACIONAL Y POLÍTICA DE FRONTERAS

Los criterios para establecer quién entra y quién sale de México (personas) se encuentran en la recién aprobada ley migratoria en la que
se precisan las condiciones de ingreso y de estadía de los extranjeros.
México cuenta con una ley de migración a partir de 2012. En la ley
se habla de categorías, requisitos y procedimientos. Si su intención es
incentivar o disuadir los flujos migratorios de ingreso o de salida, no
se explicita si México es un país abierto o cerrado a la migración. Por
las categorías genéricas que incluye la ley (turista, visitante de negocios, estudiante, visitante fronterizo, residente temporal o residente

permanente), podría hablarse de una política flexible aunque depende mucho de la nacionalidad de que se trate. A diferencia de Estados Unidos, México no es un país de inmigrantes. El registro oficial de extranjeros residentes en México no llega a un millón. En Estados Unidos existe una población de 11.7 millones de mexicanos nacidos en México, de los cuales 49.5% son indocumentados.[2] El 13% del total de la población de Estados Unidos es de extranjeros. En el caso de México la proporción no llega al uno por ciento.

Los gobiernos de México tampoco han tenido una política oficial frente a su emigración. Ni la alientan ni la desalientan y, aunque ha habido algunos esfuerzos por organizar los flujos laborales en coordinación con Estados Unidos, hasta ahora han sido poco exitosos. México cuenta con 52 consulados en Estados Unidos que en general están activos en la tarea de auxiliar a los mexicanos que viven allá y que no tienen documentos, pero poco o nada pueden hacer por mejorar sus condiciones legales, laborales, sociales o por evitar que sean detenidos y deportados. La decisión de migrar es personal o familiar, no cuenta ni con el aval ni con la oposición del Estado mexicano. Cualquier apoyo explícito haría brincar a los estadunidenses. Cualquier restricción, haría brincar a los mexicanos. La no política frente al fenómeno se ha convertido en la constante política en este tema.

En puertos marítimos y aéreos la inmigración a México tiene controles más o menos eficaces y usualmente sólo entran los viajeros autorizados de acuerdo con las regulaciones vigentes. Ayuda a esta situación que los viajeros sólo pueden subir a las naves o aeronaves con destino a México si poseen la documentación que requiere el gobierno mexicano. Los que se "cuelan" por esos puntos de internación usualmente lo hacen gracias al factor humano (ineficiencia o actos de corrupción de los oficiales), pues los sistemas cuentan actualmente con la suficiente capacidad para operar con márgenes de error muy reducidos.

Los inmigrantes motivo de preocupación son aquellos que se internan por las fronteras terrestres o marítimas sin documentación y sin autorización. A grandes rasgos, podríamos dividirlos en tres categorías: los visitantes locales en las zonas fronterizas sur y norte; los transmigrantes centro y sudamericanos, y los inmigrantes extra continentales con perfiles e intenciones desconocidos.

---

[2] Cifras de 2011 del Pew Hispanic Center, Washington, D. C.

La primera categoría no parece presentar mayores problemas. En el norte, los residentes fronterizos en Estados Unidos suelen venir a México por razones de negocios, comerciales, sociales o de esparcimiento. Desde la perspectiva del gobierno central y, de los gobiernos y municipios fronterizos del norte de México, estos flujos significan una benéfica derrama económica. No hay quejas por estos flujos por parte de los gobiernos locales ni por parte de las comunidades fronterizas. El principal disuasivo para pasar a México no son los ordenamientos legales ni los controles fronterizos, sino las condiciones de inseguridad en ciudades y municipios fronterizos, sobre todo en tiempos recientes. En la frontera sur existe un flujo cotidiano que ayuda a la economía, al mercado laboral y a la interacción social. En este sentido, las dos fronteras terrestres de México pueden considerarse relativamente abiertas. La mayor parte de los perfiles que cruzan cotidianamente por estas fronteras no plantean amenazas o riesgos a la seguridad, a la economía o al entramado social de México, incluso si los que ingresan lo hacen sin registro o sin papeles. La experiencia histórica así lo indica.

La segunda categoría, los transmigrantes, presenta una problemática más compleja. La mayoría entran indocumentados por el sur de México gracias a la porosidad de la frontera y a la "porosidad" de las autoridades mexicanas. El gobierno de México no cuenta con los medios para impedir su paso. El ideal en Washington es que la frontera sur de México fuera un dique de contención para la entrada a Estados Unidos. Se han cansado de plantearlo, pero no han encontrado en México ni voluntad política ni viabilidad institucional. Hasta la fecha, una vez en territorio mexicano, los transmigrantes suelen ser acosados, abusados y extorsionados por autoridades mexicanas de los tres órdenes de gobierno o por el crimen organizado. Ambos les cobran el peaje. Así ha sido por decenios, aunque en los últimos años el exceso de maltrato a los migrantes ha puesto a México y a sus autoridades en los reflectores internacionales y ha deteriorado su relación con Centroamérica. En última instancia la única política del gobierno de México frente a la transmigración es la aplicación relativa de los ordenamientos jurídicos. No existe una política oficial que condene o aliente el uso del territorio mexicano como vía de paso a Estados Unidos. En el discurso existe una preocupación reiterada por los derechos humanos de los transmigrantes, pero esto no se refleja en la actuación del Estado que no tiene los elementos para hacer cumplir la ley. En éste, como en otros temas, se percibe un problema de gobernabilidad (en particular de gobernanza de la migración), de pérdida de autoridad y de ausencia de Estado de derecho.

La tercera categoría, la de inmigrantes no deseados, si bien es una fracción mínima, es la más complicada. Hablamos de nacionales extra regionales (asiáticos, entre otros) que también buscan usar el territorio mexicano como paso a Estados Unidos, pero que llegan cobijados por organizaciones criminales muy poderosas que trafican con migrantes o que se dedican a la trata de personas. Además de quienes se dedican al narcotráfico y a otras actividades criminales. En muchos casos estas organizaciones están coludidas con autoridades mexicanas, lo que les permite ingresar y operar en el país. Aunque es poco probable, también existe la posibilidad de que, mezclados con otros flujos, se internen integrantes de organizaciones terroristas internacionales. Al parecer, hasta ahora esto último no ha sucedido, pero la posibilidad existe.

No obstante la complejidad de esta tercera categoría, la respuesta de política institucional es relativamente sencilla. En todos los casos se trata de organizaciones cuyas actividades no se neutralizan en las fronteras, sino con trabajo de inteligencia, operativos dirigidos y un trabajo fino de coordinación con órganos de inteligencia de otros países para detectar las amenazas y detenerlas en sus orígenes o una vez que se hacen presentes en territorio nacional, cuando se cuenta con la voluntad política, la información y la capacidad de respuesta necesaria.

Si la realidad es cercana a lo que hemos descrito, ¿cuál es la política que conviene a México frente a estos fenómenos y cuál debe ser el corolario en sus fronteras? Frente a los visitantes locales en las regiones fronterizas, la mayor parte de los ingresos son legales (o "inofensivos" cuando son ilegales), y no existen razones de seguridad para incrementar restricciones o modificar esencialmente las condiciones actuales a menos que, como muchos han propuesto, se aplique una cuota de ingreso a México en la frontera norte y, en general, en el país para los visitantes de Canadá y Estados Unidos, a lo cual siempre se han resistido los gobiernos fronterizos, el sector turismo y el sector comercial. Sin embargo, esta posibilidad quizá no debiera descartarse, al menos como moneda de cambio en las negociaciones con esos dos países.

Algo que sí puede y debe hacer el gobierno de México es diseñar un sistema de información serio y consistente sobre la dinámica de flujos en nuestras fronteras. Existe la tecnología disponible y, sin un gasto excesivo, se podría contar con información sobre cruces de personas y vehículos, a través de contadores computarizados, observatorios o sistemas de monitoreo de flujos, que permitan recabar información confiable sobre lo que transita y sucede en nuestras fronteras. La información precisa y confiable sobre la magnitud y características de los flujos resulta un insumo imprescindible para la formulación de políticas.

La categoría de los transmigrantes plantea un problema más complejo pues no se trata solamente de quien entra por nuestra frontera sur aprovechando su porosidad geográfica e institucional, sino lo que sucede con quienes por ahí entran una vez que están en territorio nacional. Una posibilidad es simplemente dejar el agua correr, como se ha hecho hasta ahora. Permitir que tanto las autoridades mexicanas como la delincuencia sigan lucrando con la situación de ilegalidad y de vulnerabilidad de los transmigrantes, y arriesgarse a que se repitan las masacres de San Fernando. Hay quienes dicen, incluso, dentro del gobierno, que a los transmigrantes nadie los obligó a venir y que el gobierno tiene otras prioridades que atender para sus nacionales. Sin embargo, en el discurso oficial no deja de aparecer la insistencia en el Estado de derecho, el respeto a los derechos humanos, la condena a los actos de corrupción y a las organizaciones criminales dedicadas al tráfico y trata de personas, o a cobrar el derecho de paso. En este tema el principal problema no está en las fronteras, sino en lo que sucede en el territorio nacional: la situación de inseguridad y la corrupción de las autoridades. El gobierno de México no tiene la capacidad para detener estos flujos, pero sí podría trabajar, al interior del país y con los gobiernos centroamericanos, para intentar que estos flujos sean al menos un poco más seguros y ordenados. Eventualmente esta transmigración deberá ser considerada dentro de una negociación con Canadá y Estados Unidos.

Pensar en sellar la frontera o en detener a todos los inmigrantes ilegales en su paso por México es una quimera. Pero de ahí a que la situación no pueda ser distinta hay una gran distancia. En este tema hay que tomar en cuenta que la mayor parte de los indicadores confiables muestran que los flujos hacia Estados Unidos, tanto de mexicanos como de centroamericanos, han disminuido en los últimos tres años. Sin embargo, también podemos demostrar con cifras y ciclos que esta reducción ha obedecido primordialmente a la disminución en la actividad económica en Estados Unidos y no a los controles fronterizos. En dos o tres años, cuando la situación económica mejore en el mercado laboral del norte, lo más probable es que los flujos tiendan de nuevo a crecer.

La tercera categoría, la de los inmigrantes de riesgo, es ciertamente la menos numerosa, pero la que puede plantear mayores problemas. En esta categoría están quienes vienen a México con la clara intención de cometer acciones ilícitas como introducir drogas, armas o a integrantes de organizaciones peligrosas para traficar o cometer delitos de trata de personas. Éstos son los más difíciles de detectar por los puertos de entrada convencionales, pues usualmente viajan con documentación legal (más allá de la forma en que la hubiesen obtenido), o con documentos que pasan por auténticos y que difícilmente pueden ser detectados por oficiales sin entrenamiento especializado y sin acceso a los bancos de información. Estos ingresos plantean claros riesgos a la seguridad nacional o a la seguridad pública y social de México, y su tratamiento requiere un trabajo fino en materia de inteligencia, operativos especiales y coordinación con autoridades de otros países. Los sistemas convencionales de control y supervisión en las fronteras tienen un bajo impacto sobre estos objetivos. El crimen organizado, como lo señala su adjetivo, cuenta con la información, los recursos y los contactos necesarios para evadir los controles convencionales de los cruces formales.

Despresurizar las fronteras en materia de flujos de personas no es entonces un problema de controles y revisiones. La mayor parte de las acciones para que esto suceda deben surgir del control de los fenómenos que las originan, lo que obliga a diseñar e implementar políticas focalizadas que distingan entre los tránsitos de alto riesgo (criminales y terroristas), los de bajo riego (visitantes locales) y los que ingresan en el marco legal que, en principio, no son sujetos de riesgo. Los planes de seguridad deben centrase en los objetivos de riesgo y el resto de los recursos con los que se cuenta en agilizar los cruces legales, tanto de personas como de mercancías, con infraestructura, personal entrenado y un mayor esfuerzo de cooperación binacional que ayude a facilitar los cruces legales, seguros y ordenados.

Frente al tema de la migración de mexicanos a Estados Unidos el único camino que puede hacer una diferencia es trabajar seria y sistemáticamente en propuestas que resulten aceptables para Estados Unidos. Lograr un esquema de paso legal, seguro y ordenado para los trabajadores mexicanos y sus familias al país del norte, debe ser una prioridad del gobierno de México, pero esto implica un esfuerzo técnico y político, consistente y sistemático, que hasta ahora no se ha emprendido. Quizá el alcance de este objetivo desborde los tiempos de una administración sexenal, pero si no se inicia el proceso, nunca se alcanzará el objetivo. Como sucede con las drogas, el tema es una preocupación mucho mayor para México que para Estados Unidos, de donde las propuestas deben surgir de sur a norte.

LA POLÍTICA FRONTERIZA Y EL ANDAMIAJE INSTITUCIONAL

Del plato a la boca se cae la sopa. En distintos momentos el gobierno de México ha planteado planes y programas hacia sus fronteras, en más de una ocasión como resultado de negociaciones con los gobiernos vecinos, pero que al momento de instrumentarse enfrentan obstáculos infranqueables. Entre éstos destacan la insuficiencia de los recursos humanos y técnicos, el estado del andamiaje institucional y la ausencia de voluntad política para mantener el monitoreo, seguimiento y evaluación que requieren estos esfuerzos para derivar en resultados consistentes y duraderos.

Cuando ocurrió la masacre de San Fernando, Tamaulipas, en 2010, en la que murieron 72 transmigrantes centroamericanos, los voceros del gobierno de México anunciaron el inicio inmediato de las investigaciones para identificar y detener a los responsables y aplicar sanciones ejemplares. Un año después del anuncio aún no había resultados. La instancia responsable del tema migratorio era el Instituto Nacional de Migración (INM), que no sólo carece de una policía propia, sino que tampoco tiene una unidad de investigación y persecución de delitos asociados a la migración. La instancia responsable del tema, a final de cuentas, no tenía forma de hacerse responsable. Debieron actuar otras instancias como la Procuraduría General de la República y la Secretaría de Seguridad Pública (SSP), que tampoco presentaron resultados.

Tamaulipas es uno de los estados de México caracterizado en los últimos años por sus problemas de gobernabilidad. Las distintas organizaciones criminales se han posesionado de parte del territorio y su capacidad de organización ha rebasado la capacidad de respuesta de las instituciones del Estado, en los tres órdenes gobierno. A la insuficiente capacidad de respuesta gubernamental, debe sumarse el tema de corrupción de autoridades locales y federales (sobre todo las locales), que lo hacen por inercia o como medida de supervivencia frente a las amenazas del crimen organizado —o como una combinación de ambas—. Cualquier investigación en un entorno así parecería estar destinada al fracaso, pues la realidad rebasa las capacidades del andamiaje institucional y los ordenamientos e instrucciones del gobierno federal. A un año de los eventos, el gobierno mexicano no podía dar ninguna respuesta a la sociedad mexicana, a los gobiernos centroamericanos o a los deudos de los asesinados.

En este caso ni siquiera puede hablarse de una lógica política o de negocios de las organizaciones responsables de estos crímenes. Incluso, podría hablarse de acciones producto del ejercicio patológico del poder con uso de violencia extrema, pues al parecer esto no representaba ningún beneficio real para los asesinos, al menos que lo tomemos como una mera demostración de poder, frente a sus adversarios y frente a las autoridades. La parte más preocupante de esta historia es el hecho de que tales atrocidades se pudiesen llevar a cabo sin mediar la acción de la autoridad, ni antes ni después.

Otro de los temas que destaca en esta historia, y que se registra en otros estados y municipios, es la falta de coordinación entre autoridades locales y federales. Esta situación se torna particularmente grave cuando se habla de los transmigrantes que no pertenecen a ninguna jurisdicción nacional (no son mexicanos) y la autoridad no tiene control en el territorio por el que transitan. En realidad no existe ninguna autoridad específica responsable de su protección. Los integrantes de los Grupos Beta (cuerpos especializados en la protección de los migrantes nacionales y extranjeros que reportan al INM) realizan tareas más cercanas al apoyo humanitario que brindan organizaciones de la sociedad civil, pues ni siquiera están autorizados a portar armas.

Cuando revisamos los planes y programas para la frontera sur en materia de seguridad, encontramos una situación similar en el sentido de que no existe una autoridad con la responsabilidad específica de dar cuentas sobre el estado de la seguridad de dicha frontera. Las responsabilidades y las tareas se encuentran dispersas entre las distintas dependencias del gobierno federal. La Secretaría de Hacienda y Crédito Público, a través de la Dirección General de Aduanas, es responsable de las garitas, pero no de los puntos entre garitas, por donde

atraviesa la mayor parte de los flujos ilegales de personas y mercancías. El inm es responsable del control de los flujos migratorios, pero
sus funciones son meramente administrativas. La Secretaría de la Defensa Nacional y la Secretaría de Marina son responsables de impedir
el paso de armas y, como coadyuvantes en la lucha contra el crimen
organizado, realizan tareas de vigilancia y controlan puntos de revisión, pero sólo responden a los mandos militares. Los gobiernos locales son responsables de la seguridad pública, como supuestamente lo
es la ssp a nivel nacional, pero al final cada dependencia hace su tarea
de acuerdo con sus atribuciones específicas y responde a sus mandos.
No existe ni un plan estratégico ni una instancia de coordinación de
las acciones que realizan todas las dependencias. Tampoco existe un
monitoreo y un seguimiento de los planes y programas en los que
participan estas dependencias. No existe información homogénea y
compartida. Cada dependencia posee su propia información, pero
ésta no se encuentra sistematizada ni existen mecanismos de compartición entre las distintas dependencias. En estas circunstancias, incluso el diagnóstico sobre la situación de la inseguridad de la frontera
es ambiguo, incierto, fragmentado y usualmente desactualizado. No
existen tampoco programas de capacitación y profesionalización para
las tareas de seguridad en las fronteras. Las dependencias asignan y
rotan a su personal en función de sus dinámicas institucionales, no de
los requerimientos in situ.

En el plano jurídico, las cosas no son menos complicadas. En un
Estado federativo, las entidades que lo forman tienen importantes
márgenes de autonomía. El cuidado de las fronteras y la persecución
de los delitos federales son responsabilidad federal, no estatal. Sin
embargo, en la realidad, los delitos y las atribuciones se entremez-
clan. Las políticas de fronteras no pueden ser efectivas sin la colaboración de estados y municipios, pero en la práctica, esta colaboración se lleva a cabo sin amarres institucionales. Adicionalmente, cada
entidad federativa cuenta con su propio código penal y sus propios
procedimientos. Al momento de perseguir los delitos, los procesos
y los procedimientos del gobierno federal y de los gobiernos locales
no siempre coinciden. Tampoco existen, más allá de los lineamientos generales, disposiciones legales que obliguen o comprometan a
las autoridades de los tres órdenes de gobierno a trabajar en forma
conjunta. Las policías estatales y municipales tienen graves problemas
de personal, insuficiencia de equipo y capacitación obsoleta y, en no

pocos casos, la doctrina y la ética profesional se sustituyen por intereses corporativos o personales. Esto lleva a que, en última instancia, los operativos se realicen de acuerdo con los criterios de los jefes o comandantes y a que los resultados casi nunca se lleven a evaluación a nivel político y estratégico. Los lineamientos son siempre generales y la rendición de cuentas no va más allá de la dependencia o corporación. Nunca se llega a la evaluación de resultados en función de las estrategias planteadas.

La falla estructural inicia en el gobierno central. Las políticas de frontera son necesariamente un corolario de las políticas nacionales frente a los distintos temas de la agenda nacional. En ausencia de definiciones explícitas en materia de seguridad de fronteras, con posiciones ambiguas en el tema migratorio, políticas incompatibles con los vecinos en el tema de producción y posesión de armas de fuego, y preocupaciones distintas en relación con el narcotráfico y el crimen organizado, en muchos casos los lineamientos y las directrices planteados vienen con fallas de origen.

La legislación es abundante y rígida en la mayor parte de los temas. En casi todos los casos demasiado rígida en lo que se refiere a procesos y procedimientos. Las corporaciones de los tres órdenes de gobierno carece de los elementos para su aplicación en esos términos, lo que necesariamente lleva a que la aplicación de la ley sea laxa, de acuerdo con las circunstancias, y que su propia rigidez invite a procesos de corrupción en todos los eslabones de la cadena. Los requisitos de ley son tan elaborados para detener y procesar a un presunto culpable que, al final, no resulta difícil encontrar alguna irregularidad en el proceso que lo invalide en su totalidad. Los policías, los ministerios públicos y los jueces se vuelven flexibles en los procesos por múltiples razones: en el mejor de los casos, por insuficiencia de personal, capacitación inadecuada, infraestructura insuficiente e información incompleta y dispersa.

Las irregularidades se incrementan cuando en los procesos intervienen otros criterios como las instrucciones políticas de enfatizar un caso y desatender otro, suspender o acelerar procesos, abrir o cerrar investigaciones en función de criterios políticos. O aún peor, cuando la instrucción es mover la maquinaria de tal forma que genere sistemáticamente ingresos adicionales al personal —desde el comandante o juez hasta el policía o el agente del ministerio público— o para generar recursos adicionales para la operación política del partido en el poder —prácticas arraigadas, en mayor o menor medida, a lo largo y ancho del territorio nacional—. Mucho peor es cuando la propia autoridad pervierte los procesos legales con finalidades distintas a la tarea de la aplicación de la ley, como sucedió en el caso Florence Cassez, que dejó en claro que la autoridad puede pervertir procesos, ser descubierta y seguir operando como autoridad, como si nada hubiera sucedido. Cuando los oficiales y agentes de las distintas corporaciones observan la corrupción de procesos y procedimientos por parte de sus más altos funcionarios lo toman como la pauta a seguir con el aval de sus jefes políticos.

La lista de ejemplos que muestran las aberraciones de procesos y procedimientos resulta interminable, pero eso nos llevaría a un callejón sin salida, nada más lejano al propósito de esta reflexión. Mostrar estos ejemplos busca ilustrar la interconexión estructural que existe entre las políticas nacionales, el estado del andamiaje institucional y la vulnerabilidad y fragilidad de los procesos y procedimientos con los que operan las instituciones del Estado mexicano. En este contexto, es difícil esperar que nuestras políticas en las fronteras funcionen de manera distinta a como funciona el resto del país.

Un último comentario sobre el tema que resulta pertinente es la forma en que se diseñan la política y la estrategia para las fronteras. En este ámbito es importante distinguir entre la respuesta política y el buen gobierno. En el extremo podríamos decir que en México abundan los anuncios políticos y escasean los resultados de buen gobierno. En los últimos años, han proliferado las campañas de autopromoción de los distintos órganos de gobierno que recitan una y otra vez a los ciudadanos sus logros y buenas intenciones, en abono de su propia legitimidad, lo que en muchos casos no pasa de ser una autoevaluación triunfalista de su presencia en las instituciones del Estado. En la política mexicana se utiliza con frecuencia el dicho "no se trata solamente de poner el huevo, sino de saber cacarearlo". En la práctica, el dicho adquiere otra dimensión en la que el cacareo va antes de poner el huevo o incluso sin la intención de hacerlo. La frontera sur es un buen ejemplo de esto.

En los últimos doce años se anunciaron cuatro planes o programas distintos para la frontera sur, casi siempre a raíz de situaciones públicas que ponían en manifiesto la urgencia de atender dicha frontera. Después de reconocer el problema se diseña un plan o iniciativa política, usualmente de carácter integral, que contempla todos los aspectos y a todas las dependencias federales. Se realizan varias reuniones de gabinete que luego pasan a los grupos técnicos en los que se identifican acciones específicas, se aprueba el plan y se anuncia públicamente con bombo y platillo. La lógica institucional no tiene tacha. Así se generan las políticas públicas. Sin embargo, en el camino, se omitieron varios pasos que llevan a que la política y su consecuente estrategia, desde sus orígenes, enfrenten cuellos de botella infranqueables.

Tres suelen ser los principales problemas en aquel proceso. El primer problema es la verticalidad política en la toma de decisiones. Usualmente, las decisiones se toman en la Presidencia de la República —como corresponde a un sistema presidencialista donde el ejecutivo es responsable de diseñar y ejecutar las políticas nacionales—, pero con información pobre o incompleta en relación con el problema que se quiere atender y, sobre todo, en relación con las capacidades reales de las dependencias para ejecutar nuevos planes o programas. El segundo problema es que se inventan planes y programas sin la asignación presupuestaria correspondiente, esto es, sin antes asegurar los recursos para implementar dichos programas, cuyo costo y personal no estaban contemplados en los programas de trabajo de las dependencias. En la verticalidad del sistema político mexicano ninguna dependencia cuestiona la instrucción, más allá de su capacidad para cumplirla y, a final de cuentas, suele suceder que la nueva prioridad se convierte en una más entre las múltiples tareas de las dependencias, pues se suma a las 120 que ya tiene el secretario; a las 80 del subsecretario; a las 40 del director general; a las 15 del director de área y, por último, se le asigna la ejecución del programa a un analista recién egresado de la universidad. No hay recursos presupuestarios ni personal para formar una unidad responsable para el nuevo tema. La prioridad termina por perderse en el inexpugnable entramado burocrático. El tercer problema, y vinculado al anterior, es que no se diseña un esquema puntual de monitoreo y seguimiento del nuevo programa. Todos son responsables, pero no existe una instancia con la responsabilidad ex profeso de asegurar que el programa avance, que cada dependencia cuente con los recursos que requiere, realice las acciones que le corresponden y dé seguimiento puntual a los avances del programa. Adicionalmente, toda acción o programa de gobierno novedoso requiere de un periodo de prueba con un seguimiento muy puntual de procesos y procedimientos para, a partir de ello, hacer los ajustes necesarios. En la práctica, esta fase no se contempla y, al final, en ausencia de una instancia con la visón integral del programa con atribuciones reales para su evaluación y seguimiento, muchos de estos programas no pasan de la simulación o de un nivel de cumplimento muy alejado de los objetivos planteados. Las dependencias hacen lo mínimo necesario, reportan más de lo que hacen y sus resultados nunca se evalúan como parte de la estrategia general. Así sucedió con el Plan Puebla Panamá (2001), con el Proyecto Mesoamérica (2006) y con los tres programas de seguridad de la frontera lanzados en las dos últimas administraciones, cuya falta de concreción obedeció en buena medida a las causas expuestas: políticas y estrategias diseñadas sobre las rodillas, ausencia de recursos presupuestales para su puesta en marcha y ausencia de un esquema de evaluación y seguimiento. El estado actual de la frontera sur de México es la mejor prueba de esta hipótesis.

CONCLUSIONES Y RECOMENDACIONES

A lo largo de más de dos décadas, los dos principales opositores al Partido Revolucionario Institucional (PRI) lograron avanzar, consolidarse como fuerzas político-electorales y ocupar las más altas posiciones de gobierno, tanto en la federación como en un buen número de entidades federativas. La existencia de un congreso con mayoría absoluta de un solo partido es historia pasada. La llamada sociedad civil también ha crecido, ha madurado y se ha fortalecido. En este contexto, la nueva administración federal dio muestras claras de su capacidad para armar una maquinaria política que lo llevara al poder en un ambiente de cerrada competitividad político-electoral.

La entrada de una nueva administración plantea oportunidades naturales para ajustar políticas y programas. Sin embargo, una buena maquinaria política no necesariamente se traduce en una maquinaria de gobierno eficiente. Eficiencia política no es sinónimo de buen gobierno.

El comentario viene al caso por un tema que se discute poco pero que tendrá un enorme peso en el quehacer gubernamental de la nueva administración. Nos referimos al estado de salud de las instituciones del Estado. La calidad y fortaleza del andamiaje institucional determinan en buena medida la capacidad de respuesta del gobierno en funciones. Para un buen gobierno es necesario un liderazgo con rumbo y objetivos claros, con suficiente legitimidad y con políticas pertinentes y bien diseñadas. Pero eso no es suficiente. Peor aún, todas esas virtudes, de existir, pueden quedar neutralizadas por un andamiaje institucional ineficiente.

No es propósito de este ensayo hacer una evaluación del andamiaje institucional del actual Estado mexicano. Sabemos que los resultados de esta evaluación ciertamente no serían homogéneos. Sin embargo, es indispensable adecuar las políticas del Estado a las capacidades reales de su andamiaje institucional y en este punto difícilmente podemos desbordar optimismo. Es por ello que las recomendaciones para las políticas de fronteras que se desprenden de este ensayo serán necesariamente modestas, pues partimos de la base de que el Estado mexicano no posee un andamiaje institucional sólido que le permita cambios importantes en el corto y mediano plazos. Los atletas sólo son capaces de grandes proezas cuando se encuentran en condiciones óptimas, para lo cual suelen haberse preparado por varios años para alcanzar un objetivo específico.

Desafortunadamente, las instituciones responsables de poner en marcha las políticas en las fronteras distan de encontrarse en buena forma. Lo anterior sucede en los tres órdenes de gobierno. Es por ello que una buena maquinaria política, en estas condiciones, no necesariamente se traduce en una buena maquinaria de gobierno. No es sólo un tema de liderazgo político o de instrucciones claras, sino de la capacidad de respuesta de las estructuras y de quienes las forman.

Así las cosas, el reto en las fronteras —como en muchos otros temas— contiene dos grandes componentes: definir políticas pertinentes y construir capacidad de respuesta para ponerlas en marcha. La tarea no es sólo de políticos, sino también de constructores institucionales con experiencia y con visión de Estado, pues en muchos casos los resultados no se verán en las próximas elecciones.

En cuanto a la planeación estratégica, muchos de los cuadros del actual gobierno estuvieron alejados del quehacer público federal por más de una década y otros sólo tienen la experiencia del quehacer público a nivel estatal. Esto los pone en desventaja en materia de conocimiento de los temas y del estado de las instituciones.

Desafortunadamente, la memoria institucional en nuestro país es pobre y en muchos casos el verdadero conocimiento lo tienen quienes han manejado los procesos y construido las respuestas, y que no necesariamente están ya en las instituciones. Las dos últimas administraciones, por razones de partido, dejaron fuera a miles de servidores públicos profesionales que sabían el teje y maneje de los asuntos y los procesos, truncando así la experiencia y la memoria institucional del Estado mexicano. En muchos casos el daño es irreparable. Algunos denominan irónicamente a este segmento la Renata (reserva nacional de talento), conformada no sólo por exfuncionarios, sino también por académicos, especialistas y expertos del quehacer público. Desafortunadamente en México parece existir un divorcio entre el conocimiento y el quehacer público, lo que entre otras cosas explica la inexistencia de *think tanks* en nuestro país, pues sea por ignorancia, desinterés o inseguridad política, los funcionarios públicos prefieren equivocarse a exponerse al conocimiento de otros.

La primera condición para diseñar una buena estrategia es contar con un diagnóstico de calidad del problema o situación a resolver. Y el primer requisito para un buen diagnóstico es la información actualizada y confiable sobre el estado de la situación. En México, no tenemos información suficiente ni confiable sobre lo que sucede en nuestras fronteras. Nadie sabe cuántos vehículos o personas cruzan por nuestras fronteras. Sólo existe información sobre el tránsito legal de mercancías a partir de los pedimentos aduanales; nada sobre personas y vehículos. Existe muy poca información sistematizada sobre los flujos ilegales de personas, a la que contribuye de manera importante la sociedad civil, que se ha convertido en un referente básico en ausencia de un adecuado monitoreo y de observatorios oficiales, en particular, en lo referente al tema migratorio. Las dependencias de gobierno cuentan con información sobre flujos de riesgo de personas, drogas y armas, pero al llegar al nivel táctico operativo, la información resulta pobre y desactualizada. Además, no existe ningún diagnóstico sobre el estado del andamiaje institucional para enfrentar los distintos fenómenos en nuestras fronteras. Se parte de aproximaciones basadas en información dispersa e incompleta al momento de diseñar infraestructura que agilice los cruces legales o los operativos para el control y la vigilancia de las fronteras.

En paralelo a la construcción de sistemas de información sobre lo que sucede en nuestras fronteras, es necesario construir una visión estratégica sobre lo que queremos en ellas (nivel aspiracional del interés nacional), por lo que debemos tomar en cuenta no solamente lo que sucede en nuestras fronteras y la forma deseable de manejarlo, sino también la interacción de nuestras políticas con las de los vecinos con los que compartimos fronteras. Desde hace tiempo se ha acuñado el término de "responsabilidad compartida" para hablar de cómo deberíamos manejar las frontera con nuestros vecinos, pero, antes de actuar, debemos tener claro nuestro ideal de frontera a partir de las condiciones actuales y previsibles para el futuro. Como dicen los expertos, el futuro suele ser el resultado de las decisiones del presente. Debemos tener claras las fronteras que nos gustaría tener dentro de 25 años, nuestros intereses y objetivos en torno a éstas y, en función de ello, diseñar la estrategia para llegar ahí.

Con respecto a la reconstrucción del andamiaje institucional, la construcción de sistemas de información sobre lo que sucede en las fronteras terrestres de México es sólo una parte de la reconstrucción de dicho andamiaje. La mayor parte de los estados tienen sistemas eficientes de administración de fronteras terrestres y marítimas, y cuentan con agencias especializadas para el manejo de estos temas. Estas agencias participan en el diseño de las políticas, en la planeación estratégica y en el diseño e implementación de los programas. Son también las responsables de la evaluación y seguimiento de los resultados.

En países en los que existe alta compatibilidad en las políticas de manejo de fronteras comunes, las tareas de control y revisión se simplifican significativamente, como sucede en las fronteras entre países de la Unión Europea. Por otro lado, los países isleños tienen una ventaja adicional, pues el mar se convierte en un dique natural. En cuanto a las fronteras terrestres, cuando éstas son extensas, existen bajos niveles de compatibilidad entre algunas de las políticas de los países que las comparten, por lo que se registran flujos en números muy significativos, tal y como sucede en las fronteras terrestres de México, donde la tarea es mucho más compleja.

La actual administración podría seguir los pasos de sus predecesores y mantener políticas ambiguas, carecer de un plan estratégico para las fronteras, de una instancia federal responsable y continuar el esquema de funciones y atribuciones dispersas, acomodarse a las políticas estadunidenses en la frontera norte y dar atención política (no de gobierno) cuando aparecen focos rojos en la frontera sur. Todo ello carece de una política estructurada, de una estrategia definida para sus relaciones con Centroamérica y de un plan de cooperación regional para los temas que lo requieren (particularmente, migración y seguridad). El costo de esta política ha sido alto para el país, sobre todo para las comunidades fronterizas, pero ha sido bajo para el gobierno, salvo en situaciones extremas como las matanzas en San Fernando (incluso ahí, el costo político interno tampoco fue demasiado alto).

Si el gobierno actual decide dar un paso cualitativo en el tema de sus fronteras terrestres, entonces tendrá que emprender otras medidas a partir de una visión estratégica de sus fronteras, de objetivos claros y de una estrategia operativa para alcanzarlos. Adicionalmente, habrá de construir el andamiaje institucional para lograrlo.

Destacaremos cuatro temas referidos a la construcción del andamiaje institucional: sistemas de información, esquemas de coordinación nacional, especialización y profesionalización del personal, y esquemas de cooperación internacional. Avanzar exitosamente en estos temas tiene como precondición la existencia de una agencia encargada de la planeación, el seguimiento y el monitoreo de los resultados de las políticas y los programas implementados.

El diseño del *sistema de información* no presenta grandes obstáculos en cuanto a la información que se requiere y la forma de recabarla, pues existen los sistemas y la tecnología disponibles para hacerlo. La primera dificultad importante en este componente estriba en que cada dependencia recabe la información que le corresponde y la deposite oportunamente en los repositorios que para ello se designen, con los estándares y en la forma requerida. El segundo reto es para los administradores del sistema (que deberá depender de la agencia federal responsable del tema) para ordenar, sistematizar y custodiar esta información, diseñar el sistema de compartición y acceso de acuerdo con las necesidades de cada dependencia y de aquellos programas y operativos que requieren de información de varias dependencias, y asegurar la generación de productos a nivel estratégico y táctico, tanto para la toma de decisiones como para la preparación de los operativos.

Hasta principios de los años noventa existió en la Secretaría de Relaciones Exteriores (SRE) una Dirección General de Fronteras, cuyo principal soporte de información era la Comisión Internacional de Límites y Aguas, instancia binacional, en las dos fronteras, que hasta la fecha concentra y actualiza información muy valiosa sobre el estado de nuestras fronteras terrestres. Al desaparecer esa dirección general, el gobierno federal quedó ayuno de una agencia responsable de la visión estratégica de sus fronteras. Para Centroamérica, complemento inseparable de la política de frontera sur, existió hasta 2000 la Comisión Mexicana para la Cooperación con Centroamérica, también ubicada en la SRE. Los subsiguientes esfuerzos como el Plan Puebla Panamá (2001), la Comisión para Asuntos de la Frontera Norte (durante el gobierno de Fox) o el Proyecto Mesoamérica (2006), carecieron de una estructura institucional y de recursos que les dieran viabilidad. Tampoco contaron con el impulso político necesario, ni fueron la vía para la construcción de un andamiaje institucional para la atención de estos temas. De esos esfuerzos ha quedado poco o nada que abone a la información sistematizada o a la memoria institucional.

La *coordinación interinstitucional* aparece como el segundo gran tema en la construcción del andamiaje institucional. En este ámbito es necesario diseñar un esquema en el que cada dependencia conozca sus funciones y atribuciones, pero que sean parte de un plan y una estrategia general. Este esquema debe asegurar la coherencia y consistencia de las acciones, no solamente al momento de reunirse el gabinete o la instancia política de seguimiento cuando los jefes suelen reportar sólo lo bueno que hacen sus dependencias, sino sobre todo en campo, sea para la recolección de información, para la realización de tareas cotidianas de revisión y vigilancia o para la realización de operativos especiales, y más cuando de neutralización de amenazas se trata.

La capacidad de respuesta debe evaluarse al momento de realizar las tareas operativas. Es por ello que el esquema de coordinación debe poner particular atención en las unidades de coordinación que, in situ, deben atender tanto las tareas cotidianas como las llamadas de emergencia. Éstas, unidas, deben contar con la información necesaria, el personal adecuado y, en especial, con mecanismos de coordinación y mando eficientes para la realización de los operativos conjuntos. En el diseño institucional de estos mecanismos deben considerarse tanto atribuciones como capacidades reales de cada dependencia para realizar las tareas que se requieren.

El tercer aspecto central en la construcción del andamiaje institucional es la *especialización y profesionalización del personal* para las tareas específicas en las fronteras. En primer término, habría que considerar un curso de formación básica para funcionarios mexicanos que realizan tareas en las fronteras. Dicho programa debe incluir, desde la visión estratégica de la frontera del Estado mexicano, hasta los esquemas de coordinación interinstitucional a nivel operativo, pasando por los cuatro componentes de construcción del andamiaje institucional.

Este programa quizá debiera ubicarse al interior de la SRE, en el Instituto Matías Romero. En un segundo plano sería necesario diseñar, al interior de las dependencias, cursos específicos sobre las tareas que corresponde realizar a su personal en las fronteras, en el que se aterricen conocimientos técnicos y operativos de acuerdo con las funciones específicas que le corresponden a cada instancia.

Es frecuente encontrar en la frontera norte funcionarios mexicanos, responsables de coordinar acciones con sus contrapartes en Estados Unidos, que no hablan una palabra de inglés. En la frontera sur encontramos sistemas de revisión y control, pero al momento de operarse, los oficiales no tienen el entrenamiento para distinguir un documento falso ni tampoco la información para corroborar si un sospechoso es un objetivo de riesgo. En este punto es importante destacar que los sistemas de información sobre la frontera no sólo deben generarse con fines estadísticos, sino que deben servir en la práctica para que los oficiales tengan acceso a información en tiempo real sobre quienes están clasificados como personas de riesgo.

Un tema adicional en la frontera sur es el diseño de sistemas de vigilancia y monitoreo que, con la tecnología disponible en la actualidad, pueden ayudar a cubrir zonas consideradas de mayor riesgo, generar la información y, sobre todo, contar con un sistema de comunicación eficiente que permita utilizar esa información para operativos especiales en el momento de neutralizar amenazas. Sin embargo, para que un sistema de esta naturaleza sea efectivo, debe haberse cubierto previamente otras condiciones como la existencia de esquemas efectivos de coordinación interinstitucional y la capacidad de respuesta adecuada para realizar estas tareas. La compra de sistemas y tecnología sofisticada puede resultar irrelevante si no es parte de un proceso que permita la utilización óptima de estas herramientas.

Finalmente, consideramos como el cuarto componente de la construcción institucional los esquemas de *cooperación internacional* con los que debe contar el Estado mexicano para atender adecuadamente sus fronteras. Actualmente, este componente resulta imprescindible, no sólo para coordinar esquemas de operación en las dos fronteras, sino para abordar temas que no están en las fronteras, pero que impactan su dinámica y funcionamiento, en particular, en los ámbitos de la migración y del crimen organizado. También en este contexto el andamiaje institucional presenta problemas serios. Los esquemas de cooperación en materia de seguridad con Estados Unidos no son consistentes debido a la falta de estrategia y a un diseño institucional que asegure una coordinación efectiva y duradera. La eficiencia en la cooperación binacional en temas de seguridad sólo se construye con consistencia en las políticas y en la capacidad de respuesta. En la pasada administración la interlocución con Estados Unidos se movió de una dependencia a otra, no hubo consistencia en las agendas ni en las decisiones y se avanzó muy poco en la construcción de un andamiaje institucional robusto para esta relación. La frontera sur recibió muy poca atención en este tema.

Una vez resuelta la coordinación interna, es importante considerar las características particulares de los sistemas políticos e institucionales, así como la disposición y las actitudes que tienen hacia México las contrapartes en los otros gobiernos. La interacción con los funcionarios responsables de la relación con México en Washington, en la ciudad de Guatemala o en Belmopán resulta muy diferente, pues los tres gobiernos tienen objetivos, visiones culturales y formas de interacción distintas. Las agendas son diferentes, así como lo son las estructuras institucionales, los recursos disponibles y, por ende, los potenciales reales de cooperación. A ello debemos añadir las particularidades sectoriales, donde también existen diferencias, a veces importantes, entre las dependencias y los funcionarios de un mismo gobierno. Asimismo, existe una sociedad civil y una opinión pública cada vez más activa que también debe considerarse y escucharse en el momento de la toma de decisiones, en particular, en las comunidades de ambos lados de las fronteras.

En lo general, y según de qué dependencia en cuestión se hable, la formación y especialización de cuadros para negociar y operar con el exterior los temas que interesan a México deja mucho que desear. No se registra una tendencia a la especialización y cuando se busca a los "expertos" de las dependencias en estos temas, en más de un caso, puede sorprender la ausencia de cuadros y de memoria institucional. No sólo se deben impulsar programas específicos de formación y capacitación para estas tareas, sino que es también necesario contar con áreas o unidades en las que el personal se especialice en los temas. La rotación continua de cuadros de un área temática u operativa a otra área trunca con frecuencia los procesos de especialización y profesionalización. El problema inicia en la propia SRE y se extiende a la mayor parte de las dependencias.

En este ensayo intentamos mostrar el estado en el que se encuentra la administración de las fronteras de México. La complejidad del tema es indiscutible si se considera la situación geopolítica de México, los contrastes entre su frontera norte y sur, y las diferencias en las políticas de los vecinos con quienes debemos trabajar.

Más que profundizar en los temas de la agenda fronteriza, en este ensayo nos centramos en la reflexión sobre los procesos institucionales en torno a la administración de estos temas. Consideramos que ahí está la raíz y explicación de políticas erráticas, inconsistentes y de resultados inciertos; en ausencia de una estrategia clara y explícita, es incluso difícil evaluar los resultados.

Existen indicadores que nos muestran en dónde estamos y hacia dónde podemos transitar. Los tiempos de cruces legales en los puertos fronterizos del norte son un indicador. La facilidad en el movimiento de mercancías legales es otro indicador. El ambiente de inseguridad pública para los pobladores de las fronteras puede ser un tercer indicador. La ausencia de cruces de terroristas por nuestro territorio hacia Estados Unidos es, hasta ahora, un indicador positivo. Todo lo contrario cuando hablamos de la matanza de transmigrantes o de los miles de casos registrados de vejaciones y violaciones a los derechos humanos de los migrantes en territorio nacional, sean mexicanos o extranjeros.

Las múltiples aristas de temas como el narcotráfico o la migración, los innumerables puntos de cruce de legales e ilegales, la densidad de movimientos de todo tipo de cruces en ambas fronteras son elementos que pueden explicar la ambigüedad e inconsistencia de las políticas del Estado mexicano en la administración de sus fronteras.

Lo cierto es que la complejidad de los escenarios y de los fenómenos no va a cambiar, pero sí puede haber cambios significativos en su administración. El reto en esta dirección es ingente, pues no se trata sólo de hacer pequeños ajustes en las políticas, los programas o las tareas de las dependencias. Si la intención es dar un paso cualitativo en este importante tema de la agenda nacional, será necesaria una revisión en el fondo de la política, definir objetivos claros, contar con una estrategia con horizonte en el mediano y largo plazo, y muchos años de trabajo continuo en la construcción del andamiaje institucional.

Un buen manejo político de estos temas es indispensable y sin duda constituye una de las responsabilidades de las altas autoridades del Estado. Sin embargo, un cambio real sólo será posible con un trabajo minucioso, incluso silencioso, en la construcción y fortalecimiento del andamiaje institucional para la administración de sus fronteras.

LA SEGURIDAD ANTE LOS CAMBIOS DE GOBIERNO
EN MÉXICO Y ESTADOS UNIDOS

RAÚL BENÍTEZ MANAUT

Este ensayo aborda el programa de cooperación bilateral entre Estados Unidos y México conocido como Iniciativa Mérida. El objeto es analizar el programa desde su diseño en 2007, la forma como evolucionó durante las administraciones de George W. Bush (2007-2008) y Barack Obama (2009-2012), y debatir si el cambio de partido en el gobierno en México y el paso a la segunda administración de Obama en Estados Unidos perfilan cambios en dicha iniciativa. De igual manera, para analizar el alcance de la cooperación en materia de seguridad entre los dos países, es necesario tener en cuenta los siguientes elementos: *a*] el balance de la guerra contra el narcotráfico y las implicaciones para la seguridad nacional de México; *b*] el análisis de los aumentos de los presupuestos del gobierno federal mexicano en el área de seguridad; *c*] el estado en que se encuentra el proceso de profesionalización de la policía federal y la implementación de la reforma del sistema de justicia, así como el papel de la cooperación de Estados Unidos para respaldar ambas reformas; *d*] el debate sobre la regulación del tráfico de armas y el lavado de dinero en Estados Unidos y su impacto en México y, finalmente, *e*] las tendencias de la cooperación entre ambos países en materia de inteligencia y defensa. En la última parte del ensayo se abordarán los elementos que se proponen como la nueva estrategia de seguridad del gobierno de Enrique Peña Nieto y el papel de la cooperación con Estados Unidos. Entre ellos está la llamada "colombianización" de la estrategia del gobierno mexicano, el debate de la legalización del consumo de la marihuana en algunos estados de Estados Unidos y el peligro que representa para México la corrupción gubernamental en el combate a las drogas, que opera como factor de "neutralización" de los esfuerzos de ambos gobiernos para alcanzar la eficiencia en el combate a las organizaciones criminales.

EL CAMBIO CONCEPTUAL: DE LA AUTOSUFICIENCIA A LAS POLÍTICAS
DE COOPERACIÓN

En materia de seguridad, hasta 2001, las políticas de seguridad y defensa de Estados Unidos y México caminaban por senderos propios y muy
pocos elementos se compartían. Los diseños de ambas correspondían
a las peculiares concepciones de amenazas: en Estados Unidos siempre fueron externas y en México en su gran mayoría fueron internas.
En Estados Unidos la palabra "soberanía" no existe en su léxico de
política internacional (seguridad o defensa), mientras que en México
fue la columna vertebral junto al concepto de "no intervención". En
los años noventa se transformó radicalmente la geopolítica global y se
pasó a un concepto geoeconómico, con México (y Canadá) Estados
Unidos impulsó las negociaciones del Tratado de Libre Comercio de
América del Norte (TLCAN) en 1993, comenzando su implementación
en 1994. En materia comercial y económica la soberanía fue sustituida
por la interdependencia por necesidad, pero ello no se replicó en
los ámbitos de la seguridad y la defensa. Incluso, ante la aparición de
la crisis de Chiapas en enero de 1994, México defendió la soberanía
del Estado y la no injerencia de gobiernos extranjeros u organismos
no gubernamentales o internacionales, aunque éstos comenzaron a
ejercer presión. Posteriormente, con el cambio de siglo, Estados Unidos fue el primer país en pedir ayuda a sus dos vecinos del TLCAN
para enfrentar los ataques terroristas del 11 de septiembre de 2001.
Se procedió a transformar rápidamente la seguridad de sus fronteras,
firmándose los "acuerdos de fronteras inteligentes" con Canadá en
diciembre de 2001 y con México en marzo de 2002. Seis años después,
la solicitud de cooperación provino de México con el fin de contener
una amenaza que estaba corroyendo y fracturando la capacidad de
gestión del Estado: el crimen organizado. Las organizaciones criminales son por naturaleza "intermésticas".

Después del 11 de septiembre, en Estados Unidos se produjo una
reforma sustancial del sistema de seguridad nacional para combatir
la amenaza terrorista. Hay dos ejes de esta revolución doctrinaria: la
"defensa de la patria" (Department of Homeland Security) y la doctrina de Acción Preventiva (Preemptive Action).[1] Ambos están íntima-

---

[1] La Casa Blanca, *National Security Strategy of the United States of America*, Washington,
septiembre de 2002, <www.whitehouse.gov/nsc/nss.pdf>.

mente vinculados, sin embargo, el primero tiene como prioridad la defensa del territorio y la población de Estados Unidos, e implica una reordenación burocrática total, y el segundo se dirige a las acciones de política exterior: diplomáticas, militares, de cooperación económica, de inteligencia, etcétera. Para proteger el *Homeland* de Estados Unidos, la participación de México y Canadá es vital. En este contexto, la frontera con México se convierte en un tema de gran relevancia para los intereses de seguridad nacional de Estados Unidos. Estos cambios doctrinarios se modificaron con el cambio de administración del presidente Bush a Obama, sobre todo la doctrina de Acción Preventiva, demostrado con el retiro de las tropas de Iraq. Sin embargo, la llamada "defensa de la patria", que es la que principalmente involucra a México, no ha tenido modificaciones sustanciales.

Así, no fue el gran incremento del comercio de México con Canadá y Estados Unidos el factor que provocó el acercamiento en las políticas de seguridad y defensa de los países, sino el cambio de paradigma del sistema internacional, al iniciarse la guerra contra el terrorismo por parte del gobierno de George W. Bush en 2001. En cuanto a la relación bilateral, al decretarse la guerra contra el narcotráfico por el gobierno mexicano en 2007, éste solicitó asistencia estadunidense, por lo que se diseñó de forma conjunta la Iniciativa Mérida. Dicha iniciativa se diseñó con base en cuatro pilares: 1] destruir a los grupos criminales, 2] fortalecer las instituciones del Estado mexicano, 3] construir la frontera del siglo XXI y 4] construir comunidades fuertes y resistentes.[2]

Actualmente, se puede afirmar que todas las corporaciones de seguridad pública, migración, procuración de justicia e inteligencia de México han participado en dichos programas de asistencia.[3] Por ejemplo, en el caso del Centro de Investigación y Seguridad Nacional (CISEN), para fortalecer los intercambios de información en materia de seguridad e inteligencia entre Estados Unidos y México, se desarrolla cooperación con la Dirección de la Agencia Nacional de Inte-

[2] Government Accountability Office, *Merida Initiative. The United States has Provided Counternarcotics and Anticrime Support but Needs Better Performance Measures*, Report to *Congressional Requesters*, Washington, julio de 2010 <http://www.gao.gov/new.items/d10837.pdf>.

[3] Peter Andreas, "A Tale of Two Borders: The U.S.-Canada and U.S.-México Lines after 9-11," en Andreas Peter and Thomas Biersteker (eds), *The Rebordering of Northamerica: Integration and Exclusion in a New Security Context*, Nueva York, Routledge, 2003.

ligencia para reforzar las actividades de la Iniciativa Mérida; con la Agencia Federal Antidrogas estadunidense (DEA) y el Buró Federal de Investigaciones (FBI); con las oficinas del Servicio de Inmigración y Control de Aduanas (ICE) y de Alcohol, Tabaco y Armas de Fuego (ATF); con el Departamento de Seguridad del territorio nacional (DHS); con la oficina de Nuevo México del programa para Áreas de Alta Intensidad de Tráfico de Drogas (HIDTA) de la Oficina de Política Nacional para el Control de Drogas; con el Departamento de Seguridad Pública de Texas, en materia de terrorismo y crimen organizado, y con programas como Global Entry.[4]

La seguridad de la frontera, el tercer pilar de la Iniciativa Mérida, es el espacio donde se hace "real" la relación de seguridad México-Estados Unidos. Desde 2002, cuando fueron firmados los acuerdos de Fronteras Inteligentes, se había sellado el compromiso de cooperar contra el terrorismo. Ello derivó en que el sistema de seguridad nacional de México orientó parte de su actividad para apoyar la seguridad de Estados Unidos. Inició de forma intensa la cooperación que verdaderamente vale y la implementan, por la parte estadunidense, el Department of Homeland Security y sus dependencias, además el Departamento de Justicia, el Departamento de Defensa, el Departamento de Estado, y todo el sistema de inteligencia vinculado a la cooperación con México —Agencia Central de Inteligencia (CIA), Agencia de Inteligencia de la Defensa, DEA, migración, etcétera—. En la parte mexicana, la ejecutan principalmente tres dependencias federales: la Secretaría de Gobernación —principalmente el Instituto Nacional de Migración (INM) y el CISEN, la Procuraduría General de la República (PGR)— y las dos secretarías de Estado militares (Secretaría de la Defensa Nacional, SEDENA, y la Secretaría de Marina, SEMAR). También, en ambos países tienen participación activa los gobiernos estatales, principalmente, los ubicados en la frontera, y los cuerpos de seguridad pública, en el caso mexicano la Policía Federal Preventiva, transformada en Policía Federal, para poder adaptarse al combate al narcotráfico.

---

[4] Secretaría de Gobernación, *Cuarto Informe de Labores*, México, 2010, p. 21.

SEGURIDAD Y MILITARIZACIÓN

Tras seis años de iniciada la "guerra" al narcotráfico en enero de 2007 por el presidente Felipe Calderón, el balance es contradictorio. Por un lado, se procedió al combate frontal de las organizaciones criminales, tratando de golpear sus estructuras de forma vertical-piramidal. O sea, la esencia de la estrategia fue el desmantelamiento de las cabezas de las organizaciones. El gobierno sostiene que, de 37 grandes jefes criminales, fueron capturados muertos en combate o extraditados a Estados Unidos 26 de ellos. Sin embargo, no se ha logrado detener al más importante: el líder del cártel de Sinaloa (Joaquín *El Chapo* Guzmán). Esta estrategia derivó en lo que algunos analistas denominaron el "efecto cucaracha", o la desmembración de las estructuras superiores y la aparición de más cárteles y su expansión geográfica. Los cárteles pasaron de 6 a 10 entre 2006 y 2012, y de concentrarse su presencia en cuatro estados en 2006 (Baja California, Chihuahua, Sinaloa y Tamaulipas), en 2012 se ha ampliado la actividad criminal, principalmente a Coahuila, Guerrero, Michoacán, Nuevo León y Veracruz.[5] Sin embargo, la "consecuencia no esperada" fue la dispersión, la guerra entre los mandos superiores y los medios por el control de las organizaciones criminales,[6] y el aumento sin control de la actividad "sicarial". Por ejemplo, de 2001 a 2006, los muertos por actividades criminales ascendieron a 8 901, según la Comisión Nacional de los Derechos Humanos.[7] Entre 2007 y 2011, sumaron 47 453 (siendo 2010 el año con mayores homicidios relacionados con el crimen organizado con más de 15 000)[8] y en 2012 éstos sumaron 9 913.[9] Así, en el gobierno de Calderón, el saldo mínimo que se estima por diversas fuentes es de 60 000 muertos debido a la actividad criminal, cifra siete veces superior a la observada en el gobierno de Vicente Fox.

---

[5] En 2006, Nuevo León, principalmente la ciudad de Monterrey, no observaba ninguna actividad criminal, pero a fines de 2012, los homicidios superaron a los del estado de Chihuahua.

[6] Eduardo Guerrero, "La estrategia fallida", *Nexos*, diciembre de 2012 <www.nexos.com.mx/?P=leerarticulo&Article=2103067>.

[7] "Segundo Informe Especial de la Comisión Nacional de Derechos Humanos sobre el ejercicio efectivo del derecho fundamental a la seguridad pública en nuestro país", Comisión Nacional de los Derechos Humanos, México, 2008.

[8] Presidencia de la República y Procuraduría General de la República, *Base de datos de presuntos homicidios relacionados con la delincuencia organizada*.

[9] "Ejecutómetro", *Reforma* <www.reforma.com>.

El Estado mexicano, tomando en cuenta la prioridad otorgada en el presupuesto destinado al sistema de seguridad, ha observado en los últimos años un fortalecimiento sin precedentes de sus estructuras. Entre 2006 y 2012, se duplicó el presupuesto de la SEDENA, la SEMAR, la Secretaría de Seguridad Pública (SSP), la PGR y el CISEN, pasando de 55 090 (2006) a 133 497 (2012) millones de pesos. Por su parte, el PIB sólo observó un crecimiento del 55%, pasando de 9 138 549 (2006) a 15 618 000 (2012) millones de pesos, siendo clara la prioridad otorgada al fortalecimiento presupuestal del sector seguridad por el gobierno federal.[10] Esto se puede definir claramente como una "securitización" y "militarización" de las políticas públicas del Estado mexicano. En el contexto del esfuerzo de la Iniciativa Mérida se da el llamado "pilar uno" del programa.

Esta síntesis de la estadística criminal y de la prioridad presupuestal derivada a favor de la seguridad y la defensa por el gobierno mexicano lleva al cuestionamiento sobre la estrategia adoptada por éste. En otras palabras, el duplicar el presupuesto de seguridad no tuvo como efecto la mejoría de la seguridad de la población.

En el seno del Estado mexicano en el sector de la seguridad, en sus tres niveles de gobierno, las instituciones más débiles que han provocado esta crisis son las de justicia y la policiaca, el talón de Aquiles del Estado. Abundan los testimonios acerca de la penetración, la compra y la dedicación de funcionarios gubernamentales que colaboran con las organizaciones criminales. De hecho, se ha observado desde los años noventa una especie de guerra del "Estado contra el Estado", en otras palabras, graves conflictos entre aquellas instituciones del Estado que efectivamente lo defienden (por ejemplo, las fuerzas armadas y los servicios de inteligencia federales) contra aquellas instituciones en donde grupos de funcionarios laboran para los cárteles del narcotráfico o realizan actividades criminales por cuenta propia. Por ejemplo, en algunos estados del país, en el seno de los sistemas de justicia estatales, las policías estatales y principalmente las municipales, constantemente son descubiertos colaboradores de los cárteles de narcotráfico.[11] La reforma constitucional de la justicia fue aprobada en 2008

---

[10] Datos de la Secretaría de Hacienda y Crédito Público, "Presupuesto de Egresos de la Federación", varios años. Véase cuadro 1: "Presupuesto del sector seguridad y defensa por dependencia 2000-2012", *Atlas de la seguridad y la defensa de México 2012*, Colectivo de Análisis de la Seguridad con Democracia, México, 2012, p. 145.

[11] Esto no quiere decir que en el seno de las fuerzas armadas, al emplearse de forma

y debe ser implementada en todos los estados del país en 2016.[12] En el caso de las policías esto se alimenta por la débil profesionalización, los bajos salarios, la ausencia de bases de datos de los antecedentes laborales de sus miembros, la falta de doctrina y cohesión institucional, el bajo (o inexistente) nivel educativo y la ausencia de escuelas de formación de mandos. Esto es más grave en las policías de investigación, donde la corrupción tiene un papel importante en el fortalecimiento de su cohesión institucional.[13] En el caso de los sistemas federal y estatal de justicia, se ha cuestionado su estructura constitucional debido a la grave deficiencia en su desempeño (porque no existe investigación judicial profesional y la población no tiene acceso a él).[14]

La Iniciativa Mérida centra sus esfuerzos en el respaldo al llamado sistema de juicios orales —como parte del segundo pilar de la misma— de fortalecimiento a la reforma de las instituciones.[15] Así, en el aparato público del Estado mexicano, las debilidades de la implementación de la Iniciativa Mérida se encuentran con una gran variedad de resistencias al cambio. En el caso del segundo pilar, el *modus vivendi* de los funcionarios de las estructuras judiciales y policiacas es la principal traba. Esto se refleja en la implementación de la reforma penal, donde la supuesta "audiencia oral" se reduce a una lectura pública del "acta" del ministerio público, con lo que en la práctica la reforma queda nulificada y prevalece el sistema anterior. Lo mismo sucede con la re-

---

intensiva, no se den casos particulares donde algunos de sus integrantes colaboren con organizaciones criminales. Sin embargo, en el caso de los órganos de impartición de justicia, o en las policías de investigación (por ejemplo, el desmantelamiento de la Policía Judicial Federal en 2002), y en el caso de muchos cuerpos municipales de policía preventiva, se han disuelto de manera integral, por considerar que la mayoría de sus integrantes colaboraban para los grupos criminales. Véase David A. Shirk, "Criminal Justice Reform in Mexico: An Overview", *Mexican Law Review*, enero-junio, vol. 3, núm. 2, 2011.

[12] David A. Shirk, "Avances y retos de la reforma de justicia penal en México", *Atlas de la seguridad y la defensa de México 2012, op. cit.*, p. 101.

[13] Elena Azaola Garrido y Miguel Ángel Ruiz Torres, "El rol de la corrupción en la reproducción institucional de la Policía Judicial de la ciudad de México", *Atlas de la seguridad y la defensa de México 2012, op. cit.*, p. 119.

[14] Ana Laura Magaloni, "The Rule of Law in Mexico: Challenges for the Obama Administration", en Abraham F. Lowenthal, Theodore J. Piccone *et. al.* (eds.), *The Obama Administration and the Americas: Agenda for Change*, Washington, D. C., Brookings Institutions Press, 2009.

[15] Guillermo Zepeda, "Seguridad ciudadana y juicios orales en México", Instituto de Investigaciones Jurídicas, México, UNAM, 2011. Véase en <www.biblio.juridicas.unam. mx/libros/7/3064/20.pdf> .

forma policial o la del sistema penitenciario, siendo el principal obstáculo el llamado "capital humano" que es parte de las instituciones. En
este caso, muchos de los empleados despedidos de las instituciones
de impartición de justicia y policiacas, por la estructura de la defensa
laboral y las debilidades legales de las reformas, deben ser "reinstala-
dos" en sus cargos de trabajo.[16] Por ello, a pesar del esfuerzo en temas
como la construcción de la nueva policía federal, ésta aún adolece de
muchas debilidades.[17] La mayor de ellas es la penetración de algunas
de sus estructuras por organizaciones criminales.[18] En otras palabras,
prevalece la corrupción como uno de los principales obstáculos para
alcanzar el éxito de los objetivos de la Iniciativa Mérida.

ARMAS Y DINERO: EL DÉFICIT DE ESTADOS UNIDOS EN EL COMBATE AL
CRIMEN ORGANIZADO

De las armas que circulan en México, el 90% provienen de Estados
Unidos y las organizaciones criminales mexicanas las introducen bajo
la modalidad de un sistema de tráfico *hormiga* por las fronteras terrestres, mediante automóviles privados.[19] El destino de esas armas se
localizó principalmente en los estados de Baja California, Chihuahua,
Michoacán, Sinaloa, Sonora y Tamaulipas. Según la Oficina de las Naciones Unidas contra la Droga y el Delito, de los decomisos realizados
por las autoridades federales mexicanas entre 2004 y 2008 (que totali-
zaron 45 466), casi el 45% (aproximadamente 20 800) tenían registro
de la Oficina de Control de Alcohol, Tabaco, Armas de Fuego y Explo-

---

[16] Ana Laura Magaloni, "Reformas en serio", *Reforma*, 12 de enero de 2013.

[17] Para el nuevo modelo policiaco véase David Arellano Gault (coord.), *El nuevo modelo de policía en México*, Centro de Investigación y Estudios en Seguridad, Secretaría de
Seguridad Pública, México, 2012.

[18] En 2012 dos incidentes fueron cruciales para establecer esta hipótesis. El asesinato de policías en el aeropuerto internacional de la ciudad de México, y el ataque y
emboscada el 24 de agosto a un automóvil diplomático por parte de la Policía Federal
que transportaba a miembros de la embajada de Estados Unidos a un campo de entrenamiento de la Armada de México. De igual manera numerosas investigaciones señalan
graves problemas con los exámenes de "control de confianza". Véase "Suspende Estados Unidos apoyo a la SSP", *Excélsior*, 11 de septiembre de 2012.

[19] Georgina Olson, "El libre tránsito de armas en Estados Unidos y hacia México",
Atlas de la seguridad y la defensa de México 2012, Colectivo de Análisis de la Seguridad con
Democracia, México, 2012.

sivos de Estados Unidos (ATF), con lo cual se demuestra la hipótesis de que la principal fuente de compra de armas de los cárteles de México se localiza en Estados Unidos (véase cuadro 1).[20]

CUADRO 1. NÚMERO TOTAL DE ARMAS DE FUEGO DECOMISADAS EN MÉXICO POR LAS AUTORIDADES FEDERALES Y CANTIDAD CON REGISTRO DE SEGUIMIENTO DE ATF (2004-2008)

	Armas individuales	Rifles de asalto	Total	Armas con registro de ATF
2004	3,520	2,057	5,577	2,900
2005	3,156	1,959	5,115	5,000
2006	2,487	1,733	4,220	1,800
2007	4,978	4,549	9,527	3,900
2008	9,105	11,916	21,027	7,200
Total	**23,246**	**22,214**	**45,466**	**20,800**

Fuente: UNODC, "The Globalization of Crime: A Trasnational Organized Crime Threat Assessment", Vienna, 2010, p. 138. <www.unodc.org/documents/data-and-analysis/tocta/TOCTA_Report_2010_low_res.pdf>. Las cifras con registro de ATF son estimaciones aproximadas de UNODC.

Hemos analizado las condiciones y obstáculos para que los programas de asistencia puedan ser exitosos, así como el saldo contradictorio de la guerra a las organizaciones criminales emprendida por el presidente Calderón. En este contexto, por el lado mexicano, un factor cultural, la corrupción, es el obstáculo principal para que los esfuerzos de los gobiernos sean exitosos. El otro fenómeno cultural y legal que afecta la seguridad de los mexicanos proviene de Estados Unidos: la venta libre de armas y la cultura de la autodefensa que está inmersa en ella, desprendida de la segunda enmienda de la Constitución de Estados Unidos, misma que dice textualmente: "Siendo necesaria una Milicia bien ordenada para la seguridad de un Estado libre, el derecho del pueblo a poseer y portar Armas, no será infringido". Esta disposición constitucional de 1791 ha hecho que se expanda una

[20] Las cifras con registro de ATF son estimaciones aproximadas de UNODC. UNODC, *The Globalization of Crime: A Transnational Organized Crime Threat Assessment 2010*, Viena, p. 138 <www.unodc.org/documents/data-and-analysis/tocta/TOCTA_Report_2010_low_res.pdf>.

industria de venta de armamentos fuera de control, siendo el combustible principal de los grupos criminales mexicanos. Un caso de cómo se da este proceso y las dificultades de las acciones de los gobiernos para detener el tráfico de armas fue el operativo implementado por la ATF denominado "Rápido y furioso", consistente en el seguimiento de armas que se vendían a criminales mexicanos en Arizona para darles seguimiento. El operativo fue hecho público, así como el fracaso en la detección de las armas, causando un problema binacional de gran envergadura. Solamente se lograron detectar 700 armas de un total de 1 960 y en México se argumenta que murieron 150 civiles con las armas distribuidas en dicho operativo.[21] El reporte del Congreso que analizó "Rápido y furioso" señaló que esta operación de la ATF, dado su carácter secreto y unilateral, afectaba el desempeño de la Iniciativa Mérida.[22]

México sostiene que Estados Unidos debe mejorar la capacidad del gobierno federal en el control de la venta de armas. El presidente Obama hizo pública su estrategia de 23 elementos para el control de las armas, por las consecuencias en el interior de Estados Unidos (principalmente las matanzas en las escuelas).[23] Sin embargo, la principal limitante es el poder político de los grupos como la Asociación Nacional del Rifle (NRA). La resistencia de esos sectores que defienden su derecho a la autodefensa es un fenómeno cultural, no sólo político o legal, y la población de Estados Unidos ha comenzado desde diciembre de 2012 a comprar, fuera de lo normal, previendo la posible prohibición.

El otro factor que afecta la implementación de la Iniciativa Mérida es la limitación para poder controlar las riquezas de las actividades criminales, mismas que se benefician de los débiles mecanismos para evitar el lavado de dinero en el sistema financiero. Debido a que el movimiento de dinero en efectivo sigue siendo la modalidad principal de lavado de activos, para los gobiernos es muy difícil controlar

[21] Katherine Eban, "The truth about the Fast and Furious scandal", *Fortune*, 27 de junio de 2012. Véase <http://features.blogs.fortune.cnn.com/2012/06/27/fast-and-furious-truth/?hpt=hp_t>.

[22] Véase <http://oversight.house.gov/wp-content/uploads/2012/07/7-31-12-FF-Part-I-FINAL-Appendix-III.pdf>. Véase también Georgina Olson, *op. cit.*, p. 55.

[23] La Casa Blanca, Office of the Press Secretary, "Embargoed Until the Start of the President's Remarks. Now is the Time: The President's Plan to Protect our Children and our Communities by Reducing Gun Violence", Washington, D. C., 16 de enero de 2013.

los flujos de éste. De acuerdo con el reporte derivado de la Estrategia Internacional de Control de Narcóticos, entre enero de 2008 y agosto de 2010, en Estados Unidos se decomisaron 798 millones de dólares en efectivo, casi todos de casos vinculados al tráfico de drogas. Por su parte, México desde 2002 ha incautado alrededor de 457.5 millones de dólares en envíos de dinero en efectivo.[24] Lo anterior demuestra graves deficiencias en poder controlar a las organizaciones criminales a través del dinero, pues apenas se están implementando las medidas de regulación financiera, además de que es muy difícil la judicialización de los casos que descubren las unidades de inteligencia financiera de los bancos y de las entidades gubernamentales.[25]

INTELIGENCIA Y DEFENSA: EJES FUNDAMENTALES DE LA GUERRA CONTRA LAS DROGAS

La cooperación en inteligencia y defensa entre Estados Unidos y México ha tenido altibajos debido a diversas causas: las visiones nacionalistas y soberanistas mexicanas, la falta de confianza entre las instituciones de ambos países y el rechazo a programas o equipo que se considera de no utilidad por la parte mexicana (por ejemplo, la devolución de 75 helicópteros por el ejército mexicano en 1997). Como ya se mencionó, los ataques terroristas abrieron una era nueva y se amplió el intercambio de inteligencia a los aspectos migratorios (ésa era considerada una gran deficiencia del sistema de información de aeropuertos de Estados Unidos) y se inició poco a poco el movimiento de la agenda hacia temas de combate al terrorismo y, casi inmediatamente, después al crimen organizado, fundamentalmente, el narcotráfico en 2006-2007. Para que se desarrolle un programa de cooperación entre servicios de inteligencia de diferentes países, el requisito básico es la profesionalidad de los mismos.[26] En el caso de México,

[24] U.S. State Department, International Narcotics Control Strategy Report 2011, 2 (Washington, D. C., 2011), 149, <http://www.state.gov/documents/organization/156575.pdf>, 7 de marzo de 2012.

[25] Celina Realuyo, "Rastreando el dinero que da poder a las organizaciones criminales en Estados Unidos y México", *Atlas de la seguridad y la defensa de México 2012, op. cit.*, p. 63.

[26] Véase, del Centro de Investigación y Seguridad Nacional, CISEN: *20 años de historia. Testimonios*, México, CISEN, 2009; Jennifer E. Sims, "Cooperación internacional en inte-

se considera al CISEN como un servicio consolidado y profesional, así como los que están integrados a las estructuras de las fuerzas armadas. Por esta razón, ellos son los principales receptores de los programas de cooperación de la Iniciativa Mérida.

En México, los servicios de inteligencia no estaban preparados para combatir a las organizaciones criminales, era un tema de la "agenda de riesgos", pero no ocupaba un lugar importante. En la mayoría de los casos estos servicios contaban con inteligencia táctica y operativa, pero se carecía de la llamada "inteligencia estratégica". Además, proporcionar información de inteligencia por parte de Estados Unidos a México tiene como principal limitante a la desconfianza por el temor a que dicha información pueda caer en manos de algún funcionario mexicano colaborador de las organizaciones criminales. Sin embargo, a pesar de ello, en la Iniciativa Mérida se incluye un presupuesto específico para actividades de inteligencia, por ejemplo: equipo biométrico para el INM; las aeronaves CASA entregadas a la Armada de México, que están equipadas con radares para la intercepción de embarcaciones y aviones procedentes de Sudamérica; proyectos de bases de datos y software para el CISEN; el proyecto Constanza para la PGR (con un valor de 28 millones de dólares); el proyecto de inspección postal para la Secretaría de Comunicaciones y Transportes; máquinas de rayos X y rayos gamma para aduanas; escáneres de ión para la SEDENA; apoyo para la construcción del búnker C-4; apoyo para el registro nacional de policía; apoyo para la instalación y software para Plataforma México de la SSP; equipo poligráfico y entrenamiento de personal; proyectos para seguridad de redes en el CISEN, entre los más importantes.[27]

Hay que tener en cuenta que el crecimiento y la consolidación de las organizaciones criminales mexicanas, para desarrollar su compleja operación logística (de producción, transporte y distribución de drogas) y financiera (para el lavado de dinero), por ser organizaciones "mexicanas", pero con múltiples conexiones transnacionales, requieren también de servicios de inteligencia y la realización de actividades de espionaje de sus enemigos (los gobiernos, en este caso, de Estados Unidos y México), y de sus colaboradores (individuos y empresas que les ayudan). Los cárteles de la droga han desarrollado en México el

---

ligencia: demonios, pactos y detalles", *Servicios de inteligencia en el orden mundial, Lecturas Básicas de Inteligencia*, núm. 8, México, ESISEN, 2011.

[27] Información proporcionada por la página web Just the Facts <http://justf.org/>.

espionaje táctico, mediante informantes llamados "halcones". Éstos son personas ubicadas en las calles de las ciudades de México donde tienen presencia los cárteles, principalmente en el norte, e informan a sus superiores sobre los movimientos de las fuerzas militares, policiacas y de seguridad. Este tipo de inteligencia criminal ha obstaculizado en muchas ocasiones los operativos de combate dirigidos a sus células criminales. Para desarrollar su "inteligencia estratégica" los grupos criminales recurren principalmente a la "colaboración" de funcionarios de todos los niveles mediante el soborno y la corrupción. En el caso de Estados Unidos esto también se da principalmente a nivel de funcionarios de aduanas (en las fronteras) y policiaco (en los poblados donde hay distribución de las drogas).

LA POLÍTICA Y LA DIPLOMACIA EN LA RELACIÓN BILATERAL DE SEGURIDAD

En Estados Unidos la política de seguridad y defensa tiene un componente "bipartidista", por lo que se vislumbra continuidad, debido a que ésta se diseña en agencias especializadas (por ejemplo, la DEA) y requiere la aprobación del Congreso. Sin embargo, desde hace cuatro años, durante la primera administración de Obama, la Iniciativa Mérida contempló la reducción de la ayuda militar y comenzó a incrementar y dar énfasis al cuarto pilar de dicha iniciativa (el que menos recursos ha recibido), orientando la asistencia hacia la cooperación de justicia (el apoyo a la consolidación del sistema de juicios orales) y los programas de reconstrucción de la cohesión social en regiones o ciudades afectadas por la violencia (por ejemplo, en Ciudad Juárez, Tijuana y recientemente en Monterrey), así como al respaldo a organizaciones de la sociedad civil.

Una tendencia que se observa en Estados Unidos y que puede poner en cuestión la llamada "guerra a las drogas" es que en muchos estados es vigente el uso de la marihuana para fines medicinales y han comenzado a aprobarse leyes que autorizan su uso para fines recreativos. Esto podría poner sobre la mesa cuestionamientos a los programas de asistencia en México, como sucedió en el pasado en países andinos (Bolivia, Ecuador y Perú) con las políticas de erradicación de cultivos de coca. A este elemento hay que incluir el fracaso de las políticas para evitar la producción y exportación de cocaína desde Colombia.

Con la implementación de la Iniciativa Mérida desde finales de 2007, México desplazó a Colombia como principal receptor de asistencia en seguridad en el hemisferio. En 2008, la ayuda de Estados Unidos a México fue de aproximadamente 440 millones de dólares, mientras que para Colombia se destinaron 395 millones de dólares. En 2009, México captó 672 millones de dólares y Colombia sólo 400 millones. Hubo un aumento cuantitativo sin precedentes de la asistencia de los años anteriores a los años de implementación de la iniciativa, con el incremento de los montos una vez que empezó el programa (véase cuadro 2).[28] El gobierno federal mexicano impulsó, solicitó y recibe este programa por dos razones: la primera es el incremento de las actividades criminales, el tránsito de cocaína y la violencia asociada a esta actividad, y la segunda es porque el sistema mexicano de seguridad está rebasado. El entrenamiento y equipamiento de las fuerzas armadas, cuerpos de seguridad y policiacos, así como los servicios de inteligencia de México, se han reforzado porque la lucha contra el crimen es una misión nueva, para la cual sus integrantes no estaban entrenados ni adoctrinados. Sin embargo, entre las limitantes de la Iniciativa Mérida está el que sólo sea un programa federal en ambos gobiernos, que no ha incluido a las fuerzas de seguridad estatales y municipales, y que está teniendo impactos negativos en materia de derechos humanos, pues muchas de las estrategias de las instituciones federales, al actuar, no consideran las garantías de la población.[29]

El caso más notable de la forma como la política ha afectado el buen desarrollo de la Iniciativa Mérida se desató a raíz de la revelación de información a través de WikiLeaks. En un cable de la embajada de enero de 2010, se señala la falta de coordinación y la desconfianza de las dependencias mexicanas para hacerle frente a la guerra contra las drogas, sosteniendo que por ello se estaba fracasando en ese esfuerzo. Se sostuvo que había una gran tensión entre la SEDENA y la SEMAR, además de que la SEMAR había dado exitosos golpes, mientras que

[28] Véase "U.S. Military and police aid grants by country. Total aid since 1996", *Just the Facts*, <http://justf.org/>.

[29] Declaraciones de prensa de muchos funcionarios de ambos países involucrados en la gestión de la Iniciativa Mérida han sostenido que en el futuro inmediato comenzará la asistencia a cuerpos de seguridad estatales y locales en México.

el ejército reaccionaba de manera lenta y tenía "aversión" al riesgo. Además se mencionó que toda la estrategia militar implementada en México era ineficaz, pues debido a las tácticas empleadas, no se podían judicializar los casos, lo que beneficiaba a las organizaciones criminales.[30] A lo anterior se agrega que las tensiones políticas y diplomáticas llegaron a un extremo notable de enojo e incomunicación entre Estados Unidos y México en 2010-2011 y pusieron en peligro el éxito de la Iniciativa Mérida. Ello llevó incluso a la renuncia del embajador de Estados Unidos. Uno de los argumentos para que el presidente Calderón solicitara su renuncia al Departamento de Estado es que el embajador había sido "invasivo e intervencionista".[31]

Así, en este caso no era —como en el pasado— el nacionalismo militar mexicano lo que impedía la cooperación en seguridad, sino la política y, dentro de ella, las percepciones que tenían los líderes y los diplomáticos del desarrollo de los acontecimientos relativos al combate al narcotráfico.

CONCLUSIONES

En el inicio de la administración de Enrique Peña Nieto no se vislumbra una transformación sustancial en la política de seguridad. Los representantes del nuevo gobierno han señalado que continuará el empleo de las fuerzas armadas, que se construirá una gendarmería nacional (o la transformación de la Policía Federal) —se señaló como un aspecto relevante en la visita de Peña Nieto a Francia—, y que la cooperación con Estados Unidos seguirá dándose en un enfoque de "corresponsabilidad" a través de la continuidad de la Iniciativa Mérida (enfoque binacional con énfasis muy marcado en el esquema de diseño de Estados Unidos, con influencia del Plan Colombia y sus supuestos "éxitos" en ese país). Es muy probable que cambie la nominación "Mérida", pues fue acuñada por los presidentes Bush y Calderón. Se menciona que la ayuda se centrará menos en el combate frontal a las organizaciones criminales y más en la reducción de las tasas de violen-

[30] WikiLeaks, cable 246329, 20 de enero de 2010 (embajada en México, clasificación: secreta).
[31] Wilbert Torre, Narcoleaks. *La alianza México-Estados Unidos en la guerra contra el crimen organizado*, México, Grijalbo, 2013, p. 267.

CUADRO 2. PROGRAMAS DE AYUDA MILITAR Y POLICIACA A MÉXICO
2002-2012 (*miles de dólares*)

Programa	2002	2003	2004	2005	2006	2007
Control Internacional de Narcóticos y Fortalecimiento de la Ley	33,050	4,714	29,295	31,248	28,340	36,678
Sección 1004 Asistencia contra las drogas	14,848	13,655	10,493	9,650	10,205	15,574
Educación y Entrenamiento Militar Internacional	944	1,250	1,275	1,253	8	57
Becas para cursos del Programa Contraterrorismo	—	—	432	597	409	409
Control de Exportaciones y Seguridad Fronteriza – NADR	—	—	—	—	625	1,070
Sección 1206 Equipo y entrenamiento a las autoridades	—	—	—	—	—	1,000
Asistencia Anti-terrorista - NADR	—	—	—	285	—	225
Centro de Estudios para la Defensa del Hemisferio	64	29	34	51	149	149
Asistencia en temas no relacionados sobre seguridad – Comando Unificado	—	—	—	—	148	148
Artículos de defensa adicionales	5	25	—	—	—	—
TOTAL	48,911	19,673	41,529	43,084	39,884	55,310

Fuente: Center for International Policy, just the Facts: "U.S. Military and Police Aid Grants by Country. Total Aid since 1996":Just the Facts. Véase <http://justf.org/>.

cia y a desarrollar las políticas preventivas. Este esquema es planteado por el "supuesto" súper asesor del presidente Peña Nieto en materia de seguridad, Óscar Naranjo, quien ha afirmado que se deje de lado el concepto "guerra a las drogas".

De esta manera, la asistencia proporcionada por Estados Unidos

2008	2009	2010	2011	2012	Total
292,298,000	343,500,000	146,000,000	15,000,000	65,000,000	**861,961,325**
12,171,000	34,164,000	89,749,000	71,674,000	75,508,000	**283,340,425**
357,000	1,084,000	989,000	1,006,000	1,635,000	**5,075,787**
960,967	864,237	917,151	—	—	**2,744,202**
800,000	670,000	900,000	1,200,000	—	**3,571,695**
12,945,854	—	—	—	—	**12,946,854**
—	175,000	—	—	—	**175,510**
298,870	347,762	288,780	—	—	**935,888**
125,629	—	662,529	—	—	**788,454**
—	—	—	—	—	**30**
—	—	—	—	—	**248,391**

ha tenido logros muy importantes, principalmente, observados en el rubro de la profesionalización de las policías y miembros del aparato de justicia, y de la otorgada a la defensa e inteligencia. Sin embargo, la población mexicana no percibe esos beneficios y, por el contrario, se menciona con frecuencia una gran crisis humanitaria. Por ello, si se toma en cuenta que, en el mundo de la Posguerra Fría, la seguridad de las naciones no se evalúa como la seguridad de la nación o del Estado, sino también la de los ciudadanos, la seguridad nacional de México se observa debilitada por la implementación de esta estrategia. Los datos sobre las violaciones a derechos humanos han sido denunciados por agrupaciones sociales mexicanas e internacionales, por ejemplo, los documentos elaborados por Human Rights Watch, Amnistía Internacional o el Grupo de Trabajo sobre Desapariciones Forzadas o Involuntarias de Naciones Unidas. Todos estos informes destacan dos cosas: primero, que hay violaciones graves a derechos humanos producto de la estrategia de seguridad del gobierno mexicano, principalmente, debido a la operación táctica de las fuerzas armadas y policiaca y, segundo, que continúa existiendo impunidad debido a que no hay investigaciones ni juicios ni sanciones que se sostengan en el debido proceso.[32] Por ello, de forma creciente se incorpora como clave el fortalecer el cuarto pilar de la Iniciativa Mérida.

En síntesis, la debilidad institucional y la corrupción en México, la venta libre de armas y los controles débiles para el lavado de dinero en Estados Unidos son los obstáculos fundamentales para que un programa como la Iniciativa Mérida sea exitoso. Ambos factores superan los esfuerzos de los gobiernos y están enraizados en la cultura política de la población de cada país, por lo que el pequeño esfuerzo de cooperación y asistencia enfrenta grandes obstáculos. Sin embargo, en el caso de México, quizá el logro más importante de la Iniciativa Mérida es que el gobierno y parte sustancial de las élites del país reconocen la necesidad de la cooperación internacional, transformándose, de facto, el viejo aislamiento de México en materia de cooperación en seguridad y defensa que prevaleció durante el siglo xx.

---

[32] Mariclaire Acosta, *Superar la impunidad: hacia una estrategia para asegurar el acceso a la justicia en México*, México, Centro de Investigación y Docencia Económicas, 2011.

LA MIGRACIÓN MÉXICO-ESTADOS UNIDOS EN LA ENCRUCIJADA

DANIELA GONZÁLEZ IZA y PAOLA IZA MARTÍNEZ

La migración es un tema que siempre ha estado presente dentro de las relaciones México-Estados Unidos. El flujo migratorio de mexicanos hacia Estados Unidos es uno de los más intensos y complejos del mundo. No obstante, el tratamiento del fenómeno migratorio, tanto por parte de Estados Unidos, como por parte de México, dista de ser adecuado. A pesar de que una amplia literatura académica ha señalado las deficiencias y mejoras que ambos países pueden hacer al respecto, hay un enorme rezago por parte de éstos ante un fenómeno que contiene elementos cada vez más difíciles de resolver. Desde hace años, la negociación hacia una reforma migratoria integral en Estados Unidos se encuentra en un severo *impasse* y México, mientras tanto, se ha enfocado arduamente en reaccionar sobre lo que pasa en su vecino del norte. La defensa de los derechos humanos de los trabajadores mexicanos que se encuentran allá sin documentos, por parte de los consulados mexicanos, ha sido una tarea titánica que implica un enorme esfuerzo de la Secretaría de Relaciones Exteriores.

El inicio del segundo periodo de Barack Obama como presidente de Estados Unidos trae consigo una serie de circunstancias que, de manera sorpresiva, abren una ventana de oportunidad para superar el estancamiento en el tema migratorio. Ante ello, cabe preguntarse: ¿qué puede hacer México al respecto? El presente trabajo de investigación parte de la premisa de que mantener un *statu quo* en el tratamiento del tema migratorio ya no es sostenible. Para responder esta pregunta, es elemental repasar el desarrollo del fenómeno de la migración desde inicios del siglo XXI.

En la primera parte se identifican los puntos de inflexión en la posición estadunidense hacia la migración proveniente de México: los ataques del 11 de septiembre de 2001 y la crisis económica de 2008. Mientras que el primero reforzó el enfoque por parte del gobierno estadunidense hacia la "securitización" en el manejo de la inmigración, el segundo afectó negativamente la percepción pública del fenómeno y fomentó el endurecimiento de sentimientos antimigrantes en diversos estados y sectores de Estados Unidos. En la segunda parte se hace una revisión sobre cómo se le ha hecho frente a esta realidad migratoria en Estados Unidos y cuáles han sido los efectos del *impasse* en las negociaciones de la reforma migratoria integral. En específico, se discute el llamado "efecto Arizona" (la ola de leyes cuya base fue el espíritu de la tan controvertida Ley SB 1070) con el fin de integrar un nuevo elemento que añade mayor complejidad en el tratamiento del tema: el protagonismo de los estados de ese país.

La tercera parte tiene como fin vislumbrar la ventana de oportunidad en Estados Unidos para cambiar la dinámica en el tratamiento del tema migratorio. En particular, uno de los cambios más notables que permiten hablar de esta nueva posibilidad es el peso que ha tenido el electorado latino y la evolución favorable del tratamiento del tema migratorio, de un aspecto electoral, a uno en la agenda política y legislativa.

Finalmente, se examinan cuáles serán los retos para México ante esta encrucijada. ¿Es el *statu quo* en la política de México, referente a la emigración, adecuado y pertinente? Si no es así, ¿qué es necesario hacer? Se enlista una serie de recomendaciones, basadas en un eje fundamental que debe guiar el tratamiento bilateral del tema: la corresponsabilidad. A partir de ello, se exploran las acciones que México debería tomar respecto al tratamiento bilateral del tema, a lo que sucede al interior de Estados Unidos y a las obligaciones que le conciernen internamente a México como país de origen, tránsito y destino.

Aunque debe ser tomado con cautela, el escenario se vislumbra prometedor. Se presentan circunstancias nunca antes vistas que, si las condiciones de ambas naciones lo permiten, posibilitarían trabajar el tema de manera bilateral. Para México, lo más importante será dejar atrás la llamada "política de la no política", evitando la línea del reclamo y la mera expectativa. Hay que abrirse al planteamiento de acciones más concretas que permitan un entendimiento bilateral para fomentar lo que por tantos años se ha anhelado: flujos migratorios ordenados, legales y seguros.

SEGURIDAD, RECESIÓN Y MIGRACIÓN

Con una frontera de más de tres mil kilómetros y el mayor número de cruces fronterizos en el mundo, la migración siempre ha sido un tema importante en la relación entre México y Estados Unidos. El éxodo mexicano en búsqueda de trabajo y nuevas oportunidades ha sido constante, con épocas de altas y bajas, dependiendo del momento económico y político que se vive en ambos países.

La migración se empezó a regular a mediados del siglo pasado a través del Programa Bracero. Sin embargo, la situación actual se puede rastrear a dos puntos de inflexión fundamentales en la relación con Estados Unidos y que han reconfigurado por completo el panorama: el primero son los ataques terroristas del 11 de septiembre de 2001 y las implicaciones que tuvo en la política interna estadunidense; el segundo es la crisis económica de 2008 que afectó principalmente a la opinión pública con respecto al tema.

A mediados de los años ochenta se empezaron a regular los flujos migratorios con una nueva ley llamada Immigration Reform and Control Act de 1986, que planteaba amnistía a los inmigrantes indocumentados en Estados Unidos, pero fue aplicada de manera flexible. En 1996 se dio un nuevo intento por institucionalizar la migración irregular entre Estados Unidos y México. En esta ocasión, en el ámbito del Tratado de Libre Comercio de América del Norte, que generó nuevos flujos de migrantes —por la movilidad de la mano de obra— e impulsó un esfuerzo por institucionalizar todos los aspectos de la relación bilateral. El resultado fue la Illegal Immigration Reform and Immigrant Responsibility Act, que afectó la estancia de indocumentados, puesto que se les restringió el acceso a los servicios de bienestar social, aunque después, su aplicación en algunos apartados se volvió más laxa. Esta ley fue la primera que volvió más peligrosos los cruces fronterizos.

Tras estos años donde "la política de no tener una política" predominó, en 2000, con la llegada al poder de Vicente Fox en México y George W. Bush en Estados Unidos, comenzó un nuevo impulso por conseguir una reforma migratoria que permitiera institucionalizar esta parte de la relación bilateral. El origen político de Bush como gobernador de Texas fue muy beneficioso para que el tema avanzara de manera satisfactoria. El acuerdo migratorio que se buscaba era amplio, conocido como "la enchilada completa", perseguía la amnistía para cerca de tres millones de mexicanos en Estados Unidos, un programa de trabajadores temporales y mecanismos de seguridad fronteriza. El tono con el cual el gobierno mexicano planteó el acuerdo era de exigencia y reclamo por la falta de acción del gobierno estadunidense respecto a los millones de mexicanos en su territorio, a pesar de las ventajas que representaban. El 4 de septiembre de 2001, en una visita oficial del presidente Fox a Estados Unidos, el presidente Bush declaró que no existía una relación más importante para su país que la que se tenía con México y afirmó su voluntad de conseguir la reforma.

Los ataques del 11 de septiembre de 2001 cambiaron las prioridades y la agenda estadunidense, y dejaron el tema migratorio relegado al enfocar sus fuerzas en Afganistán e Iraq. Al mismo tiempo, la seguridad se convirtió en el tema más importante en la formulación de la política estadunidense y permeó la agenda bilateral entre ambos países. Los cruces fronterizos se volvieron materia de seguridad, especialmente en el tema de los inmigrantes. Al mismo tiempo, el carácter interno de la regulación del tema migratorio se volvió más presente en la formulación de política. Además, los eventos del 11-S provocaron que se exacerbaran los sentimientos nacionalistas, produciendo una tendencia xenófoba que dio lugar a movimientos de vigilantes en la frontera y a sentimientos antimigrantes al interior de la sociedad estadunidense.

Los ataques terroristas contra el Pentágono y las Torres Gemelas en Nueva York también desencadenaron una serie de cambios institucionales debido a la publicación de la Ley Patriota. A través de esta ley se creó el Departamento de Seguridad Interna (Homeland Security), el cual absorbió las agencias encargadas de controlar y manejar la inmigración irregular: se creó la agencia de Migración y Aduanas (Immigration and Customs Enforcement) y se fortaleció la agencia de Protección de Fronteras y Aduanas (Customs and Border Protection); el Instituto de Servicios de Naturalización fue remplazado por una nueva agencia: la Oficina de Ciudadanía y Servicios de Naturalización. Asimismo, la Patrulla Fronteriza adquirió mayor importancia y recibió más atribuciones.

Los efectos en los flujos migratorios desde México no tardaron en reflejar la nueva situación institucional y política. La migración se volvió cada vez menos cíclica, ya que aumentaron los riesgos de los cruces fronterizos irregulares —se incrementó la seguridad en los puntos de cruces habituales y despuntaron los cruces por el desierto, también aumentó la migración irregular—. Los delitos relacionados con la migración, en particular el tráfico de personas, también aumentaron. El segundo punto de inflexión se dio a raíz de la crisis económica de 2008. Ésta afectó directamente a los flujos migratorios, puesto que la desaceleración económica ocasionó la falta de oportunidades de empleo para los inmigrantes. Por lo tanto, la migración bajó considerablemente, además de generar el regreso de un número considerable de migrantes que se encontraban en Estados Unidos desde antes de la crisis. Al mismo tiempo, las percepciones de los estadunidenses se radicalizaron y generaron movimientos en contra de los inmigrantes como las legislaciones locales.

Aunado a la situación económica, el entorno político también afectó el tema migratorio en Estados Unidos. La llegada al poder de Barack Obama trajo un nuevo impulso por conseguir una reforma, pero al mismo tiempo crecieron los opositores, en esta ocasión, organizados en el principal grupo opositor de Obama, el ala más radical del Partido Republicano, conocida como el Tea Party. Aumentaron las deportaciones masivas y la seguridad fronteriza, ya que Obama reforzó las medidas de seguridad para conseguir una reforma que aún no se concreta. Los altos niveles de violencia en México, a raíz de la lucha contra el crimen organizado y la percepción en los estados fronterizos de una amenaza de contagio de la violencia al norte de la frontera, contribuyeron a que se endurecieran los controles migratorios y a enturbiar aún más el tema.

ACCIONES ESTATALES Y FEDERALES EN ESTADOS UNIDOS

La Ley de Inmigración es la segunda ley más compleja en Estados Unidos. Si bien llegó a haber cambios positivos en decenios anteriores para aliviar algunas tensiones de los flujos migratorios hacia ese país, a partir de 2001, producto del enfoque predominante de seguridad, las nuevas dinámicas han superado las normas migratorias en Estados Unidos.

Es ampliamente aceptado que el sistema migratorio está roto y que se necesita una reforma migratoria que contemple, entre otras cosas, la normalización de los flujos futuros, pero también la regularización de los inmigrantes que ya se encuentran en territorio estadunidense. Encontrar un punto intermedio entre seguridad y soluciones viables a la realidad en la que viven alrededor de doce millones de migrantes irregulares ha sido difícil y en los últimos años el tema se ha politizado a tal punto que se ha estancado.

En 2007 el debate migratorio se intensificó, gracias a los campos de cooperación que existieron en ese momento entre el legislativo y el ejecutivo. Se notaron grandes avances en la presentación de iniciativas bipartidistas —tales como la iniciativa Security Through Regularized Immigration and a Vibrant Economy Act, propuesta por los representantes Luis Gutiérrez (demócrata de Illinois) y Jeffry Flake (republicano de Arizona)—, la iniciativa presentada por el mismo Bush, o iniciativas presentadas en conjunto entre el presidente y algunos senadores.

Todas estas propuestas no avanzaron, debido a posiciones más conservadoras dentro del Congreso que consideraban que cualquier intento de regularización de migrantes indocumentados se interpretaría como una "amnistía", al considerar la migración irregular un acto ilegal cuyas sanciones debían ser fortalecidas. Por otro lado, las voces en contra de la criminalización de la migración irregular se levantaron en contra de los procedimientos propuestos para las regularizaciones, al considerarlas prácticamente imposibles de llevar a cabo por parte de los migrantes. Aunado a este debate ideológico, la falta de capital político del presidente Bush y el fortalecimiento de grupos conservadores dentro del Congreso —mismos que llegaron a formar alianzas— tuvo como resultado el estancamiento del tema dentro del Congreso y el llamado *impasse* de una reforma migratoria.

Este *impasse* tuvo varias consecuencias que se resumen en el endurecimiento de las posiciones antimigrantes en el país. En el Congreso, se trató de llegar, sin éxito, a acuerdos sobre temas muy específicos, tales como la regularización de estudiantes o el caso de los trabajadores agrícolas.[1] Sin embargo, predominó el enfoque de seguridad dentro de las medidas adoptadas.[2] Mientras, el ejecutivo aprobaría medidas

---

[1] Dos grandes ejemplos son el Development, Relief, and Education for Alien Minors Act (DREAM Act) y el AG Jobs, la cual planteaba una regularización de trabajadores agrícolas.

[2] Una de estas medidas fue el e-Verify, programa electrónico piloto que permite a los empleadores verificar el estatus legal de sus trabajadores a través de la confirmación de los números de seguridad social con la información proporcionada por el Depar-

más específicas, tales como las deportaciones y detenciones en centros de trabajo. La principal herencia de la administración Bush fue que la migración se convirtió en un tema tratado exclusivamente bajo el enfoque de seguridad sin contemplar su compleja naturaleza, lo que generó profundas divisiones en todos los espectros políticos.

En 2008 se pensó que la situación cambiaría, al haber condiciones políticas favorables. La elección de Barack Obama, que reflejó el empoderamiento político que cobraron sectores del electorado como la población joven y las minorías (entre ellas, el electorado latino), su voluntad política para impulsar una reforma migratoria (misma que contemplaría diversos temas como la seguridad fronteriza, el fortalecimiento de sanciones a empleadores para eliminar los incentivos de la inmigración irregular y la regularización) y un escenario optimista (un Congreso cuya mayoría sería demócrata y el apoyo que ofrecieron diversos actores para sacar adelante la reforma) hicieron pensar que habría una reforma migratoria antes que concluyera el primer término de Obama, pero la coyuntura obligó a dejar atrás este optimismo inicial.

La crisis económica acaparó los reflectores políticos y el capital de Obama se utilizó para sacar adelante otros temas apremiantes. Como resultado del *impasse* en el tema migratorio, ahora aunado a un escenario de crisis económica, se fortalecieron aquellos mitos que exacerbarían un sentimiento antimigrante en varios sectores de Estados Unidos.[3] Desde las posiciones republicanas más duras en el Congreso, hasta grupos de presión perfectamente organizados, estos sentimientos solamente entorpecieron el camino hacia una reforma migratoria integral que reflejara la realidad migratoria estadunidense.

---

tamento de Seguridad Interna. Aunque el programa se aprobó como un programa voluntario, en algunos estados es obligatorio el uso del programa y más de 300 000 empleadores lo usan.

[3] Algunos de estos mitos que son compartidos en la percepción de muchas personas son los siguientes: 1] "los inmigrantes representan una fuga a los servicios sociales"; 2] "la inmigración tiene un efecto negativo en la economía y en los salarios de los ciudadanos estadunidenses, además de que usurpan sus trabajos"; 3] "los inmigrantes —sobre todo los latinos— no quieren aprender inglés"; 4] "los inmigrantes no quieren convertirse en ciudadanos"; 5] "los inmigrantes no pagan impuestos"; 6] "los ingresos de los inmigrantes son invertidos en su totalidad en sus comunidades de origen"; 7] "la inmigración genera criminalidad en las comunidades de destino"; 8] "la mayoría de los inmigrantes han cruzado ilegalmente la frontera" y, finalmente, 9] "la seguridad laxa en la frontera ha propiciado un aumento indiscriminado de la migración ilegal". American Civil Liberties Union, "Immigration Myths and Facts," 11 de abril de 2008, <http://www.aclu.org/immigrants-rights/immigration-myths-and-facts>.

Durante el primer término de Obama no hubo avances y el efecto más importante de esto se reflejó en el nivel estatal. Desde años atrás, se había notado la tendencia por parte de gobiernos estatales de adoptar leyes y programas sumamente restrictivos con el argumento de la "inacción federal"; sin embargo, esta tendencia continuó desarrollándose bajo el escenario de una severa crisis económica, lo cual tuvo como resultado el fortalecimiento del sentimiento antimigrante en diversos sectores del país. Los temas que cobraron atención por parte de las legislaturas de los estados fueron los documentos de identificación y licencias de conducir, la obligatoriedad de aprender inglés como segunda lengua y el uso de programas como el e-Verify.[4]

MIGRACIÓN: LEGISLATURAS ESTATALES EN ACCIÓN (2005-JUNIO 2012)

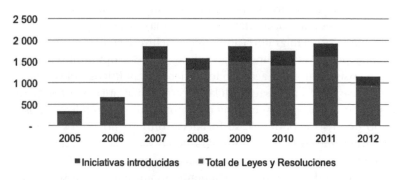

Fuente: National Conference of State Legislatures.[5]

Las acciones estatales: el "efecto Arizona". Ante la inacción del gobierno federal estadunidense para arreglar el ineficiente e insuficiente sistema migratorio, algunos gobiernos estatales decidieron regular ellos mismos la migración en sus jurisdicciones. Sin embargo, la migración, de acuerdo con la ley, debe ser regulada solamente por la ad-

---

[4] Estados como Alabama, Georgia, Luisiana, Michigan, New Hampshire y Virginia adoptaron leyes sobre la obligatoriedad de este programa por parte de los empleadores, sumándose a 13 estados de Estados Unidos que han hecho lo mismo. National Conference of State Legislatures, "2012 Immigration-Related Laws and Resolutions in the States," 6 de agosto de 2012, <http://www.ncsl.org/issues-research/immig/2012-immigration-related-laws-and-resolutions.aspx>.

[5] "2012 Immigration-related laws and resolutions in the states", 6 de agosto de 2012. Véase   <http://www.ncsl.org/issues-research/immig/2012-immigration-related-laws-and-resolutions.aspx>.

ministración federal. En consecuencia, las administraciones estatales contemplaron otras medidas para afectar la vida de los inmigrantes irregulares en su territorio y obligarlos a salir. Esta medida se conoce como *attrition through enforcement* (contrición a través de la aplicación de la ley) y tiene como objetivo la "autodeportación". Las legislaciones estatales plantean estrategias de aplicación de justicia y no resuelven las causas profundas del problema migratorio.

La primera acción estatal para regular la inmigración irregular fue la Ley SB1070 de Arizona, llamada formalmente Apoyo a la aplicación de nuestra ley y vecindarios seguros, proclamada por la gobernadora Janice Brewer. Entre las provisiones que contiene la Ley Arizona, se encuentra la facultad de los cuerpos policiacos para detener a sospechosos de estar en el país irregularmente para comprobar su estatus migratorio. Este apartado ha sido duramente criticado puesto que da pie a acciones discriminatorias por parte de los oficiales al detener a la gente por su apariencia.

Después de que la Ley SB1070 (conocida como "Ley Arizona") fuera aprobada, otros 36 estados intentaron pasar legislaciones semejantes; en 31 estados hubo rechazo a tales iniciativas pero cinco —Alabama, Carolina del Sur, Georgia, Indiana y Utah— pasaron una legislación que, en algunos casos, plantea medidas más duras que la original. En Carolina del Sur se crearía la Unidad de Aplicación de Inmigración, un apartado especial de la policía estatal. En Alabama, la ley migratoria local requiere que las escuelas públicas determinen el estatus migratorio de sus alumnos; también autoriza a la policía a detener a cualquiera que sospeche que se encuentre en el país de manera irregular si no puede acreditar su estatus migratorio al serle solicitado. Estas leyes entraron en vigor de manera parcial puesto que fueron denunciadas por organizaciones de derechos humanos y por el gobierno federal, y en las cortes fueron restringidas o bloqueadas.

Otros estados presentaron legislaciones similares a las anteriores en 2011. Entre ellos, Kansas, Misisipi, Misuri, Rhode Island y Virginia Occidental, pero ninguna entró en vigor. En 2012, por tratarse de un año electoral, las prioridades legislativas estatales cambiaron y se enfocaron en la "redistritación" y en los presupuestos locales.

Una de las respuestas inmediatas ante la corriente restrictiva de leyes migratorias fue la acción judicial para pedir la suspensión contra las secciones que se consideraban más polémicas. Tomando como base que estas disposiciones interferirían sobre las facultades en materia migratoria conferidas exclusivamente a autoridades federales, estas leyes fueron denunciadas antes de su entrada en vigor por la administración Obama y grupos civiles, teniendo victorias iniciales.

El caso emblemático fue el de la "Ley Arizona" por diversas razones. Además de haber sido la ley que marcó un modelo para la adopción de leyes restrictivas en otros estados, el proceso judicial en su contra marcó precedente para el resto de los procesos. Este caso en particular llegó a la Suprema Corte de Justicia.

Las secciones más polémicas de la Ley SB1070 fueron denunciadas en una demanda interpuesta por el Departamento de Justicia, el Departamento de Estado y el Departamento de Seguridad Interna en julio de 2010 (United States v. State of Arizona) con el argumento de que algunas disposiciones interferían con facultades migratorias conferidas exclusivamente a los poderes federales. Un día antes de la entrada en vigor de la "Ley Arizona", la juez federal Susan Bolton suspendió algunas de las disposiciones en disputa, aunque dicha decisión fue apelada por la gobernadora.[6]

Entre cortes federales y de apelaciones, el proceso judicial tardó dos años y culminó con la participación de la Suprema Corte de Estados Unidos, que dio su fallo al respecto en junio de 2012. De las cláusulas inicialmente suspendidas, la única que no se derogó fue la que establece la obligación de la policía de revisar el estatus legal de cualquier persona detenida, al considerar que dicha disposición complementaba a las normas federales.

Este caso marcó un serio precedente. En los estados en donde se adoptaron leyes con el espíritu de la "Ley Arizona" se realizaron procesos judiciales y las cortes federales suspendieron temporalmente las medidas referentes a las facultades de autoridades locales de investigar el estatus migratorio —salvo el caso de Alabama— y de efectuar detenciones con el principio de "sospecha razonable". Otras secciones demandadas con éxito se refieren a la criminalización de no portar documento probatorio del estatus legal de los migrantes y la

---

[6] Las secciones suspendidas en 2010 fueron las siguientes: 1] la facultad de funcionarios estatales de comprobar el estatus migratorio de cualquier persona detenida por la "sospecha razonable" de que sea un inmigrante irregular; 2] la criminalización de la falta de portación de documentos que comprueben el estatus migratorio de una persona; 3] la criminalización hacia los inmigrantes irregulares que soliciten empleo; y 4] la detención sin orden judicial de inmigrantes cuando exista una causa probable para creer que han cometido algún delito.

criminalización de los inmigrantes irregulares que soliciten o acepten empleos.

ACCIONES JUDICIALES ANTE LAS LEYES QUE IMITAN LA "LEY ARIZONA"

Ley (estado, año)	Proceso judicial	Estatus
HB56 (Alabama, 2011)	United States v. Alabama and governor Robert J. Bentley.	Parcialmente bloqueada en corte (28 de septiembre de 2011). El 14 de octubre de 2011, el estado apeló la decisión ante la Corte de Apelaciones del 11o. Circuito. La apelación se resolvió en agosto de 2012.
S20 (Carolina del Sur, 2011)	United States of America v. State of South Carolina and Nikki R. Haley in her official capacity as the Governor of South Carolina.	Parcialmente bloqueada en corte (22 de diciembre de 2011).
HB87 (Georgia, 2011)	Georgia Latino Alliance for Human Rights et al. v. Nathan Deal, Governor of Georgia et al.	Parcialmente bloqueada en corte.
SB590 (Indiana, 2011)	Ingrid Buquer et al. v. City of Indianapolis et al.	Parcialmente bloqueada en corte.
HB497 (Utah, 2011)	Utah Coalition of La Raza et al. v. Gary Herbert and Mark Shurtleff.	Totalmente bloqueada en corte, gracias a la decisión del juez Clark Waddoups en Utah, en mayo de 2011.

Fuente: Elaboración propia. Con base en National Conference of State Legislatures, "State Omnibus Immigration Legislation and Legal Challenges", 27 de agosto de 2012, <http://www.ncsl.org/issues-research/immig/omnibus-immigration-legislation.aspx>.

A pesar de estas victorias judiciales, los efectos de la ola antimigrante persistieron. La consecuencia más importante fue el efecto de imitación que otros estados hicieron de la SB1070, incluso con un lenguaje más cuidado para evitar procesos judiciales.[7] Cabe destacar que en los estados donde no se aprobaron dichas leyes existió una fuerte movilización —donde también participaron grupos empresariales— a favor de la supremacía de las leyes federales y en contra de la ejecución anticonstitucional de las leyes migratorias.

Estas tendencias reflejan un escenario complejo ante la posible negociación de una reforma migratoria en el Congreso estadunidense. A pesar de los procesos judiciales que encararon estas leyes, el mero hecho de haberse aprobado es preocupante; lo son también las pequeñas disposiciones que limitan poco a poco los derechos de la población inmigrante. Obama, a finales de su primer término, intentó cambiar su estrategia de negociación para tener una carta fuerte ante esta ola ultraconservadora en materia migratoria.

Acciones del ejecutivo: seguridad fronteriza y deportaciones. El gobierno de Barack Obama se ha destacado por la aplicación estricta de las leyes migratorias y los refuerzos a la seguridad fronteriza. Ambas medidas se plantearon como una estrategia de negociación ante los republicanos para utilizarlas como punto a favor en la búsqueda de una reforma migratoria integral. Sin embargo, la estrategia no funcionó. Los esfuerzos por conseguir la reforma durante su primer mandato fracasaron.

La frontera México-Estados Unidos es de las más seguras y vigiladas durante los últimos años. Para conseguir la reforma migratoria, es importante que el presidente estadunidense demuestre que ha trabajado para mejorar la seguridad en la frontera. Durante su administración, la Patrulla Fronteriza, parte del Departamento de Seguridad Interna, duplicó el número de efectivos de los que existían en 2004 para alcanzar un total de poco más de 20 000 agentes. El 85% de sus actividades están centradas en la frontera sur estadunidense.

En 2011 se cambió el enfoque de la seguridad fronteriza. Al sistema de efectivos en tierra se le sustituyó, de manera paulatina, por "apoyo de movilidad aérea". La transición comenzó en enero de 2012 y es parte de un plan para cubrir un área más amplia con menos personal. Esta transición responde a presiones presupuestarias y a la disminución de los flujos de entrada de migrantes.

---

[7] En Alabama, al adoptar la Ley HB56, se trató de cuidar el lenguaje; sin embargo, en el fallo dictado por la juez Sharon Lovelace Blackburn, se suspendieron ocho provisiones. Ante tal situación, el congreso estatal revisó la HB56 y se negoció una nueva ley, la HB658, la cual fue aprobada el 18 de mayo de 2012.

Adicionalmente, se han instalado casi 700 millas de barda fronteriza y sistemas de vigilancia que incluyen vehículos aéreos no tripulados que monitorean una gran parte de la frontera. Obama afirmó que Estados Unidos "ha fortalecido la seguridad fronteriza más de lo que muchos creían posible".

Al mismo tiempo, en su administración, las deportaciones han sido las más altas desde el decenio de 1950. Con un nuevo esquema según el cual se dio prioridad a las deportaciones de indocumentados criminales e individuos peligrosos que representaran un riesgo a la seguridad nacional, se incrementó el número de deportados ampliamente. Este esquema aumentó la aplicación de leyes que se enfoquen en la migración irregular en el nivel local. El total de inmigrantes indocumentados deportados alcanzó la cifra récord de 1.5 millones, de los cuales, cerca del 55% constituyen criminales acusados de delitos por drogas o conducir en estado de ebriedad.[8]

Estas medidas tenían el objetivo de demostrar que la administración de Obama tomó en serio la responsabilidad de fortalecer las fronteras y aplicar la ley migratoria. Sin embargo, afectó su aprobación en la comunidad latina, puesto que fue directamente afectada por estas medidas. Más del 80% de los deportados son de origen latino. El 59% de latinos y el 52% de los votantes latinos registrados desaprobaron el enfoque de Obama hacia los inmigrantes irregulares, según el Pew Hispanic Center.[9] Las altas cifras de deportaciones también han contribuido al descenso en los flujos de entrada de indocumentados.

Acciones del ejecutivo: DACA, *el Dream Act de facto.* En junio de 2012 el presidente Obama dio una orden ejecutiva que aplazaría por dos años las deportaciones de quienes fueron llevados a Estados Unidos de manera irregular cuando eran niños y que continúan viviendo como indocumentados. Esta orden ayudó a quienes calificarían para el añorado Development, Relief and Education for Alien Minors Act (DREAM Act), la legislación que se impulsó en 2010 y que no logró ser aprobada para ayudar a este segmento a obtener la ciudadanía.

La acción ejecutiva que tomó Obama, llamada Deferred Action for

---

[8] Las deportaciones en la administración Obama han aumentado también debido a que los oficiales de inmigración han ofrecido regresos voluntarios para acortar procesos judiciales de deportación y poder llegar a las cuotas establecidas por la administración.

[9] Pew Hispanic Center, "As Deportations Rise to Record Levels, Most Latinos Oppose Obama's Policy", <http://www.pewhispanic.org/files/2011/12/Deportations-and-Latinos.pdf>.

Childhood Arrivals (DACA) busca "hacer la política migratoria más justa y más eficiente" según sus propias palabras. Para calificar es necesario haber llegado a Estados Unidos antes de los 16 años, haber vivido ahí al menos cinco años antes de la solicitud, estar en la escuela, ser graduados de preparatoria o veteranos militares sin faltas, tener treinta años o menos y no tener expedientes criminales, ya que estos jóvenes no representan un riesgo a la seguridad.

Para quienes cumplan con los requisitos y soliciten la acción, los oficiales del Departamento de Seguridad Interna utilizarán la discreción de procuración de justicia para otorgar un aplazamiento en procedimientos de deportación válido por dos años y sujeto a renovación. Este aplazamiento les permitiría ir a la universidad y obtener permisos laborales. Las licencias para conducir —elementales por tratarse de identificación oficial— y otros documentos dependerían del estado en el que viva el solicitante.

A pesar de los beneficios, estos aplazamientos no otorgan un estatus legal permanente. Se trata de una primera medida para corregir la situación de los indocumentados de carácter temporal. Obama afirmó que no se trata de una amnistía, de un camino a la ciudadanía ni de un arreglo permanente. Deja varios puntos abiertos como los que no cumplen con el requisito de la edad o lo que pasaría después de que termine el periodo del aplazamiento. Mantiene la necesidad de arreglar el sistema de inmigración. A pesar de que la medida parece ser una táctica para conseguir los votos de latinos en Estados Unidos, mantiene la necesidad de reformar el sistema migratorio y, para algunos analistas, DACA podría haber complicado el panorama. Los resultados del voto latino para Obama lo comprometen a tomar acciones permanentes respecto a la migración.

El Pew Hispanic Center destacó que 1.4 millones de inmigrantes serían candidatos al aplazamiento, de los cuales la mayoría son latinos, y casi el 40% de ellos mexicanos. Las aplicaciones por la acción ejecutiva en el periodo del 15 de agosto de 2012 al 31 de octubre de 2012 fueron 263 663.

En enero de 2013 el presidente Obama impulsó una nueva acción por medio de la cual relajó los requerimientos de visado para quienes están por obtener la residencia estadunidense. Con el nuevo esquema, aquellos que se encuentren en Estados Unidos de manera irregular y busquen legalizar su situación no tendrían que regresar a su país de origen en espera del permiso de regreso, sino que lo podrán esperar en Estados Unidos teniendo simplemente que salir del país para realizar el procedimiento consular a sabiendas que tendrán entrada.

DE LO ELECTORAL A LO POLÍTICO

Las elecciones de 2012 en Estados Unidos sirvieron para destacar las posiciones de los dos partidos principales en materia migratoria. Un tema complicado por los niveles y las aristas que maneja, y con la posibilidad de alienar a un grupo y atraer a otro en una misma base. En un principio, Obama no tocó ampliamente el tema de la migración de no ser para refrendar la necesidad de reformar el sistema y afirmó que su principal remordimiento durante su primer periodo fue no conseguir la reforma. Por su parte, Mitt Romney, durante las primarias republicanas, tomó posición en contra de la inmigración irregular: abogó a favor del muro fronterizo, prometió que vetaría el DREAM Act y nombró como su primer asesor en materia migratoria al secretario de Estado de Kansas, Kris Kobach, el artífice de la Ley SB1070 de Arizona. Romney llegó a llamar esta ley "un modelo" en políticas migratorias.

Durante la elección general, Romney se desplazó hacia el centro y aceptó que consideraría versiones acotadas del DREAM Act, como la propuesta del senador republicano de Florida, Marco Rubio. Sin embargo, en el segundo debate presidencial del 16 de octubre de 2012 en la Universidad de Hofstra en Hempstead, Nueva York, aceptó que buscaría una manera de reformar el sistema migratorio y de conseguir que quienes quieren entrar a Estados Unidos lo hagan de manera legal pero rechazó conceder una amnistía o un camino de legalización a quienes se encuentran ya viviendo en Estados Unidos.

Obama, por su parte, además de mantener la posición a favor de una reforma migratoria integral que contemplara la legalización de quienes se encuentran en Estados Unidos, publicó la acción ejecutiva de junio de 2012 que dio lugar a un DREAM Act temporal de hecho. Esta acción le consiguió el apoyo de los latinos en la elección y el castigo hacia Romney por sus posturas.

Debido a los resultados de la elección, la migración se convirtió en un tema "postelectoral". Los latinos utilizaron el voto a favor de Obama como instrumento de presión para conseguir la reforma en el segundo periodo de su gobierno. El cambio demográfico que se constató en los resultados de la elección hace que la presión sea mayúscula, pues la nueva coalición de votantes hace esencial contar con el apoyo del grupo latino para ganar las elecciones.

De la misma manera, los resultados electorales dan buenos augurios a la consecución de una reforma, ya que el Partido Republicano deberá modernizarse para apelar a nuevos votantes, si es que quiere mantenerse en el panorama político estadunidense. Para conseguir nuevos votos sin alienar a las bases, el tema menos polémico podría ser la migración. Al mismo tiempo, es de los temas que puede conseguir una mayor recompensa por el número de votantes que implica.

Los primeros esfuerzos, por ambos partidos, y, tanto por parte del poder ejecutivo, como del legislativo, han encaminado los intentos más serios a conseguir la reforma migratoria hasta la fecha. A principios de enero de 2013, Obama presentó su propuesta de reforma, la cual incluye una vía para dar la ciudadanía a los inmigrantes irregulares en territorio estadunidense. También contempla seguridad fronteriza y controles migratorios en los lugares de trabajo. Sin embargo, esta propuesta es vaga respecto al futuro de los flujos migratorios; por ejemplo, no contiene un programa de trabajadores huéspedes, como intentos anteriores.

Por su parte, un grupo bipartidista de senadores, encabezados por Charles E. Schummer (demócrata de Nueva York), John McCain (republicano de Arizona) y Marco Rubio (republicano de Florida), presentó su propia iniciativa en la que sí se contemplaría un programa de trabajadores huéspedes, así como una vía para otorgar la ciudadanía condicionada al fortalecimiento de la frontera y controles migratorios en los centros laborales. Cabe destacar que el programa de trabajadores se enfoca específicamente a trabajadores agrícolas y con habilidades destacadas en ciencia y tecnología.

Ambas propuestas tienen elementos en común, pero los problemas radican en las diferencias entre ambas, las cuales deberán ser puestas a debate en las cámaras y sujetas a la aprobación o el veto presidencial. El proceso que enfrenta la reforma todavía es largo y puede verse comprometida antes de que se llegue a una versión final. Cabe destacar que las iniciativas actuales toman como punto de partida la situación presente de desaceleración de los flujos migratorios y, aunque toman en cuenta su efecto cíclico, también asumen que cuando vuelvan a despuntar será en menor medida que anteriormente. Por lo anterior, un tema sumamente delicado que ha quedado fuera del debate es el qué hacer respecto a los flujos futuros.

Atrayendo el voto latino. El crecimiento de la población hispana —la primera gran minoría en Estados Unidos y responsable en gran parte del crecimiento poblacional de ese país— ha sido sostenido, debido principalmente a los altos índices de natalidad. De acuerdo con los datos arrojados por el último censo (2010), se estima una población de 50.5 millones de hispanos, de los cuales solamente 31.8 millones son mexicanos, y de éstos, el 39% de primera generación.[10]

VOTANTES LATINOS EN ELECCIONES PRESIDENCIALES

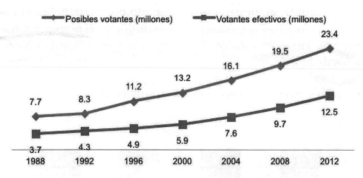

Fuente: Pew Hispanic Center.[11]

Al momento de hablar de las características y preocupaciones del electorado latino, es debatible el alcance de su poder efectivo como grupo minoritario. A pesar de constituirse como la primera minoría en Estados Unidos, los posibles electores son menos de la mitad (para 2012, se contabilizaron 23.4 millones), y ni hablar de los votantes reales (por ejemplo, para las elecciones de 2008, de 19.5 millones de posibles electores latinos, votaron 9.7 millones). Cabe destacar que esta discrepancia se debe a la composición demográfica de los latinos, ya que este grupo se compone en su mayoría de jóvenes que no

[10] Jeffrey Passel, D'Vera Cohn y Mark Hugo López, "Hispanic account for more than a half of Nation's growth in the past decade," Pew Hispanic Center, 24 de marzo de 2011, <http://www.pewhispanic.org/2011/03/24/hispanics-account-for-more-than-half-of-nations-growth-in-past-decade/>.

[11] "An awakened giant: the Hispanic electorate in likely to double by 2030," 14 de noviembre de 2012, <http://www.pewhispanic.org/2012/11/14/an-awakened-giant-the-hispanic-electorate-is-likely-to-double-by-2030/>.

son elegibles para votar, aunque se nota un crecimiento constante del electorado latino.[12]

A pesar de las expectativas pesimistas sobre el poder del voto latino, éste fue un elemento considerable durante las últimas elecciones. De acuerdo con datos recabados por el Pew Hispanic Center, alrededor del 10% del electorado en 2012 fue de origen latino, un punto porcentual más que el registrado en 2008. Aunque generalmente el electorado latino tiende a votar por candidatos demócratas, en esta elección, el 71% del electorado latino votó por Obama, la tasa más alta desde 1996, cuando William Clinton acaparó el 72% de este grupo.[13] Podemos afirmar que el triunfo de Obama sobre Romney se debió, en gran medida, al fuerte apoyo registrado por parte del electorado asiático y latino, incluso, es importante considerar el peso que tomó el electorado latino en estados clave como Colorado, Florida y Nevada, estados de batalla.

ELECCIONES 2012: VOTO POR GRUPO (PORCENTAJE)

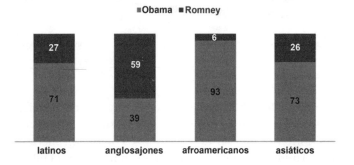

Fuente: Pew Hispanic Center.[14]

La importancia que tuvo el voto latino en estas últimas elecciones —y las proyecciones en el futuro sobre esta tendencia— ha despertado un debate sobre el poder real que esta minoría tendrá sobre algu-

---

[12] Mark Hugo López, "Ask the expert: Importance of the Latino vote in 2012," entrevista realizada para el Pew Hispanic Center, 12 de septiembre de 2012, <http://pewresearch.org/pubs/2353/2012-election-hispanic-vote-latino-voters>.

[13] "Latino voters in the 2012 Election", 7 de noviembre de 2012, <http://www.pewhispanic.org/files/2012/11/2012_Latino_vote_exit_poll_analysis_final_11-09.pdf>.

[14] *Ibid.*

nos temas claves, por supuesto, el tema migratorio incluido. Hay quienes argumentan que, con la diversidad de intereses, así como con el protagonismo de ciertos temas en la preocupación de la comunidad latina, como la estabilidad económica, difícilmente se vislumbraría una fuerza del *lobby* latino.[15] Sin embargo, en las últimas elecciones el tema migratorio se ubicó en los reflectores entre los diversos subgrupos de la comunidad latina, al ser éste el segundo en importancia para todos los subgrupos, después del tema económico.

TEMAS PRIORITARIOS PARA LA COMUNIDAD LATINA (PORCENTAJE, 2012)

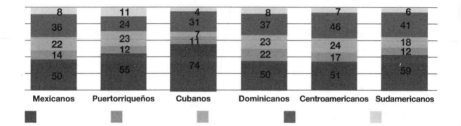

	Mexicanos	Puertorriqueños	Cubanos	Dominicanos	Centroamericanos	Sudamericanos
	8	11	4	8	7	6
	36	24	31	37	46	41
	22	23	7	23	24	18
	14	12	11	22	17	12
	50	55	74	50	51	59

Fuente: Impremedia-Latino Decisions 2012.[16]

La demanda por una reforma migratoria integral se ha convertido en tema obligado que ha rebasado las expectativas electorales, a tal grado que se está planteando un posible cambio de posición por parte

---

[15] Encuestas publicadas años antes pusieron en evidencia que la preocupación radicaba en temas como empleo y salud. En 2011, rumbo a la carrera presidencial en Estados Unidos, el Pew Hispanic Center realizó una encuesta sobre las prioridades en la agenda entre el electorado hispano, y se encontró que los temas prioritarios continuaban siendo el empleo, la educación y la salud. El tema migratorio fue considerado como una prioridad para el 33% de los votantes latinos encuestados. Mark Hugo López, Ana González-Barrera y Seth Motel, "As deportations rise to record levels, most Latinos oppose Obama's Policy", Pew Hispanic Center, 28 de diciembre de 2011, <http://www.pewhispanic.org/files/2011/12/Deportations-and-Latinos.pdf>.

[16] ImpreMedia-Latino Decisions 2012, Latino Election Eve Poll, ImpreMedia, Latino Decisions, noviembre de 2012, <http://www.latinovote2012.com/app/#all-national-all>.

de los republicanos.[17] Para iniciar estas negociaciones, es necesario observar con detenimiento lo que quiere el electorado latino sobre una reforma migratoria. Entre los elementos que se encuentran presentes en la comunidad latina destacan los siguientes: *a*] la posibilidad de adquirir la ciudadanía; *b*] la posibilidad de obtener un ajuste en el estatus migratorio, mediante requisitos razonables, y *c*] un mejor trato a los inmigrantes que se encuentren estudiando.[18] Por lo tanto, se ha abierto una ventana de oportunidad dentro de los próximos meses que no puede —ni debe— ser desaprovechada.

LOS RETOS PARA MÉXICO

La migración de mexicanos hacia Estados Unidos debe ser una de las prioridades en la agenda nacional; sin embargo, la política mexicana, por lo que respecta a regular la emigración, ha sido limitada. Las bases legales para una política migratoria se encuentran en la Constitución mexicana, en la Ley General de Población y en la Ley de Migración;[19] sin embargo, el eje fundamental ha sido la protección de los mexicanos en el exterior. Para tratar el fenómeno de los migrantes mexicanos en Estados Unidos —exceptuando ciertos periodos en los que el gobierno mexicano intentó ser proactivo— la política migratoria ha reaccionado ante lo que sucede en Estados Unidos, en parte porque se cree que no puede hacerse mucho ante un asunto que los estadunidenses consideran de índole interna, y en parte porque el fenómeno migratorio ha rebasado las capacidades institucionales de ambos países.

---

[17] Hace poco, John A. Boehner, el *Speaker* republicano de la Cámara de Representantes, expresó su voluntad para empezar a negociar una reforma migratoria integral, lo cual fue considerado como una estrategia inteligente, sobre todo, ante la baja aceptación del electorado latino hacia los republicanos, y que se suma a las posiciones de republicanos menos conservadores como el senador Marco Rubio, la representante Ileana Ros-Lehtinen y el exgobernador John Bush, todos de Florida. Julia Preston, "Republicans Reconsider Positions on Immigration," *The New York Times*, 10 de noviembre de 2012.

[18] Gary Segura, "What Latinos want: immigration reform bill," 27 de noviembre de 2012, <http://www.latinodecisions.com/blog/2012/11/27/what-latinos-want/>.

[19] Cabe destacar que en la nueva Ley de Migración no hay disposiciones de importancia sobre este tema.

En los últimos años, dos grandes eventos han fortalecido esta tendencia reactiva de la política migratoria mexicana. El incremento de las deportaciones de mexicanos y el fortalecimiento del sentimiento antimigrante en los estados orillaron a México a continuar con una pauta cortoplacista, que si bien ha sido útil y tiene algunos aspectos positivos, carece de eficiencia y propuesta. El fortalecimiento de la red consular, las mejoras en la repatriación y la atención específica a grupos vulnerables —como los menores migrantes no acompañados— fueron las prioridades que merecieron mayor atención durante la administración de Calderón.[20]

Se debe analizar si dichas acciones han sido suficientes y si se puede mantener el *statu quo*. Un primer ejemplo es el aumento de deportaciones en Estados Unidos, mismo que representó una presión para las diversas instituciones involucradas en México. Las repatriaciones, en su mayoría, se realizan en la frontera, y no hay programas que den seguimiento a aquellas deportaciones que involucraron procesos judiciales. Estas acciones por parte de México responden a una política estadunidense, sin ir más allá de una propuesta que permita institucionalizar aspectos específicos del fenómeno migratorio entre ambos países. Se trata de una política reactiva ante el sistema de regulación migratoria en Estados Unidos, cada vez más inoperante.

Otro ejemplo es la actuación de México ante la ola antimigrante en los estados de Estados Unidos que, ciertamente, tuvo algunos aspectos positivos. México tuvo una participación notable como *amicus curiae* en los procesos judiciales interpuestos por la administración Obama contra las leyes estatales (en particular, México participó como "amigo de la Corte" en los procesos contra las leyes SB1070 de Arizona, S20 de Carolina del Sur y HB56 de Alabama). Sumado a ello, el trabajo de los consulados creció considerablemente para auxiliar a connacionales que habían sido afectados por estas leyes.

Ciertos fenómenos han "aliviado" temporalmente la densidad de los flujos migratorios de mexicanos hacia Estados Unidos, tales como la recesión económica en ese país y su consecuente escasez en la demanda de mano de obra o el reciente despunte en actividades de

---

[20] La protección a mexicanos en el exterior incluyó la ampliación de la red consular, el perfeccionamiento del sistema de administración y la puesta de ciertos programas que fortalecieron la protección de mexicanos en el exterior. En el caso de las repatriaciones, se mejoraron sus procesos, por medio del Programa de Repatriación Humana y el Programa de Repatriación Voluntaria al Interior.

maquila y manufactura en nuestro país; sin embargo, esta situación no debe considerarse, por ningún motivo, una tendencia que se conservará en el largo plazo. La recuperación económica estadunidense y la inevitable estabilización de la actividad maquiladora en México tienen la potencialidad de que los flujos migratorios regresen a un patrón cíclico. La recuperación del ritmo de crecimiento de la migración de mexicanos hacia Estados Unidos posiblemente sea pronto y sería muy arriesgado pensar que mantener el *statu quo* de una política predominantemente reactiva en materia de emigración —la principal arista del fenómeno migratorio en México— es correcto.

Mantener una política "de la no política" es inviable, por lo que es urgente cambiar la posición del gobierno mexicano respecto al flujo migratorio México-Estados Unidos. Construir los objetivos que deberían guiar una nueva visión de este fenómeno no será tarea fácil; sin embargo, en éstos debe predominar una idea básica al momento de acercarnos con Estados Unidos para hablar del tema: corresponsabilidad.[21]

Aplaudir o exigir la mera adopción de una reforma migratoria en Estados Unidos, asumiendo que ésta tendrá los elementos que México busca —si es que éstos han sido identificados— no será fructífero. Si se asume un nuevo discurso que se base en la corresponsabilidad y que acepte la migración como fenómeno que tiene que ser regulado internamente en Estados Unidos, México debe plantearse con claridad los retos que le presenta la futura adopción de una reforma migratoria y la manera de responder a ellos.

Hay que recordar que la reforma migratoria se adoptará en función de los intereses en Estados Unidos. ¿Qué escenario sería el óptimo para México? ¿Qué tipo de reforma nos beneficiaría? ¿Qué hacer ante los temas que ni siquiera están contemplados en el debate migratorio? ¿Qué obligaciones nos corresponden como país de origen? El escenario actual estadunidense nos plantea la necesidad de cuestionarnos

---

[21] La idea de la corresponsabilidad no es nueva. En 2005 se llevó a cabo un ejercicio con miembros del poder ejecutivo, legislativo y con expertos, que tuvo como objetivo plantear los principios y estrategias más pertinentes para la reformulación de México en el tema migratorio. La conclusión más importante fue la necesidad de asumir responsabilidades compartidas respecto al fenómeno migratorio con Estados Unidos. Estas propuestas no tuvieron las repercusiones esperadas. Secretaría de Relaciones Exteriores, *México frente al fenómeno migratorio*, noviembre de 2005, <http://www.sre.gob.mx/eventos/fenomenomigratorio/docs/mexicofrentealfenommig.pdf>.

seriamente acerca de los retos y oportunidades que los temas presentes y omitidos del debate migratorio representarían en el futuro.

El primer paso es reconocer la politización del tema en Estados Unidos y tomarla en cuenta para una estrategia viable. No es posible mantenerse como espectadores sobre lo que pasa en las negociaciones dentro del Congreso para sacar adelante una reforma migratoria integral. Un seguimiento detenido sobre las iniciativas propuestas, la identificación de posibles líderes legislativos, la identificación de actores de presión en el tema migratorio y, sobre todo, el seguimiento a nivel local permitirán reconocer ventanas de oportunidad, así como complementar los avances legislativos en Estados Unidos con políticas públicas y acciones concretas de este lado de la frontera.

La estrategia de cabildeo será exitosa en la medida que vaya acompañada de un reconocimiento de las obligaciones que conciernen a México en cuanto a evitar un aumento de flujos irregulares y de los delitos asociados a ellos, así como a fomentar canales legales, ordenados y seguros.

Otro gran tema al definir los objetivos en materia de emigración es la formulación de una estrategia de comunicación social que permita ayudar a eliminar ciertos mitos que han perjudicado la integridad de los inmigrantes en Estados Unidos y permita cambiar la percepción de la opinión pública en Estados Unidos sobre la inmigración y sus efectos.[22] Para ello, se requeriría un análisis exhaustivo de las contribuciones de los emigrantes mexicanos, su inserción en el mercado laboral y sus aportaciones a la economía y sociedad estadunidenses. Es importante, aunque quizá utópico, evitar que se propague y se fortalezcan los sentimientos antimigrantes en los estados de Estados Unidos.

Más importante es analizar la existente complementariedad laboral entre ambos países. La oferta de mano de obra mexicana y, de

---

[22] En su último informe mundial sobre las migraciones, la Organización Internacional para las Migraciones (OIM) centró la investigación en la importancia que cobra este tema en el discurso y en las percepciones públicas. Algunas de las recomendaciones que da la OIM en este aspecto se refieren a despolitizar el debate, establecer alianzas con medios de comunicación para presentar una información equilibrada, establecer un discurso amplio y reconocer a los migrantes como agentes de comunicación activos. Véase Organización Internacional para las Migraciones, *Informe sobre las migraciones en el mundo 2011: comunicar eficazmente sobre la migración*, 2011, <http://publications.iom.int/bookstore/index.php?main_page=product_info&cPath=37&products_id=754&zenid=f838c3201667ef014e1754354073f6b5>.

manera creciente, la de personal de servicios constituye un porcentaje importante de la fuerza laboral estadunidense. La industria de ese país necesita de los mexicanos en su territorio para desempeñar ciertas funciones. A partir de esta relación se deben plantear nuevos programas de trabajadores temporales que han existido desde hace años con programas tan institucionalizados como lo fue en su momento el Programa Bracero.[23] México deberá impulsar trabajos conjuntos para adoptar mecanismos que contemplen el mercado laboral entre ambos países. Esto debe venir acompañado de un análisis profundo sobre los recursos y los cambios necesarios que deben realizarse en el plano institucional.

Pareciera poco probable tomar en cuenta esta arista ante los existentes, pero ineficaces, programas unilaterales de trabajadores temporales en Estados Unidos (el régimen de visas H2)[24] y ante los efectos de la crisis económica en el mercado laboral estadunidense. A pesar de estos obstáculos, la coyuntura actual permitiría superarlos, aprovechando la situación de desaceleración en los flujos migratorios. Para que una estrategia en este sentido sea exitosa conviene que se examinen detenidamente los perfiles laborales de los flujos. El entendimiento de la complementariedad laboral y la generación bilateral de esquemas regulares sería un reflejo primordial del cambio de discurso.

Ahora bien, ¿con qué medidas en el nivel interno se pueden complementar las estrategias dirigidas a nivel bilateral? Si bien es cierto que predomina la libertad de tránsito y la no intervención en la formulación de políticas en materia de emigración, cada vez son más los países que regulan ciertos aspectos de sus flujos, y que van más allá de la protección y vinculación de emigrantes con el país de origen. Por ejemplo, en algunos países se han adoptado programas para fomentar la capacitación profesional de acuerdo con la demanda laboral de los lugares de destino, políticas laborales y acuerdos con empleadores extranjeros y programas de fomento a la migración de retorno.[25] Val-

---

[23] Es importante reconocer que este programa respondió a circunstancias muy específicas determinadas por el momento histórico.

[24] El régimen de visas H2 es usado para determinar visas temporales de trabajo. Creado en 1943, tuvo como objetivo responder a la demanda laboral en los cultivos de caña de azúcar en Estados Unidos. En los años ochenta, el sistema se dividió para trabajadores agrícolas (H2-A) y trabajadores no agrícolas (H2-B). Estas visas funcionan bajo un sistema anual de cuotas y su duración es máximo de doce meses. Alrededor del 70% de los beneficiarios de estas visas son de origen mexicano.

[25] Por ejemplo, algunos países de América Latina han adoptado medidas similares.

dría la pena analizar más a fondo estas experiencias para ver de qué manera pueden regularse los flujos migratorios.

Finalmente, México es un país de transmigrantes, asunto que debe ser tratado de inmediato para evitar que se perpetúen las tendencias que afectan tanto a nuestro país como a los inmigrantes que se encuentran en territorio mexicano. Si bien este tema actualmente no forma parte de la agenda bilateral, sí afecta al asunto migratorio entre ambos países, por lo que no debe ser descuidado en la relación bilateral. México no puede hacer caso omiso a los flujos de transmigrantes que cruzan el territorio nacional para llegar a Estados Unidos. Se deben atender los problemas emanados de esta situación y asumir responsabilidades en este tema, para evitar mayores obstáculos en la consecución de los objetivos del gobierno mexicano a este respecto.

CONCLUSIONES

La primera lección que arroja este trabajo es comprender la extrema politización del fenómeno dentro de Estados Unidos. Además, se deben comprender las motivaciones que conducen el debate, el cual ha tenido dos grandes puntos de inflexión. Tras los ataques terroristas del 11-S se pasó a un enfoque casi exclusivo de seguridad, mientras que tras la crisis económica de 2008 se generó un endurecimiento de las tendencias antimigrantes. La migración se percibe no sólo como un asunto de índole interna, sino como uno local en donde predomina un enfoque restrictivo.

El *impasse* de la negociación de la reforma migratoria en Estados Unidos en años recientes tuvo consecuencias importantes al ahondar las divisiones de fondo entre demócratas y republicanos. Además, desató una serie de acciones locales que han tenido su punto cúspide en la adopción de leyes estatales discriminatorias que, aunque han en-

---

Ecuador se ha esforzado por adoptar canales regulares de trabajo, mediante la Unidad Técnica de Selección de Trabajadores Migratorios. Otros países, como Argentina, Colombia y Uruguay han adoptado programas de fomento a la migración de retorno. Otros ejemplos pueden encontrarse en la Organización de los Estados Americanos, "Migración internacional de las Américas: informes nacionales", Primer Informe del Sistema Continuo de Reportes de Migración Internacional en las Américas (Sicremi), 2011, <http://www.migracionoea.org/sicremi/documentos/SICREMI_2011%20_INFORMES_NACIONALES.pdf>.

frentado un proceso judicial, recrudecen el sentimiento antimigrante.

El electorado latino como grupo de presión en las últimas elecciones generó una nueva coyuntura que hizo trascender el tema migratorio, de un aspecto electoral a uno de las agendas política y legislativa. Así, la adopción de una reforma migratoria parece alcanzable. La segunda lección es que, aun si esta nueva coyuntura ha permitido el avance del tema, no debe asumirse que los cambios serán automáticos. El enfoque de corresponsabilidad que debe tomar el gobierno mexicano es imprescindible.

México puede hacer mucho más que políticas reactivas. En primer lugar, se debe reconocer la variedad de actores estatales y federales involucrados en el debate migratorio en Estados Unidos. En segundo lugar, hay que analizar cómo incluir el tema de los flujos futuros procedentes de México y Centroamérica en las negociaciones sobre el proyecto de reforma, sin dejar de lado las responsabilidades que tocan a México.

Una tercera lección es lo que México puede hacer a nivel interno. Se deben rebasar las políticas tradicionales de protección y asistencia a migrantes. Adoptar programas internos enfocados en corregir los factores de empuje, establecer programas para mejorar los canales legales y regulares de los flujos migratorios, y asumir sus responsabilidades respecto a la transmigración son objetivos en los que se debe trabajar de manera urgente.

Se están abriendo ventanas de oportunidad para trabajar el tema de forma bilateral. El gobierno mexicano no puede ser un espectador más del fenómeno, pero tampoco debe continuar por la línea del reclamo. Se debe trabajar conjuntamente con el gobierno estadunidense en todos sus niveles con propuestas que contribuyan a un buen entendimiento para construir una relación en materia migratoria basada en flujos legales, seguros y ordenados. Corresponde al gobierno mexicano no dejar pasar el momento para involucrarse en el debate al respecto. Sólo así se aprovechará la coyuntura para conseguir avances concretos en uno de los temas más difíciles de la relación México-Estados Unidos.

CAMBIO Y CONTINUIDAD EN LAS RELACIONES MÉXICO-ESTADOS UNIDOS

JESÚS VELASCO

México y Estados Unidos tienen presidentes recién electos. Como cada doce años, las elecciones mexicanas y estadunidenses coinciden. En 2012 los mexicanos eligieron a Enrique Peña Nieto, candidato del Partido Revolucionario Institucional (PRI), como su presidente por los próximos seis años. Los estadunidenses fueron a las urnas el 6 de noviembre para reelegir al presidente Barack Obama por un segundo periodo. Después de estas justas presidenciales, la gente de ambos países ahora se pregunta: ¿cuáles podrían ser los cambios principales en la relación entre Estados Unidos y México? ¿Qué puede cambiar y qué puede continuar igual en la relación bilateral?

El propósito de este trabajo es demostrar que la relación Estados Unidos-México no cambiará de manera sustancial, sin importar quién ocupe la Casa Blanca o Los Pinos. La característica principal de la relación bilateral es un alto grado de flexibilidad. Esto se debe a que la relación entre los dos países corre a lo largo de dos vías: la primera vía es un rasgo estructural permanente en la relación bilateral y se compone de varias bases duraderas de la relación que difícilmente se verán afectadas por la llegada de un nuevo presidente, en donde dichas bases son fundamentalmente, aunque no exclusivamente, resultado de una relación desigual en la cual Estados Unidos es el poder dominante; y la segunda vía, que es representada por las relaciones diplomáticas en donde los líderes cambian, se presentan promesas e incluso se puede observar una retórica distinta. Sin embargo, históricamente, la diplomacia difícilmente altera la naturaleza de los asuntos entre los dos países. Los cambios sustanciales son un bien escaso en las relaciones Estados Unidos-México.

Con tal de cumplir este objetivo dividiré el trabajo en tres partes. Primero mostraré brevemente los elementos básicos de la naturaleza estructural de la relación bilateral. En segundo lugar ofreceré comentarios acerca de algunos asuntos relevantes de la relación bilateral y evaluaré las posibilidades de que ocurran cambios en estos temas durante los próximos gobiernos mexicano y estadunidense. Finalmente, presentaré algunas conclusiones.

LA RELACIÓN ESTRUCTURAL: DIFICULTADES PARA CAMBIARLA

Cuando menos, cinco conceptos básicos conforman las características estructurales de la relación bilateral. Primero, México representa tan sólo una parte —quizá la parte más compleja— de la política exterior estadunidense. Estados Unidos es una superpotencia global y México es una fracción de sus intereses entre todo el mundo. Como la mayor potencia, Estados Unidos se ve inmerso en políticas y eventos en un gran número de países. Como consecuencia de esto, distintos eventos internacionales pueden alterar las prioridades estadunidenses, reduciendo así la atención dada a los asuntos mexicanos. La posible guerra entre Irán e Israel, la Primavera árabe, la crisis económica europea, el 11-S o la guerra de Kosovo son tan sólo cinco ejemplos. Para entender correctamente la relación bilateral debemos comprender los intereses de Estados Unidos en el largo plazo y el lugar que México ocupa dentro de su estrategia.

Segundo, la relación Estados Unidos-México es asimétrica. Estados Unidos es la mayor superpotencia del mundo, mientras que México es un país de poder medio. Según el profesor Peter Smith, "la negociación es, por lo tanto, un proceso desigual". La asimetría reduce los márgenes de maniobra para el gobierno mexicano, dificultando la posibilidad de realizar cambios. México tiene mayores posibilidades de incorporar temas relevantes a la agenda bilateral cuando éstos son importantes en Estados Unidos. Si México impulsa temas incompatibles con los intereses y prioridades internacionales de los estadunidenses, las posibilidades de éxito son extremadamente limitadas, aunque no es imposible.

En tercer lugar tenemos la fuerte interdependencia entre ambos países. Sin embargo, esta interdependencia es desequilibrada, pues México depende más de su vecino. Como nos recuerda un viejo dicho, "cuando Estados Unidos estornuda, a México le da pulmonía; cuando México estornuda a Estados Unidos le da un resfriado".

Las relaciones "intermésticas" son el cuarto concepto que consideramos. Los temas principales de la relación Estados Unidos-México son "intermésticos", es decir, son parte de la agenda interna e internacional de ambos países. Asuntos como la migración, el tráfico de drogas, la seguridad e incluso el paso de camiones mexicanos a Estados Unidos son temas relevantes de política interna para los estaduunidenses y con importantes consecuencias internacionales. A menudo es difícil llegar a un consenso en Estados Unidos acerca de estos temas, pues muchos actores internos y foráneos se ven involucrados en el proceso de toma de decisiones. Para aprobar una reforma migratoria completa no sólo es necesario reconciliar las posiciones de distintos grupos e intereses, sino también obtener la aprobación del Congreso. En temas como el migratorio no hace mucha diferencia quién ocupe la Casa Blanca o Los Pinos.

La complejidad es el quinto concepto. Estados Unidos y México tienen una relación muy compleja que incluye muchos asuntos —comercio, migración, tráfico de drogas, relaciones fronterizas, seguridad, problemas relacionados con el agua o dificultades ambientales, deuda externa, etcétera—. La situación empeora cuando observamos que hay muchos actores de ambos países involucrados en esta relación: los presidentes; las presidencias (las agencias de ambos gobiernos); los congresos; las fuerzas armadas; los gobiernos estatales y locales; los organismos internacionales; las organizaciones no gubernamentales; la sociedad civil; las corporaciones privadas; las distintas denominaciones religiosas, etcétera. Con tantos actores, tantos temas y tantos puntos de vista es sencillo comprender por qué tenemos una relación en la cual las transformaciones sustanciales son difíciles de lograr.

Finalmente, es importante recordar que la rutina es el estado dominante en el que se desarrolla la relación bilateral. Los cruces fronterizos, el comercio, el arresto de mexicanos o las deportaciones son casos rutinarios que representan temas relevantes para México, pero no necesariamente para Estados Unidos. Por otro lado, las situaciones de crisis exigen la atención del presidente, los miembros principales de su gabinete, el Congreso y demás ramas del gobierno estadunidense. A Estados Unidos no le preocupa demasiado quién gobierna México —como quedó evidenciado durante la visita del vicepresidente Joseph Biden a México en marzo de 2012 y las declaraciones que hiciera en abril el presidente Obama—, sino que esa persona pueda dotar de estabilidad al país. Un México inestable es algo inaceptable para ese país. El paquete de rescate económico que envió el presidente William Clinton a México en 1995 es una clara ilustración de este punto. Clinton consideraba que la estabilización económica de México era un asunto de seguridad nacional estadunidense.

En breve, la relación Estados Unidos-México está compuesta por un sistema que se caracteriza por una base estructural y duradera con poca probabilidad de cambiar. La posibilidad de que ocurran cambios es pequeña y no depende de la llegada de un nuevo jefe del ejecutivo en los países. Sin embargo, en ciertas ocasiones es factible hacer modificaciones. Entonces, ¿qué seguirá igual y qué cambiará durante las administraciones Peña Nieto-Obama?

Queda fuera del alcance de este trabajo el hacer una evaluación de los distintos asuntos ligados a la relación bilateral. Por lo tanto, permítanme abordar los temas de cambio y continuidad dentro de tan sólo cuatro asuntos principales: seguridad, comercio, energía y migración.

SEGURIDAD

La seguridad es una preocupación principal para Estados Unidos y, si lo es para este país, lo será también para México. A Estados Unidos le preocupan dos temas fundamentales: el cómo prevenir el ingreso de terroristas a su territorio y el cómo evitar la entrada de drogas ilegales a su territorio provenientes de México. Este último ha sido muy exitoso en cuanto al primer tema: ningún terrorista ha logrado penetrar a Estados Unidos cruzando desde México. Sin embargo, muchas drogas sí llegan constantemente de sur a norte.

Los esfuerzos de México por cumplir con las exigencias estadunidenses han provocado una seria narcoviolencia dentro del país. En este aspecto, México se enfrenta a dos tipos de violencia relacionados. La lucha entre cárteles de la droga por controlar territorios y rutas de trasiego específicas detona el primero. El segundo es el enfrentamiento entre los narcotraficantes y las fuerzas armadas de México. Durante el gobierno de Felipe Calderón más de 60 000 personas murieron en la guerra contra las drogas. México ha pagado un alto precio intentando evitar la llegada de drogas a Estados Unidos. La guerra contra las drogas también ha aniquilado a muchos estadunidenses. De acuerdo con el diario *Los Angeles Times*, en 2009 las drogas provocaron al menos 27 485 muertes en Estados Unidos. Aunque estas muertes no son necesariamente el resultado de enfrentamientos violentos, sino más bien casos de excesos en el consumo, muchos estadunidenses han perdido la vida debido a las drogas. El interés de ambos gobiernos por este problema no desaparecerá en un futuro previsible.

La cooperación entre Estados Unidos y México en temas de seguridad es fuerte y se mantendrá así, sin importar la llegada del gobierno del PRI. Así, el 22 de febrero de 2012 William Ostick, el portavoz del Departamento de Estado, declaró lo siguiente: "los intereses y valores de México y de Estados Unidos son los mismos [...] continuaremos trabajando de cerca con el gobierno mexicano bajo el mandato de cualquier partido que los mexicanos elijan". La naturaleza estructural de la relación bilateral, junto con las opiniones de la clase política en Washington y la ciudad de México, fortalecen la idea de que seguiremos observando lo siguiente: a] cooperación relevante entre agencias; b] colaboración entre los servicios de inteligencia de Estados Unidos y México; c] intercambios frecuentes e importantes de información; d] cooperación en la extradición de criminales; e] probablemente Estados Unidos continúe otorgando capacitación y equipamiento a las fuerzas policiacas y militares mexicanas y, finalmente, f] el concepto de responsabilidad compartida se mantendrá vigente.

México exigirá que Estados Unidos aplique un mayor control sobre la venta de armas de fuego (la visita del expresidente Calderón a Ciudad Juárez el 16 y 17 de febrero fue un paso en esta dirección), mientras que Estados Unidos prometerá reducir la demanda de drogas con cierto éxito (tal como lo expresó la exsecretaria de Estado Hillary Clinton en Los Cabos, México, durante el mes de marzo). También sabemos que la exigencia mexicana por reducir el número de armas tan sólo tendrá repercusiones menores dentro de Estados Unidos. Éste no iniciará una reforma de la Segunda Enmienda de la Constitución. Quizá sean implementadas mejorías en la revisión del historial de los compradores de armas, pero nada más. Los narcos continuarán comprando armas estadunidenses. Más de 8 000 vendedores de armas operan en los estados fronterizos de Arizona, California, Nuevo México y Texas, y es muy posible que los narcotraficantes logren corromper a unos cuantos de ellos. Pero seamos optimistas. Aceptemos como verdad innegable que Estados Unidos no venderá ni un arma más a los cárteles mexicanos. No hay razón para creer que los narcotraficantes no encontrarán otro proveedor de armas en algún lugar del mundo.

Del lado estadunidense sabemos que el consumo de cocaína ha caído un 37% entre 2006 y 2010. Aunque esto es buena noticia para la guerra contra las drogas, aún estamos lejos de llegar a una reducción que pudiera afectar de forma significativa al tráfico de drogas.

Un serio problema relacionado a las drogas y la seguridad es la mala reputación del PRI. Particularmente, muchos creen que durante los 71 años que tuvo el poder, el PRI fomentó la corrupción y mantuvo vínculos duraderos con los cárteles. Recientemente estas ideas han resonado en Estados Unidos y México. Tomás Yarrington, antiguo gobernador de Tamaulipas (1999-2004), y tres empresarios vinculados a él son acusados en Estados Unidos de lavado de dinero. Yarrington, miembro distinguido del PRI, ha sido ligado al cártel de los Zetas, a quienes se opuso agresivamente la administración de Calderón. Con el actual ambiente de corrupción, ¿confiará el gobierno estadunidense en el de Peña Nieto? ¿Está dispuesto Estados Unidos a intercambiar información clasificada con un gobierno del PRI? ¿Cómo puede legitimarse el PRI, no sólo en México, sino también en Estados Unidos? En resumen, ¿ha cambiado el PRI? ¿Volverá a gobernar a México de forma autoritaria?

La cooperación en seguridad requiere el intercambio de información clasificada. Este intercambio de información requiere de un grado significativo de confianza entre funcionarios en ambos lados de la frontera. En la lucha contra las drogas, Estados Unidos y México son codependientes de muchas maneras y ambos países necesitan un aliado confiable para hacerle frente a retos internacionales.

Las autoridades estadunidenses han desconfiado del gobierno mexicano por mucho tiempo. En 1997, cuando el PRI mandaba en el país, Ron Brooks, comandante del Bureau of Narcotic Enforcement de California, testificó ante una comisión del Senado de Estados Unidos que, a decir del "administrador de la DEA Tom Constantine, no existe una sola organización policial en México con la cual la DEA tenga una relación de plena confianza". Más de diez años después, en marzo de 2009, la secretaria de seguridad interna, Janet Napolitano, declaró lo siguiente: "La corrupción en los más altos niveles de las fuerzas armadas mexicanas es un problema histórico [...] tenemos que compartir información y asegurarnos de que esta información no termine en manos de los cárteles". La desconfianza de las autoridades estadunidenses se ha expresado claramente a través de las acciones en las que los funcionarios de Estados Unidos han pasado por encima de las autoridades mexicanas. La extradición ilegal de Humberto Álvarez Macháin en abril de 1990 o el recientemente fallido operativo de tráfico de armas "Rápido y furioso" son sólo dos ejemplos. Durante los años de Calderón, la desconfianza disminuyó, mas no desapareció. El gobierno estadunidense cooperó con México, proveyendo capacitación y equipamiento, y compartiendo información de inteligencia. La administración de Obama se mostró contenta con la política mexicana de confrontación directa a los cárteles y el arresto de importantes "capos" de la droga. Pero los funcionarios de Estados Unidos aún desconfían de las autoridades mexicanas. Esto fue evidente dentro de los documentos publicados por WikiLeaks en diciembre de 2010. De acuerdo con John Feeley, segundo al mando de la embajada estadunidense en México, "la corrupción oficial es generalizada, llevando a una mentalidad de sitio compartamentalizada entre los líderes policiales 'limpios' y sus subalternos".

Las autoridades estadunidenses también se hubieran mostrado desconfiadas de una administración dirigida por López Obrador. Los escándalos de corrupción de René Bejarano, Gustavo Ponce y otros permanecen en la memoria de muchos funcionarios estadunidenses. Para Estados Unidos la cooperación tiene un límite. Este límite es el resultado de su desconfianza hacia los funcionarios y las instituciones mexicanas. Esta falta de confianza continuará afectando las relaciones entre ambos países en los siguientes años.

El escándalo de Yarrington ha provocado severas críticas hacia el PRI y hacia Peña Nieto. Sobre todo, las autoridades de Estados Unidos y México se preguntan si Peña Nieto volverá a implementar la vieja política de negociar con los cárteles. Es difícil creer que el PRI será capaz de llegar a un acuerdo con los narcotraficantes y traer la paz al país. México ya no es el país que era en los años del PRI. Anteriormente era un país muy centralizado, pero hoy en día muchos gobernadores y autoridades locales cuentan con poderes significativos. Actualmente, la guerra contra las drogas es librada por distintas fuerzas (policía, ejército y marina), lo cual crea distintos intereses personales e institucionales. Los cárteles no son entidades monolíticas, sino organizaciones con varios líderes quienes a su vez tienen puntos de vista e intereses distintos. Por último, como asevera Joaquín Villalobos en la revista mexicana *Nexos* en enero de 2012, "cuál es la garantía de que gente que decapita o masacra cumplirá con sus promesas [...]. Hablar de negociación es aceptar debilidad y dar reconocimiento a los criminales". Por estas razones resulta difícil pensar que Peña Nieto y el PRI llegarán a un acuerdo con los cárteles.

Lo que es más, Peña Nieto tiene una estrategia distinta. El punto principal de su "Estrategia nacional para reducir la violencia" es "recuperar la paz y la seguridad para los mexicanos". Con esta estrategia la confrontación no es la prioridad principal. Él busca reducir las confrontaciones violentas con los cárteles. No podemos saber si esta estrategia tendrá éxito, pero lo que es seguro es que el gobierno de Estados Unidos seguirá mostrándose sospechoso de la corrupción en México y continuará favoreciendo la política actual de confrontación con los cárteles mexicanos.

COMERCIO

De acuerdo con la Oficina del Censo de Estados Unidos, en 2011 se exportó 197 543.7 millones en bienes hacia México, e importó 263 105.8 millones. México es el tercer mayor socio comercial de Estados Unidos, y Estados Unidos es el mayor socio comercial de México. Alrededor del 80% de las exportaciones mexicanas se dirigen a Estados Unidos, y éste es la fuente principal de inversión extranjera directa en México. Desde la entrada en vigor del Tratado de Libre Comercio de América del Norte (TLCAN), el intercambio comercial entre Estados Unidos y México se ha triplicado. Las características generales del intercambio comercial con Estados Unidos no cambiará de manera sustancial durante la administración de Peña Nieto.

Esto no significa que no existen temas importantes que deben ser atendidos. De acuerdo con Andrew Selee y otros especialistas "desde el año 2000 el crecimiento en comercio se ha ralentizado de forma dramática". Las razones no son simplemente la crisis económica de Estados Unidos y su tasa de crecimiento reducido, sino también los siguientes puntos: a] infraestructura insuficiente en la frontera; b]"tiempos de cruce largos y frecuentemente impredecibles"; c] diferencias en los marcos regulatorios; d] disputas comerciales; e] la inhabilidad de los camiones para cruzar la frontera y entregar su cargamento.

El cruce de camiones mexicanos es un tema particularmente sensible. Por muchos años, Estados Unidos evitó la entrada de camiones mexicanos a territorio estadunidense. Esta medida constituía una violación a los acuerdos del TLCAN. Una vez que el gobierno mexicano impuso tarifas retaliatorias, los gobiernos de Calderón y Obama firmaron un acuerdo para terminar con la disputa. Existen varios grupos e intereses que se oponen a este acuerdo: el International Brotherhood of Teamsters, el Sierra Club y Public Citizens presentaron, en noviembre de 2011, una demanda ante la Corte de Apelaciones de Washington D. C. para detener el programa. En marzo de 2012 los *Teamsters* presentaron una demanda legal en contra de un programa piloto para permitir la entrada de camiones mexicanos y se valieron de un poderoso equipo de cabildeo para evitar la entrada de dichos camiones a Estados Unidos. Podemos predecir que éste y otros temas comerciales seguirán presentando desacuerdos, pero la naturaleza de la relación bilateral en cuanto al intercambio comercial no se verá modificada sustancialmente.

ENERGÍA

El petróleo mexicano ha sido un tema importante y controversial de la relación bilateral durante varias décadas. Hoy en día México es el tercer mayor proveedor de petróleo de Estados Unidos —después de Canadá y Arabia Saudita— y este energético representa para México su principal fuente de divisas extranjeras. Sin embargo, de acuerdo con el Instituto Baker de Políticas Públicas de la Universidad de Rice, la producción de petróleo en México ha caído en un 25% desde 2004. En ese año México produjo 3.9 millones de barriles al día, mientras que en 2010 la producción fue de 2.98 millones. México, por lo tanto, se enfrenta a un serio desafío: la exportación de petróleo podría terminar dentro de los próximos diez años si el país no invierte en exploración y producción.

Todo indica que, con el agotamiento de Cantarell, México debe explotar sus recursos petroleros en las aguas profundas del Golfo de México. Pemex no sólo carece de la tecnología y el conocimiento necesario para taladrar en esa zona, sino también del dinero para llevar a cabo esta empresa. Aparentemente, a México no le queda más alternativa que permitir la exploración y producción entre Pemex y compañías petroleras internacionales. Peña Nieto ha asegurado muchas veces que el Estado mexicano debe mantener el control sobre sus hidrocarburos, pero exponiendo a Pemex al sector privado. Él permitiría la inversión privada en el sector petrolero, incluyendo contratos de producción compartida, los cuales están prohibidos en México. Para modernizar a Pemex Peña Nieto se basa en un modelo, la compañía brasileña Petrobras. En Brasil, el gobierno controla a la petrolera, pero el sector privado también tiene participación, comprando acciones y operando los campos de producción. Operar a Pemex de la misma manera que Petrobras requiere cambios a la Constitución, lo cual generará un debate político muy serio dentro del país.

Paradójicamente, la oposición a esta iniciativa no surgirá sólo de parte del Partido de la Revolución Democrática, sino también del partido de Peña Nieto. En 2008, cuando el presidente Calderón envió al Congreso su reforma energética, Andrés Manuel López Obrador argumentaba que el presidente de México quería privatizar a Pemex e hizo un llamado por una "resistencia nacional contra la privatización". En un tono similar, el antiguo director de Pemex, Francisco Rojas, declaró en 2008 que "habemos muchos que pensamos que Pemex no debe ser abierto a la inversión privada. Creo que la mayoría de nosotros se opone".[1] Tres años después, Rojas no ha alterado su posición. Por el contrario, en 2011 argumentaba que "las acciones oficiales del gobierno mexicano van en contra de los intereses nacionales de México".[2]

Distintos sectores gubernamentales y empresariales estadunidenses ejercerán presión para impulsar la apertura de Pemex. Estados Unidos busca un México estable, seguro y próspero, pero también necesita que el petróleo mantenga sus niveles de producción. Estas presiones, junto con la necesidad interna de México de incrementar o mantener su producción petrolera, probablemente resultarán en alguna forma de apertura de Pemex al sector privado en los siguientes años.

MIGRACIÓN

La migración ha sido un tema de contención en las relaciones Estados Unidos-México durante décadas. En épocas recientes, particularmen-

[1] Véase *Houston Chronicle*, 17 de febrero, 2008.
[2] Francisco Rojas, "El petróleo en 2011", *El Universal*, 22 de marzo de 2011.

te durante los gobiernos de Vicente Fox y George W. Bush, el tema cobró una importancia significativa. El gobierno mexicano propuso un acuerdo constituido por cinco puntos básicos: *a*] la regularización de migrantes indocumentados que ya se encuentran en Estados Unidos; *b*] incrementar el número de visas permanentes otorgadas anualmente a mexicanos que desean permanecer en Estados Unidos; *c*] establecer un programa de trabajadores temporales; *d*] incrementar la seguridad fronteriza; y *e*] el impulso al desarrollo económico de México, especialmente en regiones emisoras de migrantes. Esto es lo que el antiguo secretario de Relaciones Exteriores Jorge Castañeda llamó la "enchilada completa". En estas épocas el expresidente Fox también hablaba acerca de un TLCAN plus, que para él se refería al libre tránsito de personas por la región de América del Norte.

Fox se mostraba muy optimista sobre las posibilidades de firmar un acuerdo migratorio con Estados Unidos. Durante su visita a Washington D. C., a principios de septiembre de 2001, aseguró que esperaba firmar un acuerdo antes del fin de año. Estas declaraciones de Fox eran contrarias a las opiniones de altos funcionarios del gobierno de Bush, quienes veían al acuerdo con renuencia. El *The New York Times* ya reportaba las dudas de los políticos estadunidenses en febrero de 2001, mucho antes del 11-S. Fue la política interna de Estados Unidos, más que los trágicos eventos internacionales, lo que sepultó la esperanza de un acuerdo migratorio.

Actualmente, la migración continúa siendo un tema relevante para los candidatos presidenciales mexicanos. Ahora, como en épocas del presidente Fox, el clima político al interior de Estados Unidos no es favorable para la aprobación de un acuerdo migratorio comprensivo. La razón es muy sencilla: muchos grupos de interés y políticos han expresado opiniones muy diversas acerca de la migración.

El movimiento obrero representado por la Federación Estadounidense del Trabajo y Congreso de Organizaciones Industriales (AFL-CIO) y las organizaciones hispanas (ambas por lo general alineadas al Partido Demócrata, aunque los hispanos a veces votan por los republicanos) buscan la regularización de los trabajadores indocumentados que ya se encuentran en el país, pero se oponen a un programa de trabajadores temporales. El sector empresarial también se muestra dividido. Los productores agrícolas por lo general buscan mantener el *statu quo*, pero el sector de la tecnología quiere más visas para gente que viene por periodos reducidos a Estados Unidos para recibir entrenamiento. Distintas denominaciones religiosas se muestran a favor de un programa migratorio completo, pero muchas organizaciones de corte ideológico (en su mayoría afiliadas al Partido Republicano) se oponen tanto a la legalización de obreros indocumentados dentro de Estados Unidos como a los programas de trabajo temporal. Lo adverso del ambiente político para la migración se ha expresado mediante la aprobación de leyes fuertemente antimigrantes en estados como Alabama, Arizona o Georgia. Frente a este panorama resulta impensable que el Congreso estadunidense podría aprobar una reforma migratoria comprensiva.

Sin embargo, Peña Nieto se muestra a favor de un acuerdo migratorio por al menos tres razones. Primero, el tema vende bien en la política interna de México. Es muy difícil oponerse a cualquier iniciativa en favor de los mexicanos que viven fuera. Segundo, por razones humanitarias y económicas, México no puede ignorar a la población mexicana que vive en Estados Unidos. Las remesas son la segunda mayor fuente de divisas extranjeras después del intercambio petrolero. Tan sólo en 2011, México recibió 22 700 millones de dólares en remesas. Por último, la migración es un buen tema para disminuir el enfoque excesivo de los políticos estadunidenses con respecto a temas de seguridad. Por estas razones no resulta extraño que, durante la visita del vicepresidente Joseph Biden a México, los distintos candidatos a la presidencia de México en 2012 presentaron argumentos a favor de un acuerdo migratorio. En la reciente visita de Peña Nieto a la Casa Blanca, éste declaró que su gobierno "apoya sus propuestas [de Obama]" para la reforma migratoria. Peña Nieto también ha hablado acerca de la posibilidad de abrir la frontera para permitir el libre tránsito de personas entre Estados Unidos y México. Como el TLCAN plus de Vicente Fox, Peña Nieto argumenta en su libro *México la gran esperanza: un Estado eficaz para una democracia de resultados* que la primera "tarea pos-TLCAN es el libre tránsito de personas". Si un acuerdo migratorio es impensable, el libre tránsito de personas entre Estados Unidos y México es inconcebible. Simplemente no existe apoyo dentro de Estados Unidos para aprobar una iniciativa de este tipo. El nuevo presidente de México puede proponer incansablemente acuerdos migratorios con su vecino, o el libre tránsito de personas, pero sus palabras no tendrán eco en la sociedad estadunidense. En éste y muchos otros temas de la relación bilateral, las buenas intenciones de los presidentes de México y de Estados Unidos tienen un impacto limitado.

CONSIDERACIONES FINALES

A lo largo de este trabajo he intentado argumentar que la relación entre Estados Unidos y México no cambiará sustancialmente con Enrique Peña Nieto. La razón principal es que las condiciones estructurales que sostienen a la relación no pueden cambiar fácilmente. Esto se debe a que estas bases duraderas de las interacciones bilaterales son el resultado de una relación asimétrica, en la cual Estados Unidos es el poder dominante. Como he remarcado, algunos temas importantes, como la apertura del sector energético, podrían convertirse en elementos importantes de la agenda bilateral para los próximos gobiernos mexicano y estadunidense. Estos temas, aun siendo relevantes, no alterarán sustancialmente la relación.

Para tener un cambio significativo en un tema como la migración no sólo se necesita de presidentes en México y Estados Unidos dispuestos a promover el asunto, sino, sobre todo, de un Congreso estadunidense dispuesto a apoyar esta iniciativa. El Congreso se encuentra fuertemente polarizado y el tema migratorio claramente revela estas divisiones. Es así como cada vez más republicanos favorecen medidas migratorias restrictivas. De acuerdo con los profesores Karthick Ramakrishnan y Pratheepan Gulasekaram, "las leyes restrictivas tienen una probabilidad 93% mayor de ser aprobadas en condados republicanos que en condados demócratas. A nivel estatal hay una diferencia del 47% entre estados predominantemente republicanos y estados predominantemente demócratas". Es así que en años recientes estados como Alabama, Arizona, Georgia y Misisipi, que cuentan con un amplio registro de republicanos, han aprobado fuertes leyes antimigrantes. Evidentemente el clima político no se muestra favorable para una reforma migratoria.

El futuro no se muestra más prometedor. Sabemos que los republicanos controlan la Casa de Representantes y los demócratas controlan el Senado. Sin embargo, muchos moderados han abandonado el Capitolio. De acuerdo con varios especialistas, el nuevo Congreso podría polarizarse más. Un Congreso polarizado hará más remotas las posibilidades de llegar a acuerdos en temas como el migratorio. En 2013 no le haremos frente a un gobierno dividido en Estados Unidos. Éste no es un buen escenario para efectuar cambios en la relación Estados Unidos-México.

Cada doce años las elecciones mexicanas y estadunidenses coinciden. En los últimos cincuenta años estas elecciones han traído consigo esperanza, optimismo y confianza en que una relación más armoniosa y de beneficio mutuo puede ser alcanzada. Episodios como el TLCAN han alzado las expectativas de que otra transformación significativa está a punto de llegar. Sin embargo, tal parece que la continuidad, más que el cambio, definirá la relación bilateral en los siguientes años.

TERCERA PARTE

DIVERSIFICACIÓN APREMIANTE: ASIA, EUROPA, ÁFRICA

OPCIONES DE POLÍTICA COMERCIAL PARA MÉXICO EN ASIA

LUZ MARÍA DE LA MORA*

La recesión de la economía mexicana en 2009 hizo evidente, una vez más, el alto costo de depender de un sólo mercado —el de Estados Unidos— para el crecimiento. Igualmente, la recesión desató una oleada de medidas proteccionistas que amenazan la recuperación mundial y, por consecuencia, las perspectivas de crecimiento de la economía nacional. México requiere desarrollar una estrategia que lo posicione como un actor global con el fin de diversificar el riesgo que representa depender de un solo mercado y construir un andamiaje institucional que le garantice el desempeño de su comercio en las mejores condiciones. Una opción está en Asia, que ya se perfila como el eje de la economía mundial, la innovación y el desarrollo tecnológicos.[1]

Dada su dependencia de variables del exterior para su crecimiento, para México resulta vital vincularse de forma inteligente, estratégica y con visión en el largo plazo con los países de Asia, y particularmente, de Asia-Pacífico. Esta región ya figura de manera prominente en el comercio mexicano y en 2011 representó 30.3% de sus importaciones (que se incorporan a sus exportaciones), pero sólo 4.2% de sus exportaciones. México no puede ni debe conformarse con asumir un papel de importador como su única forma de vinculación con esta región. Por el contrario, está en el interés de México buscar la forma de acercarse a esa zona y penetrar a sus apetitosos y boyantes mercados, y atraer mayores inversiones. Sin embargo, a pesar de su creciente importancia para México como fuente de proveeduría, esta región ha sido la gran ausente en la política comercial, de negociaciones comerciales y de promoción de negocios. Probablemente, ésta sea la zona a

*Agradezco el apoyo de Fernando Posadas Paz en la investigación y edición de este artículo.

[1] Para propósitos de este trabajo, la región de Asia cubre 24 economías: Australia, Bangladesh, Brunéi, Camboya, China, Corea del Norte, Corea del Sur, Filipinas, Hong Kong, la India, Indonesia, Japón, Laos, Malasia, Maldivas, Myanmar, Mongolia, Nepal, Nueva Zelanda, Singapur, Sri Lanka, Tailandia, Taiwán y Vietnam.

la que resulta más urgente acercarse con una visión estratégica, pero también pragmática. Se estima que para 2020, la participación de la región Asia-Pacífico en el comercio mundial pasará de 30 a 35%.[2] En 2030, el PIB de Asia podría ser superior a 40% del PIB global con una población de varios miles de millones de consumidores potenciales.[3] Si México pretende mantener un lugar en la economía y en el comercio globales, una vinculación en donde el comercio con Asia fluya en ambas vías no sólo es deseable, sino clave para fortalecer el comercio exterior de México y por ende el crecimiento nacional.

México no puede aproximarse a Asia pensando que es un bloque homogéneo de países, sino que debe desarrollar una estrategia comercial diferenciada que reconozca las oportunidades de producción, comercio e inversión según el país del que se trate. Asimismo, es preciso tener muy presente que la vinculación que hoy mantiene México con los diversos países de la región le permite ser competitivo en el mercado de Estados Unidos, pues gran parte de las importaciones mexicanas de Asia son insumos que se incorporan a las exportaciones. En este sentido, México debe buscar insertarse de una manera sólida en las cadenas de producción global donde Asia ya juega un papel clave. En este documento sugiero la aproximación con ciertos países debido a la atención que algunos le han dado a la relevancia del comercio y la inversión mexicanas. Ello no significa que sean los únicos, pero sí pueden ser aquellos en donde se enfoque la atención inicial. En primer lugar, sugiero profundizar las relaciones con Australia y Nueva Zelanda, pues ambos ya han desarrollado estrategias de acercamiento político y económico hacia Latinoamérica, donde México figura como un mercado prioritario. México podría capitalizar este interés para exportar y hacer de ellos sus socios estratégicos desde donde los productores mexicanos pudieran acceder a mercados del Sudeste asiático con mayor facilidad a través de asociaciones estratégicas. Un segundo grupo son países como Corea del Sur y Singapur que han mostrado interés por negociar tratados de libre comercio con México, además de que ambos ya cuentan con un tratado de libre comercio con Estados Unidos, lo que ha puesto a México en des-

[2] Michael Guo y Oliver Dany, "Profiting from Asia's Rise and from New Global Trade Flows", *Boston Consulting Group Perspectives*, 22 de octubre de 2012, <https://www.bcgperspectives.com/content/articles/financial_institutions_globalization_profiting_from_asias_rise_new_global_trade_flows/>, 11 de diciembre 2012.

[3] Anoop Singh, "Asia marca el rumbo," *Finanzas y desarrollo*, junio de 2010, p. 5.

ventaja para atraer inversiones de esos países.[4] Con esos dos países se iniciaron negociaciones, pero quedaron truncas, además de que Singapur es parte del Acuerdo Estratégico Transpacífico de Asociación Económica (TPP). Un tercer grupo está constituido por países como la India, Malasia o Taiwán que cada vez tienen un mayor peso en la cadena de proveeduría para la exportación mexicana a Estados Unidos. De hecho, éstos son el 4o., 5o. y 6o. socios comerciales de México entre los países de Asia, lo que obliga a buscar cómo reforzar la presencia comercial mexicana en esos países y atraer mayores inversiones para atender no sólo al mercado mexicano, sino también al de los socios comerciales de México, sobre todo los de Norteamérica y Latinoamérica.

México ha tenido acercamientos con países en la región para negociar acuerdos comerciales preferenciales, pero sus resultados hasta ahora han sido escasos. México sólo cuenta con un tratado de libre comercio en Asia: el Acuerdo de Asociación Económica con Japón.

¿Cuáles son las opciones para México en Asia? A continuación, se examina por qué México debería buscar desarrollar una estrategia diferenciada con visión en el largo plazo para promover mayores flujos comerciales y de inversión que beneficien y fortalezcan a la economía nacional. En este trabajo no se considera ni China ni la negociación del TPP, pues ya son materia de otros artículos en este libro.

PRESENCIA ECONÓMICA DE MÉXICO EN ASIA

La relación comercial de México con los países de Asia se rige por las reglas de la Organización Mundial del Comercio (OMC), excepto para el comercio con Japón, país con el que se tiene un Acuerdo de Asociación Económica en vigor desde abril de 2005. México buscó atraer mayor inversión japonesa y no sólo abrir el mercado japonés a sus exportaciones.[5] Asimismo, desde 1993, México participa en el Foro de Cooperación Económica Asia-Pacífico (APEC), en donde no

---

[4] El Tratado de Libre Comercio entre Estados Unidos y Singapur entró en vigor el 1 de enero de 2004 y el de Corea del Sur con Estados Unidos el 15 de marzo de 2012.

[5] Mireya Solís, "México y Japón: Las oportunidades del libre comercio", estudio elaborado para la Subsecretaría de Negociaciones Comerciales Internacionales, SECOFI, México, El Colegio de México, abril de 2000, p. 65.

hay compromisos vinculantes, pero existe la propuesta de llegar al libre comercio en el 2020.[6] México también ha establecido grupos de alto nivel con China y la India para promover los intercambios de comercio e inversión.

En lo que se refiere a la promoción y protección de inversiones, México ha suscrito Acuerdos para la Promoción y la Protección Recíproca de las Inversiones (APPRI) con Australia, China, Corea del Sur, la India y Singapur, mientras que, en el Acuerdo con Japón, también se cuenta con un capítulo para la protección de las inversiones. La inversión de Asia en México sólo representa 2.26% (6648 millones de dólares) de la inversión extranjera directa acumulada entre 1999 y 2012.[7] De acuerdo con el Reporte de Inversiones de la Conferencia de las Naciones Unidas sobre Comercio y Desarrollo, Asia es una fuente importante de inversión extranjera directa, pues en 2011 representó 14% de los flujos de inversión en el mundo (240000 millones de dólares), por ello, México debe buscar cómo posicionarse para atraer estos capitales.[8]

En materia tributaria, México ha establecido once acuerdos para evitar la doble tributación con países de Asia y se encuentra negociando seis más.[9] Asimismo, en términos de conectividad aérea, México cuenta con once acuerdos.

[6] APEC es un semillero de buenas prácticas, intercambio de información, sitio de diálogo y cooperación en áreas técnicas, políticas, educativas, comerciales, para la pequeña y mediana empresa, entre otras. Eugenio Anguiano Roch, "Las relaciones México-APEC, 1995-2000", *Foro Internacional*, vol. 41, núm. 166, 2001, pp. 840-860. Won-Ho Kim, "International Political Economy of APEC Membership: The Case of Latin American Economies", Hankuk University of Foreign Studies, diciembre de 2008.

[7] Esta cifra considera los 24 países de Asia mencionados anteriormente. Secretaría de Economía, Dirección General de Inversión Extranjera, "Flujos totales de la IEC hacia México 1999-2012", México, <http://www.economia.gob.mx/comunidad-negocios/inversion-extranjera-directa/estadistica-oficial-de-ied-en-mexico>, 2 de diciembre de 2012.

[8] UNCTAD, "Informe sobre las inversiones en el mundo. 2012. Panorama General. Hacia una nueva generación de políticas de inversión", Nueva York y Ginebra, UNCTAD, 2012, p. 15.

[9] Dichos acuerdos tienen como propósito la armonización de los sistemas fiscales que eliminen la carga fiscal por la doble imposición sobre las inversiones y los flujos. También otorgan certeza jurídica respecto del sistema fiscal aplicable a la inversión mexicana, con el fin de impulsar los negocios y ofrecer mayores niveles de rentabilidad de las inversiones.

STOCK DE INVERSIÓN EXTRANJERA DIRECTA DE ASIA EN MÉXICO 1999-
2012* (MILLONES DE DÓLARES)

Posición en el total IED de México	Posición entre países de Asia	Países	Acumulado 1999-2012*	
			Valor	%
9	1	Japón	3,204.2	1.093
14	2	Singapur	1,301.9	0.444
16	3	Corea del Sur	984.6	0.336
26	4	Taiwán	422.7	0.144
29	5	Australia	295.9	0.101
32	6	China	163.1	0.056
37	7	Nueva Zelanda	103.9	0.035
38	8	Filipinas	66.6	0.023
39	9	India	61.2	0.021
45	10	Hong Kong	26.4	0.009
-	-	Otros	18.3	0.006
Total			6,648.7	2.269
Total IED de México			293,243.0	100

* Cifras al tercer trimestre de 2012.
Fuente: Secretaría de Economía.

Como se muestra en el siguiente cuadro, China y la India, junto con Corea del Sur, son los tres países de Asia con los que México ha establecido un mayor número de instrumentos de cooperación en el área económica. Japón se encuentra en cuarto lugar. El andamiaje institucional que México ha construido con diversos países de la zona son ya una base para impulsar relaciones económicas más dinámicas.

En la última década, el comercio entre México y Asia-Pacífico ha crecido a un ritmo mayor que el comercio de México con el resto del mundo (9.6%), pues muestra una tasa de crecimiento promedio anual de 39.1%, al pasar de 22 826 millones de dólares en 2000, a casi 121 100 millones de dólares en 2011. El déficit comercial de México con prácticamente todos los países de esta zona ha sido una constante. Sin embargo, hay que subrayar que este déficit contribuye al superávit que México mantiene con Estados Unidos (100 000 millones

MÉXICO: ACUERDOS CON PAÍSES DE ASIA EN EL ÁREA ECONÓMICA

Instrumento	País	Total
Tratado de Libre Comercio	Japón	1
Acuerdo de Asociación Económica	Indonesia	1
Convenios de cooperación comercial/económica	China (2), Corea (2), India (2) y Japón	7
Acuerdo en materia de Medidas de Remedio Comercial	China	1
Acuerdo para la Promoción y Protección Recíproca de las Inversiones	Australia, China, Corea, India y Singapur	5
Acuerdo para Evitar la Doble Tributación e Impedir la Evasión Fiscal en ISR	Australia, China, Corea, Hong Kong, India, Indonesia, Japón, Nueva Zelanda y Singapur	10
Acuerdo sobre Cooperación y Asistencia Mutua en Materia Aduanera	China,* Corea, Filipinas* e India*	4
Acuerdo de Cooperación en Materia Turística	China,* Corea, Filipinas, India, Japón y Vietnam	6
Convenio sobre Servicios Aéreos	Australia, China, Corea, Filipinas, Hong Kong, India, Japón, Malasia, Nueva Zelanda, Singapur y Tailandia	11
Convenio sobre Transporte Marítimo	China	1
Acuerdo y Memorándum de Entendimiento en Materia de Comunicaciones	China (2)	2
Acuerdos y Memorándum de Entendimiento en Materia Energética	Australia (2), China (2), Corea, India e Indonesia	7
Acuerdos entre Bancos de Desarrollo	China (2) y Japón	3
Acuerdos y Protocolos Fitosanitarios	Australia, China (11), India e Indonesia	14
Instrumentos en otras materias	China (3), Corea (5), Japón (5)	13
Total		86

*Firma reciente y en espera de su entrada en vigor.
Fuente: Secretaría de Relaciones Exteriores, Dirección General de Cooperación y Relaciones Económicas Bilaterales.

COMERCIO DE MÉXICO CON EL MUNDO Y ASIA, 2000-2011 (MILLONES DE DÓLARES)

Años	Exps. de México al mundo	Exps. de México a Asia	Participación exps. México a Asia/mundo (%)	Imps. de México del Mundo	Imps. de México de Asia	Participación imps. México a Asia/mundo (%)	Comercio total de México con el mundo	Comercio total de México con Asia	Participación comercio de Asia en total (%)
2000	166,120.7	2,783.9	1.68	174,457.8	20,042.25	11.49	340,578.6	22,826.2	6.70
2001	158,386.2	3,006.3	1.90	168376.9	25,380.36	15.07	326,763.1	28,386.6	8.69
2002	160,750.5	3,288.2	2.05	168650.5	31,421.16	18.63	329,401.1	34,709.4	10.54
2003	164,906.5	3,692.0	2.24	170545.8	31,966.78	18.74	335,452.3	35,658.8	10.63
2004	187,980.4	4,006.9	2.13	196809.4	44,284.06	22.50	384,789.8	48,290.9	12.55
2005	214,207.3	4,769.5	2.23	221819	53,934.68	24.31	436,026.3	58,704.2	13.46
2006	249,960.6	6,230.4	2.49	256085.9	69,156.57	27.01	506,046.5	75,386.9	14.90
2007	271,821.2	7,504.2	2.76	281926.5	79,534.97	28.21	553,747.7	87,039.2	15.72
2008	291,264.8	8,565.5	2.94	308583.1	8,6123.4	27.91	599,847.9	94,688.9	15.79
2009	229,712.3	7,415.3	3.23	234384.5	72,210.76	30.81	464,096.9	79,626.1	17.16
2010	298,305.1	10,733.0	3.60	301481.7	95,636.68	31.72	599,786.8	106,369.6	17.73
2011	349,569.1	14,707.2	4.21	350842.4	106,482.2	30.35	700,411.4	121,189.4	17.30
T.M.C.	10.04%	38.94%	n.a.	9.19%	39.21%	n.a.	9.60%	39.17%	n.a.

Fuente: Centro Internacional de Comercio, Trade Map y Secretaría de Relaciones Exteriores con información de la Secretaría de Economía.

Notas: T.M.C. es la tasa media de crecimiento de 2001 a 2011.

n.a. =no aplica

de dólares en 2011), pues la mayor parte de dichas importaciones se integran por insumos y maquinaria que forman parte de la cadena de producción para fortalecer la exportación de México hacia Estados Unidos. La proveeduría de Asia es cada vez más importante para la producción industrial mexicana, sobre todo en lo que toca a los sectores de alto contenido tecnológico. Países como Corea del Sur, Singapur y Taiwán son punta de lanza en el desarrollo tecnológico y las cadenas de valor en sectores clave para México, como son el automotriz, el electrónico, el aeroespacial y las nuevas tecnologías. El *boom* de importaciones responde a la necesidad del sector productivo de importar insumos de países asiáticos para incorporarlos a la producción de bienes que en su mayoría se destinan a la exportación.

En 2011, México exportó a los países de Asia-Pacífico alrededor de 14 707 millones de dólares (4.2% de las exportaciones al mundo), mientras que importó casi 106 000 millones de dólares, es decir, 30.3% de sus importaciones totales. Así, la relación de importaciones a exportaciones con la región refleja que, por cada dólar que México vendió a esos países, les compró un poco más de 7 dólares. Más aún, de los principales socios comerciales más importantes de México en 2011, 5 fueron de Asia-Pacífico: China (2o.), Japón (4o.), Corea del Sur (6o.), Taiwán (11o.) y Malasia (12o.) donde se originaron 1 de cada 3.7 dólares de importaciones. En ese año, México importó de estos 5 socios 93 812 millones de dólares y les exportó 10 332.[10]

En términos de promoción comercial, México ha establecido siete oficinas de ProMéxico en la región: dos en China (Beijing y Shanghái) y una en Corea del Sur, la India, Japón, Singapur y Taiwán. Igualmente, las secretarías de Economía y de Agricultura cuentan con una oficina en Tokio para dar seguimiento al Acuerdo de Asociación Económica con Japón.

A pesar de la importancia que para México han adquirido los mercados asiáticos en la última década, el país va a la zaga de otras naciones latinoamericanas con respecto a su acercamiento con Asia y a la construcción del marco jurídico que promueva los intereses de México en la región. Chile ya ha establecido acuerdos comerciales con Australia, China, Corea del Sur, Japón, Malasia, Nueva Zelanda y Singapur. Por su parte, Perú tiene tratados de libre comercio con China, Corea del Sur, Japón, Singapur y Tailandia; Panamá con Sin-

---

[10] Fuente de cifras comerciales y de inversión de México, Secretaría de Economía.

gapur y Taiwán; Costa Rica con China y Singapur; Colombia con Corea del Sur, en tanto que El Salvador y Guatemala, cada uno, tienen un tratado con Taiwán. Al igual que estos países, México tendría que explorar diversas formas de acercamiento de dos vías que le resulten ventajosas. Esto no significa establecer acuerdos preferenciales con todos y cada uno de los países de la región, pero sí con aquellos que le permitan posicionarse y aprovechar las ventajas de mercados en crecimiento.

A continuación, analizo opciones bilaterales de acercamiento con diversos países de Asia que podrían ser parte de una estrategia de profundización de las relaciones económicas de México con la región.

TRAMPOLINES PARA MÉXICO: AUSTRALIA Y NUEVA ZELANDA

Australia y México no son socios comerciales tradicionales, aunque ambos son miembros del APEC y comparten su participación en la negociación del TPP. Lo mismo puede decirse de Nueva Zelanda. Hoy, Australia es el 25o. socio comercial de México y Nueva Zelanda el 53o., así como el 5o. y 7o. inversionista en México, respectivamente, entre los países de Asia. Aunque el intercambio bilateral es bajo, es destacable el hecho de que para ambos países México tiene un papel relevante en su acercamiento económico hacia Latinoamérica y América del Norte. Ambos han dado mayor importancia a sus relaciones con América Latina y Nueva Zelanda ha ubicado a México —su principal socio comercial en la región—, como país prioritario en su estrategia de acercamiento a la región, lo que México debería tratar de capitalizar. México podría plantear una asociación más profunda, no sólo en términos bilaterales para promover el comercio y la inversión, sino también como socios para explorar conjuntamente mercados de Oceanía y del Sudeste asiático. En el caso de Nueva Zelanda, éste podría pasar a ser un socio clave para México. Así como Nueva Zelanda está utilizando sus operaciones en México para exportar tanto a los mercados de América del Norte, como a una diversidad de mercados aprovechando las ventajas que le ofrece la red mexicana de tratados de libre comercio, del mismo modo las empresas mexicanas podrían aprovechar a Nueva Zelanda

PRINCIPALES SOCIOS COMERCIALES PARA MÉXICO EN ASIA, 2011
(MILLONES DE DÓLARES)

	País	Exportaciones	Importaciones	Balanza comercial	Flujo comercial
1	China	5965.1	52248.0	-46282.8	58213.1
2	Japón	2256.8	16493.5	-14236.7	18750.3
3	Corea del Sur	1521.9	13663.8	-12141.9	15185.7
4	Taiwán	467.7	5769.9	-5302.1	6237.6
5	Malasia	124.3	5609.9	-5485.5	5734.2
6	India	1799.3	2384.9	-585.6	4184.3
7	Tailandia	319.7	3088.8	-2769.1	3408.6
8	Singapur	591.2	1184.9	-593.8	1776.1
9	Filipinas	47.2	1635.8	-1588.6	1683.0
10	Indonesia	126.4	1231.2	-1104.9	1357.6
11	Vietnam	64.2	973.3	-909.1	1037.4
12	Australia	894.6	98.4	796.2	993.0
13	Hong Kong	450.5	342.9	107.6	793.4
14	Bangladesh	7.4	181.9	-174.5	189.2
15	Nueva Zelanda	91.9	43.5	48.5	135.4
16	Sri Lanka	4.0	129.3	-125.3	133.4
17	Camboya	0.0	70.0	-70.0	70.0
18	Corea del Norte	1.6	26.6	-25.0	28.2
19	Mongolia	1.8	19.5	-17.7	21.3
20	Myanmar	2.2	5.4	-3.2	7.5
21	Nepal	0.2	1.6	-1.4	1.9
22	Maldivas	0.1	1.7	-1.6	1.8
23	Brunéi	0.5	0.0	0.5	0.6
24	Laos	0.0	0.4	-0.3	0.4

Fuente: Centro Internacional de Comercio, Trade Map.

como plataforma para acceder a los mercados del Sudeste Asiático y del Pacífico Sur.[11]

En el pasado reciente, México intentó construir un marco jurídico con cada uno de estos países para dar sustento a una relación de comercio e inversión más sólida, pero no se logró concretar nada. En el caso de Nueva Zelanda, en 2005 se estableció un Grupo Conjunto de Expertos para identificar nuevas oportunidades de mercado.[12] En 2006, dicho grupo presentó su reporte, en el que ofreció algunas recomendaciones para fortalecer los flujos de comercio e inversión entre las que consideraron lo siguiente: las actividades de promoción económica, negociar acuerdos de alcance parcial para ofrecer acceso preferencial en ambos mercados o negociar un acuerdo de asociación estratégica de mayor profundidad. Por su parte, en 2007, Australia y México también establecieron un grupo binacional de expertos conformado por representantes de los sectores gubernamental, empresarial y académico para definir la viabilidad de un tratado de libre comercio como resultado de un compromiso presidencial en el marco del APEC. El estudio encontró conveniente trabajar para logar un mayor acercamiento de ambas economías y así fortalecer la competitividad en sectores específicos.[13]

Aunque México no inició negociaciones bilaterales para establecer tratados de libre comercio con Australia y Nueva Zelanda, argumentando falta de competitividad, hoy ya se sientan a la mesa de negociación en el marco del TPP. De ser exitosa dicha negociación, México habrá logrado profundizar su relación con ambos países en un contexto regional, lo que le podría facilitar el acercamiento bilateral.

---

[11] Nueva Zelanda cuenta con una extensa red de tratados de libre comercio en esa región, incluyendo uno con China y otro con Australia, y los 10 países de la Asociación de Naciones del Sudeste Asiático (Brunéi, Camboya, Filipinas, Indonesia, Laos, Malasia, Myanmar, Singapur, Tailandia y Vietnam).

[12] Grupo Conjunto de Expertos entre México y Nueva Zelanda para el Fortalecimiento de la Relación Económica Bilateral, (mimeo) noviembre de 2006, p. 25.

[13] Conclusiones del Grupo de Expertos Conjunto México-Australia para el Fortalecimiento de las Relaciones Económicas Bilaterales, Secretaría de Economía, 2008.

SOCIOS COMERCIALES POTENCIALES: ¿COREA DEL SUR O SINGAPUR SON
UNA OPCIÓN?

Tanto Corea del Sur como Singapur han realizado acercamientos con
México en su interés por profundizar la relación de comercio e inversión. Con ambos países México inició procesos de negociación para
un tratado de libre comercio, pero ambos quedaron truncos debido
a la oposición del sector privado mexicano. A pesar de ello, México
hoy ya negocia con Singapur un tratado de libre comercio y podría
haber perdido la oportunidad de tener un papel más relevante en las
cadenas de suministro de las empresas coreanas con la entrada en
vigor en 2012 del tratado de libre comercio de Corea del Sur con Estados Unidos. La posición del sector privado de no negociar tratados
de libre comercio sólo ha llevado a retrasar la integración mexicana
con ambos países.

En lo que se refiere a Singapur, su peso en el comercio internacional y sus flujos de inversión en el mundo no corresponden con el
nivel de acercamiento con México. Pese a que la economía de Singapur es menos de una cuarta parte del PIB de México, ese país es el 9o.
importador y 10o. exportador mundial, con lo que supera a México
en ambos rubros. Este país es el 8o. socio comercial entre los países
de Asia con 176 millones de dólares en 2011. Singapur es uno de los
primeros 20 inversionistas del mundo y el segundo principal inversionista regional para México, sólo después de Japón. La inversión acumulada ascendió en 2012 a 1 301 millones de dólares, con lo que este
país asiático está en el lugar 14o. de la lista mundial de inversionistas
en México. Singapur ha establecido con México un APPRI, un acuerdo
para evitar la doble tributación y otro de servicios aéreos, pero no ha
logrado concluir la negociación de un tratado de libre comercio.

En noviembre de 2000, México y Singapur acordaron establecer un
acuerdo de libre comercio para convertirse en las puertas de entrada
de sus respectivos continentes. El entonces presidente Ernesto Zedillo
afirmó la intención de establecer un marco jurídico para aprovechar
el comercio potencial y señaló que "más pronto que tarde contaremos
con un tratado de libre comercio entre Singapur y México".[14] Las nego-

---

[14] Presidencia de México, "Firman México y Singapur Declaración sobre el Tratado
de Libre Comercio", Comunicado 2518, Singapur, 13 de noviembre de 2000, <http://
zedillo.presidencia.gob.mx/pages/vocero/boletines/com2518.html>, 6 de febrero de
2012.

ciaciones iniciaron en julio de 2000, pero se suspendieron después de seis rondas dada la oposición del sector industrial mexicano. No obstante Singapur ha mantenido el interés por establecer un tratado de libre comercio con México. En su visita a México en noviembre de 2007, Balají Sadasivan, ministro de Relaciones Exteriores de Singapur, explicó que existen varios nichos de mercado que podrían ser explotados por empresarios mexicanos, como el de la carne y el vino. En el caso de la carne, el ministro afirmó que las ganancias para México podrían llegar a los 600 millones de dólares en la próxima década dadas las ventajas que el país ha adquirido respecto a países como Argentina.[15]

Desde la perspectiva del sector privado mexicano, un tratado de libre comercio con ese país sólo llevaría a triangular productos asiáticos, en concreto, de China. Otro argumento planteado fue que dado que Singapur es ya una economía abierta que no aplica aranceles en casi la totalidad de sus fracciones arancelarias, la conveniencia y beneficios de firmar un tratado eran pocos. El Consejo Nacional Agropecuario apoyó el tratado de libre comercio con Singapur, pues percibió un mercado potencial para exportar, pero no pasó lo mismo con el sector industrial.[16]

Singapur tiene una gran fortaleza como fuente de capacitación, innovación y desarrollo de sectores específicos. A la par del comercio, Singapur es un centro financiero y portuario de gran importancia para Asia-Pacífico. Sectores como el turístico podrían aprovechar el poder adquisitivo de los singapurenses, que supera los 50 000 dólares.

En lo que se refiere a Corea del Sur, éste es hoy el sexto socio comercial de México y el tercero entre los países de esa región, después de China y Japón. En 2011, el comercio México-Corea del Sur alcanzó 15 214 millones de dólares, donde las exportaciones coreanas a México representaron casi 90% (13 690 millones) y las mexicanas llegaron a 1 523 millones (una relación donde por cada dólar que exporta México a Corea del Sur, éste a su vez exporta un poco más de nueve a México), lo que lo hace el cuarto proveedor para México a nivel mundial.[17]

[15] Bilaterals.org, "Busca Singapur TLC con México", 7 de noviembre de 2007, <http://www.bilaterals.org/spip.php?article10237>, 6 de febrero de 2012.

[16] OEA, "Sistema de Información de Comercio Exterior", México, <http://www.sice.oas.org/TPD/MEX_SGP/MEX_SGP_s.ASP>.

[17] Los principales productos importados por México procedentes de Corea del Sur

La eliminación unilateral de aranceles que México implementó desde 2006 ha propiciado la apertura de su economía y una reducción de los aranceles para importaciones de países miembros de la OMC. Por consecuencia los productos coreanos en México hoy enfrentan un arancel promedio de 4.2%, el más bajo en Latinoamérica. Aunado a los esquemas para la facilitación de importación de insumos, los productos de Corea del Sur en el mercado mexicano gozan de un acceso con el que no cuenta la oferta exportable mexicana en ese país. En contraste, en 2011, el arancel promedio simple aplicado por Corea del Sur para bienes no agrícolas fue de 6.6%, mientras que en los agrícolas fue de 48.6 por ciento.[18]

Previo a la negociación del tratado de libre comercio con Estados Unidos, Corea del Sur mostró interés por negociar uno con México. En mayo de 2004, en París, Francia, el secretario de Economía de México, Fernando Canales Clariond, y el entonces ministro de Comercio de la República de Corea del Sur, Hwang Doo-Yun, acordaron integrar un grupo de estudio para analizar y proponer temas y opciones que fortalecieran la relación económica bilateral. Para ello, se creó el Grupo Conjunto de Expertos México-Corea del Sur que analizó temas de comercio y cooperación económica.[19] En agosto de 2005, se presentó y adoptó el Reporte Conjunto del grupo con los temas más relevantes de las deliberaciones y sus recomendaciones. El grupo destacó un gran potencial para incrementar las exportaciones de bienes mexicanos al mercado coreano en una diversidad de sectores.[20] México destacó las opciones de negociar acuerdos de alcance parcial o de fortalecimiento de las medidas unilaterales de apertura, en tanto que la parte coreana planteó la propuesta de un

---

son pantallas planas, circuitos modulares, gasolina, unidades de memoria y lavadoras. Las principales exportaciones mexicanas fueron minerales (cinc y cobre), desperdicios de aluminio, autopartes, vidrio, cerveza, sal, tequila y mariscos.

[18] OMC, "Perfil comercial de Corea del Sur", <http://stat.wto.org/CountryProfile/WSDBCountryPFView.aspx?Language=E&Country=KR>, 11 de diciembre de 2012.

[19] Éstos fueron acceso a mercados en materia de bienes y servicios, disciplinas de inversión, compras de gobierno, solución de controversias, facilitación del comercio, derechos de propiedad intelectual, desarrollo de recursos humanos, ciencia y tecnología, turismo, promoción del comercio e inversión, y desarrollo de pequeñas y medianas empresas.

[20] Se identificaron productos pesqueros, agropecuarios, vinos, mezcal, tequila y cerveza, productos orgánicos, aditivos para comida y pigmentos orgánicos, materiales para la construcción y productos químicos, cuero y su manufactura, también, el calzado, los productos textiles y de la confección, automóviles y autopartes, y productos eléctricos y electrónicos.

acuerdo de asociación económica similar al negociado con Japón.

A pesar del interés coreano, en agosto de 2005, el secretario Canales señaló que sólo se buscaría un acuerdo de alcance parcial y de cobertura limitada, y reiteró que "no va a negociar México un tratado de libre comercio con Corea",[21] a lo que más se podría aspirar era a un acuerdo limitado de selección de fracciones arancelarias de interés para México.[22] Una vez más, en su visita a México en julio de 2010, el presidente de Corea del Sur, Lee Myung-Bak, expresó el interés de su país por retomar la negociación (suspendida a mediados de 2008 después de dos rondas de negociación) de un tratado de libre comercio con México para ampliar "el comercio [y] las inversiones [...] en México; Corea desea invertir más en México y así lo podríamos lograr a través del tratado de libre comercio".[23] La propuesta fue rechazada debido a la fuerte oposición del sector privado, pues lo que se quería era "impulsar el comercio a través de todos los mecanismos para que los coreanos puedan venir a invertir a México, de tal manera que podamos seguir avanzando en estas pláticas, pero no hay ningunas negociaciones formales".[24]

La entrada en vigor del tratado de libre comercio entre Corea del Sur y Estados Unidos en 2012 ha desalentado la inversión coreana en México al favorecerla en Estados Unidos, gracias al acceso preferencial del que ese país goza para exportar sus productos al mercado estadunidense. De hecho, la inversión extranjera directa acumulada de Corea del Sur (el tercer lugar entre los países de Asia-Pacífico después de Japón y Singapur) en México alcanzó 1 032.3 millones de dólares en el tercer trimestre de 2012. Casi la mitad de dicha inversión se destina al sector de manufactura, 35.3% al comercio y 12.5% a la minería. Sin embargo, en 2010 y 2011, se presentaron desinversiones, lo que contrasta con el dinamismo registrado en años anteriores.[25] Para

[21] Notimex, "Buscará México acuerdo comercial con Corea del Sur", *El Universal*, 30 de agosto de 2005.

[22] Los sectores que mostraron interés en México fueron los de alimentos, como carne de cerdo y aves, etcétera. Eduardo Valle, "México no busca TLC con Corea del Sur", en *CNNExpansión*, 1 de julio de 2010.

[23] *Idem.*

[24] Eduardo Valle, "México no busca TLC con Corea del Sur", en *CNNExpansión*, 1 de julio de 2010.

[25] Secretaría de Economía, "Inversión extranjera directa: estadística oficial de IED en México", <http://www.economia.gob.mx/comunidad-negocios/estadisticas>, 11 de diciembre de 2012.

Corea del Sur —lugar 17 entre los inversionistas en México con 1 558 empresas registradas— un acuerdo comercial con México podría promover mayores flujos de inversión coreana hacia el país, sobre todo en sectores de alta tecnología como el eléctrico-electrónico, las autopartes y el automotriz, y los electrodomésticos.[26]

Corea del Sur no sólo es un mercado donde se puede colocar productos mexicanos o una fuente de insumos para la producción mexicana, sino un socio estratégico que puede propiciar que México siga produciendo bienes con innovación y desarrollo tecnológico, y seguir participando en las cadenas de valor del mundo. Corea del Sur está entre los tres principales productores de semiconductores y microchips, así como de televisiones, lo que lo hace un socio clave para la producción de este tipo de bienes en México. De manera más amplia, México puede perder su posición como un puente en la cadena de valor de industrias en donde convergen Corea del Sur y América del Norte. El acercamiento para México con Corea del Sur se debe dar a la brevedad y tendría que considerar una agenda amplia de comercio, inversión, producción, cooperación técnica, científica y económica, así como capacitación y libre tránsito de recursos humanos.

LA PROMOCIÓN DEL COMERCIO Y LA INVERSIÓN: ¿TAIWÁN Y LA INDIA?

Al igual que Corea del Sur, Taiwán representa para México un socio comercial y un inversionista de Asia de gran atractivo por su alto desarrollo tecnológico, comercial y económico. Taiwán es la economía 20 y una de las más competitivas del mundo. En el índice del Reporte Global de Competitividad 2012-2013 del Foro Económico Mundial se ubica en el lugar trece. Su ventaja competitiva proviene de factores de innovación y sofisticación de negocios, lo que podría convertirlo en un socio estratégico para México. Su PIB per cápita es superior a los

---

[26] Juan Felipe López Aymes, "Comercio e inversión coreana en México: el TLC bilateral como víctima de respuestas divergentes a la crisis", en *México y la Cuenca del Pacífico*, año 14, núm. 41, mayo-agosto, 2011, pp. 32-64, <http://www.mexicoylacuencadelpacifico.cucsh.udg.mx>.

20 000 dólares, es el 12o. exportador e importador a nivel mundial[27] y se ubica entre los 25 inversionistas más grandes del mundo y 5o. en Asia, después de Hong Kong, Japón, China y Singapur.[28]

En 2011, Taiwán fue el 4o. socio comercial e inversionista de México entre los países de Asia y la 7a. fuente de importaciones (5 769 millones de dólares), lo que contrasta con el 32o. lugar como destino de exportaciones (la relación importaciones a exportaciones es de doce a uno). El arancel promedio aplicado en 2011 en el sector no agrícola —4.5%— estuvo un poco por arriba del que México aplica. En el sector agrícola, el arancel promedio es de 16.6%, existiendo picos arancelarios superiores al 100%. Taiwán es el 4o. inversionista entre los países de Asia en México y el 25o. a nivel mundial. Sus inversiones se concentran en manufacturas (68.3%) y en el comercio (30.2%); al cierre del tercer trimestre de 2012, alcanzaron 461.7 millones de dólares, similar a la de países como Chile y Colombia.

México está impedido políticamente para intentar consolidar la relación bilateral: el estatus de Taiwán ante China y las posibles objeciones chinas hacia México al querer fortalecer los lazos bilaterales. Dado que México se ha adscrito a la política de una sola China, se tendrían que buscar formas de acercar a los sectores empresariales para poder aprovechar las sinergias que puede ofrecer Taiwán al sector productivo nacional al depender de una manera significativa de importaciones de insumos y bienes de capital de ese país.

Otro país al que es recomendable acercarse en la región es la India, que mantiene elevadas tasas de crecimiento de su economía (tasa promedio anual de 8.7% entre 2001 y 2010), lo que también ha llevado a una creciente expansión de su clase media. Aunque su PIB per cápita aún es bajo (1 219 dólares o 3 608 dólares en paridad de poder adquisitivo), probablemente la India sea uno de los países emergentes con las mejores perspectivas de expansión productiva y de consumo a nivel mundial con posibilidades de alcanzar un PIB per cápita en paridad de poder adquisitivo de 12 800 dólares en 2020. La India está entre los principales actores en el comercio mundial de bienes (13o. como exportador y 8o. como importador de bienes), y es líder en el comercio mundial de servicios (5o. como exportador y 5o. como importador) pero se ha mantenido como una economía muy protegida;

---

[27] OMC, *World Trade Report 2012*, p. 31.
[28] Véase <http://unctadstat.unctad.org/TableViewer/tableView.aspx>.

en 2010, aplicó un arancel promedio a todas sus importaciones de 12.6 por ciento.[29]

Como mercado emergente, México tendría que buscar acercarse a ese país tanto por el potencial para promover sus exportaciones como por la posibilidad de atraer inversiones en sectores que van a la vanguardia científica y tecnológica. Hoy, la India ya es el 6o. socio comercial de México entre los países de Asia-Pacífico. En 2011, el comercio bilateral superó los 4100 millones de dólares; las exportaciones mexicanas alcanzaron 1799 miles de millones de dólares. Como inversionista, la India es el 9o. inversionista en México entre los países de Asia y el 39o. a nivel mundial en sectores como el eléctrico, tecnologías de información, acero o negro de humo para neumáticos.[30] Asimismo, empresas mexicanas consideran cada vez más a la India como un sitio para invertir.[31]

La India y México han desarrollado mecanismos de cooperación y diálogo como la Comisión Binacional México-India para promover la relación bilateral y han trabajado en construir un marco jurídico para promover la cooperación en distintas áreas (aduanas, inversión, medidas sanitarias, pequeña y mediana empresa, telecomunicaciones, transporte aéreo y turismo).[32] De hecho, el Grupo de Alto Nivel México-India se estableció en mayo de 2007 para promover la cooperación bilateral en temas relacionados con el comercio y la inversión a través de la detección de oportunidades económicas en sectores como mine-

[29] Los datos de comercio de bienes y servicios consideran a los 27 estados miembros de la Unión Europea como un actor. El arancel promedio aplicado a bienes agrícolas fue de 31.4% y el de bienes no agrícolas fue de 9.8%. OMC, *Base de datos de estadísticas,* la India.

[30] Las empresas principales de la India con inversiones en México son Vijai Electricals en el sector eléctrico, Infosys Technologies en tecnologías de información, Aditya Birla en negro de humo y Mittal en el sector siderúrgico.

[31] Las empresas mexicanas con inversiones en la India son Katcom (convertidores catalíticos); Cinépolis; Indotech (generadores eléctricos); Metalsa (autopartes); Great Food & Beverages (bebidas congeladas); Nemak (autopartes); Grupo KUO (autopartes) y Corporación EG.

[32] Algunos de los acuerdos negociados son el Acuerdo de Asistencia Administrativa Mutua en Asuntos Aduaneros, Convenio de Cooperación Económica, Acuerdo en Materia Fitosanitaria, Memorándum de Entendimiento de Cooperación en Materia de Pequeñas y Medianas Empresas entre la Secretaría de Economía y el Ministerio de Pequeñas Industrias de la India, Memorándum de Entendimiento en el Campo de las Telecomunicaciones, Convenio sobre Transporte Aéreo y el Convenio de Cooperación Turística.

ría, autopartes, alimentos y bebidas, telecomunicaciones, infraestructura, servicios financieros, turismo y franquicias. El grupo cuenta con subgrupos de trabajo para la cooperación aduanera, la promoción del comercio, la promoción de la inversión, la promoción del comercio de servicios, el diálogo industrial y el turismo.

El mercado de la India presenta un gran potencial de consumo al que México debe buscar acercarse como un destino exportador y para ampliar las inversiones de empresas mexicanas. Igualmente, la India también puede convertirse en un inversionista con mayor presencia en el sector de servicios o en otros en donde México se podría beneficiar como son el acero, el agrícola y de alimentos procesados, el automotriz, el farmacéutico o el minero, por mencionar algunos.

CONCLUSIONES

México debe alejarse del patrón de *comoditización* de exportaciones a Asia que ha caracterizado a Latinoamérica. La oferta exportable mexicana a Asia está dominada por petróleo, minerales y productos agropecuarios, y la balanza comercial es deficitaria de manera desproporcionada. Aunque es claro que gran parte del déficit comercial de México con Asia se compensa con el superávit con Estados Unidos, a México le convendría buscar insertarse de una manera más eficiente en las cadenas de valor de la región y en industrias en donde ya tiene un peso específico, como la automotriz. México debe buscar desarrollar relaciones más simétricas, balanceadas y diversificadas con esa región, lo que no se logrará de un día para otro. Se requiere una estrategia con visión en el largo plazo y donde cada relación bilateral construya la presencia mexicana en la región.

Si México pretende mantener una presencia significativa en las corrientes del comercio mundial debe buscar una integración económica, comercial y productiva con esa región de una manera estratégica y diferenciada. Para ello, ya se cuenta con un marco jurídico que tendría que ampliarse, considerando la negociación de acuerdos comerciales preferenciales que den sustento a vínculos más sólidos con esa región, al ser fuente de inversiones productivas, desarrollo tecnológico, innovación, insumos y tecnología para la industria nacional, así como un mercado para la oferta mexicana agropecuaria, industrial y de servicios. México puede capitalizar sus bajos aranceles tanto para promover su oferta exportable en países clave de la zona como para atraer mayores inversiones productivas y así garantizar su participación en las cadenas de producción a nivel global.

Dada la apertura unilateral ya implementada, para México, negociar con mercados emergentes para ampliar su red de tratados de libre comercio y de acceso preferencial para los productos mexicanos en esos mercados tendrá un costo relativamente bajo para el sector productivo nacional. Sin embargo, el beneficio puede ser muy significativo en mercados como Corea del Sur o la India, donde los aranceles son aún elevados. El contar con acceso preferencial en los mercados en Asia sí puede ser una alternativa beneficiosa para la industria ante la difícil situación económica que viven (y seguirán viviendo) Estados Unidos y los países de la Unión Europea. Acercarse a Asia abre la oportunidad de ir reforzando los lazos económicos y comerciales con países con amplias expectativas de crecimiento en el futuro y con mercados en expansión.

Una mayor presencia de México en diferentes países asiáticos requiere de un gran plan con una diversidad de acciones bien diseñadas y coordinadas tanto de negociación como de promoción, pero también de un profundo conocimiento de la realidad económica y productiva de estos países. Ello no significa descuidar los mercados tradicionales de exportación, y mucho menos el de Estados Unidos, pero sí exige evolucionar de una perspectiva estadunidense hacia una global, lo que implica la construcción de puentes hacia el Pacífico.

¿QUÉ HACER CON CHINA?

JOSÉ LUIS LEÓN MANRÍQUEZ

En la literatura política, la pregunta ¿qué hacer?, se asocia con un conocido opúsculo de Vladimir Ilich Ulianov, Lenin, publicado en 1902. El libro de Lenin era un compendio de propuestas para organizar un partido revolucionario y prepararlo para la toma del poder en Rusia, que cristalizaría en 1917. Pero la inquietud leninista sobre las rutas de la acción estratégica no es exclusiva del líder soviético. Suele aparecer, en todo el mundo, ante fenómenos políticos, económicos y sociales disruptivos que generan parálisis y estupor, o bien, deseos de transformación en las condiciones de los sujetos afectados. Es también de crucial importancia en la construcción de visiones prospectivas que definan rumbos y estrategias para anticipar y construir el futuro.

La presencia de China en México no es nueva, pues se remonta al intercambio de plata novohispana por obras de arte y muebles chinos durante los tres siglos de la colonia española; a las fuertes migraciones de trabajadores chinos a México (*culíes*) a finales del siglo XX, al inicio de relaciones diplomáticas con la China imperial en 1899 y al restablecimiento de éstas con la República Popular China en los años setenta del siglo XX. En el siglo XXI, la veloz expansión económica y política de China plantea un reto inédito para la clase política, la sociedad civil y la clase empresarial mexicanas. A mi juicio, la mayor parte de estos sectores le han hecho frente al "factor chino" mediante una actitud reactiva, basada en la ignorancia, el miedo y el prejuicio.

La intención del presente capítulo es responder a la pregunta de qué hacer con China. No sólo se trata de analizar el estado actual de la relación sino-mexicana, sino de articular propuestas para aprovechar las oportunidades que la República Popular China, en tanto que es un elemento importante en la reconfiguración del sistema internacional, podría representar para México. La primera parte realiza un breve diagnóstico de la actual relación con China; sus saldos se consideran negativos, no sólo en virtud de la evidente asimetría en los intercambios económicos, sino también por las posturas reactivas del gobierno y de la sociedad mexicana. La segunda y tercera partes son de carácter eminentemente propositivo. Mientras aquélla sugiere una serie de acciones para mitigar el déficit mexicano en la cuenta corriente con China, ésta delinea algunas posibilidades de acción conjunta en los campos de la política y la seguridad internacionales.

EL ASCENSO DE CHINA: EFECTOS Y RESPUESTAS

La principal manifestación del ascenso chino reside en el sector económico. Desde el inicio de las reformas económicas en 1978 hasta 2011, el PIB de China aumentó a una tasa de 10.3%. Esta atípica experiencia de crecimiento en un país de las magnitudes de la República Popular China ha llevado a la academia occidental a referirse al "surgimiento" de China como una potencia mundial. Esta noción, sin embargo, es desafiada por la historia. En 1820, la economía de China superaba por un tercio a los países de Europa Occidental en su conjunto y representaba 30% de la economía mundial.[1] La Revolución industrial y el consiguiente auge de las potencias occidentales, sumados a la decadencia de China durante la dinastía Qing (1644-1911), propiciaron que aquélla se viese rebasada por Estados Unidos y Europa hacia mediados del siglo XIX. Aun en medio de la guerra civil y la invasión japonesa (1927-1950) y de la Revolución Cultural (1966-1976), China nunca dejó de ser, por lo menos, la quinta economía del mundo.

Al iniciar el siglo XXI no hay nada nuevo bajo el sol: después de siglo y medio de estancamiento y ante los olvidadizos ojos del mundo, China "resurge". El "país de en medio" no se había ido, y simplemente vuelve para reclamar el sitio que siempre había ocupado. Como respuesta a este proceso, existe en el mundo una creciente sensación de que la *Pax Americana* está llegando a su ocaso y podría ser remplazada en las próximas décadas por una *Pax Sinica*. Esta sensación se acentuó después de la crisis económica mundial de 2008-2009. En ella la República Popular China salió fortalecida, pues logró mantener en ese año una tasa de crecimiento del PIB de 9.2%, frente al –3.1% de Estados Unidos y al -5.1% de Alemania, la economía líder de Europa.

---

[1] Angus Maddison, *The World Economy*, París, OCDE, 2006.

Los pronósticos económicos de organismos internacionales y el XII Plan Quinquenal 2011-2015 de la República Popular China coinciden en proyectar un crecimiento económico de entre 7 y 8%, un poco más modesto que el de las últimas tres décadas. A pesar de lo anterior, muchos analistas dan como un hecho la predicción de James O'Neill, director de investigación económica de Goldman Sachs y creador del acrónimo BRIC (Brasil, Rusia, la India y China), en el sentido de que la economía de China superará a la de Estados Unidos en 2027. La predicción adelanta en 10 años a lo originalmente previsto por el propio O'Neill en 2001.[2] La Academia de Ciencias de China, usualmente cauta en materia de futurología, postula que las curvas se cruzarán aun antes, en 2019.[3]

Si bien desde principios de los años noventa ya aparecían síntomas de la revitalización de China y su retorno a las grandes ligas de la economía y la política internacionales, la franca reinvención de ese país como potencia mundial ocurrió de manera paralela con el gobierno priista de Ernesto Zedillo (1994-2000), y con las administraciones panistas de Vicente Fox (2000-2006) y Felipe Calderón (2006-2012). En México, las reverberaciones del resurgimiento chino no se han sentido tanto en el campo geopolítico, en el ámbito migratorio o en la esfera cultural, sino en el área económica. Los elementos centrales para entender el factor chino y sus impactos económicos en nuestro país son los siguientes: 1] el agudo déficit en la balanza de cuenta corriente de México frente a la República Popular China, y 2] el relativo desplazamiento de las exportaciones mexicanas en Estados Unidos por parte de las manufacturas chinas.

El déficit se ha sobrediagnosticado en la literatura académica, pero de todos modos vale la pena dibujar con brevedad sus contornos. En 2002, China desplazó a Japón como primera contraparte comercial de México en Asia. A partir de ese momento, México se ha convertido en el segundo socio comercial de la República Popular China en Latinoamérica, en tanto que China se ha transformado en el segundo socio comercial de México, después —aunque aún muy por debajo— de Estados Unidos. A pesar de ese dinamismo, la relación se caracteri-

[2] *BBC Mundo*, "El BRIC superará al G7 en tres décadas", <www.bbc.co.uk/mundo/economia/2009/06/090616_1300_bric_potencias_sao.shtml>, 16 de junio de 2009.

[3] *América Economía*, "China se convertirá en la primera economía mundial en 2019", <http://www.americaeconomia.com/economia-mercados/finanzas/china-se-convertira-en-la-primera-economia-mundial-en-2019>, 2013.

za por un notable desequilibrio comercial en el que México resulta desfavorecido. Por ejemplo, en 2011, México exportó a China 4 680 millones de dólares, pero importó de ese país bienes por 41 618 millones de dólares; en otras palabras, la diferencia entre exportaciones e importaciones fue de uno a nueve.

Al desequilibrio comercial se suman las quejas del empresariado mexicano a causa de prácticas de *dumping* y contrabando de los productos chinos, que se distribuyen a través de las enormes redes de comercio informal en México. A decir del sector empresarial, más de la mitad de la vestimenta y el calzado que se consumen en el país se originan en la República Popular China. La Cámara de la Industria del Calzado del Estado de Guanajuato señala que en México ingresan 20 millones de pares de zapatos chinos de contrabando por año.[4] Lo que causa preocupación es que la competencia con China —ya sea mediante importaciones legales o ilegales— se desarrolla en sectores manufactureros intensivos en mano de obra, lo que le cuesta a México muchos puestos de trabajo.

El segundo gran problema económico deriva de la competencia de mercancías chinas y mexicanas en mercados de otros países. Por ejemplo, las exportaciones mexicanas en Estados Unidos comenzaron a estancarse —en términos relativos— en 2002, mientras las chinas crecían velozmente, arrebatando el segundo lugar a las mexicanas en el siguiente año. Con todo, México ha sido uno de los países menos perjudicados ante la penetración china en el país del norte: entre 2005 y 2010, socios tradicionales de Estados Unidos, como Alemania, Canadá, Japón y el Reino Unido perdieron competitividad y sólo China y México la aumentaron.[5] Gran parte de las manufacturas que México exporta al mercado estadunidense están en competencia abierta con productos chinos. Destacan entre ellos los textiles, los derivados de algodón, la maquinaria industrial, los televisores y los aparatos de video.

Por desgracia, la naturaleza conflictiva del déficit y la competencia en el mercado estadunidense ha permeado al conjunto de la relación bilateral. En el mejor de los casos, la respuesta de los últimos gobiernos mexicanos frente a China resultó defensiva, formalista y compe-

---

[4] *CNNExpansión*, "Calzado chino amenaza a México", <http://www.cnnexpansion.com/manufactura/2010/10/22/calzado-chino-amenaza-a-mexico>, 22 de octubre de 2010.

[5] *The Economist*, "Bringing NAFTA back home", <http://www.economist.com/node/17361528>, 28 de octubre de 2010.

titiva, equiparándola con una rivalidad malsana. En el peor de los casos, las formas diplomáticas llegaron a perderse, pues una sucesión de exabruptos presidenciales, ministeriales y empresariales contribuyó a enrarecer los vínculos entre Beijing y la ciudad de México. En todo caso, las respuestas mexicanas resultaron insuficientes y aun erróneas para lidiar con el formidable reto que China representa en el marco de un sistema internacional en tránsito hacia la multipolaridad.

Ya propuestos los adjetivos para calificar la relación bilateral con China, procede documentar las manifestaciones concretas que justifican su uso. En el plano de lo "defensivo", México fue el último país en firmar los tratados bilaterales necesarios para la incorporación de China a la Organización Mundial del Comercio (OMC) en 2001. Posteriormente, México se ha negado a reconocer el estatus de China como economía de mercado. No obstante la insistencia de Beijing por lograr un reconocimiento similar al que le han otorgado otros países latinoamericanos, México, con razón, argumenta que a China, por ser una economía altamente planificada, es imposible otorgarle el cheque en blanco que significaría un reconocimiento de esa naturaleza.

En cuanto a la OMC, México es uno de los países que más controversias comerciales ha interpuesto a China. En abril de 2012, Estados Unidos mantenía vigentes 13 demandas contra la República Popular China; la Unión Europea, seis; México, tres; Canadá, dos; Japón y Guatemala, una. Por su parte, la República Popular China mantenía dos casos contra la Unión Europea y seis contra Estados Unidos.[6] El conflicto comercial sino-mexicano tiene muchas posibilidades de escalar: en razón de sus compromisos internacionales de comercio, el 12 de diciembre de 2011, el gobierno mexicano eliminó las cuotas compensatorias a 204 productos chinos, lo que dejó en 13 el número de cuotas para productos importados de la República Popular China. México podría aumentar sustancialmente las controversias comerciales con China, por ejemplo, por aquellas que se generen en el sector empresarial ante la eliminación de dichas cuotas.

En cuanto a la dimensión "formalista", el fenómeno chino ha tendido a subsumirse dentro de los diversos planes nacionales y sectoriales de desarrollo en propuestas normativas para diversificar las relaciones

---

[6] Organización Mundial de Comercio, mapa de las diferencias entre los miembros de la OMC, <http://www.wto.org/spanish/tratop_s/dispu_s/dispu_maps_s.htm?country_selected=CHN&sense=r>, 2012.

de México con la región Asia-Pacífico. Las menciones específicas a China tienden a ser a favor de la forma y distan de evidenciar un diseño estratégico específico para la economía número dos del mundo. Los planes nacionales de desarrollo de las tres últimas administraciones coinciden en reconocer la creciente importancia de Asia-Pacífico. Aunque los planes de Zedillo y Calderón mencionan el propósito de insertarse en la región asiática vía el Foro de Cooperación Económica Asia-Pacífico (APEC), únicamente aquel foro anuncia la voluntad explícita de "establecer vínculos más estrechos con la República Popular China, con el fin de multiplicar las oportunidades de intercambio comercial con esa nación".

Este formalismo —programático y diplomático— suele invocarse desde el discurso oficial cuando se busca evaluar de manera favorable la relación con China. Su lógica ha llevado a ponderar como logros de gran importancia las visitas de Estado a China de Zedillo (1996), Fox (2001) y Calderón (2008). Altos funcionarios del Estado y del Partido Comunista de China también han visitado nuestro país para encontrarse con sus homólogos mexicanos, por ejemplo, Li Peng (1995), Jiang Zemin (1997), Hu Jintao (1997 y 2005), Wen Jiabao (2003) y Xi Jinping (2009). Esas visitas recíprocas, por sí mismas, fueron insuficientes para orientar la relación bilateral hacia terrenos más productivos.

Ante el cúmulo de diferencias bilaterales que ya se presentaba desde el inicio de la década pasada, en diciembre de 2003, durante la visita del primer ministro Wen Jiabao a México, se acordó crear la Comisión Binacional México-China (CBMC). Mediante este mecanismo, cuyas reuniones se efectúan cada dos años, se buscaba establecer un espacio institucional para profundizar la cooperación y arreglar los desacuerdos en la relación bilateral. La primera reunión de la CBMC tuvo lugar en Beijing en agosto de 2004. A partir de entonces, las reuniones de dicha comisión se han celebrado en 2006, 2008, 2010 y 2012 en las capitales de la República Popular China y de México. Al abarcar numerosos temas de la relación bilateral y ser producto de la voluntad de ambas partes, la CBMC parecería, en principio, una herramienta adecuada para manejar la relación.

Sin embargo, los logros de la CBMC y la diplomacia cotidiana parecen más bien modestos y circunscritos a cuestiones específicas que no erradican la conflictiva cauda de los temas económicos. La relación bilateral se ha enrarecido por una "dinámica de competencia" entre estrategias de desarrollo diferentes, así como por recurrentes desatinos discursivos, casi siempre atribuibles a los altos niveles de la clase política mexicana. Por sólo mencionar algunos ejemplos, en septiembre de 2003, el presidente Vicente Fox declaró que la competitividad internacional de China se fundamentaba en su sistema laboral autoritario. En marzo de 2006, al hablar ante un grupo de empresarios japoneses, Fox señaló que en el pasado los gobiernos populistas habían engañado a los mexicanos como si fuesen "viles chinos".

En el inicio de su administración, el presidente Felipe Calderón intentó reparar las relaciones con China; su visita a ese país en 2008 transcurrió con los mejores auspicios. Sin embargo, el gobierno mexicano se enfrascó en una fuerte polémica con la República Popular China tras la retención unilateral que ésta realizó de varios ciudadanos mexicanos a raíz del brote de la influenza AH1N1 en abril de 2009. En el discurso presidencial mexicano se volvieron recurrentes las referencias al carácter autoritario del régimen político en Beijing, así como la insistencia de que México tiene una economía más sana que la de China a causa de su apego a los principios del libre mercado.

La supuesta preponderancia moral y económica del "modelo mexicano" frente a China fue un elemento obsesivo en el discurso de la segunda presidencia panista. El 13 de junio de 2011, en el marco de la XXIX Asamblea Ordinaria del Consejo Coordinador Empresarial (CCE), Calderón declaró que, de acuerdo con la firma Alix Partners y el Doing Business Index del Banco Mundial, "México es más competitivo para abrir negocios que toda América Latina y más competitivo, incluso, que los BRIC, que Brasil, que Rusia, que la India o que China".[7] Un mes antes, el presidente había considerado que, en materia de democracia, libertad política e incluso capacidades tecnológicas, México superaba a los gigantes asiáticos, incluyendo a la India. Calderón veía a ese país aún intacto en cuanto a pluralismo económico y político:

Las empresas globales están buscando en el mundo no sólo salarios competitivos, de costos bajos, no sólo costos en transporte competitivos, también están buscando, y cada vez más, calidad en la gente que trabaja para ellas. Y hoy están viendo en México eso; no salarios bajos, porque para eso pueden

---

[7] Felipe Calderón, "Discurso del presidente Calderón durante la 29 Asamblea Ordinaria del CCE", <http://www.presidencia.gob.mx/2011/06/el-presidente-calderon-durante-la-29-asamblea-ordinaria-del-cce/>, 13 de junio de 2011.

ir a China, a la India, a muchos lugares donde tienen salarios muy bajos, sin sindicatos, sin libertad, sin democracia de los trabajadores. Tampoco están viendo únicamente costos logísticos de materias primas. Están viendo calidad de los técnicos y de los ingenieros.[8]

Se requeriría de una lectura distraída o ingenua para negar que el fuerte déficit en cuenta corriente y el desplazamiento de las manufacturas mexicanas en Estados Unidos son, en sí mismos, fuentes de conflicto. Las posturas defensivas y proteccionistas, el formalismo sin contenido, las actitudes de competencia y los dislates discursivos constituyen ingredientes adicionales para contaminar cualquier relación bilateral. Si a ello se agrega una dosis de desinterés y el envío de ciertos agentes diplomáticos improvisados e ignorantes de la realidad china, el resultado es un coctel explosivo. No exento de diplomacia, el exsubsecretario de Cooperación Internacional y diputado electo para la LXII Legislatura, Javier Treviño,[9] ha calificado la actual relación de México con China como "desastrosa". El reconocimiento de esta realidad debe ser, en efecto, el punto de partida indispensable para cualquier propuesta alternativa.

CÓMO BALANCEAR LA RELACIÓN ECONÓMICA

Postulo que una nueva política de México hacia la República Popular China debe atender dos preguntas clave: 1] si el déficit en cuenta corriente es el principal obstáculo para potenciar la relación con la República Popular China, ¿qué puede intentar México para eliminar o reducir ese déficit?, y 2] ¿qué estrategias políticas y en materia no económica podrían darle una dimensión más integral y menos conflictiva a los vínculos bilaterales? En esta sección propondré algunas respuestas a la primera pregunta, dejando la segunda para el cierre del texto.

Antes de entrar al terreno propositivo, dialogaré brevemente con

---

[8] Discurso de Felipe Calderón en la entrega de la Presea Lázaro Cárdenas 2011, <http://www.presidencia.gob.mx/2011/05/el-presidente-en-la-entrega-de-la-presea-lazaro-cardenas-2011/>, 18 de mayo de 2011.

[9] Javier Treviño Cantú, "Política exterior integral 2013", *Milenio Diario*, 8 de enero de 2013.

dos estrategias opuestas que a mi juicio no resolverían el problema del desequilibrio entre China y México. La primera de ellas ha sido lanzada desde la política y la academia, y consiste en suscribir un tratado de libre comercio entre China y México. El libre comercio difícilmente resultaría una solución de fondo, pues el déficit mexicano con la República Popular China no se relaciona tanto con la dificultad del acceso al mercado chino, sino con la escasa penetración de las exportaciones mexicanas en mercados distintos al de América del Norte. Por ejemplo, el Acuerdo de Asociación Económica con Japón, en vigor desde 2005, no ha logrado disminuir sustancialmente los números rojos con ese país, pues los exportadores mexicanos no han aprovechado cabalmente el acceso al mercado japonés. A la luz de esa experiencia, es muy probable que un tratado de libre comercio con China provocaría un alud en la importación de productos chinos, alimentando así el núcleo conflictivo de la relación.

Otra propuesta obvia, pero inviable, suele aparecer en las demandas de los industriales mexicanos. Se trata de las presiones para incrementar el proteccionismo. Frente a ello, hay que recordar que las demandas mexicanas *antidumping* contra China en la OMC difícilmente han prosperado. Es difícil instrumentar medidas restrictivas que no pongan en riesgo los compromisos internacionales asumidos por México al amparo de sus políticas de apertura comercial. Lo que sí debiera atenderse, cualquiera que sea su magnitud, es el problema del contrabando de mercancías provenientes de China y otros países. El Estado de derecho no tiene por qué estar ausente de las relaciones económicas internacionales de México.

¿Qué hacer entonces? La discusión sobre las maneras de reducir el déficit con China debe evitar ocurrencias y propuestas inerciales. Debe partir, por el contrario, de un riguroso análisis de los enormes cambios económicos y sociales que caracterizan a la actual República Popular China. Aunque China está inmersa en la uniformidad globalizadora, existen especificidades políticas, económicas y culturales que inciden en las tendencias de consumo de ese país. Los tres procesos que, a mi juicio, son clave para entender las transformaciones de China son los siguientes: 1] la enorme demanda de energéticos y minerales, 2] el cambio en los patrones de alimentación, y 3] el surgimiento de una clase media y alta con altas posibilidades de consumo. Cada uno de estos aspectos presenta potenciales oportunidades para los agentes económicos mexicanos.

Los procesos de industrialización intensiva suelen ir acompañados de una alta demanda de energéticos y minerales que resultan de
gran importancia para sostener el crecimiento económico. En 2011,
por ejemplo, China consumió 53.2% de la producción mundial de
cemento, 47.7% de mineral de hierro, 46.9% de carbón y 38.9% de
cobre. La demanda china de materias primas se tornó voraz en la década de 2000 y ha estimulado las exportaciones de *commodities* desde
el Sudeste asiático, África y Sudamérica. El cobre chileno y peruano,
el mineral de hierro brasileño, el petróleo venezolano y el níquel cu-
bano son, por mencionar algunos casos, apreciados en el mercado
chino.

Hasta 1993 China era autosuficiente en materia energética e incluso podía exportar cantidades marginales de petróleo. Actualmente, la
República Popular China se ha convertido, después de Estados Unidos, en el segundo importador y consumidor mundial de hidrocarburos, con un consumo diario de 6.3 millones de barriles de petróleo, lo
que representa aproximadamente 8% del total mundial. La demanda china ha sido un factor central en el aumento de las cotizaciones
internacionales del crudo, que virtualmente se septuplicaron entre
2002 y 2008. El asunto sólo empieza, pero no termina con estas cifras.
De persistir las actuales tendencias, la demanda petrolera de China se
incrementará a tasas de 12% anual hasta 2020.

La tendencia al alza no sólo tiene que ver con las enormes necesidades de la industria, sino también con el cambio de hábitos de los
consumidores de ese país. Si "modernización" equivale a "occidenta-
lización", en las calles de Beijing, Guangdong, Shanghái y otras grandes ciudades ha aparecido un factor relativamente nuevo: su majestad
el automóvil. En 1999, los consumidores chinos, aún aficionados a
la bicicleta, adquirieron sólo 220 000 autos. En 2003, el parque ve-
hicular creció en dos millones de unidades, hasta alcanzar un total
acumulado de 24 millones. En 2011, China rebasó los 100 millones
de unidades. A ese ritmo, en 2020, podrían funcionar 230 millones de
automóviles, cantidad superior a la de Estados Unidos. A lo anterior
se sumarán los requerimientos energéticos para un tráfico aéreo en
franco aumento, así como para el funcionamiento de sistemas de aire
acondicionado, refrigeradores, televisores y otros aparatos eléctricos,
todos ellos consustanciales a la visión dominante del progreso.

Las fuentes renovables representan una parte marginal de la canasta energética de la República Popular China; por ello, una de las prio-

ridades chinas en su relación con otros países consiste en asegurar fuentes confiables de suministro energético. Una parte de éste se satisface con el carbón mineral nacional e importado, pero los hidrocarburos representan una parte cada vez mayor del consumo energético del país. Por ello, China busca petróleo allí donde éste se produce, desde Rusia hasta Latinoamérica, pasando por el Sudeste asiático, el Medio Oriente y África.

A la luz de estas tendencias, una forma rápida de mitigar —no eliminar— el desequilibrio en la cuenta corriente de México con China sería el aumento de las exportaciones de petróleo y minerales. De hecho, cinco de los diez principales productos de exportación mexicanos a la República Popular China en 2011 fueron materias primas. Una de ellas fue el cobre, metal de alta demanda en China. El valor de las exportaciones cupríferas mexicanas a ese país se disparó de 118.4 millones de dólares en 2007 a 1 000 millones de dólares en 2011. En el último año, el cobre representó el 16.8% de las exportaciones mexicanas a China.[10] Las ventas de este metal podrían aumentar de manera sostenida, pues existen importantes yacimientos cupríferos en los estados de Chihuahua, Sonora y Zacatecas. De acuerdo con el Informe Anual 2012 de la Cámara Minera de México, con 6% del total mundial, México es el cuarto país con las mayores reservas de cobre, frente a 28% de Chile, 12% de Australia y otro tanto de Perú.[11] Evidentemente, México podría participar más activamente en el mercado chino.

Otra mercancía de gran potencial es, insisto, el petróleo. En 2010, México volvió a exportar crudo a China (ya lo había hecho en los años setenta), con un valor de 714.7 millones de dólares. Ello representó el 17% de las exportaciones totales a la República Popular China en ese año. En 2011, el valor de los envíos de petróleo casi se duplicó, llegando a 1 300 millones de dólares, cifra equivalente al 22.3% de las exportaciones mexicanas a China. Por muy dinámico que pueda parecer, el suministro de crudo a la República Popular China no ha sido muy estable, pues las exportaciones son ocasionales y buscan compensar la escasez temporal de envíos por parte de otros socios energéticos de China. Queda por ver si este comercio seguirá siendo episódico o

[10] Secretaría de Economía, "Principales productos exportados por México a China", <www.economiasnci.gob.mx/sic_php/pages/estadisticas/mexicojun2011/Z3ppx_e.html>, 6 de abril de 2012.

[11] Cámara Minera de México, Informe Anual 2012, México, Camimex, 2012.

bien se irá afianzando con el transcurrir del tiempo. Si México logra
aumentar sus reservas probadas y es correcto el pronóstico de que la
era del petróleo habrá de concluir hacia 2050, el país tendrá en China
un importante mercado que contribuiría a financiar su desarrollo en
las próximas décadas.

¿Por qué, a pesar del potencial productivo de México, el comercio
de petróleo y cobre siguen siendo marginales en el gran mapa de
las relaciones económicas sino-mexicanas? Una respuesta radica en la
geoeconomía. Primeramente, desde la perspectiva mexicana, el acceso directo de bienes y servicios al mercado de Estados Unidos es un
incentivo fuerte para concentrar sus exportaciones en el mercado estadunidense. La segunda razón tendría que ver con la disminución de
las reservas y el tipo de petróleo que México exporta: las tres cuartas
partes de los envíos al exterior se componen de petróleo pesado Maya
y la capacidad de China para refinar este tipo de combustible es aún
limitada. En tercer lugar, es posible que Beijing esté siendo cauteloso
para no comprometerse demasiado con los principales socios comerciales de Estados Unidos, pues éste podría sentirse amenazado por la
presencia de China en su área inmediata de influencia.

Una segunda tendencia con implicaciones positivas potenciales
para México y sus exportadores es que China —como Corea del Sur
y Japón— se ha transformado en uno de los principales demandantes
de alimentos en el mercado mundial. No obstante el relativo éxito de
las reformas agrícolas y de que la República Popular China es uno de
los países con mayor extensión territorial en el mundo, sólo 11% de
su superficie es cultivable, y la propiedad promedio es de poco más
de una hectárea. Además, los suelos chinos sufren una acelerada de-
sertificación. Debido al cambio climático, al aumento poblacional y a
la deforestación, el desierto de Gobi, situado en el noreste chino y el
interior de Mongolia, ha experimentado una veloz expansión desde
mediados de los años noventa: de ocupar 18% de la masa continental
del país, en la actualidad, Gobi abarca la tercera parte del territorio.

Por ello, es previsible que la superficie agrícola de China retroce-
derá aún más en el futuro inmediato. Debido a la escasez de tierras y
su bajo rendimiento, así como a la creciente demanda de alimentos,
el país continuará importando enormes cantidades de cereales como
soya y maíz. Aun cuando existen planes sectoriales para recuperar la
autosuficiencia alimentaria que caracterizó de antaño a la República
Popular China, la incesante demanda de alimentos, la diversificación

de la dieta china, la extensión de las urbes y cementerios a costa de superficies agrícolas y la creciente migración de las zonas rurales a las ciudades hacen poco probable retornar a un esquema autárquico en materia de alimentos.[12]

Por otro lado, los consumidores chinos están adquiriendo productos agrícolas más sofisticados que, por sus condiciones geográficas y climáticas, el país no puede producir en abundancia. En efecto, la apertura de China ha influido en el cambio de los patrones de alimentación. A medida en que el ingreso disponible aumenta, la dieta básica, sustentada sobre todo en verduras y cereales, va dando paso a una ingesta más compleja que incluye cada vez más cárnicos, lácteos, frutas y hortalizas. La dieta china no se ha occidentalizado al punto de privilegiar las hamburguesas ante los *noodles* o los *dumplings*, pero sí ha incorporado alimentos y bebidas que anteriormente se consumían poco. En las zonas urbanas ha aumentado la compra de comestibles industrializados, como el jugo de manzana o la leche en polvo.[13]

A pesar de la difícil situación de los granos y oleaginosas en el campo mexicano, así como de las recurrentes sequías y las ineficientes políticas públicas, México se ha consolidado como un exportador de frutas, hortalizas, cárnicos y bebidas. La gran mayoría de ellas se canaliza a Estados Unidos. Una política de fomento a las exportaciones de productos agropecuarios hacia ciertos nichos del mercado chino podría rendir estupendos beneficios al país. Aun así, es necesario subrayar que persisten en China ciertos reflejos proteccionistas en el área agropecuaria. Los exportadores sudamericanos de soya han tenido que hacer frente a ocasionales medidas restrictivas. En el caso de México, la República Popular China entregó en 2012 (cinco años después de iniciados los trámites pertinentes) una lista de cinco empresas mexicanas autorizadas para exportar carne de cerdo.

En vista de la alta demanda china y de la disponibilidad mexicana de petróleo, minerales y alimentos, una lógica de mercado prescribiría redoblar las exportaciones de estas mercancías a China. Esta apuesta no es imposible, pero conlleva algunos riesgos. La "reprimarización" de las exportaciones que recientemente ha realizado Latinoamérica,

[12] José Luis León Manríquez, "China-América Latina: una relación económica diferenciada", *Nueva Sociedad*, núm. 203, mayo-junio, 2006.

[13] Wei Zhang y Qingbin Wang, "Changes in China's Urban Food Consumption and Implications for Trade", ponencia presentada en el American Agricultural Economics Association Annual Meeting, Montreal, Canadá, 27-30 de julio de 2003.

con excepción de México, destaca entre estos riesgos. Al inicio del siglo XXI, más de tres cuartas partes de las ventas de la región al exterior se componen de materias primas; el fenómeno incluye a Brasil, potencia emergente del BRIC. Como en el pasado, existe la posibilidad de que estos ingresos —en particular la renta petrolera— reproduzcan la desigualdad social, contribuyan a aplazar reformas fiscales e inhiban la creación de ventajas competitivas basadas en el aumento del valor agregado. Para nadie es un secreto que la exportación de materias primas ha llevado en el pasado a Latinoamérica y México a experimentar ciclos recurrentes de auge y caída que se precipitan a raíz de choques externos.[14]

El crecimiento económico de la República Popular China y su desigual distribución del ingreso —semejante a la de México— han generado una capa de cientos de millones de personas, que clasifican como "clases medias" o "nuevos ricos". En 2008, se calculaba que este estrato comprendía 100 millones de personas, y que crecería hasta alcanzar 700 millones en 2020.[15] El resto de la población china también ha mejorado su nivel de vida, aunque aún vive en condiciones modestas. Los *nouvelle riche* chinos se componen, entre otros, de altos mandos del partido oficial, administradores sénior de las corporaciones públicas, empresarios privados exitosos, profesionales urbanos y científicos de reconocimiento internacional. Esta clase emergente es objeto de atención en el mundo, pues el ingreso per cápita de su segmento superior puede equipararse al de Estados Unidos o Europa.

La bonanza del privilegiado grupo se refleja en estilos de vida y consumo de productos suntuarios que hubiesen sido impensables hace dos décadas: familias con sirvientes y choferes, compras masivas de joyería de lujo, bodas extravagantes con dilatadas lunas de miel en Francia, automóviles más costosos que una residencia, perros valuados en miles de dólares. Un paseo, así sea superficial, por la avenida Huaihai en Shanghái, revela la importancia que las empresas globales del *glamour* brindan al mercado chino. Igualmente muestra un impresionante desarrollo de las firmas locales de ropa y muebles, con dise-

---

[14] León Manríquez, "China's relations with Mexico and Chile: Boom for Whom?", en Hearn, Adrian H. y José Luis León Manríquez (eds.), *China Engages Latin America. Tracing the Trajectory*, Boulder, CO, Lynne Rienner, 2011.

[15] David Goodman (ed.), *The New Rich in China*, Londres y Nueva York, Routledge, 2008.

ños vanguardistas que se venden a precios estratosféricos. La compra de artículos de lujo responde por igual a los conceptos globales de poder y prosperidad, y a una característica propia de la cultura china: el estatus en la jerarquía social confuciana.[16]

Hasta ahora, México sólo ha obtenido algunos beneficios de la expansión del consumo en China. Por ejemplo, los automóviles ensamblados en nuestro país se colocaron en el tercer lugar de las exportaciones a la República Popular China en 2011, con ingresos por 786 millones de dólares y un incremento de 41.5% con respecto al año anterior. Pese a ello, es evidente que existe una frontera, casi inexplorada, para la exportación de productos de lujo mexicanos orientados a ciertos nichos del mercado chino. En 2007 una encuesta hecha a 660 personas con alto poder adquisitivo en China para detectar las marcas preferidas demostró que ese espacio es virgen. La mayoría de esas marcas fueron estadunidenses y europeas. En los resultados de la encuesta no figuró ninguna firma mexicana.[17]

Si México desea aprovechar las oportunidades para la exportación de manufacturas a China —concentradas a mi juicio en estas clases medias y altas emergentes— es deseable la instrumentación de una política industrial que permita aumentar la oferta exportable de manufacturas, facilite los encadenamientos "hacia atrás" (*backward linkages*) y fomente la integración de las empresas nacionales a los productos que se ensamblan en México. El nuevo gobierno ha subrayado la necesidad de una política industrial. A reserva de conocer el contenido de ésta, la simple mención de un término tabú en los últimos cuatro sexenios parecería un signo positivo.

Un área adicional para capitalizar el auge chino sería la exportación de servicios, sobre todo el turismo. Desde 1983, como efecto colateral de las políticas de apertura, los chinos comenzaron a viajar por el mundo. En 1995 China era emisora de 7.1 millones de turistas. En 2011, 57.4 millones de viajeros chinos cruzaron las fronteras de su país. Es muy probable que el turismo chino continúe creciendo; de materializarse este escenario, se espera que entre 2015 y 2020 un total de 100 millones de chinos viajarán cada año a otros países.[18] Además,

---

[16] Tom Doctoroff, "What the Chinese Want", *The Wall Street Journal*, 18 de mayo de 2012.

[17] Asian Offbeat, "Most Popular Brands and Products of China's Richest People", <www.asianoffbeat.com/default.asp?Display=1369>, 11 de enero de 2008.

[18] Wolfgang Georg Arlt y Alma Berenice Aceves Leyva, "El auge del turismo emisor

los nuevos turistas suelen ser generosos en sus gastos: se calcula que mientras el visitante global promedio gasta en un viaje 4000 dólares por persona y por semana, el turista chino eroga 6000 dólares.

Los principales destinos del turismo chino revelan cierta visión *sino-centrista* del mundo. No obstante que 141 países (incluido México) han adquirido el estatus de "destinos aprobados", los mayores receptores extranjeros siguen siendo los países y regiones vecinos. Por ejemplo, las visitas a Hong Kong, Macao y Taiwán comprenden casi un cuarto del total mundial del turismo chino. Otros destinos importantes son Corea del Sur, Japón, Tailandia y Vietnam. En esos "anillos de distancia cultural", la región latinoamericana en general, y México en particular, configuran un mundo alejado de lo chino y de los chinos.

No extraña, así, que China se haya ubicado en el lugar 23 de la lista de países emisores de turismo a México en 2011, con un total de 36878 viajeros.[19] Si bien esa cifra representa un aumento de 30% con respecto a 2010, México sigue siendo muy poco conocido para los chinos. La distancia geográfica, y sobre todo las prioridades, se ilustran mejor al constatar que países de la "órbita occidental" como Estados Unidos y Francia recibieron, en 2011, entre 900000 y un millón de visitantes chinos.

Esos datos no deberían documentar el desaliento, sino promover estrategias alternativas para la atracción de visitantes chinos. Afortunadamente, México es un país extenso, diverso y bien ubicado en el mapamundi, que puede satisfacer las inquietudes de diferentes segmentos y tipos de viajeros. Sin embargo, las estrategias para incentivar al turismo proveniente de China difícilmente pueden diseñarse si se desconocen la idiosincrasia, la cultura y el comportamiento de los chinos que viajan al exterior. En este sentido es fundamental considerar que los viajeros chinos son totalmente diferentes, si no es que opuestos, a los visitantes estadunidenses y europeos que México acostumbra recibir.

Para los turistas chinos, el abandono de su ambiente conocido reviste mucho más impacto que para los individualistas viajeros occidentales, ya que no sólo dejan atrás su país o su hogar, sino su esencia (su

---

de China: ¿qué buscan y cómo se comportarán 100 millones de nuevos turistas?" *Anuario Asia Pacífico 2010*, Barcelona, Casa Asia y CIDOB, 2011.

[19] Consejo de Promoción Turística de México, Sistema Integral de Información de Mercados Turísticos, México, <www.cptm.com.mx/work/sites/CPTM/resources/LocalContent/7441/32/fact_sheet_2012_enero.pdf>, 2012. .

chineidad). Ahí radica la importancia de que, por ejemplo, se preste atención al chino mandarín como idioma turístico, se ofrezca comida china para que el viajero se sienta en casa, se diseñen paquetes para viajar en familia o en grupos más amplios, y se ofrezcan tazas de té en los hoteles y restaurantes visitados por grupos chinos.[20]

En esta misma línea debe considerarse que, a diferencia de muchos turistas estadunidenses, europeos y latinoamericanos, los chinos no tienen entre sus prioridades visitar playas ni curtir sus rostros bajo el sol. Mientras en Occidente una piel bronceada busca proyectar una pertenencia a lo que el sociólogo y economista Thorstein Veblen llamaba "la clase ociosa", en China y otros países del Este de Asia el imperativo es exactamente el opuesto: mantener la dermis lo más clara posible. En las playas asiáticas es frecuente observar mujeres con sombrillas para el sol y atuendos que cubren cuerpo, cuello y cara de los rayos ultravioleta, mientras los hombres que nadan suelen hacerlo con trajes de baño completos y pocas veces antes de las 4 de la tarde. Ello explica que la industria de productos para aclarar la piel alcance un valor superior a los 2 000 millones de dólares anuales en la República Popular China.[21]

Aunque pueden parecer superficiales, estos detalles son muy relevantes para diseñar políticas funcionales de atracción turística. Se trata, a fin de cuentas, de una antigua visión del Este de Asia según la cual una piel blanca o pálida se asocia con personas que realizan su vida en espacios protegidos y cubiertos, predominantemente en las ciudades. En contraste, una piel quemada se asocia con actividades al aire libre. Se trata, simplificando, de las viejas diferencias entre la nobleza y los campesinos. La historia puede sonar extraña, pero si no se tiene en cuenta, las expectativas de que Cancún, Los Cabos y Puerto Vallarta se abarroten de turistas chinos seguramente serán defraudadas.[22]

Para llevar a cabo estas propuestas requerirán una actitud mu-

---

[20] Wolfgang Georg Arlt, *China's Outbound Tourism*, Oxon, Londres y Nueva York, Routledge, 2006.

[21] Barry Petersen, "Latest trend sweeping China: Lighter skin", *CBS News*, <www.cbsnews.com/8301-3445_162-57532073/latest-trend-sweeping-china-lighter-skin/>, 14 de octubre de 2012.

[22] Jesús Vázquez, "Cancún quiere más turismo en China", *El Economista*, <http://eleconomista.com.mx/estados/2012/05/24/cancun-quiere-mas-turismo-china>, 24 de mayo de 2012.

cho más proactiva que la mostrada por diversas instancias del Estado mexicano en los últimos sexenios. Las respuestas ante el factor chino incluyen, pero también trascienden, a la política exterior. Por ejemplo, la exportación de más y mejor petróleo está muy vinculada a una posible reforma energética; el aumento de la disponibilidad de alimentos para su venta al exterior dependerá de la eficiencia en el fomento agropecuario; la capacidad de vender manufacturas a las nuevas clases medias chinas estará vinculada al relanzamiento de una política industrial. De manera transversal a todas ellas, será necesario vigorizar la alicaída banca de desarrollo, así como redoblar el fomento a las exportaciones y perfeccionar los sistemas de información de oportunidades comerciales.

MÁS ALLÁ DE LA ECONOMÍA: SOCIOS POLÍTICOS Y DE SEGURIDAD

¿Qué hacer con China, más allá del tema comercial y la competencia en el mercado de Estados Unidos? ¿Puede encontrar la relación bilateral otras avenidas que mejoren la cooperación y los beneficios mutuos? ¿Cuáles podrían ser, en su caso, estas áreas de cooperación? La respuesta a tales preguntas es multidimensional y tentativa. Las alternativas pueden explorarse en múltiples terrenos. Aquí me referiré a las posibilidades de China como aliado político y socio en materia de seguridad, dejando para una discusión futura el importante asunto de las conexiones culturales y las amplias avenidas que existen para incrementar la cooperación educativa, técnica y científica.

Un área de oportunidad entre China y México que a mi juicio se ha subutilizado en los últimos sexenios es la concertación política internacional. En el pasado, ésta escribió capítulos importantes. China apoyó iniciativas diplomáticas mexicanas como el Tratado de Tlatelolco para la desnuclearización de Latinoamérica, cuyo Protocolo II fue firmado por Beijing en 1973; la Carta de Derechos y Deberes Económicos de los Estados en el seno de la Asamblea General de Naciones Unidas (ONU, 1974), y las gestiones de paz del Grupo Contadora en los años ochenta. Nótese el uso del término "concertación", y no "alianza" política. Esto supondría convertir a China en el principal socio político de México. Una idea de esa naturaleza pecaría de falta de realismo y hasta de esquizofrenia.

No puede obviarse, desde luego, el peso histórico, económico y político de Estados Unidos en las relaciones internacionales de México. Pero la reemergencia de China y su veloz consagración como principal retadora a la hegemonía estadunidense en un mundo multipolar abren una importante puerta para diversificar las relaciones exteriores del país. Es cierto que en el periodo 1988-2012 la clase gobernante apostó de manera abierta por una alianza multidimensional con Estados Unidos. Antes de ese lapso, sin embargo, una de las grandes tareas de la diplomacia mexicana había consistido en encontrar foros, temas y contrapartes que permitiesen al país balancear el abrumador peso de su relación con Washington. Considero que las condiciones del mundo actual resultan favorables para retomar un activismo diplomático de este tipo.

Antes de sugerir mecanismos específicos para fomentar la colaboración bilateral y multilateral, conviene aclarar algunos elementos críticos para entender la postura de China frente al mundo. Tras el fin de la guerra fría, y paralelamente con el proceso de modernización económica, la República Popular China ha puesto en práctica una nueva visión de su política exterior. Este enfoque supone la necesidad de mantener ciertos principios, sin sacudir demasiado los cimientos del sistema internacional. Sobre esta base, la estrategia diplomática hace énfasis en al menos tres elementos: la emergencia pacífica de China como potencia regional y mundial, la concepción de un mundo multipolar, y el expediente de los organismos internacionales como una herramienta privilegiada de política exterior.

Con respecto al primer punto, Beijing suele argumentar que su ascenso económico no habrá de traducirse en una beligerancia política y militar en el mundo del siglo XXI, como ocurrió en el caso de Alemania y Japón en el primer tercio del siglo pasado. China estaría más interesada en fortalecer el mercado interno, la innovación tecnológica y la inversión productiva, y en resolver sus desigualdades sociales y regionales, que embarcarse en una estéril disputa por el poderío mundial. Esta línea de política exterior, apoyada sobre todo por las facciones reformistas del Partido Comunista de China se ha convertido, en los últimos años, en la piedra angular de la diplomacia de ese país. Como otras grandes potencias, la República Popular China no es una reencarnación de San Francisco de Asís, pero ha tratado de no proyectar una política exterior abiertamente expansionista.

En lo que se refiere a la visión de un mundo multipolar, China considera que, aunque no sea de manera lineal, el orbe se encamina hacia un orden internacional en el que se estructuran distintos polos de influencia. Así, la República Popular China piensa que la globalización y el avance tecnológico están contribuyendo a dispersar el poder y que Japón y la Unión Europea están madurando como potencias capaces de balancear el poderío de Estados Unidos. Asimismo, considera que Brasil, la India, Rusia y la propia China están alcanzando el estatus de poderes mundiales. Desde esta perspectiva, China concibe al unilateralismo estadunidense como un fenómeno preocupante que, sin embargo, no evitará la declinación hegemónica de Washington en el largo plazo. Esta visión explica la búsqueda china por construir alianzas con los BRIC, aunque ello no supone en automático una confrontación directa con Estados Unidos.

En tercer lugar, el multilateralismo es un área de importancia vital para la política exterior china. En este diseño diplomático, la ONU se concibe como una de las arenas más adecuadas para buscar el cumplimiento de los objetivos chinos de política exterior. Es cierto que, durante los primeros 22 años de la República Popular China, la presión ejercida por Estados Unidos dentro de dicha organización mantuvo al régimen de Beijing fuera de ella y en franco aislamiento internacional. Pero, desde su incorporación a la ONU en 1971, China ha mantenido una actitud cautelosa como miembro del Consejo de Seguridad y ha sido muy activa en la Asamblea General. Tanto en estos espacios como en el Grupo de los 77, China ha sostenido discursos terceristas.

Sin abandonarlos, desde el inicio de la década de 2000, la República Popular China parece estar apostando por una estrategia pragmática de pertenencias múltiples en el campo multilateral. China fue admitida a la OMC el 11 de diciembre de 2001, tras 15 años de negociaciones. Más tarde, en junio de 2003, el entonces presidente Hu Jintao aceptó participar como observador en una reunión del G-7. China también es parte activa del Grupo de los 20 (G-20), así como de diversas iniciativas de integración multilateral en Asia. Aun cuando la República Popular China insiste en apoyar la agenda internacional de los países en desarrollo, es claro que también tiene visiones e intereses propios. Aun así, China ha justificado su presencia en las reuniones de "países ricos" apelando a su papel como puente entre éstos y el mundo en desarrollo.

China considera a México "socio estratégico", estatus que no detentan todos sus socios diplomáticos y comerciales. Esto indica que percibe a México como un país importante, cuyas dimensiones económicas y políticas podrían contribuir en la construcción de un orden multipolar. Estas condiciones conllevan la posibilidad de redoblar acciones conjuntas, no sólo en el seno de Naciones Unidas, sino también en espacios de concertación menos formales que incluyen a las mayores economías del mundo.

La inclusión de México en el G-20 significa un reconocimiento objetivo a sus dimensiones económicas. Sin embargo, para ser potencia emergente también es necesaria una voluntad subjetiva, que México no ha evidenciado en las últimas dos décadas y media. El país debería decidir, en la presente coyuntura, una cuestión crítica para su inserción internacional: posicionarse únicamente como socio de Estados Unidos, tratando de impostar su pertenencia a América del Norte, o bien reinventarse como potencia emergente capaz de construir pertenencias múltiples y concertar políticas con países de dimensiones semejantes. México es la economía 14 y el exportador 15 del mundo. Es, además, el undécimo país en extensión territorial, el décimo en población y el octavo en producción de hidrocarburos. Siendo un estado bioceánico con una localización geográfica privilegiada, México tiene todo para brillar con luz propia en el escenario internacional.

En esa reinvención no hay lugar para el autoengaño: el crecimiento económico constituye una variable central para considerarse una potencia emergente en toda forma. La construcción del concepto BRIC —iniciada por Goldman Sachs— utiliza al crecimiento económico como una de las variables centrales. Desde 2000, México ha crecido a una modesta tasa de 2.2% anual, que se compara desfavorablemente con el 9.4% de China, el 6.7% de la India, el 4.9% de Rusia o el 3.3% de Brasil. A partir de los años ochenta, México se ha anclado a la ortodoxia de una política económica más preocupada por la estabilidad de precios que por el crecimiento y la distribución del ingreso. El relanzamiento de México como potencia media en toda forma y posible socio de la República Popular China no sólo requeriría de una estrategia diplomática, sino también, y sobre todo, de ajustes sustanciales al modelo económico.

El tema de la seguridad ha estado virtualmente ausente en la relación México-China, a pesar de que existe una larga historia de trasiego de opio y semillas de amapola entre los dos países. En la actualidad la principal mercancía objeto de tráfico desde la República Popular China son los precursores (efedrinas y seudoefedrinas). Estas sustancias se transforman en metanfetaminas en laboratorios mexicanos y se exportan después al mercado estadunidense. Las utilidades se reciclan tanto en Asia como en México. En dichas actividades —que irónicamente se asemejan a la importación de insumos, ensamblaje y exportación de la industria maquiladora— participan varios grupos del crimen organizado mexicano.

Uno de los casos más conocidos en el comercio de efedrinas y seudoefedrinas es el del empresario mexicano de origen chino Zhenli Ye Gon, acusado de traficar de manera ilícita acetato de pseudoefedrina proveniente de China. Zhenli fue detenido en el estado de Maryland en julio de 2007. Días después, en su casa de la ciudad de México, las autoridades incautaron 205 millones de dólares en efectivo, producto de los negocios ilícitos. Más allá de las anécdotas y bromas que derivaron de la detención y declaraciones de este personaje ("coopelas o cuello" es una frase que ha pasado a engrosar el vasto repertorio de la picaresca mexicana), la cuestión es importante para las discusiones en materia de seguridad. Se trata, en efecto, de la punta del iceberg de un proceso mucho más extendido y complejo de tráfico de precursores y producción de drogas sintéticas.

En efecto, las rutas que en la época colonial transportaron porcelana, tela, muebles y especias entre Asia-Pacífico y México son semejantes a las que actualmente se utilizan para importar los insumos de las drogas sintéticas. De acuerdo con diversas informaciones periodísticas, la efedrina y la seudoefedrina inician su recorrido transpacífico en China, la India o Tailandia. Su desembarque se efectúa en puertos mexicanos como Lázaro Cárdenas y Manzanillo, aunque también se recurre a Puerto Quetzal, en Guatemala. Estas sustancias se transforman en metanfetaminas en laboratorios ubicados en la costa mexicana del Pacífico. De ahí se transportan a la frontera con Estados Unidos. El tráfico de metanfetaminas en estos dos países constituye uno de los más dinámicos en el orbe y su principal beneficiario es el cártel del Pacífico o Sinaloa, encabezado por Joaquín *El Chapo* Guzmán.[23]

En el ámbito de las relaciones de México con China el tema aún no resulta objeto de atención; por ejemplo, en la ya referida CBMC, las deliberaciones se han centrado en temas como el comercio, la inversión,

---

[23] Patrick Radden Keefe, "The Snow Kings of Mexico. Cocaine Incorporated", *The New York Times Magazine*, 17 de junio de 2012.

el turismo y la cooperación técnica, científica y educativa. En vista de la magnitud que ha adquirido el trasiego triangular de precursores y drogas en la Cuenca del Pacífico, el arribo de nuevas administraciones en China, Estados Unidos y México durante 2012-2013 resulta una oportunidad para abrir nuevos capítulos en la cooperación contra el crimen organizado. Evidentemente será necesario ensayar un tratamiento bilateral o trilateral para este fenómeno.

CONSIDERACIONES FINALES

Al iniciar el sexenio 2012-2018, los activos que recibe el nuevo gobierno mexicano en términos de la relación con China no son muy auspiciosos. A causa de las asimetrías comerciales, así como de un enfoque formalista, una sucesión de yerros diplomáticos y un malsano espíritu de competencia, México ha desaprovechado numerosas oportunidades económicas y políticas que el ascenso chino le podría haber brindado. Tal vez por ello la elección de Enrique Peña Nieto despertó un gran interés en los medios oficiales chinos, que se unieron para publicar una entusiasta entrevista conjunta con él en la edición de *China Hoy* de agosto de 2012.

A pesar de instancias como la CBMC, la relación bilateral llegó a un estado tan delicado que cualquier dosis de negociación y buena voluntad contribuirá a reavivarla, al menos en su dimensión formal. Más allá de ésta, en este capítulo he tratado de demostrar que existen posibilidades de recomponer los vínculos en el plano estratégico, ya sea mediante acciones destinadas a reducir el déficit mexicano en cuenta corriente o a través de un acercamiento político y en materia de seguridad con China. Las propuestas realizadas aquí habitan en el reino de lo posible, que no siempre colinda con el dominio de lo fácil.

Si México desea en verdad extender su influencia más allá de su vecindad inmediata y convertirse en potencia emergente, la relación con China será crucial. No hay razón para no intentar un mayor acercamiento con ese país. El articulado del Tratado de Libre Comercio de América del Norte no establece de manera explícita que México deberá limitar sus relaciones políticas a Estados Unidos e ignorar al resto del mundo. La idea de que el mundo es unipolar, que la única manera en que México puede posicionarse en él es mediante la relación con Washington y que el libre mercado soluciona todos los problemas también es una lectura equivocada, propia de inicios de los años noventa. El nuevo gobierno mexicano tiene la palabra.

EL CAMINO INCIERTO DEL TPP

ALEJANDRO GONZÁLEZ MORGADO

El Acuerdo Estratégico Transpacífico de Asociación Económica (TPP) es el acuerdo comercial de negociación más importante en estos momentos, no sólo en la región Asia-Pacífico, sino en el mundo. Después de haber sido invitado a participar en dicha iniciativa en el marco del G-20 en Los Cabos, México ingresó formalmente a las negociaciones el 8 de octubre de 2012. Pero, ¿qué es el TPP? ¿Qué gana México? ¿Qué pierde? Son las preguntas que se intentarán resolver a lo largo de este ensayo. Debido a que el TPP se ha mantenido intencionalmente fuera del debate público, que sus negociaciones son a puerta cerrada y que los textos de negociación son secretos existe un halo de incertidumbre alrededor del tratado. Por ello, el objetivo del presente ensayo es dar luz al que quizá sea el acuerdo comercial más importante negociado por México, desde el Tratado de Libre Comercio de América del Norte (TLCAN).

Cuando México escucha TPP debe, en primera instancia, voltear hacia el norte, hacia sus casi dos décadas de integración económica y productiva con Canadá y Estados Unidos. Esto debido a que el TPP presenta ante los tres países norteamericanos una oportunidad importante para avanzar en su integración económica. Lo anterior no significa que México debe conformarse con el TLCAN y de lo que él emane. Por el contrario, se invita a reflexionar sobre la importancia de romper la zona de confort que ofrece el mayor mercado del mundo para comenzar a construir puentes con otros mercados sumamente dinámicos, como los asiáticos. Entonces, el TPP parece ser el primer paso necesario para romper el velo de la ignorancia que México mantiene con otras regiones del mundo. No sólo eso, sino que esta iniciativa promete mejorar la posición de México en las cadenas globales de producción y valor.

El presente trabajo está dividido en cuatro secciones: primero, se explicará qué es el TPP, sus principales objetivos, cómo cumplirlos y qué se puede esperar del futuro de esta iniciativa; segundo, se expondrán los beneficios que el TPP tiene desde una perspectiva de integración norteamericana; tercero, se analizará la vertiente asiática del acuerdo, aquí se describirá qué gana México en términos de acceso a mercados, ¿acaso es el TPP la puerta hacia la diversificación comercial?, y ¿de qué depende que México capitalice dichos beneficios? Finalmente, se explorarán cuáles, a criterio del autor, son los principales riesgos de la entrada de México al TPP.

¿QUÉ ES EL TPP?

El TPP es un tratado multilateral de libre comercio, cuyo objetivo es liberalizar el comercio en la región de Asia-Pacífico. De esta forma se busca reducir las barreras al comercio y a la inversión para avanzar hacia la meta principal que los países miembros del Foro de Cooperación Económica Asia-Pacífico (APEC) se han propuesto: la creación del Área de Libre Comercio de Asia-Pacífico (ALCAP).

Es fundamental recordar que el TPP se encuentra en fase embrionaria. En diciembre de 2012, se habían llevado a cabo 15 rondas de negociación por parte de los once miembros negociadores: Australia, Brunéi, Canadá, Chile, Estados Unidos, Malasia, México, Nueva Zelanda, Perú, Singapur y Vietnam. Este acuerdo incluye a 11 de las 21 economías del APEC, las cuales representan una población de 660 millones de personas y tienen en conjunto una participación del 30% del PIB mundial. Sus miembros comercian 3 300 miles de millones de dólares y participan con 19% de las exportaciones mundiales totales, y 22% de las importaciones. Si se incorporase Japón, país invitado a las negociaciones y que actualmente evalúa su posible incorporación, el TPP participaría con el 40% del PIB mundial, 27% de sus exportaciones y 24% de sus importaciones. Cabe mencionar que México ya cuenta con un Tratado de Libre Comercio (TLC) con cuatro países TPP: Canadá y Estados Unidos —en el marco del TLCAN—, Chile y Perú; además, México no paga cuotas arancelarias de entrada a Singapur, debido a que éste es un puerto libre. En general, México tendría acceso a un nuevo mercado neto de aproximadamente 160 millones de personas.

El también llamado "Acuerdo económico del siglo XXI" es, actualmente, la negociación multilateral más ambiciosa e importante del mundo, debido a la complejidad y novedad de los temas que pretende regular. Se han establecido mesas de negociación en torno a las siguientes 18 áreas relacionadas directa e indirectamente con el comercio internacional: acceso comprensivo a mercados, barreras técnicas al comercio, medidas sanitarias y fitosanitarias, reglas de origen, cooperación aduanera, inversiones, servicios, servicios financieros, telecomunicaciones, comercio electrónico, movilidad empresarial, contrataciones y compras públicas, políticas de competencia, propiedad intelectual, trabajo, medio ambiente, construcción de capacidades, remedios comerciales y aspectos legales e institucionales. Se espera que las negociaciones se mantengan, por lo menos, todo 2013, antes de consolidarse en un tratado jurídicamente vinculante.

Estos temas serán negociados a la luz del Marco General de Cooperación para el TPP, que los entonces nueve estados negociadores —Canadá y México aún no eran incluidos— acordaron durante la reunión del APEC en Hawái, en noviembre de 2011. El documento está basado en cinco grandes principios estratégicos surgidos de los intereses de los miembros en la región:

- Acceso total a los mercados que eliminen barreras arancelarias y no arancelarias que impiden el aumento en el comercio de bienes y servicios, así como en los flujos de inversión.
- Un enfoque regional que facilite el desarrollo de cadenas de suministro y producción entre los miembros —como cadenas de valor agregado— que contribuyan a la competitividad de la región.
- Tratamiento transversal de las cuestiones comerciales que busquen capitalizar los avances obtenidos en el APEC y otros foros. El TPP comprende el tratamiento de cuatro nuevas cuestiones en el área comercial:
  - i. Coherencia regulatoria.
  - ii. Competitividad y facilitación de negocios.
  - iii. Desarrollo para pequeñas y medianas empresas (Pymes).
  - iv. Cooperación para el desarrollo económico.
- Afrontar los nuevos retos del siglo XXI promoviendo la transferencia de conocimiento y tecnología en nuevas áreas, que incluyen la tecnología digital y las energías verdes con el fin de proteger el patrimonio de las generaciones futuras.
- Flexibilidad en el tratado que permita al TPP adaptarse para recibir más miembros surgidos de una futura expansión hacia otros países de la región.

GEOPOLÍTICA O COMERCIO: ¿ES EL TPP UN INSTRUMENTO DE
CONTENCIÓN A CHINA?

Como se ha mencionado, con el establecimiento de los Objetivos de
Bogor, el APEC establece concretamente su meta de formar el ALCAP.
Por ello, los países dentro de este foro comenzaron a formar alianzas
para tener una base sobre la cual comenzar dicha integración y aumentar su poder de negociación *vis à vis* otros actores importantes del
APEC.[1] Así, se fueron formando diversos bloques de negociación comercial a menor escala, como el impulsado por China, Corea del Sur
y Japón: la Asociación de Naciones del Sudeste Asiático (ANSEA) +3, y
el establecido por Chile, Brunéi, Nueva Zelanda y Singapur (P4), el
cual daría paso, años más tarde, al TPP bajo el liderazgo estadounidense. Pero ¿qué motivó a la principal economía del mundo a asociarse
con las cuatro economías más pequeñas del APEC?

En los ámbitos político y académico existe una tendencia a pensar
que el TPP no es más que un instrumento de contención a China;
que es una estratagema de Estados Unidos para frenar al gigante asiático, en una región en la que alguna vez fue hegemonía, pero que,
a causa de una década de aislamiento, cedió el liderazgo a otra potencia emergente. Efectivamente, existe evidencia de que, al entrar
a la segunda década del siglo XXI, China ha roto completamente sus
vestigios aislacionistas y ejerce un papel más activo en las relaciones
internacionales transpacíficas. Esto se puede observar en su impulso
al establecimiento del ANSEA+3 y el ANSEA+6 —iniciativas al margen
de Estados Unidos—, además del *boom* de acuerdos preferenciales de
comercio negociados por China como parte de su estratégica diplomacia comercial de la última década. En contraste, a raíz de los ataques del 11 de septiembre, Estados Unidos enfocó sus recursos económicos, políticos y comerciales en obtener el apoyo de otros países para
su lucha contra el terrorismo, alejándose de Asia (excepto Japón).[2]
La teoría de la contención a China se refuerza una vez que las autoridades estadounidenses han puesto gran énfasis en elevar los estándares
en materia de propiedad intelectual, medio ambiente y compras gu-

---

[1] Eugenio Anguiano, "México ante el TPP: Retos y oportunidades", Panel 2: Consideraciones Estratégicas para el Ingreso de México en el TPP, Centro de Investigación y
Docencia Económicas, 13 de abril de 2012.

[2] Ian F. Ferguson y Bruce Vaughn, "The Trans Pacific Partnership Agreement, Congressional Research Service", <www.opencrs.com>, 25 de junio de 2010, pp. 14-17.

bernamentales; sectores en los que China se ha mostrado desafiante al poderío de Estados Unidos en los principales foros de cooperación económica y comercial como el APEC, la Organización Mundial del Comercio (OMC), el G-20, entre otros más.

Si bien es cierto que Estados Unidos ha mostrado incomodidad ante la emergencia de China, también es evidente que la administración Obama reconoce el peligro y los costos que resultarían de contenerla directamente —en términos económicos, políticos y militares—. Después de todo, como ha escrito Henry Kissinger a propósito de la nueva relación sino-americana, "el conflicto es una decisión, más que una necesidad". Entonces, quizá otra explicación de qué ha llevado a Estados Unidos a liderar el TPP pueda ser encontrada en sus propios intereses económicos.

Estados Unidos se adhirió al TPP a fin de avanzar en su política comercial y promover sus exportaciones —como un intento para reactivar su dañada economía— a la luz del *impasse* que existe actualmente en la OMC. Por ello, la administración de Barack Obama observa el TPP como el único recurso plurilateral para perseguir sus intereses comerciales. Además, el TPP busca estandarizar las reglas de origen entre sus miembros, por lo que Estados Unidos podría beneficiarse de la simplificación en los procesos de comercio de insumos, facilitando así el establecimiento de cadenas de producción y valor agregado. Por último, mediante el TPP, Estados Unidos pretende promover en la agenda temas de su principal interés —derechos de propiedad intelectual, un ambiente más próspero para las inversiones, la protección del medio ambiente y las regulaciones laborales, entre otros— con el fin de sentar las bases de una futura integración comercial. Todo esto con el objetivo de crear un sistema comercial y de inversiones en Asia-Pacífico que sea compatible con sus intereses y valores. Como dijo una diplomática estadunidense al ser cuestionada sobre si el TPP pretendía aislar a China: "Estados Unidos sabe que, si él no pone ahora mismo las reglas del juego en la región, alguien más lo hará pronto".

Por lo pronto, el único hecho es que Estados Unidos no ha invitado a China al TPP y China tampoco ha mostrado interés en éste. Aún más, pareciera que el TPP está diseñado de tal forma que las economías como la china y la india queden excluidas, debido a lo riguroso de los estándares en ciertos sectores que desea regular. La importancia de este análisis recae en que la inclusión de China es decisiva para la expansión del TPP. Será muy difícil imaginar un Área de Libre Comercio para Asia-Pacífico sin la segunda economía más grande del mundo —y la más grande de Asia— en ella. A modo de advertencia, los miembros del TPP deben comprender que es mejor diseñar el tratado con una puerta de entrada para China en un futuro no muy lejano, si es que realmente pretende crear beneficios económicos a nivel regional. Por su parte, China debe reflexionar si no le sería más benéfico —como en el caso de la OMC— elevar sus estándares comerciales y económicos internos, para poder capitalizar de esa manera los beneficios de una verdadera integración en Asia-Pacífico.

EL TPP COMO COMPLEMENTO Y REFUERZO DEL TLCAN

El TLCAN no ha sufrido modificaciones en las casi dos décadas que tiene en vigor. En contraste, la realidad política, social y económica, así como las necesidades en los tres países han sufrido profundas transformaciones. Es así que el futuro de la integración norteamericana depende de la actualización de ciertos aspectos del TLCAN que se han visto superados por la realidad cambiante. Además, es importante identificar cuáles son las disfuncionalidades más costosas para la integración, las industrias y las áreas estratégicas que el tratado original no abarca.

Una vez realizada una evaluación a detalle de los aspectos susceptibles por mejorar del TLCAN, el reto es promover en la agenda de Canadá, Estados Unidos y México los cambios necesarios para actualizar el tratado. Sin embargo, al hacer esto se presentan dificultades de índole política que hacen inviable e indeseable la reapertura del TLCAN: por una parte, sería difícil que los líderes de los tres países se pusieran de acuerdo sobre cuáles son las reformas necesarias, y aún menos probable que en las tres legislaturas se votara a favor de adoptarlas; por otra, al ser reabierto, se expone al instrumento comercial a los embates de los intereses proteccionistas de cada país, corriendo el riesgo de dar pasos para atrás, en lugar de avanzar, en la integración norteamericana. Entonces, al encontrarse presentes Canadá, Estados Unidos y México, el TPP representa una oportunidad para lograr nuevos acuerdos que puedan complementar y reforzar el TLCAN, atendiendo nuevas áreas y sectores no contemplados en el documento original. Qué mejor manera de complementar el tratado comercial más importante para México que con el tratado comercial multilateral más ambicioso en Asia-Pacífico.

De las 18 mesas temáticas de negociación del TPP, algunas tratan temas contemplados en el TLCAN como las reglas de origen y el acceso a los mercados; otras son mucho más novedosas y ambiciosas, como la coherencia regulatoria y la propiedad intelectual. Por ello, ante la existencia de algunos aspectos disfuncionales o ausentes del TLCAN, el TPP puede ser la mejor solución para abordarlos y un refuerzo para la integración de América del Norte y su posicionamiento en las cadenas globales de valor. Por mencionar sólo algunos temas de urgencia, se encuentran los siguientes: las disposiciones en materia de protección al medio ambiente, el abordaje de los derechos laborales, la relación inversionista-Estado y el muy sonado incumplimiento de Estados Unidos respecto a la liberalización del transporte transfronterizo de carga.

Finalmente, en las negociaciones del TPP, diversos países ejercerán presión sobre las autoridades mexicanas para abrir a la libre competencia las industrias con alta concentración en el mercado nacional. Esto podría reforzar el debate interno sobre la urgencia de abrir a la competencia varias industrias estratégicas y aumentar la presión al poder ejecutivo y al legislativo mexicanos para mejorar las condiciones de competencia. Además de las telecomunicaciones, otros sectores en los que el TPP podría ser pivote para corregir fallas de mercado son los siguientes: energía eléctrica, hidrocarburos, transporte aéreo, agroindustria y televisión, entre otros.

México comenzó hace años un proceso de integración regional con América del Norte. Ahora Canadá, Estados Unidos y México pertenecen a un mismo sistema comercial con las mismas reglas de origen y un sistema productivo integrado del cual los tres se benefician ampliamente. Por lo anterior, resulta importante para México analizar qué beneficios obtendría de unirse al TPP, entendiendo que forma parte de la cadena productiva y comercial de América del Norte.

El TPP representa una oportunidad para que México fortalezca sus relaciones económicas y comerciales con Estados Unidos. Este último reportó un déficit comercial de 185 800 millones de dólares en septiembre de 2012,[3] lo cual tiene importantes implicaciones negativas para su economía interna. Para ayudar a reducir este déficit, crear

---

[3] United States Bureau of Economic Analysis, "Balance of Payments Highlights", <http://www.bea.gov/newsreleases/international/transactions/trans_highlights.pdf>.

nuevos empleos y mejorar la competitividad de las exportaciones estadunidenses, el presidente Obama lanzó un programa nacional de exportación llamado National Export Initiative. Dentro de esta estrategia para aumentar sus exportaciones, Estados Unidos tiene que buscar nuevos mercados para sus productos y servicios, y mejorar su posición ante sus principales socios comerciales. Ante la recesión en la Unión Europea y la consecuente pérdida en la capacidad de consumo de los europeos, resulta difícil que Estados Unidos aumente considerablemente sus exportaciones hacia esta región. En contraste, los países de Asia y Latinoamérica presentan altas tasas de crecimiento económico sostenidas, por lo que si Estados Unidos ha de aumentar sus exportaciones, su estrategia debe ir encaminada a atacar de forma más agresiva estos mercados.[4] Por lo anterior, uno de los objetivos de Estados Unidos con el TPP es aumentar sus exportaciones a nuevos mercados, dentro y fuera del TPP. Para ello, su alianza con México resulta fundamental, pues en las últimas dos décadas se ha desarrollado un sistema productivo regional integrado en América del Norte. Estados Unidos ha podido beneficiarse de la competitividad de México en la industria manufacturera que, a su vez, proviene de la competitividad de su mano de obra, altamente capacitada y a un bajo costo; de la cercanía entre ambos países, lo cual reduce los costos de transporte; y de la capacidad de México para adaptarse a los estándares de calidad y requerimientos de las inversiones estadunidenses. Entonces, ante México se presenta la oportunidad de aumentar su participación en la composición de bienes y servicios que Estados Unidos buscará exportar agresivamente a nuevos mercados, principalmente asiáticos, obteniendo así una derrama económica importante en producción industrial.

Concretamente, en el corto plazo, el mayor beneficio comercial y económico que el TPP generará en México no se derivará de la capacidad nacional para exportar a nuevos mercados, sino del alto grado de producción compartida o coproducción con Estados Unidos. Actualmente, alrededor del 40% del comercio entre ambos países es intraindustrial.[5] Eso significa que en América del Norte un producto puede

---

[4] Luis de la Calle, "México ante el TPP: Retos y oportunidades", Panel 5: El TPP como puerta de México en Asia, Centro de Investigación y Docencia Económicas, 13 de abril de 2012.

[5] Beatriz Leycegui Gardoqui, "Reflexiones sobre la política comercial internacional de México 2006-2012", Secretaría de Economía / Miguel Ángel Porrúa, México, 2012, p. 123.

cruzar varias veces la frontera, en diferentes fases productivas, antes de quedar listo para su comercialización. Además, el comercio y las inversiones intrarregionales —indicadores de la producción compartida— en Norteamérica han tenido un crecimiento sobresaliente en las últimas décadas. Por ello, si Estados Unidos se propone aumentar sus exportaciones a mercados del TPP, México podría capitalizar sus 18 años de integración productiva para subirse al tren de las exportaciones estadunidenses y así aumentar sus propias exportaciones. Esto será posible gracias a que México agrega componentes nacionales a los productos estadunidenses; por ello, contenidas en estos productos, el país podrá aumentar indirectamente sus exportaciones.

En un análisis de los beneficios comerciales que México podría obtener en este sentido, la consultoría de inteligencia comercial IQOM identificó 306 categorías de productos estadunidenses, distribuidos a lo largo de 21 sectores industriales, en los que existe producción compartida entre empresas mexicanas y estadunidenses, y que podrían representar exportaciones significativas hacia países TPP (importaciones por parte de países TPP superiores a los 10 millones de dólares).[6] De acuerdo con este estudio, los sectores con alto grado de coproducción más beneficiados son los siguientes: *a*] equipo eléctrico y sus partes, *b*] vehículos y sus partes, *c*] industria extractiva, *d*] productos químicos, *e*] químico-farmacéuticos, *f*] agroindustrial, *g*] aparatos de óptica y fotografía, *h*] cosméticos y jabones, *i*] textil y *j*] cerámicos y vidrio.

Es importante enfatizar que debido a la falta de una estrategia exportadora, comprensiva e inclusiva en México, en el corto plazo, subirse al tren de las exportaciones estadunidenses es la única estrategia rentable para el país. Es paradójico que una de las mayores potencias exportadoras mundiales como México se vea obligada a utilizar intermediarios para llegar a los mercados TPP. ¿Por qué se da esta situación? La respuesta está en el carácter reactivo, más que en el estratégico, de la política comercial mexicana. Si México es una potencia exportadora, se debe más a su asociación y cercanía con Estados Unidos, y a la competitividad de su industria manufacturera básica, que a una deliberada política de exportación de bienes con alto valor agregado nacional, como sí pasa, por ejemplo, en Corea del Sur. En

---

[6] Sergio Gómez Lora-IQOM, "México ante el TPP: Retos y oportunidades", Panel 2: Consideraciones Estratégicas para el Ingreso de México en el TPP, Centro de Investigación y Docencia Económicas, <www.iqom.com.mx>, 13 de abril de 2012.

la siguiente sección se abordarán temas relacionados con la urgente necesidad de replantear las prioridades de comercio exterior, sobre todo en lo respectivo a Asia.

Para el caso del presente ensayo, el TPP sorprendió a México sin una estrategia clara de diversificación comercial y sin una política comprensiva de acercamiento a los mercados más dinámicos del mundo: Asia y Latinoamérica. No fue sino hasta 2009 que México comenzó a realizar los cálculos de cuánto le costaría quedarse en el margen del TPP y llegó a la conclusión de que no podía pagar los costos de su exclusión. En efecto, el que México no entrara al TPP significaría truncar la integración con Estados Unidos, aumentar los costos derivados de la erosión de preferencias por productos mexicanos en el mercado norteamericano y quedar excluido de una iniciativa multilateral que tendrá una gran influencia en la configuración de las reglas de comercio e inversión en Asia-Pacífico.

LA VERTIENTE ASIÁTICA DEL TPP: CONTRIBUCIÓN A LA DIVERSIFICACIÓN DEL COMERCIO MEXICANO

Asia-Pacífico es el la región más dinámica en términos económicos y comerciales; es decir, es la región que presenta las tasas más altas de crecimiento del PIB y de comercio. Hablar del Pacífico inevitablemente está relacionado con los países emergentes: Chile, China, Corea del Sur, Indonesia, Malasia, México y Vietnam, ente otros. El futuro de la economía mundial en el mediano y el largo plazo dependerá del desempeño de los países de esta región.

Asia es también el socio comercial más dinámico de México, pues, en los últimos cinco años, las exportaciones mexicanas hacia esta región han crecido a una tasa de 17.5% anual, comparado con un 13.2% observado para Latinoamérica y un 6.2% para sus socios comerciales con los que ha firmado un TLC. Sin embargo, México experimenta un déficit comercial con este continente, provocado por las crecientes importaciones provenientes de China, Corea del Sur y Japón, principalmente. Por ejemplo, sólo en 2011, el déficit comercial de México con China ascendió a más de 46 000 millones de dólares. Expertos aseguran que lo anterior se debe principalmente a las barreras no arancelarias que impone China a productos no mexicanos, así como la falta de una verdadera oferta exportable de México hacia este país.

Primero, para México, el beneficio más evidente de entrar al TPP, desde la perspectiva asiática, es aumentar sus actividades comerciales con países miembros del TPP y que no figuran significativamente en las estadísticas de comercio del país. Actualmente, estos países serían Australia, Brunéi, Malasia, Nueva Zelanda y Vietnam, pues los otros países miembros ya cuentan con un TLC con México —excepto Singapur, que por ser un puerto libre, no aplica arancel a México—. ¿Qué puede exportar México a estos países? Nuevamente, IQOM realizó un estudio que analiza la oferta exportable actual de México a los países del TPP. Primero, se analiza la situación actual de las exportaciones mexicanas a dichos países. Se observa un volumen de exportación de 1 861 millones de dólares, de los cuales, Australia representa el 67.8% del mercado de exportables mexicanos (excluyendo Chile, Estados Unidos y Perú con los que México ya tiene un TLC). Las cifras anteriores significan que estos países sólo representan el 0.62% de las exportaciones totales de México. Después se realizó un análisis de los sectores de mayor oportunidad exportable para el país. Se detectaron oportunidades de exportación en 188 productos divididos en 19 sectores.[7]

En el cuadro siguiente se observan dos hechos importantes. El primero de éstos es que la oferta exportable de México en estos sectores está encausada en casi un 60% hacia Estados Unidos, esto deja al país sólo con un 40% de su capacidad exportadora para atacar otros mercados, en este caso, las economías del TPP. Si bien 40% podría parecer una cifra aceptable, se debe tomar en cuenta el factor de la concentración de las exportaciones. En total, más del 80% de las exportaciones mexicanas van hacia Estados Unidos, por lo que, cuando la recesión de 2008 golpeó duro a este país, México sufrió un crecimiento negativo de más de 6% del PIB, así como la pérdida de más de 600 000 empleos. Lo anterior se debió en gran parte a la caída en las exportaciones mexicanas hacia su vecino del norte.

El segundo hecho es que, sumando las exportaciones de México hacia el TPP en los sectores indicados, una vez más sin incluir a sus actuales socios comerciales —Chile, Estados Unidos, Perú y Singapur—, éstas sólo ascienden a poco más de 396 millones de dólares, que representa aproximadamente 0.13% del total de las exportacio-

[7] *Ibid.*

OPORTUNIDADES DE COMERCIO PARA LA REGIÓN TPP (CIFRAS EN MILES DE DÓLARES)

Sector	Importaciones totales TPP	OE de México	% OE de México Si E.U.	Exp. México-TPP
Vehículos y sus partes	16 221 414	103 218 707	34	171 345
Equipo eléctrico y sus partes	3 329 005	15 314 831	35	29 452
Otros productos químicos	5 727 352	7 320 067	51	5 607
Cosméticos y jabones	2 198 767	5 166 585	66	77 439
Acero y manufacturas	4 899 767	4 823 973	61	47 357
Agroindustrial	3 048 624	3 063 426	60	20 319
Químico-farmacéutico	1 144 797	1 912 927	88	28 752
Otros metales	550 753	1 505 480	64	5 314
Madera y papel	434 185	1 299 600	42	4 403
Cerámicos y vidrios	614 978	1 351 830	40	2 354
Agropecuario	889 031	524 027	96	-
Caucho y manufacturas	1 077 786	959 952	49	1 610
Industria extractiva	257 749	463 389	92	-
Textil	462 505	328 702	63	2 609
Manufacturas diversas	27 123	54 206	95	165
Muebles	125 911	69 419	41	-
Confección	186 043	49 922	53	51
Aparatos de óptica y fotografía	74 504	19 826	57	-
Trenes, barcos, aeronaves y partes	405 437	24 977	40	-
Total	41 675 498	147 471 846	43	396 778

Fuente: IQOM.

nes mexicanas en 2011. No obstante, si México entrara al TPP, el tamaño de mercado para los sectores indicados sería de aproximadamente 41 500 millones de dólares,[8] lo que se traduce en una oportunidad importante para que el sector mexicano compita por ganar una participación más grande en los mercados TPP. Pero aun si México pudiese acaparar todo el mercado mencionado, éste sólo representaría 13% de sus exportaciones totales; además, faltaría realizar un análisis comparativo de la competitividad del sector industrial mexicano en cada uno de estos sectores *vis à vis* sus principales competidores en estos mercados. Con esta evidencia, es posible argumentar que, si bien los países analizados representan una oportunidad para que México diversifique sus mercados de exportación, los beneficios comerciales que México obtendría con su entrada al TPP serían en términos de socios ganados y no en volumen de comercio incrementado, al menos en el corto plazo.

A pesar de las limitantes en términos de diversificación comercial que el TPP ofrece a México, en el largo plazo el panorama puede ser más prometedor. Debido al objetivo del TPP de crear un Área de Libre Comercio de Asia-Pacífico, su potencial radica en su capacidad de incluir nuevos miembros y hacer que la implementación de los acuerdos se realice efectivamente. Por ello, si el TPP logra concretarse, México deberá pensar en una estrategia en el largo plazo que incluya la probable adhesión de nuevos miembros, incluso de economías grandes como Corea del Sur, China e Indonesia, o algunas más cercanas como Colombia. De esta forma México podrá hacer frente a los retos y oportunidades que el TPP le presente en el futuro, tales como la competencia en productos estratégicos o preparar y mejorar su oferta exportable. Por el momento, parece que México, al verse superado por su realidad, intenta sumarse al TPP sin una estrategia concreta ni en el corto ni en el mediano plazos, y ni hablar del futuro lejano.

Relacionado con lo anterior, diversos expertos argumentan que México no tiene una estrategia comercial con Asia. Prueba de ello es el fracaso en las negociaciones de un TLC con Corea del Sur, su incapacidad de respuesta ante la "avalancha" de importaciones chinas, etcétera. Por ello, el comercio con los países asiáticos —excepto con Japón, con quien sí tiene un TLC— se ha dado por inercia y sin resul-

---

[8] En este trabajo el tamaño de mercado se definirá como el monto de las importaciones de uno o más agentes económicos, en uno o más sectores industriales.

tar muy fructífero. Entonces, el crecimiento de un 17.5% anual en las exportaciones mexicanas hacia este continente se ha dado más por el acelerado crecimiento de estos países que por una estrategia mexicana.[9] Voltear hacia Asia, más que entrar en un acuerdo multilateral como el TPP, significa generar toda una estrategia de comercio en el largo plazo en la que incremente su oferta exportable, le imprima valor agregado a dichas exportaciones y fortalezca su infraestructura para comerciar con la región más dinámica del mundo, sobre todo, con China, el tercer mercado más importante del mundo que, según los pronósticos de crecimiento económico, en 2030 será el mercado más grande.[10] Este país ya es el segundo socio comercial de Latinoamérica y el tercero de México, por lo que se necesita darle un trato digno de tercer socio comercial.

EL TPP: CATALIZADOR DE CADENAS GLOBALES DE VALOR

En el siglo XXI el comercio ha tenido importantes cambios con respecto al siglo pasado. Ahora, los bienes intermedios ocupan una mayor participación en el comercio global. Según la OMC, en 2009 el comercio de bienes intermedios representó el 51% de las exportaciones totales del mundo (sin incluir las exportaciones petroleras).[11] Esto ha provocado que el proceso productivo sea descompuesto en diferentes fases productivas que no necesariamente tienen que realizarse en un solo país. Diariamente, miles de millones de dólares en componentes industriales cruzan las fronteras para ser manufacturados y enviados al exterior para ser transformados una vez más en otro país, formando lo que se conoce como cadenas globales de producción. Pascal Lamy, director general de la OMC, lo ha expresado de esta manera: "Los productos ya no son 'hechos en Japón' o 'hechos en Francia', sino que verdaderamente son 'hechos en el mundo'".

En el caso del comercio internacional de México, Jaime Zabludovsky y Ernesto Acevedo sostienen que el saldo de bienes intermedios es deficitario desde 1995. La suma de las importaciones en bienes

---

[9] Eugenio Anguiano, *op. cit.*
[10] *Ibid.*
[11] Beatriz Leycegui, *op. cit.*, p. 123.

intermedios y de capital representa cuatro quintas partes de las importaciones totales del país, lo cual es un claro indicador de la dependencia de la planta productiva mexicana en el comercio exterior, sobre todo si se toma en cuenta que gran parte de dichas importaciones se destina, a su vez, a la exportación. Más adelante se tratará el tema del valor nacional agregado a las exportaciones, por el momento, basta con mencionar que, en promedio, el valor agregado nacional en las exportaciones en manufacturas es del 34 por ciento.[12]

En el informe "El cambio geográfico de las cadenas globales de valor: implicaciones para los países en desarrollo y política comercial", preparado por el Consejo sobre el Sistema Multilateral de Comercio del Foro Económico Mundial, se señalan cuatro características del actual sistema comercial del siglo XXI:

- Mayor presencia de un comercio de bienes intermedios en lugar de bienes finales. Más de la mitad del comercio que ocurre entre los países de la Organización para la Cooperación y el Desarrollo Económicos (OCDE) es de partes y componentes. Los países emergentes registran un porcentaje todavía mayor: Brasil, China y México hasta el 75 por ciento.
- Los insumos importados tienen una participación cada vez mayor en el valor de las exportaciones. En los países de la OCDE representa en promedio el 25% del valor de sus exportaciones.
- Los bienes son importados y exportados varias veces antes de que lleguen a ser producto terminado.
- El valor de los servicios en el comercio de mercancías es cada día más elevado.

Respecto al último punto, el informe advierte que los incrementos constantes en los costos de transporte y de los energéticos podría reducir la extensión geográfica de las cadenas. Además, los incrementos en los precios de ciertos recursos naturales pueden promover, y de hecho han promovido, que los países pongan restricciones a las exportaciones.[13] Esto puede ayudar a explicar por qué los países TPP han puesto un énfasis tan grande en que las negociaciones se enfo-

---

[12] Jaime Zabludovsky y Ernesto Acevedo, *Reflexiones sobre la política comercial internacional de México 2006-2012*, Beatriz Leycegui (coord.), México, Secretaría de Economía/ Miguel Ángel Porrúa, 2012, pp. 90-98.

[13] *Ibid.*

quen en el fortalecimiento de las cadenas de producción de Asia-Pacífico.

En efecto, por la heterogeneidad de sus miembros y la ambición de liberalizar completamente el comercio y las inversiones, los miembros del TPP esperan que fomente una mayor integración productiva mediante la facilitación de las cadenas de valor regionales. La liberalización comprensiva de los mercados permitirá que los países TPP comercien bienes intermedios y recursos naturales libres de arancel, además de poner un freno legal a las restricciones a la exportación de los mismos. El TPP también pretende dar certidumbre a los inversionistas mediante un capítulo de relación inversionista-Estado, propiedad intelectual y solución de controversias, lo que fomentará que las empresas se sientan más confiadas de invertir en países de la zona para realizar sus procesos productivos. Además, se prevé que el acuerdo sea un buen marco para que exista transferencia tecnológica a países en vías de desarrollo por parte de los inversionistas y que genere políticas que los países puedan utilizar para mejorar la inclusión de las Pymes en dichas cadenas de valor. Con esto, se espera que los miembros del TPP se beneficien de estar en una zona de libre comercio que mejore su acceso a los mercados de bienes intermedios, con costos más bajos y movilizando una gran cantidad de inversiones, lo cual mejoraría la competitividad de la región *vis à vis* los competidores externos.

¿Cuál es la posición de México en las cadenas globales de valor? A raíz del TLCAN, México ha transformado su industria exportadora de estar especializada en bienes primarios e intensivos en recursos naturales, a tener una mayor proporción de manufacturas intensivas en tecnología media y alta. Para encontrar dónde se encuentra México en las cadenas globales de valor se puede utilizar la Base de Datos Insumo-Producto Mundial de las Comisión Europea y la OCDE. En particular, son importantes dos indicadores de esta base de datos: el nivel de participación en las cadenas de valor y la distancia de la producción nacional con respecto a la demanda final.

El primer indicador, el Índice de Participación, mide el promedio del porcentaje de valor que la industria nacional agrega a los bienes finales. Se calcula sumando el valor agregado en las exportaciones de un país y el valor de los insumos exportados por este país hacia terceros países, dividiendo todo entre las exportaciones totales nacionales. Cuanto mayor sea este porcentaje, mayor será la participación de un país en las cadenas de valor. México es el país de la OCDE con menor participación en las cadenas globales con un índice inferior al 38%, es decir, con respecto a otros países de dicha organización, México aún está especializado en productos de menor valor agregado. Esta historia se repite cuando se compara a México con Brasil y los países del Este de Asia, incluyendo a China.

El segundo indicador, la Distancia a la Demanda Final, mide la distancia a la que se encuentra la industria nacional —su proceso productivo— de la demanda final, es decir, del consumidor. Este indicador toma el valor de 1 si el proceso productivo está conformado por una sola etapa productiva al final de la cadena de producción, y va aumentando en la medida en que los insumos de la industria en cuestión son utilizados en fases más avanzadas de la cadena productiva. De esta forma, un incremento en el valor implica que el país se ha especializado en generar productos intermedios para los inicios de la cadena de valor. Los resultados para México muestran que está localizado en las etapas finales del proceso productivo; es decir, que el país se está especializando en etapas intermedias o finales de las cadenas de valor.[14]

Otro estudio importante es el modelo econométrico para determinar el valor agregado nacional mexicano de las manufacturas exportadas a Estados Unidos que ha desarrollado el Departamento de Economía de la Comisión Internacional de este último país. De acuerdo con éste, las manufacturas mexicanas de exportación tuvieron, en promedio, un valor agregado nacional de 34%. Además se identificó que las industrias exportadoras con un contenido nacional menor a 50% son las que exportaron cerca del 80% de las manufacturas totales del país. En contraste, sólo el 5.1% de las exportaciones fueron elaboradas por industrias con un alto valor agregado nacional.[15]

El análisis anterior permite hacer una caracterización de la industria mexicana dentro de las cadenas globales de valor. Así, México es un país que se especializa en la producción de productos intensivos en alta y media tecnología, en las etapas finales del proceso productivo. Sin embargo, el valor agregado de sus exportaciones es bajo en comparación con sus principales competidores, otros países de la OCDE, y con economías emergentes asiáticas, por ejemplo. Además,

---

[14] Beatriz Leycegui, *op. cit.*, pp. 444-451.
[15] *Ibid.*

la capacidad de generar valor en la industria nacional se encuentra sumamente concentrada en unos pocos sectores. Como se observa, ante México se presenta el reto urgente de mejorar su posición en las cadenas globales de producción, fomentando la inclusión de más empresas —sobre todo las Pymes— en un esquema que aumente el valor agregado nacional en las exportaciones.

PROPIEDAD INTELECTUAL Y CONFIDENCIALIDAD: LOS RIESGOS DEL TPP

Este ensayo estaría incompleto sin incluir, por último, los riesgos que implica para México su acceso al TPP. Concretamente, el presente análisis identifica dos riesgos fundamentales que México debe tomar en cuenta en las rondas de negociación: la "secrecía" en que se mantienen las negociaciones —y los acuerdos que de ellas emanan— y el capítulo de derechos de propiedad intelectual (DPI) del TPP. Esta última cuestión presenta un riesgo importante para México en áreas fundamentales para el bienestar de su población, como el acceso a medicamentos costeables, y para su economía e integración a las cadenas globales de valor, como la innovación y transferencia tecnológicas.

Antes de profundizar en este análisis y como marco de referencia, resulta pertinente repasar el estatus de la protección a los DPI en el máximo órgano multilateral de comercio internacional: la Organización Mundial del Comercio (OMC). En 1994, a finales de la Ronda de Uruguay del Acuerdo General sobre Aranceles Aduaneros y Comercio, los países miembros de este organismo desarrollaron el Acuerdo sobre los Aspectos de los Derechos de Propiedad Intelectual Relacionados con el Comercio (ADPIC). En él, se delinean los estándares mínimos de la protección a los DPI a los que se comprometen los estados miembros. Las negociaciones en torno al ADPIC fueron particularmente controversiales, debido a los efectos que las regulaciones excesivas podrían tener para el desarrollo de los países emergentes y sus economías. Por ello, durante la Ronda de Doha de la OMC se adoptó la Declaración de Doha respecto al ADPIC y la Salud Pública, en la que se acordó incluir en el ADPIC ciertas provisiones y exenciones que podían ejercer los países en vías de desarrollo, en torno a "sectores sensibles", con el fin de garantizar principalmente tres aspectos fundamentales para su desarrollo: *a]* el acceso a medicinas costeables, *b*] el acceso a materiales educativos y *c*] el desarrollo y transferencia tecnológicos.[16]

A partir del ADPIC, Estados Unidos ha hecho de la expansión de los DPI una de sus principales prerrogativas en la firma de tratados de libre comercio. Su estrategia consiste en negociar, sin flexibilidad alguna, acuerdos comerciales bilaterales con estándares más exigentes en DPI, con el propósito de reformar las provisiones en la OMC con un enfoque *bottom-up*. Así, surge el controversial Acuerdo Comercial contra la Falsificación (ACTA), una propuesta de acuerdo bilateral y confidencial en materia de DPI que Estados Unidos ha intentado promover con otros países de ingreso medio y alto, incluido México. Sin embargo, el ACTA ha fracasado debido a que sus textos fueron filtrados, causando alerta en el público consumidor de este país por su contenido en favor de grandes empresas, principalmente farmacéuticas y de entretenimiento, pero en detrimento de los estratos más extensos de la población. Cabe mencionar que el TPP comenzó a moverse antes de que ACTA comenzara a fracasar, por lo que podría representar un intento de Estados Unidos por ganar la batalla en torno a los DPI en un segundo frente. Por otra parte, los diversos análisis existentes sobre el capítulo de propiedad intelectual en el TPP están basados en un documento filtrado y hecho público por un congresista estadunidense, el cual contiene la propuesta de Estados Unidos en esta materia para ser incluido en los textos de las negociaciones del TPP que, como ya se ha mencionado, son confidenciales.[17] No obstante, es importante recordar que el TPP aún se encuentra en la etapa de negociación, por lo que México no ha aceptado ninguna provisión de dicha propuesta de capítulo sobre DPI.

La propuesta estadunidense de capítulo de propiedad intelectual pretende armonizar la protección de patentes y datos de los países TPP con los estándares de Estados Unidos en una variedad de temas controversiales, incluyendo la extensión de patentes, la exclusividad de datos y la vinculación patente-registro. De esta forma se busca restringir las flexibilidades acordadas en el ADPIC, las cuales reconocen las necesidades de los países emergentes. Estas provisiones tendrían efectos negativos en la disponibilidad de medicamentos costeables en

---

[16] Para mayor información revisar el documento original, <www.wto.org/english/thewto_e/minist_e/min01_e/mindecl_trips_e.htm>.

[17] Para acceder al documento original véase <http://keionline.org/sites/default/files/tpp-10feb2011-us-text-ipr-chapter.pdf>.

países como México, al amenazar la creación de genéricos funcionalmente equivalentes, como se analizará en la siguiente sección. Aún más, regulaciones en materia de DPI más estrictas podrían aumentar el precio de diversos insumos y minar la capacidad de innovación en países emergentes que utilizan el método de "ingeniería hacia atrás" (por ejemplo, aprender del funcionamiento de ciertos bienes y servicios para realizar mejoras a los mismos) como base de sus operaciones de investigación y desarrollo (I+D).

En cuanto a las patentes, tal y como se encuentra actualmente el capítulo de DPI, el TPP requeriría que los miembros concedieran extensiones a las patentes de medicamentos, basándose en las modificaciones realizadas a químicos existentes, nuevos métodos de utilización de medicinas ya existentes y nuevas fórmulas, dosis o combinaciones. Los países tendrían que conceder dichas extensiones incluso cuando no existieran mejoras en la eficacia terapéutica; de hecho, podrían hacerse modificaciones que redujeran dicha eficacia y aun así recibirían protección. En otras palabras, cada modificación —aunque sea inútil— resultaría en otros 20 años de nuevos derechos de patente, abriendo la posibilidad a la perpetuación de los derechos monopólicos en los productos médicos.[18]

El TPP también limita la discrecionalidad de cada país de otorgar o negar patentes en los sectores o industrias que considere. El problema es que para negar un derecho de patente el país deberá *a*] justificar que la negación es "necesaria para proteger el orden público o la moralidad, incluyendo la protección de la vida humana, animal o vegetal", y *b*] prohibir también la explotación comercial de dicho producto o método en su territorio.[19] Con este esquema, por ejemplo, un país no podría justificar la negación de patente para un nuevo método quirúrgico mientras permite que ese mismo método sea practicado en su territorio de forma comercial.[20]

---

[18] Flynn Sean, Brook Baker, Margot Kaminski y Jimmy Koo, "The U.S. Proposal for an Intellectual Property Chapter in the Trans Pacific Partnership Agreement", *American University International Law Review*, vol. 28, núm. 1, 4 de diciembre de 2012, <http://ssrn.com/abstract=2185402>, 2 de febrero de 2013.

[19] En el artículo 8.2 del documento filtrado se lee: "*Each Party may only exclude from patentability inventions, the prevention within its territory of the commercial exploitation of which is necessary to protect ordre public or morality, including to protect human, animal, or plant life or health or to avoid serious prejudice to the environment, provided that such exclusion is not made merely because the exploitation is prohibited by law*".

[20] Flynn Sean, *op. cit.*, pp. 156-157.

Otro tema controversial es que el TPP requiere que los países implementen una política de exclusividad de datos. Con ésta, se prohíbe que los datos de ensayos y pruebas médicas que una entidad privada presente al gobierno para aprobar la comercialización de un medicamento sean utilizados para posteriormente acreditar la comercialización de otro producto farmacéutico. Esto tiene importantes implicaciones para la industria de medicamentos genéricos. En la actualidad, para permitir la comercialización de genéricos, la mayoría de los gobiernos requiere que se muestre bioequivalencia y se prueben prácticas adecuadas de manufactura, pues se confía en los estudios presentados originalmente para el medicamento de patente. Con el TPP, en su forma actual, se podría requerir que la industria de genéricos volviera a realizar pruebas que tendrían costos prohibitivos, con tiempos de I+D más largos y la repetición de pruebas en humanos y animales, lo cual reduciría la cantidad y variedad de genéricos, aumentando también su precio.[21]

En resumen, el TPP restringe significativamente las diversas flexibilidades negociadas en el marco del ADPIC, elevando los DPI a estándares estadunidenses que en algunas industrias específicas —ciertamente no en todas—, como la farmacéutica, actúan con detrimento para la mayoría de la población en países en desarrollo como México. En la opinión de este autor, que el TPP busque elevar los estándares de comercio e inversión en Asia-Pacífico es un gran acierto, es pertinente y es necesario, incluyendo los DPI. El no tener un sistema legal de protección a la propiedad intelectual claro y eficiente, desincentiva la innovación y perpetúa la brecha de desigualdad tecnológica entre países ricos y pobres. El problema surge y se potencializa cuando *a]* las provisiones en materia de DPI se encuentran tan pobremente balanceadas entre los desarrolladores (grandes empresas farmacéuticas) y los consumidores, y *b]* la negociación de dichas provisiones se realiza entre un grupo de países en el que la parte promotora tiene un poder de negociación asimétrico, en este caso Estados Unidos.

Para concluir esta sección, es importante señalar que los negociadores mexicanos no deben escatimar precauciones en las mesas de trabajo del TPP. Por el contrario, deben tomar una postura muy puntual y estratégica, realizando un análisis de costo-beneficio, no sólo económico, sino social y apegado a la realidad del mexicano "de a

[21] Flynn Sean, *op. cit.*, pp. 166-169.

pie" en todas y cada una de las provisiones a negociar. De esta forma, queda a su discreción si los beneficios de firmar un capítulo de DPI como el que propone Estados Unidos superan los costos de hacerlo. Lo único evidente es que México debe defender férreamente su derecho de discrecionalidad en la selección de los sectores estratégicos susceptibles de exclusión de las provisiones en materia de DPI. Dentro de estos sectores, es claro que debería estar el sector de los productos y servicios médicos al representar un tema sumamente sensible para el bienestar de la población, pero también para las finanzas públicas, concretamente en los servicios de salud pública. Como corolario es pertinente mencionar dos cosas: *a*] por reglamento, el Instituto Mexicano del Seguro Social está obligado a preferir medicamentos genéricos —bioequivalentes de la mejor calidad disponible— a los de patente, y *b*] el perfil epidemiológico de los mexicanos es creciente en enfermedades crónico-degenerativas como la diabetes, lo cual aumenta en el tiempo los costos de tratamiento de los pacientes, por lo que evidentemente los precios de medicinas de patente serían prohibitivos para el Estado.

¿Gracias a qué es posible un capítulo de DPI tan mal balanceado? Es simple, se debe a que las negociaciones del TPP se mantienen, más que en confidencialidad, en "secrecía". El hecho de que el público en general no tenga acceso a más información que un documento filtrado facilita que los negociadores como Estados Unidos actúen como fideicomisarios, por ejemplo, de las grandes empresas farmacéuticas. Pero esta cuestión, per se, no es mala, por el contrario, es sano que los gobiernos actúen a favor de sus empresas nacionales. El gran problema es que se ignoren los intereses de la mayoría de la población: los consumidores.

En cuanto a México, no es coincidencia que el TPP sea poco conocido por la opinión pública, pues por petición de Estados Unidos, las negociaciones en torno a todas las mesas temáticas de trabajo son estrictamente confidenciales. Como muestra, en el capítulo de DPI propuesto por Estados Unidos se estipula que el documento deberá ser desclasificado a partir del cuarto año de entrada en vigor del TPP. La información disponible sobre este acuerdo proviene principalmente de las declaraciones oficiales de los representantes de los países negociadores y de los seminarios y discusiones de círculos académicos especializados. Esto no debería ser así. Los países miembros del TPP deberían fomentar la discusión en sus respectivos países sobre este acuerdo que tendría impactos tanto positivos como negativos en diversos sectores de las economías nacionales. Por ejemplo, la retórica de los gobiernos mexicano y estadunidense sostiene que el TPP es un instrumento de cooperación que busca el desarrollo de las Pymes; sin embargo, no hay muchas de estas empresas que sepan a ciencia cierta qué es este acuerdo, cómo les afectaría, cuáles serían sus beneficios y cómo los aprovecharían.

Hasta el momento, la presión por parte del sector empresarial, así como de la sociedad civil organizada ha sido débil e intermitente. No ha habido ninguna muestra importante de protesta exigiendo una mayor divulgación de los textos de negociación del TPP. Como llamado de atención al tercer sector y a la iniciativa privada es importante que se exija a las autoridades mexicanas un mayor debate en la esfera pública en torno a un acuerdo que afecta a todos los sectores de la economía mexicana. Por otra parte, el Congreso de la Unión también se ha mantenido con bajo perfil respecto al TPP. Es comprensible que, dadas las circunstancias políticas actuales, la agenda legislativa esté enfocada en promover las reformas estructurales al interior del país; sin embargo, resulta necesario que el poder legislativo exija al ejecutivo una comparecencia pública respecto al TPP.

Un último tema de riesgo resulta de las condiciones de acceso de México al TPP. El riesgo de la entrada de México en las negociaciones recae en las condiciones impuestas por los nueve miembros a Canadá y a México. Según éstas, los nuevos miembros no podrán reformar los acuerdos alcanzados por los otros nueve miembros con anterioridad y no podrán vetar futuros capítulos si los nueve miembros llegan a un consenso. En este sentido, la tarea de los negociadores mexicanos para promover los intereses nacionales resulta un tanto más difícil, pues tendrán que desarrollar la habilidad de crear consensos en temas estratégicos para tener un mayor poder de negociación *vis à vis* el jugador más importante, Estados Unidos, al tiempo que deberán de ser capaces de romper consensos para no terminar en un escenario en el que los nueve miembros originales acuerden puntos perjudiciales para el país.

CONSIDERACIONES FINALES

El TPP representa una oportunidad para México por las siguientes razones:

a] Es un impulso necesario para avanzar en su proceso de integración con América del Norte, la cual ha permanecido estancada por diversos problemas políticos y la incapacidad o falta de interés de los líderes de Canadá, Estados Unidos y México de tomar los siguientes pasos necesarios para capitalizar todos los potenciales beneficios como bloque económico. Como reflexión adicional, Robert Pastor —asesor para Latinoamérica del expresidente James Carter e importante promotor de una mayor integración norteamericana— ha fomentado la discusión sobre los beneficios de una unión aduanera de América del Norte. Además, el TPP presenta una oportunidad para complementar y reforzar al TLCAN, que ha permanecido sin cambios dos décadas, permitiendo corregir disfuncionalidades observadas y actualizar la alianza de América del Norte, incluyendo temas nuevos que permitirán hacer frente a los retos de una nueva realidad cambiante.

b] El TPP debe servir a México para hacer entender a Estados Unidos que él es un aliado sine qua non de su poderío comercial en el mundo y que el éxito o fracaso de la integración norteamericana en las cadenas globales de valor —en este caso de Asia-Pacífico— depende de la capacidad de los tres países para consolidar su integración en un bloque más que comercial. Por ello, una de las tareas más urgentes de las autoridades mexicanas es lograr convencer a sus contrapartes de América del Norte de que es preciso aliarse para formar el bloque más poderoso dentro de las negociaciones del TPP. Una vez hecho esto, México tiene que encargarse de que el bloque norteamericano llegue a cada ronda de negociaciones TPP con posturas discutidas entre ellos con anterioridad. El qué tanto ayudará el TPP para la integración norteamericana dependerá de la voluntad, el liderazgo y la convergencia de intereses entre Barack Obama, Enrique Peña Nieto y Stephen Harper.

c] El que México entre al TPP significa que podrá contrarrestar la erosión de preferencias por productos mexicanos en Estados Unidos, ante la competencia de nuevos países que ahora gozan de acceso preferencial a dicho mercado. Adicionalmente, el TPP le dará a México acceso comprensivo a nuevos mercados con los que podrá aumentar sus exportaciones. Como se mencionó, existen sectores industriales en el país que se beneficiarían ampliamente con este acuerdo. Sin embargo, por el tamaño de las economías de los nuevos socios de México, el TPP no es la panacea para la diversificación comercial con Asia, sino apenas una ventana para conocer lo que está pasando en la región. Hacerse de socios importantes en Asia-Pacífico con Australia, Malasia, Nueva Zelanda, Singapur y Vietnam le permitirá a México romper el velo de ignorancia que nos mantiene alejados de Asia. La cooperación en el marco de esta iniciativa debe ir más allá de los beneficios económicos, incluyendo agendas puntuales de cooperación tecnológica y cultural en áreas estratégicas para México (energía, planeación urbana, educación, turismo, etcétera).

d] Más que el aumento de sus exportaciones a los países TPP, lo realmente importante para México es que este acuerdo lo posiciona como miembro de la iniciativa de integración regional más importante en Asia-Pacífico. Se espera que la liberalización total del comercio y las inversiones entre sus miembros, así como la implementación de medidas para facilitar la actividad económica compartida actúen como catalizador en la construcción de cadenas regionales de valor. México tendrá acceso con menor costo a mercados importantes de bienes intermedios, lo cual es una oportunidad para importar componentes a menor precio, agregarles valor y exportarlos a otros mercados. Como ejemplo, México podrá acumular origen con Malasia, Singapur y Vietnam, países con un mayor acceso a mercados más importantes como China y la India. Consecuentemente, México podría indirectamente aumentar sus exportaciones hacia estos últimos países.

e] Por todo lo anterior, la entrada de México al TPP debe ser tomada como un paso en la dirección correcta. No obstante, para capitalizar los beneficios que ofrece esta asociación regional, México debe antes hacer la tarea en casa: primero, debe diseñar políticas públicas para incluir a un mayor número de empresas mexicanas a las cadenas globales de valor —sobre todo a las Pymes— para que exista una mayor derrama económica del TPP a todos los sectores productivos del país; segundo, aunque el TPP es un acuerdo de asociación, se debe tener en cuenta que México ahora compite mano a mano con otros países potencialmente competidores, por ello, México tiene la presión de elevar su competitividad en áreas diferentes al mercado de trabajo, como infraestructura, mejoras en la calidad educativa, facilitación de negocios, reforma fiscal y reforma energética entre otros; y tercero, la

competitividad del país depende en gran medida de su transformación en una economía basada en el conocimiento como su principal
factor de producción. En este sentido, México debe apostarle al desarrollo tecnológico y a la innovación nacional, y a la asimilación de
tecnología extranjera.

f] A México le falta urgentemente una estrategia comercial y
comprensiva con otros mercados que no sean los norteamericanos,
principalmente con Asia. Pero sería injusto que el gobierno mexicano cargase con toda la culpa, en especial cuando el sector privado
nacional se ha mostrado incapaz de mirar nuevos horizontes y tomar
riesgos para adentrarse a nuevos mercados, en gran parte, debido a su
incapacidad por salirse de la zona de confort que ofrece el mercado
estadunidense. Por ello, la agenda comercial de México necesita un
acercamiento transversal con otras economías importantes en la región, sobre todo con China, Corea del Sur y la India. Estratégicamente, el TPP debe ser visto como una inversión en el largo plazo; sobre
todo, cuando los beneficios económicos realmente significativos para
cualquier integrante están en función de la expansión de la membre-
sía del TPP. China, el gran ausente en las negociaciones, podría ser la
pieza *sine qua non* de la formación de un Área de Libre Comercio de
Asia-Pacífico.

g] Por último, es necesario hacer un llamado de atención a las autoridades mexicanas para que fomenten en el debate público algunos
puntos básicos de las negociaciones del TPP. Lo que afecta a todos
debe ser tratado por todos. Por ello, la sociedad civil organizada puede desempeñar un papel fundamental de presión hacia el gobierno
federal y de concientización a los diversos sectores de la economía
mexicana. El TPP debe ser objeto de discusión en los medios masivos
de comunicación, en este sentido, la comunidad académica debe buscar abrirse espacios de debate en radio y televisión para presentar las
bondades y riesgos del TPP.

RELACIONARSE CON UNA EUROPA EN CRISIS

LORENA RUANO

Para México, Europa representa la principal opción de diversificación de sus relaciones exteriores, tanto económicas, como políticas. Desde finales del siglo XIX, las élites mexicanas han buscado en la relación con el viejo continente un contrapeso a la abrumadora presencia de Estados Unidos en la vida interna y externa del país. Ahí se encuentran muchas de las economías más desarrolladas del planeta y algunos países que todavía se consideran "grandes potencias". Ahí se sitúa también España, antigua metrópoli colonial, con la que se comparten lazos históricos, culturales, económicos y políticos, sin paralelo fuera de las Américas. Esta visión fue la que llevó, en la segunda mitad de la década de los años noventa, a buscar un Acuerdo de Asociación con la Unión Europea, que entró en vigor en 2000.[1] En 2008, se añadió una "Asociación Estratégica" a dicho marco. Esto ha convertido a México en el socio extra-europeo con el cual la Unión tiene la relación más institucionalizada del mundo.

A pesar de esto, para México, el lugar de Europa sigue siendo secundario y, en los últimos años, ha perdido importancia debido, en gran medida, a la actual crisis económica que ha reducido el estatus de la Unión Europea en el mundo. Las prioridades de México se sitúan ahora en otras regiones: en el "regreso" a Latinoamérica; en la "fiebre" por los países BRIC; en la irresistible atracción del espectacular crecimiento asiático. Por su parte, Europa, más introvertida que nunca, relega sus relaciones externas a un segundo plano. En ellas, América Latina siempre ha sido una de las últimas prioridades. La buena noticia es que, dentro de esta región sin importancia para los europeos, México (junto con Brasil) se ha convertido en uno de los países que se han propuesto no desatender.

En este capítulo se argumenta que, a pesar del declive europeo y

---

[1] El nombre completo de este acuerdo es Acuerdo de Asociación Económica, Concertación Política y Cooperación entre la Unión Europea y México, también conocido como "Acuerdo Global".

de la atracción por otras latitudes, México no debe desatender sus relaciones con esta región, sino, más bien, potenciarlas y aprovechar las oportunidades que le brinda el marco institucional vigente. Existen varias razones de peso para ello. La primera es que la base institucional para relacionarse ya existe y no es preciso invertir en negociar un acuerdo nuevo. En el plano económico, que parece ser prioridad en la administración de Enrique Peña Nieto, no debe perderse de vista que Europa sigue siendo el segundo socio económico de México, después de Estados Unidos, y una potencia internacional de primer nivel, capaz de incidir en la agenda, la regulación y la situación mundial. En el plano político, los países europeos ejercen todavía un peso decisivo en organismos mundiales clave para la acción internacional de México. Aunque el peso de Europa puede parecer desproporcionado con respecto a sus capacidades en declive, sigue siendo real, especialmente cuando hay un consenso entre todos los países europeos, como suele ser el caso en los temas de derechos humanos o cambio climático.

LA ESTRUCTURA DE LAS RELACIONES MÉXICO-EUROPA

Las relaciones actuales de México con la Unión Europea están enmarcadas institucionalmente por el Acuerdo de Asociación mencionado líneas arriba. Este acuerdo se negoció en la presidencia de Ernesto Zedillo y entró en vigor en octubre de 2000. Como su nombre indica, está compuesto por tres pilares: el primero, y más relevante para ambas partes, es un tratado de libre comercio y cooperación económica (Tratado de Libre Comercio Unión Europea-México, TLCUEM) que, a su vez, fue complementado por una serie de acuerdos bilaterales con cada uno de los países miembros de la Unión Europea en materia de protección de inversiones y doble tributación fiscal; el segundo, en materia de cooperación, donde se han ido añadiendo acuerdos específicos en derechos humanos y ciencia y tecnología; el tercero, el pilar de diálogo político, que está compuesto por reuniones periódicas de funcionarios en varios niveles, se usa para discutir temas bilaterales, en particular los referentes a mejorar la operación del Tratado de Asociación en sus tres pilares. En la última administración se iniciaron diálogos estructurados en materias como educación, cohesión social y medio ambiente, aunque éstos no han concretado en ningún arreglo específico adicional. Más allá del ejecutivo, esta estructura incluye también reuniones interparlamentarias anuales y un diálogo entre sociedades civiles.

En 2008, se complementó la estructura de diálogo político con un acuerdo para establecer una "Asociación Estratégica" entre México y la Unión Europea, que complementa el pilar de diálogo político al incluir ahora la discusión de temas de interés común de cara a negociaciones multilaterales. Se tienen definidos los siguientes cuatro rubros: derechos humanos, seguridad, cambio climático y estructura financiera internacional.

Adicionalmente a este marco institucional de relaciones con la Unión Europea, México mantiene relaciones bilaterales con los países de Europa, la mayoría de los cuales son miembros de la Unión Europea (28 con la incorporación de Croacia en junio de 2013). Destacan, en orden de importancia política y económica para México, las relaciones con España, Alemania, Francia, Italia y el Reino Unido, seguidos por Suecia y los Países Bajos. También cabe destacar que no todos los países europeos pertenecen a la Unión Europea: Islandia, Noruega y Suiza pertenecen a la Asociación Europea de Libre Comercio, la cual está, a su vez, asociada a la Unión por medio de varios tratados que conforman el Espacio Económico Europeo. Turquía, los Balcanes (Bosnia-Herzegovina, Kosovo, Montenegro y Serbia) y Rusia, así como los antiguos miembros de la Unión Soviética (Georgia, Ucrania, etcétera) tampoco pertenecen a la Unión Europea. Tampoco sobra aclarar que no todos los países de ésta son miembros de la zona euro: solamente 17 de los 28 comparten la moneda única.

Así pues, es importante recalcar que las relaciones con Europa están dominadas por la Unión Europea, pero no deben perderse de vista las relaciones bilaterales, sobre todo con aquellos países con los que se tiene los vínculos más estrechos o con los que no pertenecen a la Unión. Además, México tiene también una serie de "Asociaciones Estratégicas" bilaterales con estos países clave, como son Alemania, España, Francia y el Reino Unido.

México también se relaciona con la Unión Europea en el marco de la "Asociación Estratégica Birregional Unión Europea, América Latina y el Caribe", que se compone de cumbres de jefes de Estado y de gobierno cada dos años. En los años intermedios hay reuniones de cancilleres de ambas regiones. México fue sede de la cumbre de Guadalajara en 2004. Por diversas razones, este mecanismo de diálogo ha ido perdiendo importancia para ambas orillas del Atlántico desde mediados de la década pasada. Como resultado, la última cumbre fue en Santiago de Chile en 2013, medio año después de lo previsto originalmente. La revitalización de este mecanismo depende, en gran medida, de la capacidad de la recién creada Comunidad de Estados Latinoamericanos y Caribeños de articular posiciones conjuntas de la región ante la Unión Europea y otros organismos internacionales. De lo contrario, ésta continuará con la actual tendencia a relacionarse más estrechamente con algunos países (o grupos de ellos) de Latinoamérica, en detrimento de su interacción con la región en su conjunto. De hecho, en la cumbre de Madrid de 2010, la Unión Europea firmó otros Acuerdos de Asociación, similares al de México, con Centroamérica, Colombia y Perú. Chile contaba con un acuerdo de este tipo desde 2002. La Unión Europea también estableció una "Asociación Estratégica" (diálogo político) con Brasil. De esa manera, complementó su diálogo con América Latina y el Caribe con una red de Acuerdos de Asociación y Asociaciones Estratégicas bilaterales. La coordinación de todos estos mecanismos representa un reto.

EL INTERCAMBIO ECONÓMICO: PILAR FUNDAMENTAL DE LA RELACIÓN

El principal interés de México en esta relación ha sido diversificar sus intercambios económicos externos. Históricamente, Europa ha sido el segundo socio económico más importante de México después de Estados Unidos. Hoy, la Unión Europea es todavía el segundo socio comercial (alrededor del 8% del comercio exterior de México) y el segundo inversionista (25% de la inversión extranjera directa, IED, en la última década).[2] El TLCUEM ha ayudado a aumentar el volumen neto de comercio entre las partes (que se multiplicó por tres en diez años), pero no ha afectado sustancialmente la proporción del comercio mexicano que se hace con la zona respecto del total. De hecho, en importaciones, la Unión Europea ha sido desplazada por China en la última década, como segundo proveedor de México, después de Estados Unidos. En cuanto a inversiones, el panorama es similar: han

---

[2] Todos los datos económicos provienen de la Secretaría de Economía y (o) del Banco de México.

aumentado mucho en volumen, aunque no en proporción respecto del total (históricamente, Europa ha sido origen de una cuarta parte de la IED desde 1950). La relación comercial ha sido esencialmente deficitaria para México, mientras que el flujo de inversiones ha dejado un amplio superávit, aunque también hay inversiones de empresas mexicanas en Europa (CEMEX, América Móvil y Grupo Bimbo son ejemplos destacados, pero hay más).[3] El principal interés de la Unión Europea en establecer este acuerdo fue contrarrestar la desviación de comercio que se generó a partir de la firma del Tratado de Libre Comercio de América del Norte. En la Unión Europea también se vio al Acuerdo de Asociación con México como el primero en una nueva estrategia hacia Latinoamérica, basada en una serie de acuerdos de liberalización comercial con países de renta intermedia.

A pesar de que el TLCUEM es muy completo e incluye "cláusulas de segunda y tercera generación", se han detectado algunas dificultades que han frenado el crecimiento de las exportaciones mexicanas hacia Europa: la deficiencia en infraestructura, el desconocimiento del mercado europeo por parte de los empresarios mexicanos, el proteccionismo agrícola en Europa y la complejidad de las normativas europeas. Los empresarios europeos, a su vez, han comentado que su trabajo se ve frenado en México por los trámites en las aduanas y la incompatibilidad de normas entre los tres niveles de gobierno, entre otros asuntos. Los países con los que hay mayor intercambio son, en orden de importancia, España, Alemania, el Reino Unido, Italia y los Países Bajos. El comercio ha crecido con los nuevos miembros de Europa Central, así como con Suecia, cuyas inversiones también se han disparado en los últimos años. La relación económica con Francia se ha estancado, aunque algunas de sus multinacionales son exitosas a nivel mundial y siguen operando en México.

En suma, a pesar del atractivo de otros mercados en Latinoamérica y en Asia, no debe perderse de vista la importancia que tiene Europa para México desde el punto de vista comercial y, sobre todo, de inversiones. Se trata de economías con un alto nivel de poder adquisitivo, una excelente capacidad de innovación tecnológica y grandes cantidades de capital. La ventaja que presenta Europa con respecto a otras regiones es que "ya se tiene un marco institucional avanzado"

---

[3] Ernesto Sarabia, "Crece en extranjero inversión mexicana", *Reforma*, 26 de febrero de 2013.

que regula los intercambios económicos; el acceso de los productos mexicanos ya está, en gran medida, resuelto. La revisión del TLCUEM, propuesta en la reunión de Santiago de Chile en enero de 2013,[4] permitirá actualizarlo e incluir los nuevos aspectos de la agenda comercial contemporánea y, quizá, mejorar algunos de los aspectos insatisfactorios relacionados con el acceso al mercado agrícola europeo. Sin embargo, para poder sacarle mayor provecho a este acuerdo comercial, no es suficiente revisarlo y actualizarlo, es necesario avanzar en las reformas internas que México necesita de cualquier forma, desde mejorar los procesos aduaneros y de certificación, hasta modernizar la infraestructura de transportes, pasando por una mayor competencia en ciertos sectores, como telecomunicaciones y energía.

LA CRISIS EN EUROPA

Desde 2009, la agenda de la Unión Europea y de sus países miembros ha estado dominada por la llamada "crisis del euro". Las respuestas iniciales a los efectos de la crisis económica estuvieron marcadas por su carácter nacionalista, incluso en contra de normativas comunitarias, dejando claro que, en este nuevo contexto, la unidad europea se vería puesta a prueba.[5] El choque se dejó sentir de forma asimétrica en la Unión Europea, afectando en primera instancia a las economías más débiles de la zona euro: en Grecia, se presentó en forma de un problema de deuda soberana a principios de 2010, de ahí, se "contagiaron" Irlanda y Portugal. El problema mayor fue que la arquitectura de la unión monetaria no había contemplado mecanismos para enfrentar este tipo de retos, de tal suerte que fue necesario ir improvisándolos, cumbre tras cumbre, con el consenso de los 27 estados

[4] "México y la Unión Europea acuerdan revisar TLC", Noticieros Televisa, <http://noticierostelevisa.esmas.com/economia/552941/mexico-y-union-europea-acuerdan-revisar-tlc/>, 26 de enero de 2013.

[5] Por ejemplo, las ayudas francesas a la industria automotriz a finales de 2008 contravenían las reglas de competencia comunitarias, "Europe's baleful bail-outs", *The Economist*, 30 de octubre de 2008. Véase también "Beware of breaking the Common Market", *The Economist*, 12 de marzo de 2009. Más aún, en 2009, la Unión Europea se rehusó a rescatar a los países de Europa Central en problemas financieros, dejando la tarea a otras instituciones como el Fondo Monetario Internacional y el Banco Mundial: "Ailing in the East", *The Economist*, 1 de marzo de 2009.

miembros. Esto no ha sido fácil dada la falta de acuerdo sobre cuestiones fundamentales, desde el diagnóstico, hasta los instrumentos de política pública necesarios para enfrentar y resolver el problema. Por lo tanto, la Unión Europea mostró mucha lentitud en la toma de decisiones, lo cual, a su vez, acentuaba el nerviosismo de los mercados financieros y ahondaba una crisis, que terminó afectando a España e Italia hacia mediados de 2011 y, en 2012, amenazó incluso a Francia. Si bien, en el momento de escribir este texto, los mecanismos básicos para atajar el problema ya están en marcha (el fondo de rescate, el tratado fiscal, las propuestas de unión bancaria, etcétera), la situación aún no está controlada.

En Europa, los efectos políticos de la crisis han sido considerables, con un desgaste enorme por parte de los gobiernos avocados a aplicar medidas de austeridad que no se veían desde los años treinta. Un indicador elocuente de este desgaste es que, desde que inició la crisis, sólo el primer ministro holandés fue capaz de reelegirse en 2012 (aunque con una coalición distinta),[6] mientras que, en el caso extremo de Italia, el primer ministro, Silvio Berlusconi, fue remplazado *in extremis* por un tecnócrata no electo, Mario Monti. Bélgica rompió el récord de incapacidad para formar un nuevo gobierno, pues se tardó año y medio en lograr una coalición tras las elecciones de 2010. En el Reino Unido, la elección de 2010 produjo algo insólito en el sistema de Westminster: un gobierno de coalición. Además, se advierte un ascenso de los partidos con posiciones extremas, particularmente en la derecha, mientras que las movilizaciones (como "los indignados" en España) y las huelgas se multiplican en Europa del Sur y del Este.

La mala sangre también se ha dejado ver en las relaciones entre gobiernos europeos, con desacuerdos profundos entre aquellos que pertenecen a la unión monetaria y los que no (como Polonia y el Reino Unido); entre los países acreedores (Alemania, Finlandia, Holanda) y los deudores (España, Grecia e Italia); y entre aquellos que defienden posturas ortodoxas (como Alemania) y quienes piensan que es necesario poner en marcha una política más heterodoxa (como Francia tras la elección de François Hollande en 2012). En el Reino Unido, el euroescepticismo del Partido Conservador ha llegado a tal punto que el primer ministro, David Cameron, ha anunciado que re-

---

[6] Josep Colomer, "El fin de la democracia estatal", *El País*, 2 de marzo de 2012; "The far right in Northern Europe: On the march", *The Economist*, 17 de marzo de 2011.

negociará la relación de su país con la Unión Europea y someterá el resultado a un referéndum que plantea abiertamente abandonar esta comunidad política. Así las cosas, no sorprende que la Unión Europea se haya vuelto aún más introvertida de lo que ya de por sí era, ni que su influencia en la política mundial se haya visto disminuida. Por consiguiente, la relación con Latinoamérica ha languidecido en los últimos años, particularmente debido al espectacular debilitamiento de España, el país miembro más interesado en la región.

RELACIONARSE CON UNA EUROPA EN CRISIS

La crisis ha tenido dos tipos de efecto inmediato para México: en primera instancia, la caída en la demanda europea afectó a las exportaciones mexicanas hacia esa región, que cayeron más de 33% en 2009 con respecto al año anterior. Los niveles de comercio total entre ambas partes no se recuperaron sino hasta 2011 y, en segundo lugar, la turbulencia en los mercados financieros mundiales contagió a la bolsa en México y también generó incertidumbre en Estados Unidos, principal socio de este país.

En el mediano plazo, otro efecto importante de la crisis, desde el punto de vista de México, es que España se ha visto enormemente debilitada, tanto en el plano económico, como en su influencia política dentro de la Unión Europea. Esto ha tenido consecuencias inmediatas en las exportaciones mexicanas hacia Europa, cuyo mercado principal era España, así como en las inversiones provenientes de ese país, que se había convertido en el segundo inversionista extranjero, después de Estados Unidos. Las consecuencias políticas del debilitamiento español son quizá menos visibles, pero no por ello menos graves. España ha sido, desde su entrada a la entonces Comunidad Europea en 1986, el principal "abogado de América Latina" dentro de la Unión Europea. Este país ha sido el que se ha encargado que la Política Exterior y de Seguridad Común (PESC) tenga una dimensión latinoamericana, el que ha empujado las cumbres UE-ALC y la red de Acuerdos de Asociación con la región descritos líneas arriba. México ha sido un aliado fundamental en estos procesos de acercamiento empujados por España. Con su debilitamiento político en el seno de la Unión Europea, resulta probable que la relación de Europa con

Latinoamérica pierda algo de la poca importancia que ha logrado obtener en las últimas décadas.

En este contexto, es importante que México refuerce sus relaciones bilaterales con otros socios europeos, notablemente Alemania, los Países Bajos, Polonia y Suecia, pues su poder relativo dentro de la Unión Europea ha crecido, y son aquellos que pueden, en un momento dado, impulsar las políticas hacia Latinoamérica. Son también las economías que más crecen en la zona y que pueden representar mercados interesantes para las exportaciones mexicanas y, salvo Polonia, son ya fuentes importantes de inversión. Sin embargo, a diferencia de España, ninguno de estos países tiene a América Latina entre sus prioridades de política exterior; en todo caso, han desarrollado interés por los países que perciben como importantes dentro de la región, como Brasil y México. Es preciso aprovechar esta coyuntura en la que México se ve como una economía emergente prometedora y como socio multilateral responsable para reforzar las relaciones con estos otros países europeos de manera sustancial.

Algunos de estos países, como Polonia o Suecia, tienen las relaciones que tienen con nuestra región y nuestro país debido a que pertenecen a la Unión Europea. Para muchos países de ésta, México y Latinoamérica cobran relevancia en la medida en que aparecen en la agenda comunitaria. En ese sentido, es preciso reforzar también la visibilidad de México ante las instituciones comunitarias en Bruselas, notablemente la Comisión y el Parlamento Europeos. No debe perderse de vista que la política comercial, las normas de inversión, la política económica en general y una parte importante de ayuda al desarrollo se manejan de manera conjunta por medio de estas instituciones.

Ahora bien, para tener incidencia real en dichas instituciones, es menester contar con el apoyo de un número amplio de estados miembros, para lo cual debe cabildearse también en las capitales nacionales. Aquí, una buena coordinación de las representaciones mexicanas en Europa, sobre todo entre aquellas que se asientan en Bruselas y en las capitales, es fundamental. No estaría de más aclarar cuál es su jerarquía, por lo menos en ciertos temas que se dirimen a nivel comunitario, como el comercio. Es indispensable establecer mecanismos de comunicación regulares para presentar una acción conjunta de manera ágil, sin tener necesariamente que pasar por la cancillería en la ciudad de México. En este sentido, sería conveniente institucionalizar reuniones regulares y frecuentes de los embajadores mexicanos ante la Unión Europea con sus colegas asentados en las capitales de los países miembros para tener una acción más efectiva ante esta región, donde la toma de decisiones es compleja y su nivel de centralización varía de un sector a otro.

LOS FOROS MULTILATERALES: PUNTOS DE CONTACTO CON EUROPA

Más allá de las relaciones bilaterales, México se relaciona con Europa en numerosos foros multilaterales donde se toman decisiones de gran calado para el mundo y para México. En ellos, los países europeos tienen una representación importantísima, incluso por encima de su poder real —que parece ir en declive—. Por lo tanto, la coordinación y consulta con esos países de cara a los foros multilaterales es otra faceta que debe cultivarse en el futuro. Destacan en este sentido cinco temas y sus respectivos foros: seguridad internacional, derechos humanos, medio ambiente, arquitectura financiera internacional y cooperación internacional para el desarrollo.

Dentro del sistema de Naciones Unidas, dos de los cinco miembros permanentes del Consejo de Seguridad son las "grandes potencias" europeas, Francia y el Reino Unido, lo cual hace que la sobrerrepresentación europea sea notable. Ahí se toman decisiones de gran calado para la seguridad mundial, especialmente en el tema de desarme en el que México siempre ha tenido una agenda proactiva, por lo que es necesario mantener un diálogo fluido al respecto con estos países. Además, si México tuviera interés en volver a participar en el Consejo de Seguridad como miembro no-permanente, como lo hizo en los últimos dos sexenios (2002-2003, 2009-2010), la colaboración cercana con Francia y el Reino Unido resultaría fundamental.

Otro tema en el que los países europeos tienen incidencia a nivel multilateral es el de derechos humanos, en el cual México también ha empleado sus energías en la última década. Aquí los europeos tienen mucho peso debido al "consenso" que existe entre los miembros de la Unión Europea de actuar en la misma dirección. El consenso europeo en este tema rebasa incluso las fronteras de la Unión Europea, pues incluye países como Islandia, Noruega y Suiza. El fortalecimiento de los regímenes de derechos humanos es una de las piedras angulares de la PESC, y la Unión Europea busca condicionar sus programas de ayuda al desarrollo al respeto de los mismos. Si México decidiera hacer avanzar esta agenda en el nivel multilateral como lo ha venido haciendo (por ejemplo, volviendo a participar en el Consejo de Derechos Humanos), es necesario cultivar la coordinación con los países europeos y con la Unión, pues resultan aliados de peso.

El tercer tema en el que la cooperación con Europa ha resultado de gran ayuda para hacer avanzar la agenda multilateral de México ha sido el de medio ambiente y cambio climático. El éxito de la Conferencia de las Partes sobre el Cambio Climático en Cancún a finales de 2010 (COP16) convirtió a México en un país de referencia obligada en el tema. La cooperación con los países europeos previa a la cumbre resultó fundamental para acercar posturas y preparar la reunión, pues la Unión Europea es el bloque de países que empuja con mayor entusiasmo el proceso y, nuevamente, el consenso imperante entre ellos es un elemento que les otorga enorme fuerza a nivel global. Por otra parte, la Unión Europea se ha distinguido por ser pionera en la implementación de medidas para atajar el calentamiento global que terminan teniendo efectos en el resto del mundo o siendo inspiración para medidas a nivel multilateral, como la instauración del sistema de intercambio de bonos de carbono o el impuesto ambiental a aeronaves que toquen suelo europeo. Aquí, la cooperación y comunicación bilateral con las instituciones europeas, la Comisión y el Parlamento son básicas para tener una acción conjunta efectiva a nivel multilateral y bilateral. El diálogo sobre medio ambiente y cambio climático que ya se tiene en el marco de la Asociación Estratégica México-Unión Europea facilita dicha comunicación. Sin embargo, al igual que en el tema de los derechos humanos, la Unión Europea percibe que México es un excelente socio a nivel internacional, pero que aún tiene mucho que hacer a nivel interno, y ha buscado enfocar su cooperación en ese ámbito.[7]

Otro tema en el que Europa tiene un peso enorme a nivel mundial es el económico. Aquí los foros son múltiples, pues abarcan desde la Organización Mundial del Comercio (OMC) hasta el G-20 o el Foro Económico Mundial de Davos. En términos comerciales, la Unión Europea es la potencia más grande del mundo, incluso por encima

---

[7] De hecho, desde su Documento de Estrategia de 2007, la Comisión Europea ya había señalado su preocupación por la situación medioambiental en México y había colocado este tema entre sus prioridades de cooperación con este país. Comisión Europea, *Mexico: Country Strategy Paper 2007-2013*.

de China y Estados Unidos, pues maneja más del 20% del comercio mundial (excluyendo el comercio intraeuropeo). Cuando la Unión Europea adopta principios, medidas y decisiones, tienen un efecto notable en la OMC, y sus prácticas regulatorias se han exportado más de una vez al nivel mundial. Sin embargo, dado el estancamiento en la Ronda de Doha en el momento de escribir este texto, el nivel multilateral no es donde debe enfocarse la colaboración con la Unión Europea. Más bien, es indispensable que México se mantenga atento a las negociaciones de dos tratados de libre comercio que dicha comunidad está llevando a cabo con Canadá y Estados Unidos, y que tendrán efectos directos y brindarán grandes oportunidades al comercio exterior mexicano.[8]

En términos financieros, el continente europeo sigue siendo una potencia de primer orden, no sólo porque es la fuente principal del capital que circula por el mundo, sino también por las repercusiones que la crisis en la zona euro está teniendo en la economía global. El principal foro donde se ha venido discutiendo la manera de hacer frente a esta crisis y el sistema bancario que la generó es el G-20. Aunque la preeminencia que ha adquirido este foro desde 2009 sobre el G-8 ha beneficiado a México y otras economías emergentes, pues ahí tienen representación en estas discusiones, no debe perderse de vista que Europa sigue dominando con una representación mayoritaria que incluye a las instituciones comunitarias, además de los países miembros con las economías más grandes. La insistencia de España en 2008 de ser incluido en el grupo revela justamente lo crucial que resulta tener voz y voto en la mesa en que se toman las decisiones que delinearán la futura arquitectura financiera global.[9] Por lo tanto, la participación en este foro se ha vuelto prioritaria en la interacción con Europa en los temas económicos. Por ejemplo, este foro permite tener voz para externar preocupaciones sobre las medidas que se acuerden en la zona euro y que podrían generar externalidades para México, como la instauración de la tasa a transacciones financieras, conocida como *la tasa Tobin*.

---

[8] Verónica Valenzuela González, "TLC Europa-Estados Unidos: complejo y ambicioso", *El Semanario*, <http://elsemanario.com.mx/categorias/revista/nota/92/tlc-europa-estados-unidoscomplejo-y-ambicioso>, 16-22 de febrero de 2013.

[9] Tras la crisis económica, el gobierno español ha insistido en asistir a las reuniones del G-20 por tratarse de la octava economía del mundo. "España estará en la cumbre del G-20 en Washington", *El País*, 7 de noviembre de 2008.

Por último, la cooperación para el desarrollo representa otro campo en el que la relación con Europa puede potenciarse en el futuro inmediato. En este ámbito, Europa es nuevamente una potencia mundial de primer orden, a pesar de que la crisis ha reducido los montos de ayuda disponible. De acuerdo con datos de la Organización para la Cooperación y el Desarrollo Económicos (OCDE), en conjunto, la Unión Europea y sus estados miembros son los principales donantes de ayuda al desarrollo en el mundo —más de la mitad de los fondos provienen de Europa—. Por su parte, México se está incorporando como donante y de manera más estructurada a esta área del quehacer internacional, con el establecimiento de una ley en este rubro en 2011 y la creación de la Agencia Mexicana de Cooperación Internacional para el Desarrollo en 2012. El país dejó de ser receptor de ayuda al desarrollo, debido a su nivel de ingreso y a su pertenencia a la OCDE, y más bien participa en proyectos de cooperación (cofinanciamiento) con la Unión Europea. Así pues se abre un espacio nuevo para la colaboración entre México y Europa en el ámbito de la "cooperación triangular" enfocada hacia Centroamérica y el Caribe, como ya se dio en el caso de Haití tras el terremoto de 2011. Más allá del valor intrínseco de dicha cooperación, es importante tener en cuenta que éste puede ser un instrumento central para reforzar la visión que tienen los países europeos de México como una potencia regional ineludible. En otras palabras, México se volverá más atractivo como socio de cooperación internacional en la medida en que se presente como un líder regional que promueve proyectos conjuntos.

CONCLUSIÓN

Aunque Europa esté sumida en una crisis económica y política, no es una región irrelevante, ni mucho menos. Sigue siendo un actor de primer orden en varios aspectos de la vida internacional, por su peso y por su [sobre]representación en las instituciones multilaterales. México no puede darse el lujo de ignorarla, aunque no sea más que por las repercusiones que tienen sus decisiones en la economía global. Si la Unión Europea firma un acuerdo de libre comercio este año con Estados Unidos y otro con Canadá, se tratará de uno de los eventos con mayor incidencia en la vida económica de México en mucho

tiempo. Si adopta medidas para regular el sistema bancario europeo
de forma distinta, también tendrá repercusiones en el sistema bancario mexicano.

Además, las relaciones con esta región presentan ventajas importantes sobre otras regiones: ya se tiene gran parte de los acuerdos económicos firmados, ya se tiene una relación política institucionalizada
para discutir los temas de interés común, y se comparten muchos valores y objetivos de cara a las instituciones multilaterales. Ya se cuenta
con una nutrida red de representaciones diplomáticas y comerciales
que, con mayor coordinación y una estrategia clara, podría dar muy
buenos resultados. Finalmente, en la actual coyuntura, México se ve
en Europa como un socio mundial importante, responsable y con una
economía en ascenso.[10] Son oportunidades que no se deben desapro-
vechar.

[10] "Special Report: Mexico", *The Economist*, 22 de noviembre de 2012; Adam Thomson, "Mexico: Aztec tiger", *The Financial Times*, 27 de febrero de 2013.

LA AGENDA HACIA EUROPA:
¿LA RELACIÓN ES MEJORABLE?

STÉPHAN SBERRO

En 2000 se concluyó con bombos y platillos el Acuerdo de Asociación Económica, Concertación Política y Cooperación entre México y la Unión Europea. El comúnmente llamado "Acuerdo global" representó un parteaguas para las dos partes negociadoras en términos políticos, económicos e institucionales. Este acuerdo, firmado por el expresidente Ernesto Zedillo, es el principal instrumento de la política mexicana hacia la Unión Europea para la próxima administración del presidente Enrique Peña Nieto. A doce años de su entrada en vigor, el balance es indiscutiblemente positivo. Sin embargo, queda mucho por hacer para que la relación real esté a la altura de su potencial, tanto en términos políticos como económicos.

Existe un contraste entre el carácter avanzado (aunque siempre mejorable) de la relación institucional entre México y la Unión Europea y la falta de contenido que se le ha dado a esta estructura compleja y esperanzadora. La relación sigue excelente sin que México haya podido sacar un beneficio político o económico de este hecho. ¿Se podrá mejorar y concretar en los próximos seis años?

Después de establecer en un primer apartado el estado de la relación que hereda la nueva administración, nos abocaremos en una segunda parte a evaluar su evolución en el campo económico, que era el objetivo principal del acuerdo para los mexicanos en el momento de su negociación. Todo parece indicar que esta prioridad económica se mantendrá. Finalmente, en una tercera parte, analizaremos la relación política y sus perspectivas de mejoramiento.

EL DIFÍCIL SEXENIO DE FELIPE CALDERÓN EN LA RELACIÓN
CON EUROPA

Para la política exterior mexicana, la conclusión del "Acuerdo global"
representó una triple victoria: hacía de México el socio extra-europeo
más cercano de la Unión Europea en términos políticos e institucionales; como miembro de la Organización para la Cooperación y el
Desarrollo Económicos en París y como observador en el Consejo de
Europa en Estrasburgo, México se transformaba en un interlocutor
esencial de la Unión Europea; además, el acuerdo abría canales concretos de colaboración en términos de concertación de "alta política"
y daba acceso a programas europeos en materia de investigación y
educación, por ejemplo. Para México, esto parecía ser el resultado
más relevante de la negociación, el acuerdo instauraba una total liberalización comercial entre ambas partes de forma progresiva pero
rápida y con varias cláusulas evolutivas.

El acuerdo también permitía concretar la política de "diversificación" de las relaciones exteriores de México, tanto económicas como
políticas, lo que le evitaría al país permanecer enfrascado en un *tête à
tête* con Estados Unidos.

Finalmente, la consecución del acuerdo confirmaba nuestro lugar
como líder en Latinoamérica, ya que México fue el primer país del
continente en lograr concluir negociaciones complejas con la Unión
Europea y conseguir todos sus objetivos. Esto reflejó la destreza de
la diplomacia mexicana y el interés de los europeos por el país latinoamericano. En contraste, los países del Mercado Común del Sur,
que tradicionalmente tienen más interés por Europa y que también
dependen mucho más de ella económicamente, no lograban y siguen
sin lograr la firma de un acuerdo similar. El acuerdo con México es el
modelo de todos los acuerdos ulteriores (con Chile en 2004 y con Colombia, Perú y Centroamérica en 2013). Estos nuevos acuerdos no se
ubican dentro de la densa red de relaciones Unión Europea-México y
hacen del país un nudo de la amplia relación Unión Europea-Latino-
américa, de la cual permanece naturalmente inseparable.

Pero este éxito diplomático era virtual y se tenía que concretar en
los terrenos político y económico. Doce años y dos sexenios después
el balance es ambivalente. Por una parte, queda innegable el salto
cuantitativo y cualitativo en la relación bilateral. Pese a las graves crisis
políticas y económicas que atravesó el mundo a partir de 2001, y pese

a la atracción siempre ejercida por Estados Unidos y la emergencia de Asia como un imán —imaginario o real—, la Unión Europea mantuvo su lugar en las relaciones exteriores, políticas y económicas de México. En el periodo agitado que atravesamos desde la firma del acuerdo no aparecieron problemas de fondo y la relación económica y política con Europa no conoció dificultad alguna. Sin embargo, si la estabilidad constituye en sí un motivo de satisfacción, difícilmente se puede hablar de progresos a la altura de las ambiciones mexicanas.

Como en muchos otros aspectos de la vida política nacional, el presidente Vicente Fox heredó en 2000 las condiciones cuasi perfectas para el despegue de una relación estratégica entre México y la Unión Europa. La administración precedente había llevado a cabo dos pasos concretos que hubieran constituido el terruño de esta relación estratégica. México, con el entonces presidente en turno del difunto "Grupo de Río", fue uno de los cuatro artífices (al lado de Alemania, Brasil y Francia) de la relación estratégica entre Europa y Latinoamérica, la cual se debía traducir por cumbres bianuales donde se tomaran decisiones concretas.

El acuerdo global había sido concluido a pesar de los varios problemas que atrasaron la firma. El problema del respeto a los derechos humanos en México fue una traba durante las negociaciones y en el momento de la ratificación por el Parlamento Europeo y algunos parlamentos nacionales de Europa occidental. Aquí también el gobierno de Fox, presidente electo democráticamente y que parecía tener una visión novedosa sobre la cuestión indígena y la transparencia, contaba con una oportunidad excepcional. Finalmente, tanto Europa como México atravesaban un momento de bonanza económica. El acuerdo de libre comercio y un euro fuerte creaban las condiciones de un despegue de las exportaciones mexicanas hacia Europa.

No hubo tal despegue y tampoco se estrecharon los lazos políticos. México mantuvo su imagen de líder siendo anfitrión de la segunda cumbre de jefes de Estado y de gobierno de los países del Caribe, Latinoamérica y la Unión Europea en 2004 en Guadalajara. No hubo el menor roce con los europeos durante seis años. Sin embargo, quedó claro desde el primer día que las prioridades de México estaban en otra parte. La política exterior del país se abocó a estrechar la relación con Estados Unidos relegando en segundo plano el deseo de diversificación política y económica que constituía la atracción de la política europea del país. Los dos secretarios de Relaciones Exteriores que sucedieron tenían poca sensibilidad, comprensión o interés en los complicados mecanismos de la política exterior común. Las pocas relaciones permanecieron siendo bilaterales con los socios tradicionales, tales como Alemania, España, Francia y el Reino Unido. Los atentados de 2001, las invasiones a Afganistán e Iraq, y la crisis constitucional europea acabaron con la esperanza de nuevos albores en la relación bilateral.

Como en otros ámbitos, el sexenio del presidente Calderón empezó con una situación menos idílica que la precedente. El interés mutuo no creció y rápidamente el país se vio enfrascado en su violenta lucha contra el narcotráfico que relegó aún más la relación con la Unión Europea. La política exterior de México se enfocó más hacia la relación con Estados Unidos y el multilateralismo con la COP16 en Cancún y la cumbre del G-20 de Los Cabos. En ambas ocasiones la concordancia entre las posiciones mexicana y europea fue ejemplar, y no se desdibujó una asociación estratégica. Además, después de los intentos en la Cumbre de Madrid en 2002 y en la de Guadalajara en 2004 quedó claro, en la Cumbre de Viena en 2006, que no existía una relación estrecha y menos estratégica entre la Unión Europea y Latinoamérica. La esperanza teórica de la primera relación "interregional" del mundo se esfumó. A partir de la cumbre de Viena, los desplantes y declaraciones de Hugo Chávez y de otros dirigentes sudamericanos arrojaron más bien la percepción de un alejamiento de Europa. A partir de este momento hubo roces constantes entre las diplomacias de algunos países latinoamericanos y europeos. Por su política exterior más reservada y afín a las visiones europeas, México hubiera podido estar exento de estos roces constantes. Sin embargo, el caso de Florence Cassez vino a empañar la relación con un aliado clave dentro de la Unión Europea: Francia. El caso Cassez es representativo de una nueva visión europea, mucho más crítica, de la política en México y de su pertenencia al club de los países que comparten valores con Europa, lo cual es preocupante para el futuro de la relación que hereda la nueva diplomacia de Enrique Peña Nieto. Si al final de la administración Fox, los europeos siguieron siendo indulgentes frente a las dudas sobre el proceso electoral de 2006, otorgando su visto bueno a través de su misión de observadores electorales, esta actitud benévola iba a cambiar paulatinamente hasta la visión mucho más prudente que tienen hoy. Algunos aspectos de la guerra contra el narcotráfico y el proceso electoral de 2012 fueron objeto de críticas abiertas y oficiales por parte de los europeos. Esto contrasta con la imagen de "idilio sin nubes" que había proyectado la relación bilateral y podría ser ominoso si la presente administración sexenal sigue descuidando la relación y descansando, como los dos gobiernos anteriores, en el sentimiento de una relación institucional inmejorable. Toda la responsabilidad de este descuido no recae por supuesto en los gobiernos mexicanos, por lo menos durante el pasado sexenio. Si ya mencionamos que el sexenio de Fox fue un periodo perdido concerniente a la relación con la Unión Europea, el gobierno de Felipe Calderón fue distinto. Si bien es cierto que su diplomacia hacia Europa pareció gris, se logró consolidar la relación existente en algunos ámbitos, siendo los más notables la diplomacia multilateral y el acuerdo de asociación estratégica concluido en 2009.

En breve, el gobierno que tomó posesión en 2012 heredó una relación buena con numerosos y valiosos instrumentos diplomáticos y comerciales, pero que permanece insatisfactoria desde casi todos los puntos de vista. Para cambiar esto, el gobierno mexicano tiene a su disposición bases mucho más sólidas que cualquier otra región del mundo, en particular en el terreno económico. Hablaremos en el apartado siguiente de esta buena base de partida antes de reflexionar sobre la forma de dar a la relación política con Europa el impulso que se merece.

BASES SÓLIDAS PARA IMPULSAR LA RELACIÓN ECONÓMICA

Gracias a la relación institucional concluida en 2000, México, a pesar de la crisis económica y política mundial, ha podido preservar una relación estrecha con la Unión Europea. Si bien es cierto que el estado de esta relación es decepcionante a la vista de las expectativas creadas por la firma del Acuerdo global o el despegue de la relación entre Asia y Europa, ésta permanece siendo satisfactoria, sobre todo, si se compara con los resultados del resto de Latinoamérica. Como se puede constatar en la gráfica siguiente, a pesar de los factores adversos, la relación comercial ha ostentado un crecimiento constante.

El acuerdo ha seguido siendo objeto de críticas porque sólo ha propiciado un incremento débil del comercio bilateral. También se le achacó el aumento del déficit comercial del país con la Unión Europea, a pesar de la fortaleza del euro que debió haber hecho más competitivo a México. En realidad, estas críticas sólo están parcialmente fundadas. El análisis del cuadro siguiente nos demuestra que México parte de bases sanas y sugiere el mejoramiento de la relación comercial.

EL COMERCIO DE MERCANCIÁS ENTRE LA EU-27 Y MÉXICO, 2000-2010 (EN MILLONES EUR)

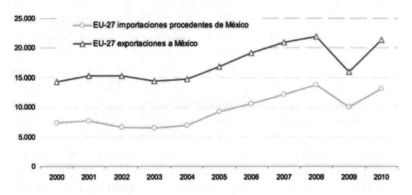

Fuente: Eurostat-Comext (código de datos en línea: DS-018995).

Exportaciones totales desglosadas		Importaciones totales desglosadas	
Destinos principales	%	Orígenes principales	%
1. Estados Unidos	80.1	1. Estados Unidos	48.2
2. Unión Europea (27)	5.5	2. China	15.1
3. Canadá	3.6	3. Unión Europea (27)	10.8
4. China	1.4	4. Japón	5.0
5. Brasil	1.3	5. Corea del Sur	4.2

Fuente: <http://stat.wto.org/Home/WSDBHome.aspx?Language=S>, 2011.

A pesar de la proximidad con Estados Unidos y del empujón de China, Europa sigue siendo un socio estratégico primordial, antes que cualquier otra región del mundo, incluso, a la luz de la crisis que sacudió al viejo continente. Europa es, en particular, una fuente importante de diversificación de las importaciones mexicanas. La verdadera causa de preocupación se ubica más bien en el rubro de las exportaciones mexicanas hacia Europa por las siguientes dos razones: son muy bajas (menos de un 5%) y constituyen, en proporción, la mitad de las importaciones mexicanas, lo que significa un déficit comercial para México. Este segundo problema es el más visible, pero podría ser el menos relevante si se deja de lado un análisis puramente mercantilista de la relación comercial. El déficit se podría explicar por la estructura misma de estas importaciones desde Europa: maquinaria y productos primarios destinados a fabricar o armar productos finales que luego se exportan a Estados Unidos. Así, paradójicamente, el déficit con la Unión Europea tiene los dos siguientes efectos positivos: por un lado, le permite a México ser más competitivo en el futuro y, en segundo lugar, nutre el excedente comercial que tenemos con Estados Unidos. También, habría que analizar el contenido y la calidad de las exportaciones hacia Europa y compararlas con las que van a Estados Unidos. Dada la proximidad de este último, que hace redituable la actividad de maquilar, y la distancia que nos separa de Europa, es de esperarse que nuestras exportaciones hacia Europa tengan un valor agregado y un contenido nacional mayor. Sin embargo, ningún estudio científico ha corroborado esta intuición, se requeriría de un aparato estadístico y econométrico gigantesco.

A pesar de estos matices, e incluso de la relevancia de las cifras absolutas de importaciones y exportaciones, es preocupante que, relativamente, nuestras exportaciones a Europa (5.5%) constituyan solamente la mitad de nuestras importaciones de Europa (10.8%). Esto demuestra una falta de competitividad que no se ve, por ejemplo, en Brasil, pues Europa no solamente es su principal socio comercial en cuanto a las exportaciones, sino que también es el principal destino de sus importaciones con el 20% del total.

Pero más que las preocupaciones legítimas sobre los volúmenes y las proporciones de los flujos comerciales, si nuevamente tomamos en cuenta la proximidad de Estados Unidos y la distancia lejana de Europa, la verdadera prueba de fuego del acuerdo económico la representan los flujos de inversión. En este rubro, la relación bilateral es satisfactoria.

En la gráfica siguiente aparece Europa claramente, al igual que Estados Unidos, como el socio más relevante de México. En este caso, y gracias al Acuerdo global, la proximidad con Estados Unidos no constituyó un obstáculo, sino un catalizador para la inversión europea.

Los resultados son por supuesto mejorables sobre todo si se desglosa esta inversión entre los diversos países europeos. Aquí nos podemos dar cuenta hasta qué punto requerimos de más imaginación y

ORIGEN DE LA IED (ENERO-JUNIO DE 2012)

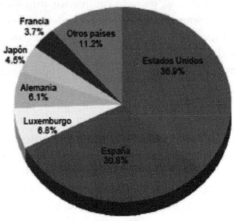

Fuente: Secretaría de Economía. Dirección General de Inversión Extranjera.

agresividad para atraer la inversión europea. España, que dista de ser una potencia económica en Europa, concentra más que la totalidad de los otros veintiséis miembros de la Unión con un tercio de las inversiones totales en México. Esta desproporción nos da una idea del camino que nos queda por recorrer.

Finalmente, llama la atención la gran variación de la inversión europea de un año a otro, tal y como lo podemos ver en la gráfica siguiente.

Los picos de estas variaciones dan una idea del potencial de la inversión europea si se pudiera mantener estable pero también habla de la necesidad de mantener una imagen de estabilidad y confiabilidad para que los inversionistas europeos sigan apostándole a México. Para lograrlo, necesitamos mejorar nuestra relación e imagen políticas.

LA IMPORTANCIA DE LA RELACIÓN POLÍTICA CON EUROPA

Aun si el aspecto económico sigue prioritario en la relación con Europa, se cometería un grave error al descuidar la relación política. La última gráfica demuestra hasta qué punto los progresos económicos van

INVERSIÓN EXTRANJERA DIRECTA

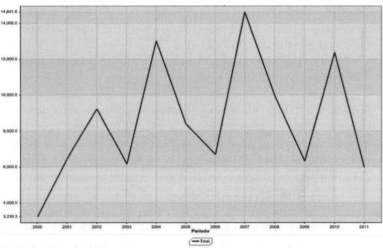

Unidad: millones de dólares.
Fuente: Secretaría de Economía. Dirección General de Inversión Extranjera.

de la mano con una imagen política positiva. Para esto, el Acuerdo global es un instrumento invaluable, pues ofrece un dialogo político institucionalizado y estable en el cual se pueden dirimir desavenencias. Además, cabe recalcar que a nueve años de tener este acuerdo tan completo, México ha logrado mejorar su relación con la firma de un "acuerdo de asociación estratégica" que a pesar de su carácter general y abstracto constituye un elemento adicional para reforzar la relación y mejorar nuestra imagen, otra de las probables prioridades al lado de la relación económica de la nueva administración en cuanto a política exterior se refiere.

De entrada, veremos si sabemos utilizar estos dos instrumentos para mermar las ya mencionadas reservas europeas en cuanto a las elecciones mexicanas y al respeto a los derechos humanos en el país. Esto puede hacer la diferencia entre un México que es un socio seguro o un país no del todo confiable.

En el largo plazo, la solución de los siguientes tres problemas de fondo —todos relacionados con la "cláusula democrática" y el respeto a los derechos humanos inscritos en el Acuerdo global bilateral— será clave para que México mejore su imagen y sea un socio y un destino de inversiones confiable:

• La consolidación de la democracia (elecciones, monopolios de comunicación y sus relaciones con el gobierno, respeto a los periodistas, etcétera).

* La lucha contra la corrupción (impartición de la justicia y transparencia de los sindicatos).
* El éxito en la guerra contra el narcotráfico, que no se haga a costa del respeto a los derechos humanos.

A estos tres temas sumamente políticos, cabría la reforma fiscal que asegure a la vez mayores ingresos para el gobierno, pero sobre todo, una mejor repartición de la riqueza nacional. Esta pésima distribución, que ubica a México detrás de África y el Medio Oriente, ha sido una preocupación constante de los europeos desde la firma del Acuerdo global. En primer lugar, ven en ella la forma de atenuar los tres flagelos (no respeto a los derechos humanos, corrupción y narcotráfico) que azotan al país. En segundo lugar, Europa, más que cualquier otro socio de México y actor internacional de peso, otorga una gran importancia a la cuestión de la equidad social.

Es de esperar que el nuevo gobierno mexicano encuentre incómoda la discusión de estos temas con los países de la Unión Europea. Recordemos que durante la negociación del Acuerdo global bajo la presidencia de Zedillo, se intentó separar en la medida de lo posible de los temas económicos y de cooperación a los de concertación política. Sin embargo, la visión europea de relacionar los tres temas prevaleció y el Acuerdo global está condicionado a una fluida relación política que incluye, en particular, el respeto a los derechos humanos.

La forma en que el nuevo gobierno mexicano tratará estos problemas y permitirá progresos será determinante para evitar un posible alejamiento y escepticismo progresivo de los europeos hacia México. Sería un error demostrar dilación y esperar reenfocarnos en los temas económicos con Europa, pues, como lo demostró la negociación durante la presidencia de Zedillo, no funciona. Máxime, cuando desde la entrada en vigor del Tratado de Lisboa, la importancia de la política exterior común ha aumentado. El Parlamento Europeo, la institución europea más sensible a estos problemas, ha adquirido más poder en el proceso de decisión, no solamente en lo que respecta a la política de derechos humanos y de ayuda humanitaria, sino también en la política comercial común.

México es hoy un país suficientemente desarrollado en términos económicos y ha tenido los suficientes progresos económicos para entablar con seguridad una relación política sólida con la Unión Europea. La presidencia mexicana tiene en la mano elementos concretos que permitirán mejorar la relación gracias a las bases fuertes que se han ido construyendo a los largo de los doce años anteriores. México ha construido el andamiaje institucional más desarrollado de la ingeniería diplomática europea. Éste le permitirá desarrollar proyectos pragmáticos. Es aquí en donde podrá proponer varias líneas de profundización de la relación.

En primer lugar, la cooperación bilateral ha demostrado ser eficaz y fluida. Este tercer pilar del Acuerdo global, al lado de la política y de la economía, ha estado bien aprovechado por México. Además de seguir en esta vía, podemos pensar en utilizar esta experiencia en el ámbito multilateral. Dos temas vienen de inmediato a la mente: Centroamérica constituye un área prioritaria para México y para Europa. Los países de la región acaban de firmar un Acuerdo global del mismo tipo del que tiene México desde hace doce años con la Unión Europea. Por ello, existe la motivación política y los instrumentos institucionales y comerciales para una relación triangular que nos podría llevar a otro periodo de oro de la relación México-Europa cuando hubo una colaboración estrecha para resolver los gravísimos problemas de Centroamérica en los años ochenta. Hoy, los problemas que sufre la región no son menores, pero tanto México como la Unión Europea benefician más a las herramientas, la prosperidad y la experiencia. También, se benefician de una relación bilateral sólida mientras era inexistente a principios de los años ochenta. En breve, existirá un terruño extremadamente favorable y totalmente inexplotado de cooperación que aportaría ventajas políticas, económicas y en términos de buena imagen de México. De la misma forma, una oportunidad similar se ofrece en el caso concreto de Haití, que también representa un interés estratégico y simbólico, tanto para México como para la Unión Europea. Una colaboración para reconstruir el país caribeño parecería natural pero nada se ha explorado.

México es también un aliado irremplazable para que los europeos mejoren su relación estratégica con Latinoamérica. Después de trece años y cinco cumbres decepcionantes, el mecanismo se ha renovado con la primera cumbre CELAC-Unión Europea de enero de 2013. México es el inventor y uno de los miembros clave de la Comunidad de Estados Latinoamericanos y Caribeños (CELAC), no pertenece a otro bloque latinoamericano que tenga relación con la Unión Europea y puede así contribuir de manera decisiva a un acercamiento entre los dos bloques.

Finalmente, existen dos campos en los cuales se puede construir una relación estratégica, fuerte y de futuro. Se trata de la lucha contra el narcotráfico y, en general, de todos los temas de seguridad en todos sus aspectos (humana, nacional e internacional). La Unión Europea otorga en estos dos campos una experiencia útil y original para México, que además tiene interés en no encerrarse en una relación exclusiva con Estados Unidos.

CONCLUSIÓN

La relación entre México y la Unión Europea dista de ser estratégica y existen pocas posibilidades de que haya cambios de fondo en los años por venir. Sin embargo, nuestras expectativas son quizá demasiado altas. De la misma manera que Europa se concentra en su propia región y sus vecinos inmediatos en el Este, África y el Medio Oriente, Estados Unidos y Latinoamérica son el campo natural de desarrollo de las relaciones exteriores, tanto políticas como económicas de nuestro país.

Una vez aceptada esta situación, se puede constatar que fuera de nuestra zona de desarrollo natural, la Unión Europea permanece como el principal socio en inversión y también el que tiene el mayor potencial de crecimiento. La relación es madura y descansa en instrumentos muy avanzados. La relación económica tiene bases sólidas que permiten que haya avances en particular para la inversión. En materia puramente comercial, la situación es aceptable, pero menos satisfactoria. Las autoridades políticas han hecho su parte de la tarea y depende también de los empresarios darle más ímpetu a una relación prometedora. Las orientaciones de fondo no van a cambiar en los años venideros, pero un poco más de energía y originalidad ayudarán.

Enrique Peña Nieto no fue muy imaginativo en su primera gira europea, visitando los cuatro países de siempre (Alemania, España, Francia y el Reino Unido), mientras que la Unión Europea contaba con otros veintitrés miembros para los cuales queda mucho por hacer y que a menudo son más dinámicos económicamente que los otros cuatro socios tradicionales. Asimismo, no pasó por las instituciones comunes en Bruselas, lo que se puede interpretar como una nueva realidad en Europa en donde los estados miembro tienen más peso, o el hecho de que ya hemos obtenido todo lo posible con la Unión Europea como conjunto.

Finalmente, sería un error descuidar la relación política al concentrarse en una óptica exclusivamente económica. México tiene el potencial de volverse el socio estratégico que requiere la Unión Europea en la región, aunque esto depende del éxito que tendrá el gobierno, no solamente en la economía, sino también para consolidar la democracia, la transparencia y la lucha contra el crimen.

ÁFRICA: LAS PROMESAS DE UN CONTINENTE OLVIDADO

MAURICIO DE MARIA Y CAMPOS

LAS RELACIONES DE MÉXICO CON ÁFRICA: UNA OPORTUNIDAD PERDIDA

África, con 900 millones de habitantes, es el segundo continente más poblado del mundo. Tiene una larga historia geológica y humana, política, económica, social y cultural; es un mosaico de culturas, lenguas, religiones, estados y economías; está marcada por el Islam (siglo VII), las exploraciones portuguesas y europeas (del siglo XVI al XVIII), el reparto caprichoso colonial europeo de la Conferencia de Berlín (1884-1885), los impactos de las primera y segunda guerras mundiales, los procesos de independencia (de 1950 a 1970) y la crisis de los años ochenta en plena guerra fría, así como por los nuevos flujos económicos asiáticos y los conflictos islámicos-cristianos del fin del anterior milenio y principios del siglo XXI. África tiene un presente con problemas viejos y nuevos, pero también con avances recientes y significativos y, particularmente, con diversas oportunidades de cooperación y de negocios en el futuro.

Estados Unidos y los países europeos —en particular las antiguas metrópolis coloniales— continúan otorgando importancia al continente por razones políticas, históricas y de seguridad regional; prueba de ello, las intervenciones en el Norte de África y ahora en el Sahel ante las revoluciones islámicas y las acciones fundamentalista terroristas, pero también dada su importancia económica, sus vastos recursos naturales —agua y tierras cultivables, flora y fauna, petróleo y gas, y toda clase de minerales— y también sus mercados crecientes.

En el nuevo milenio, China y los más importantes países emergentes: Brasil, Corea del Sur, Malasia, la India, Indonesia y Turquía, están concediendo atención ascendente a África por las mismas razones, pero también en un espíritu de solidaridad y cooperación Sur-Sur.

En el ámbito multilateral, la importancia de África es creciente. Los 54 países africanos representan más de una cuarta parte de los votos en la Asamblea General de Naciones Unidas (ONU), importantes en cualquier iniciativa y votación clave, así como en la asignación de puestos en el sistema de la ONU y, en menor medida, en la de Bretton Woods. Aunque todavía algunos de ellos son muy influenciables por sus antiguas metrópolis, las decisiones de los países de la Unión Africana son cada vez más vinculantes.

Las relaciones débiles discontinuas de México con África. En la relación de casi un siglo con el continente, México ha sido omiso y reactivo la mayor parte del tiempo. No ha logrado descubrir lo que puede y quiere hacer con ese continente ni mucho menos trazar una estrategia consistente, con visión amplia y en el largo plazo.

La presidencia de Felipe Calderón estableció en el Plan Nacional de Desarrollo el objetivo de ampliar nuestra presencia en África, en donde se deseaba duplicar el número de embajadas. Incluso, se creó en el Senado de la República la Comisión de Relaciones Exteriores África, que trabajó en estrecha relación con la Secretaría de Relaciones Exteriores (SRE). Lamentablemente, fue un sexenio de luces y de sombras en esa materia. Durante la primera mitad, la SRE realizó un importante esfuerzo por intensificar nuestra relación con África y difundir en México su creciente importancia. Se cumplió con la asignatura pendiente de restablecer las embajadas en Etiopía y Nigeria, y se hizo una importante labor de difusión de México durante la Copa Mundial de Futbol. Sin embargo, en la segunda mitad del sexenio se detuvo el interés. Aunque el presidente Calderón visitó Sudáfrica dos veces y Uganda en una ocasión, lo hizo con motivo de asistir a eventos deportivos —la Copa Mundial de Futbol en Sudáfrica— o multilaterales —la Cumbre de la Unión Africana en Entebbe y la Conferencia de las Partes en Durban (COP 17)—. La proyectada embajada en Angola abortó, provocando una vez más el malestar de su gobierno. La meta de 12 embajadas en el continente se quedó trunca en siete.[1]

En la presidencia de Enrique Peña Nieto, México debe recuperar a la brevedad posible el tiempo perdido con una estrategia política deliberada hacia el continente africano, con objetivos y prioridades precisas, metas concretas en el corto, el mediano y el largo plazo, y acciones bilaterales y regionales de cooperación. Existen razones importantes para avanzar en esa dirección: los grandes cambios en el escenario africano en el nuevo milenio.

---

[1] Véanse los artículos escritos de 2008 a 2011 en *El Financiero* escritos por Mauricio de Maria y Campos.

LOS AVANCES RECIENTES EN EL FRENTE POLÍTICO Y DEMOCRÁTICO EN
ÁFRICA

El proceso democrático y de estabilización política de África, ha evo-
lucionado positivamente en los últimos 12 años. Durante este periodo
siguieron ocurriendo conflictos y tensiones políticas en muchos países africanos, pero menores a las del pasado, a pesar de que en 2008-
2009 la crisis internacional amenazó con detener los avances logrados
desde el comienzo del nuevo siglo, y obligó a dar respuestas económicas conflictivas, y en algunos países, agravó las tensiones tradicionales.
El panorama político ha mejorado.[2] Las tensiones se debieron principalmente a lo siguiente:

- Diversos conflictos viejos y algunos nuevos a lo largo de la región:
  Chad, los Grandes Lagos, Madagascar, Sudán, Somalia y los golpes de Estado en Guinea, Guinea-Bissau y Mauritania rechazados
  por la Unión Africana; algunos por disputas interétnicas y otros
  causados por las luchas de Occidente con el fundamentalismo islámico.
- Insatisfacción entre la población en el marco de la crisis global
  debido al alza en los precios de los alimentos, los combustibles y
  los servicios básicos, así como por ajustes presupuestales, menores remesas de emigrantes por la crisis, y demandas de empleo y
  aumentos salariales.
- El mismo parto y avance democrático ha llevado a un mayor debate y fricciones entre los diversos partidos políticos y el gobierno
  en numerosos países.

Sin embargo, de acuerdo con los informes sobre Perspectivas Económicas de África de la Organización para la Cooperación y el Desarrollo Económicos (OCDE) y a los pronósticos del *Economist Intelligence
Unit*, la tendencia política y económica general continúa siendo positiva y esperanzadora en el mediano y el largo plazo.

Cada día más países legitiman sus gobiernos a través de elecciones
universales. En 2007, más de 54 millones de africanos participaron en
19 elecciones presidenciales y parlamentarias. En 2008, 36 millones
participaron en elecciones en diez países. En 2012, son muy pocos
los países africanos en donde no ocurren elecciones sistemáticas o en

---

[2] OCDE, "African Economic Outlook", París, Francia, 2008-2012.

los que los jefes de Estado y de gobierno siguen aferrados al poder después de un par de décadas: Angola, Camerún, Suazilandia, Sudán o Zimbabue. Entre 2008 y 2010, Angola, Botsuana, Ghana, Mauricio y Sudáfrica tuvieron niveles de abstencionismo muy bajos en sus procesos electorales (inferiores al 30% del padrón).

En el presente, la gran mayoría de los estados africanos gozan de estabilidad —aunque existen algunos estados fallidos como la República Democrática del Congo y Somalia— y otros donde las condiciones políticas siguen siendo críticas o insatisfactorias, como Guinea, Madagascar, Sudán, Sudán del Sur y Zimbabue. En los países del Norte de África, las revoluciones islámicas y las intervenciones occidentales todavía generan una gran inquietud y fragilidad.[3] La situación general de los países del Sahel —Chad, Guinea, Níger y particularmente Argelia y Malí— es preocupante por una mezcla de crimen organizado (incluyendo presencia de narcotraficantes de México) y terrorismo fundamentalista, tras la caída del gobierno de Muamar el Gadafi y el regreso de mercenarios bereberes. Estados Unidos y la Unión Europea, encabezada por Francia, siguen actuando como guardianes tradicionales de un orden que está en franca crisis de cambio. Los intereses económicos y energéticos occidentales siguen pesando.

Una buena noticia es que el Índice de Percepción de la Corrupción, que elabora Transparencia Internacional, muestra mejoría general en África en la última década. El panorama sigue siendo mixto: en algunos países, los petroleros y los productores de minerales de alto precio, la corrupción se mantiene elevada, impulsada por la explotación y la exportación ilegal, pero en otros, ha habido un avance significativo en la gobernabilidad y la rendición de cuentas.[4]

Un factor coadyuvante ha sido la ampliación de las evaluaciones entre pares de la Unión Africana, conforme a las reglas establecidas por la Nueva Alianza para el Desarrollo de África.

---

[3] Jack Goldstone, "Understanding the Revolutions of 2011", *Foreign Affairs*, vol. 90, núm. 3, "The New Arab Revolt", mayo-junio, Council on Foreign Relations, Washington, D.C., 2011.

[4] OCDE, *op. cit.*

EL AVANCE ECONÓMICO

Durante 12 años consecutivos y de acuerdo con la OCDE y el FMI, África ha superado las expectativas regionales e internacionales en cuanto al crecimiento económico, aun en medio de la crisis global 2008-2009. La tendencia viene desde 1999. De ese año a 2007, 28 de los 53 países africanos crecieron en un promedio anual de 4% o más, y un grupo selecto de países petroleros a más del 7%, llegando algunos como Angola y Guinea Ecuatorial a tasas del 20% anual. Se pensó que la crisis global final detendría el ciclo ascendente, pero no sucedió. África recuperó su rumbo.[5]

Entre 2000 y 2011, África en conjunto registró un crecimiento promedio anual de su PIB de 5.2%, superior a la tasa de crecimiento de su población. Ello ha conducido a que el PIB per cápita mejorara notablemente (3.7% anual en los últimos siete años). De hecho, África creció en promedio más que Latinoamérica entre 2000 y 2011, y, según *The Economist* de diciembre de 2011, en la próxima década sus países tenderán a crecer por arriba de los países latinoamericanos e incluso de los asiáticos.

Los impactos negativos de la crisis internacional han sido contrarrestados parcialmente por un mejor comportamiento del sector energético, minero y agropecuario; por una mejor administración macroeconómica, mayores flujos de inversión extranjera directa (IED) y la creciente exportación a China, la India y otros países emergentes —que siguieron creciendo a tasas elevadas durante el periodo 2008-2011.

Evidentemente, las tasas de crecimiento del continente han partido de bases muy bajas de PIB y PIB per cápita, y los índices de desarrollo humano siguen siendo de los más bajos del mundo. Sin embargo, como lo muestran la gráfica 1 y los anexos 1 y 2, existe un grupo importante de países en África Subsahariana con población grande y con PIB total y per cápita importantes, y economías dinámicas que constituyen mercados potenciales dignos de atención, cada vez más atractivos para el comercio y la inversión.

[5] *Ibid.*

GRÁFICA 1. TASA DE CRECIMIENTO ANUAL
EN EL CONTINENTE AFRICANO

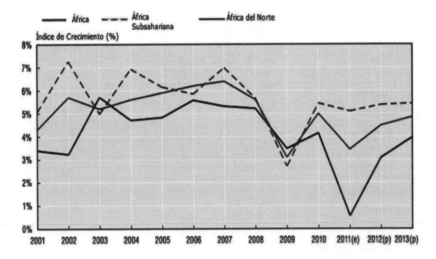

Fuente: OECD/DAC 2012, African economic outlook data, 2012.

Como se puede constatar en los anexos 1 y 2 destacan en cuanto a su potencial los siguientes:

- En el oeste africano, Costa de Marfil, Ghana, Nigeria y Senegal.
- En el este, Etiopía, Kenia, Sudán, Tanzania y Uganda.
- En el sur, Mozambique, Sudáfrica y Zambia.
- En el norte, el rápido crecimiento se detuvo desde 2008 por la crisis y más tarde por las revoluciones islámicas, llegando al nivel más bajo en 2011. Sólo Marruecos muestra estabilidad y desarrollo en la actualidad.

Crecimiento rápido de las exportaciones africanas de materias primas y, en menor medida, de manufacturas y servicios. Doce de los 35 estados estudiados por el Observatorio Económico Africano de la OCDE aumentaron anualmente un 15% sus exportaciones, entre 2000 y 2007. Aquellos países con mayores índices de diversificación de mercados, en cuanto a productos y destinos, capotearon mejor la crisis, sobre todo si su destino era el mercado asiático (cuadro 1).

CUADRO 1. DIVERSIFICACIÓN Y TASAS DE CRECIMIENTO Y EXPORTA-
CIONES (PAÍSES CON TASAS ANUALES DE CRECIMIENTO EN 2002-2006
DE 15% O MÁS)

País	*Índice de diversificación* *2006*	*Crecimiento anual* *de las exportaciones* *nominales (%)* *2002-2006*
Argelia	2.3	45.6
Angola	1.1	75.9
Botsuana	1.6	21.4
Burkina Faso	1.5	23.5
Camerún	2.9	34.5
Cabo Verde	8.6	36.3
Chad	1.2	929.6
Congo	1.3	81
Rep. Dem. Congo *	6.3	1
Costa de Marfil	6.9	7.1
Yibuti	22.9	56
Egipto	13.2	61.9
Guinea Ecuatorial	1.2	83.7
Eritrea	17.1	28.5
Etiopía	4.6	46.1
Ghana	4.3	14.7
Guinea	4.3	17.5
Kenia	18.5	18.5
Lesoto	7.5	11.7
Liberia	3.2	-10.2
Libia	1.3	63.3
Mauritania	3.9	47
Mauricio	12.1	3.8
Marruecos	69.3	15.7
Mozambique	2.3	37
Namibia	5	53.7
Níger	1.4	47.5
Nigeria	1.2	69.3

CUADRO 1 *(cont.)*

SantoTomé y Príncipe	4.4	15.9
Sierra Leona	4.7	17.9
Somalia	8.6	19.1
Sudáfrica	38.4	19.9
Sudán	1.3	47.5
Suazilandia	19.5	17.8
Tanzania	26.4	24.5
Túnez	43	19.1
Zambia	2.2	71
ÁFRICA	3.6	38.6

Fuentes: Economic outlook 2008 (OECD): PC-TAS 2002-2006 International trade center UNCTAD/WTO- UN Statics division (harmonized system, rev.1)

Esta situación se vio ligeramente frenada en el periodo 2008-2009 debido a la crisis global, que afectó particularmente a Estados Unidos, Europa y Japón. Sin embargo, los países africanos han continuado incrementando sus exportaciones gracias a la demanda de China, la India y de otros países emergentes asiáticos.

Los países exportadores de petróleo y gas: Angola, Argelia, Camerún, Gabón, Guinea Ecuatorial y Nigeria continuaron su ritmo una vez que se recuperaron los precios, pero también por la entrada al mercado de volúmenes adicionales de crudo. Otros países mantuvieron e incrementaron sus exportaciones de productos agrícolas como algodón, café, cacao, como sería el caso de Burkina Faso, apoyados en crecientes niveles de mecanización, semillas mejoradas y productividad. Aunque lo que ha predominado en la expansión de las exportaciones son los productos agrícolas y mineros, hay países como Namibia que han estado diversificándose de minerales a manufacturas; y otros como Tanzania que, sin dejar de aprovechar los altos precios del oro, han emprendido un cambio estructural exitoso hacia manufacturas ligeras como alimentos y bebidas, muebles y productos de madera, relegando las exportaciones tradicionales de algodón, café, té, sisal y tabaco. La participación de las manufacturas en las exportaciones ha pasado en una década del 3% al 17% del PIB. Otros más, como Kenia, han aprovechado los buenos precios de los productos agrícolas, pero, al mismo tiempo, están generando un número creciente de divisas a través del turismo, los servicios de transporte y, sobre todo, servicios de alta tecnología de las comunicaciones.[6]

No hay duda, sin embargo, de que el factor que mejor explica las altas tasas de crecimiento económico, aumento de inversiones y generación de empleos y divisas en los países africanos lo ha sido —como en el caso de Sudamérica— la elevada demanda y el alto precio internacional de las materias primas. Como podrá observarse en el cuadro 2, hay materias primas agropecuarias y minerales, que en el periodo 2000-2011, multiplicaron por dos, tres, cuatro o cinco veces su cotización internacional; desde el cacao, el café, el algodón, el maíz, la carne de res y el pescado, hasta el mineral de hierro, el cobre, la plata, el platino, el oro y el petróleo.[7]

El sector turístico ha mostrado también tendencias positivas, particularmente, en el Norte, el Sur de África y las zonas costeras orientales de Kenia a Mozambique, incluyendo a las islas del océano Índico. Aun países como Ruanda están atrayendo del Medio Oriente inversiones de 250 millones de dólares.[8] También, la Copa de Futbol fue un gran estímulo para Sudáfrica. En años recientes, la caída del turismo europeo ha podido ser parcialmente compensada por los mayores flujos asiáticos y del mundo en desarrollo.[9]

Inversión extranjera y flujos de recursos del exterior. Las economías desarrolladas, principalmente Estados Unidos, continúan siendo la principal fuente de capital y representan el 50% de las inversiones en África; la Unión Europea, el 9%. A partir de 2000, China, la India, Malasia y otros países asiáticos, así como Rusia, Brasil, Corea del Sur y Turquía se han convertido en nuevos e importantes inversionistas en el continente. Más de mil empresas chinas se han establecido en lo que va de este siglo. También, los fondos públicos, particularmente los provenientes de las instituciones de desarrollo de la Unión Europea, son fuentes importantes de capital.

---

[6] IMF, "Sub-Saharan Africa: Recovery and New Risks", Regional Economic Outlook, abril de 2011, Washington, D.C.; e IMF, "Sub-Saharan Africa: Mantaining Growth in an Uncertain World", Regional Economic Outlook, octubre de 2012, Washington, D.C.

[7] World Bank, "Global commodity price prospects", Washington, D.C., 2012.

[8] De Dubai World.

[9] Mauricio De Maria y Campos, "¿Qué hará México ante el nuevo amanecer económico y político de África?", México, Cuadernos del Consejo Mexicano de Asuntos Internacionales (COMEXI) núm. 5, noviembre, 2008, en *Temas del Mundo Global: doce miradas mexicanas*, México, Cuadernos del Consejo Mexicano de Asuntos Internacionales, diciembre 2010.

CUADRO 2. PRECIOS INTERNACIONALES DE EXPORTACIONES, 2000-2011

	Unidad	2000	2011
Aluminio	($/mt)	1,549	2,401
Plátano (US)	($/mt)	424	968
Carbono (AUS)	($/mt)	26.3	120.9
Cacao	(cents/Kg)	91	298
Café (arabigo)	(cents/Kg)	192	598
Café (robusta)	(cents/Kg)	91	241
Cobre	($/mt)	1,813	8,828
Algodón	(c/Kg)	130	333
Carne (res)	($/kg)	193	404
Oro	($/toz)	279	1,569
Aceite de palma	($/mt)	310	1,125
Mineral de hierro	(c/dmtu)	29	168
Plomo	(c/Kg)	45	240
Troncos (Camerún)	($/CM)	275	485
Maíz	($/mt)	89.60	292
Petróleo (crudo)	($/bbl)	28.2	104
Aceite de coco	($/mt)	450	1,730
Fosfato (sólido)	($/mt)	44	185
Caucho	(cents/Kg)	67	482
Plata	(c/toz)	495	3,522
Azúcar (libre mercado)	(c/Kg)	18	57.3
Arroz Thai, 5%	($/mt)	202	543
Té	(c/Kg)	188	292
Té (Mombasa)	(c/Kg)	151.70	166.49
Tabaco	($/mt)	2,976	4,485

Fuentes: World Bank, *Global commodity price prospects*, 2012.

Una cuarta parte de la IED del continente solía dirigirse a Sudáfrica, que a su vez, en 2007 fue el origen del 80% de los flujos de IED del continente hacia el exterior; la parte más importante de ella iba hacia otros países africanos, pero el resto hacia Latinoamérica (minería, cerveza y alimentos) y países asiáticos (China y la India). Sin embargo, en los últimos cinco años, Nigeria y los nuevos países petroleros del golfo de Guinea, Angola, Sudán, más recientemente Etiopía y los países del Este de África empiezan a recibir flujos importantes.

El incremento en fusiones y adquisiciones entre 2006 y 2010, principalmente en el sector bancario y de telecomunicaciones, han fomentado la inversión nacional y particularmente la exportación, aunque en ocasiones han sido motivo de preocupación por algunos inversionistas nacionales tradicionales.

Como puede observarse en el cuadro 3, a partir de 2005, la IED ha superado a la Ayuda Oficial al Desarrollo (AOD) de África. Si a la IED le agregamos las inversiones de portafolio y las remesas de migrantes, nos encontramos con que, aunque los flujos totales de la AOD han aumentado de 15.5 billones de dólares en 2000 a 47.9 billones en 2010, su participación dentro del total de los flujos del exterior ha caído fuertemente. La IED se ha multiplicado por cinco y en algunos años por siete en comparación con sus montos del inicio del siglo XXI. África Occidental y del Sur han atraído los flujos más importantes de inversiones.

Durante el periodo 2006-2010, se introdujeron nuevos mecanismos para el fomento a la inversión en 40 países africanos. Al mismo tiempo, diversos países impulsados por un mejor gobierno económico y por los modelos asiáticos de desarrollo han puesto en marcha estrategias y acciones para impulsar su infraestructura, su industria, las telecomunicaciones y el turismo con participación asiática y sudafricana.

Diversos países han reformado su sistema bancario (Egipto y Nigeria) y fiscal; han creado zonas especiales de exportación para la IED y han establecido incentivos fiscales y financieros a la inversión en general. Los mercados financieros africanos no se quedaron atrás de la ola de crecimiento en mercados emergentes de Latinoamérica y Asia. La capitalización creció en 2007 al 60% del PIB. Los mercados de deuda —excluyendo a Sudáfrica— se triplicaron entre 2000 y 2007 (12 000 millones de dólares). A partir de 2010, tras la crisis de 2008-2009, regresaron a su senda de crecimiento.[10]

El cambio más importante es el que ha ocurrido en el origen de las inversiones, el comercio y el crédito. En los últimos siete años, ha

[10] *Ibid.*

CUADRO 3. LUJOS DE RECURSOS FINANCIEROS DEL EXTERIOR 2000-2012 (BILLONES DE DÓLARES)

Flujo de billones de dólares	2000	2001	2002	2003	2004	2005	2006	2007	2008	2009	2010	2011 (e)	2012 (e)
1. Asistencia oficial para el desarrollo	15.5	16.8	21.4	27.4	30.0	35.8	44.6	39.6	45.2	47.8	47.9	48.4	48.9
2. Inversiones de portafolio	1.9	-3.3	-0.1	-0.4	6.8	5.8	22.2	12.8	-27.0	-2.1	12.2	7.7	16.2
3. Inversión Directa Extranjera	10.9	20.9	16.1	20.4	21.7	38.2	46.3	63.1	73.4	60.2	55.0	54.4	53.1
4. Remesas	11.5	12.6	13.2	15.8	19.8	22.7	26.8	37.0	41.5	37.7	39.3	41.6	45.0
5. Ingresos por impuestos	141.0	131.7	123.9	159.0	204.6	262.4	312.5	357	458.5	339.2	416.3	..	..
Total (1+2+3+4)	39.7	47.1	50.6	63.3	78.3	102.5	139.8	152.5	133.1	143.5	154.4	152.2	163.2
África del Norte	11.7	14.2	13.6	15.0	20.2	27.4	37.2	43.4	33.5	23.7	37.5	27.6	31.6
África Occidental	7.5	8.0	9.6	10.7	13.9	23.6	34.0	32.2	33.6	37.6	37.7	42.4	45.2
África Central	1.7	2.8	4.0	8.8	5.1	6.0	6.0	8.0	4.6	7.0	9.5	8.4	8.6
África del Este	6.9	8.1	8.7	11.3	13.1	14.5	19.0	22.3	24.5	25.2	23.4	26.1	26.7
África del Sur	10.6	12.5	13.0	14.9	23.3	28.2	40.5	42.5	31.9	44.2	41.2	39.1	45.9

Fuente: OECD/DAC, Banco Mundial, FMI y African Economic Outlook Data 2012.

sido particularmente destacada la participación de Brasil, China, la India, Malasia y otros países emergentes en la inversión extranjera, el financiamiento, la construcción de obras públicas y privadas, y el comercio exterior, tal y como lo muestra la gráfica 2. Del mismo modo, algunos países latinoamericanos como Argentina, Brasil, Chile, Colombia y Venezuela han aumentado sus vínculos de negocios con el continente.

GRÁFICA 2. FLUJOS DE INVERSIÓN EXTRANJERA DIRECTA POR REGIÓN DE ORIGEN (1995-2008)

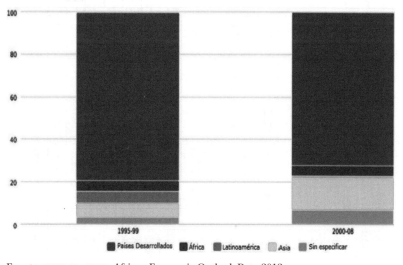

Fuente: UNCTAD, OECD, African Economic Outlook Data 2012.

Cuatro factores fundamentales han motivado estos nuevos flujos particularmente en el caso de Brasil, China, Corea del Sur, la India y Turquía:[11]

- La creciente demanda de petróleo, gas y otros recursos minerales.
- La mayor demanda de alimentos y otras materias primas, agrícolas y pecuarias para satisfacer los crecientes consumos de su población. (Se han realizado importantes adquisiciones de tierras e inversiones asiáticas y brasileñas para producir granos, caña de

[11] UNCTAD "Economic Development in Africa: report 2010. South-South Cooperation: Africa and the New Forms of Development Partnership", Nueva York y Ginebra, 2010.

azúcar y otros alimentos en Angola, Mozambique y la República Democrática del Congo).

- Los mercados en expansión de la mayor parte de los países africanos, y en particular de los países petroleros.

- Las oportunidades de ampliar su influencia política estratégica en el continente y en organismos internacionales de la ONU y Bretton Woods.

Presencia de China en África. En los últimos 15 años, China ha multiplicado su comercio e IED, los créditos en el largo plazo y la ayuda a África, realizando proyectos cada vez más numerosos de infraestructura física como carreteras, vías férreas, puertos y presas, casi siempre con trabajadores chinos.[12]

Para 2012, se propuso una inversión de 750 millones de dólares en agricultura y ayuda para el desarrollo, particularmente en infraestructura educativa y técnica; y en el caso del sector empresarial pequeño y mediano, 50 millones de dólares.

Las inversiones de China en África han sido criticadas en Occidente y algunos países receptores por concentrarse en la extracción de materias primas para exportación con poco valor agregado local, así como por la invasión de los mercados de la región con productos chinos. Sin embargo, no hay duda de que los financiamientos y las inversiones de China han sido una alternativa conveniente y con costos más bajos que los disponibles del Banco Mundial y su hermano el Banco Africano de Desarrollo.

La oferta china de inversiones y financiamiento para los próximos años es muy elevada, tal y como lo muestra el próximo mapa.

México no ha estado presente en este nuevo contexto. Sin embargo, algunas empresas aisladas han realizado inversiones importantes en cemento (CEMEX en Egipto), en autopartes y convertidores catalíticos (Grupo Turner en Sudáfrica) y en programas significativos de exportaciones (Grupo Modelo, Tequila José Cuervo, Vitro y Laboratorios Silanes, entre otros). También, empresas africanas empiezan a realizar inversiones en México (sudafricanas, marroquíes y egipcias).

Fuera del Norte de África, a diferencia de Brasil, China y la India, los inversionistas y las empresas mexicanas han estado más inactivos —a pesar de que hay importantes mercados en el continente y de más

---

[12] *Ibid.*

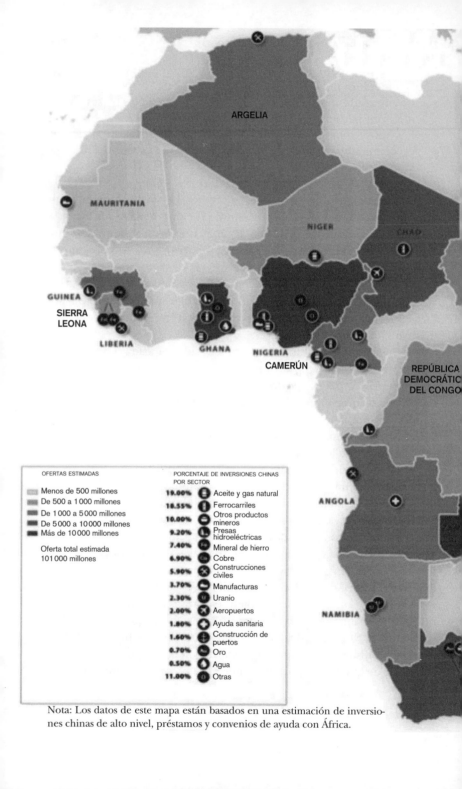

ARGELIA

MAURITANIA

NIGER

CHAD

GUINEA

SIERRA LEONA

LIBERIA

GHANA

NIGERIA

CAMERÚN

REPÚBLICA DEMOCRÁTICA DEL CONGO

ANGOLA

NAMIBIA

OFERTAS ESTIMADAS

Menos de 500 millones
De 500 a 1 000 millones
De 1 000 a 5 000 millones
De 5 000 a 10 000 millones
Más de 10 000 millones

Oferta total estimada
101 000 millones

PORCENTAJE DE INVERSIONES CHINAS POR SECTOR

19.00%	Aceite y gas natural
18.55%	Ferrocarriles
10.00%	Otros productos mineros
9.20%	Presas hidroeléctricas
7.40%	Mineral de hierro
6.90%	Cobre
5.90%	Construcciones civiles
3.70%	Manufacturas
2.30%	Uranio
2.00%	Aeropuertos
1.80%	Ayuda sanitaria
1.60%	Construcción de puertos
0.70%	Oro
0.50%	Agua
11.00%	Otras

Nota: Los datos de este mapa están basados en una estimación de inversiones chinas de alto nivel, préstamos y convenios de ayuda con África.

Fuente: *China Business Review*, fuente abierta de información comercial.

fácil acceso por ausencia de obstáculos y normas técnicas rigurosas—
que en los mercados europeos y asiáticos.

RETOS Y OPORTUNIDADES EN EL FUTURO PRÓXIMO

Se estima que en un futuro inmediato África seguirá avanzando en
términos de democracia y gobernabilidad, y que seguirá creciendo
a una tasa más acelerada dada la demanda creciente y los precios internacionales elevados de sus materias primas. Se espera que entre
2000 y 2050 la población de África crezca al doble y pase de 900 a
1 800 millones de habitantes. Hoy representa el 13.5% de la población
mundial, en 2050 deberá representar el 20%, de acuerdo con la OCDE.
En la actualidad y en los próximos años, los países africanos serán objeto de inversiones crecientes y de visitas políticas frecuentes de países
ricos y emergentes.

Sin embargo, su importancia no es sólo económica, sino también
como aliados políticos de México en los foros multilaterales y en el
nuevo entorno cultural internacional que está surgiendo. Por ello,
México debe establecer urgentemente una estrategia de mediano y
largo plazo hacia África e incrementar sus lazos e intercambios a pasos acelerados, así como establecer programas de cooperación hacia
aquellos países de menor desarrollo relativo en el mundo y que tengan amplio potencial de mejorar su situación. Esto se ha dado ya por
la vía bilateral y multilateral (cultivos en zona áridas de nopal y tuna
en Etiopía y Sudáfrica) y la geotermia.[13] Pero exige una política explícita y flujos constantes de recursos humanos y presupuestales.

El programa de becas de posgrado del gobierno mexicano (dos por
país) ha sido el único elemento permanente del que han dispuesto las
embajadas mexicanas en África para la cooperación y sus efectos han
sido muy limitados, ya que en este continente, al igual que en Asia, el
español es un idioma poco común. La creación de un programa para
la enseñanza del español —vía programas *in situ* y (o) a través de un
sistema de educación a distancia en África y Asia— sería una buena
inversión cultural internacional. México es, de lejos, el principal país
de habla hispana. Puede hacerlo solo o en coordinación con el Insti-

---

[13] ONUDI, "Informe de Desarrollo Industrial 2011", ONUDI, Viena, 2011.

tuto Cervantes. Los chinos están propagando el mandarín en África con muy buenos resultados.

La Agencia Mexicana de Cooperación Internacional para el Desarrollo recientemente creada, así como los programas que la antecedieron, no cuenta con los recursos presupuestales necesarios y los pocos existentes se dirigieron a Centroamérica y el Caribe. En África, los programas y las propuestas se han quedado en promesas incumplidas y son motivo de suspicacias cada vez que se hace un ofrecimiento de cooperación a gobiernos africanos. Habría buenas posibilidades de éxito, por ejemplo, de un programa de jóvenes voluntarios mexicanos apoyados por el gobierno, las empresas y las instituciones académicas, tal como lo han demostrado los cubanos en el sector de salud, educación y construcción de vivienda.

EMBAJADAS DE MÉXICO

México ha tenido, de los años cincuenta a la fecha, una presencia diplomática errática a través de embajadores residentes en 12 países africanos. Durante la presidencia de Vicente Fox, esa presencia *in situ* se redujo a sólo cinco embajadas, pero en 2006 se hicieron los estudios para contar con dos más. La intención era reabrir Etiopía y establecer por primera vez una embajada en Angola, dada su importancia creciente como productor de petróleo y como mercado potencial.

La embajada en Etiopía reabrió sus puertas en 2007, año en que se anunció en la Comisión de Relaciones Exteriores África del Senado la reapertura de la embajada en Nigeria, la creación de una representación en Angola y la intención de llegar a un total de 12 embajadas al final del sexenio. Lamentablemente, sólo la primera abrió sus puertas. La de Angola, solicitada insistentemente por ese país en reciprocidad a la que tienen en México, fue anunciada y asignada a una encargada de negocios, que inició los arreglos para su apertura. En el último momento, la cancillería mexicana decidió revertir su decisión argumentando razones presupuestales (entre otras cosas, que el costo de la vida era muy caro en Luanda). El gobierno angoleño expresó su decepción por la decisión mexicana, pero ha mantenido abierta y con paciencia su embajada en México. Hoy, México cuenta con siete embajadas, casi todas con un número elevado de concurrencias:

Estado acreditante	*Concurrencias*
Argelia	Libia, Mauritania y Túnez
Egipto	Iraq, Jordania, Siria y Sudán
Etiopía (2007)	Djibouti
Kenia	Burundi, Eritrea, Ruanda, Seychelles, Tanzania y Uganda
Marruecos	Costa de Marfil, Gabón, Malí y Senegal
Sudáfrica	Angola, Botsuana, Lesoto, Madagascar, Mauricio, Mozambique, Namibia, Suazilandia, Zambia y Zimbabue
Nigeria (2008)	Camerún, Ghana, Liberia y Sierra Leona

México restableció en el sexenio pasado dos embajadas clave: Etiopía y Nigeria, los dos países más poblados de África y con una alta tasa de crecimiento económico, pero debe proponerse alcanzar la meta de cuando menos 12 embajadas, desde las cuales se podría cubrir países con gran potencial político y mercados en crecimiento. Las cinco nuevas embajadas deberán ser seleccionadas estratégicamente, de manera que tengamos una red de pivotes regionales para comenzar a competir con Brasil (36 embajadas) y Cuba (30 embajadas) en términos políticos y económicos, y contar con más ventanas en un continente de 54 países, que tienen cada uno un voto en la Asamblea General de la ONU y cuya población exigimos visa de ingreso a México en un contexto global cada vez más interdependiente. Por lo pronto, México debería explorar la posibilidad de reabrir embajadas en Ghana y Senegal en África Occidental. Esta región posee muchos gobiernos democráticos, gran crecimiento económico y vastos recursos energéticos en el golfo de Guinea (Camerún, Chad, Gabón, Ghana, Guinea Ecuatorial —el único país de habla hispana— y Sierra Leona) y mercados potenciales, donde sólo tenemos presencia en Nigeria y no existe representación alguna en países francófonos, desde que cerramos la embajada en Senegal.

La otra región que está insuficientemente atendida es África del Este. Reabrir la embajada en Tanzania sería aconsejable, pues existe una vieja tradición de relaciones (Luis Echeverría-Julius Nyerere, Tan-zamex y los edificios de gobierno de la capital Dodoma, diseñados por Pedro Ramírez Vázquez), cuenta con población y mercado significati-vos y crece con estabilidad política.

Finalmente, en el Sur de África es preciso cubrir adecuadamente a Angola y a Mozambique, dos países costeros en el Atlántico y el Índico de habla portuguesa, en donde las posibilidades de negocios y de cooperación energética y cultural son importantes, y otros países latinoamericanos están muy activos. Es urgente, sobre todo, cumplir con nuestro compromiso de abrir una embajada en Angola, que se ve a sí misma como una potencia media ascendente africana y está en competencia política con Sudáfrica, desde donde cubrimos hoy los asuntos angoleños. Mozambique, de hecho, podría seguir siendo atendida en los próximos tres años desde Pretoria (a cinco horas por carretera), procurando monitorear y apoyar de cerca las oportunida-des de negocios y cooperación que ofrece.

Por otra parte, existen embajadas permanentes en México de nue-ve países africanos: Angola, Argelia, Costa de Marfil, Egipto, la Repú-blica Árabe Saharaui Democrática, Libia, Marruecos, Nigeria, Sudá-frica y una representación de Etiopía. Habría que buscar que Etiopía y Kenia tuvieran un embajador permanente en nuestro país y, en el futuro, Ghana, Senegal y Tanzania lo hicieran en reciprocidad, cuan-do México abriera las suyas en su continente.

OBJETIVOS ESTRATÉGICOS DE NUESTRA PRESENCIA EN LOS 12 PAÍSES PRIORITARIOS

Nuestro país tiene un comercio insignificante con África, represen-tando apenas el 0.3% del comercio total mexicano; 0.2% de nuestras exportaciones y 0.4% de nuestras importaciones.[14] Cabe destacar que en 2011 las exportaciones totales de México a África sumaron sólo 738.2 millones de dólares, mientras que las importaciones sumaron 1 809.4 millones de dólares, lo que nos ocasionó un déficit de -1 071.2 millones de dólares.

Según el Centro de Comercio Internacional, las exportaciones

---

[14] INEGI, "Estadísticas del Comercio Exterior de México", México, 2012.

mexicanas hacia África se concentran en cuatro países (Argelia, Egipto, Nigeria y Sudáfrica) que representan el 77% del total; y principalmente en productos de fundición, automóviles y autopartes, equipos y componentes electrónicos, y productos farmacéuticos y químicos provenientes sobre todo de empresas transnacionales establecidas en México. A su vez, nuestras importaciones de África provienen fundamentalmente de Egipto, Marruecos, Nigeria y Sudáfrica, países de los cuales importamos fundamentalmente maíz, petrolíferos, gas licuado y fosfatos. En los últimos dos años importamos un millón y medio de toneladas de maíz de Sudáfrica debido a la sequía.

Es necesario incrementar significativamente nuestras exportaciones al continente y explorar las posibilidades de desarrollar fuentes más estables de abastecimiento de productos agropecuarios y minerales. Para ello, debemos promover la presencia de empresas mexicanas por medio del comercio y las inversiones como CEMEX, CARSO, Telmex, América Móvil, Sanborns, Bimbo, Maseca, FEMSA, Alfa, Mabe, Herdez, pero también de algunas empresas medianas con potencial de exportaciones (como sería el caso de los sectores agroindustrial y farmacéutico) y al mismo tiempo promover inversiones africanas en México de Sudáfrica (empresas mineras y metalúrgicas) y de Egipto, Marruecos y Nigeria.

Conviene examinar la conveniencia de abrir consulados político-económicos (como lo hace la India) en países como Costa de Marfil y Mozambique, así como también consulados honorarios en países donde todavía no se justifica una embajada, pero hay potencial, buscando en lo posible a empresarios importantes o a distinguidos exfuncionarios gubernamentales locales.

Sería una condición *sine qua non* dotar a nuestras embajadas de mayores recursos para que, a través de una red de embajadas y consulados con programas bien definidos, promotores jóvenes pudieran visitar sistemáticamente algunos países clave de concurrencia, difundir información actualizada sobre México y promover oportunidades de negocios y la imagen de México, que está muy desdibujada en África. En la embajada de México en Sudáfrica, por ejemplo, podría establecerse un programa piloto de promoción, seleccionando, entre los diez países de concurrencia, tres países vecinos o cercanos con buen potencial, como Botsuana, Mozambique y Zambia, para visitas trimestrales, de ser posible, de la mano de empresarios, técnicos especialistas y académicos mexicanos.

El sector privado tiene que contribuir con este proceso en su propio beneficio. Sería necesario crear en el Consejo Empresarial Mexicano de Comercio Exterior, Inversión y Tecnología una sección especializada para impulsar los negocios entre África y México, así como examinar la posibilidad de crear una cámara de negocios México-África con apoyo del sector privado y de ProMéxico. La Cámara Árabe Mexicana de Industria y Comercio incluye a diez países africanos (los árabes mediterráneos); hace falta cubrir a los subsaharianos que hoy ofrecen las mejores oportunidades.

Es importante también organizar en la segunda mitad del año próximo, como lo hizo Luiz Inácio *Lula* da Silva anualmente, una visita del presidente y de secretarios de Estado a cuatro o cinco países africanos seleccionados, acompañados de grupos empresariales y académicos. Pero para ello, es necesario definir primero nuestra estrategia en el mediano y el largo plazo en la región, precisar algunos objetivos y prioridades concretos, y luego preparar bien las visitas y las misiones con apoyo efectivo de ProMéxico, del Banco Nacional de Comercio Exterior (Bancomext) y de los empresarios. Es necesario que asignemos un flujo constante de recursos financieros —como otros países emergentes ya lo hacen— a nuestra agencia especializada de cooperación, otorgando atención, entre otros, a países africanos de menor desarrollo, pero con buen potencial de crecimiento, comercio, inversiones y cooperación multilateral.

CONSIDERACIONES FINALES

a] África tiene excelentes perspectivas de crecimiento y desarrollo. El momento actual es todavía difícil, dada la crisis internacional, pero África se ha recuperado ya, en buena medida, gracias a la demanda de China y otros países emergentes. Se esperan tasas de crecimiento superiores en promedio al 5% anual en la próxima década, pero las diferencias entre un país y otro son enormes. Se requiere una estrategia diferenciada.

b] Los países exportadores de petróleo y gas, como Angola, Argelia, Egipto, Nigeria y otros del golfo de Guinea vieron mermados drásticamente sus ingresos fiscales y de divisas (90% en el caso de Angola y Nigeria) y tuvieron que actuar en 2008-2009 con medidas de austeridad: reducción del gasto público y de las inversiones. Desde 2010, con el petróleo a 70 dólares por barril, se recuperaron; en 2011-2012 a 100 dólares el barril, crecieron y generaron reservas financieras. Angola compra bancos, empresas de energía y otras empresas extranjeras, particularmente portuguesas.

c] Otros productores de materias primas en alta demanda y precios (algodón, cobre, oro y plata) están creciendo rápidamente, pero tienen un gran reto distributivo.

d] Algunos países ricos han frenado y reducido su cooperación, sus compras y sus inversiones en África, sobre todo a partir de la crisis de 2008. Brasil, China, Corea del Sur, la India y Turquía han mostrado disposición a mantener, e incluso aumentar, su cooperación, sobre todo con países africanos afectados por la crisis. China continúa con programas cada vez más ambiciosos de financiamiento y construcción de infraestructura, y proyectos energéticos y mineros. Al mismo tiempo, ha apoyado en muchos países africanos el desarrollo de infraestructura de capacitación y extensionismo agropecuario.[15] Es momento para que México comience a actuar.

e] Se invitó a la Unión Africana y a Sudáfrica a estar presentes en la Cumbre del G-20, en Los Cabos. No obstante, siguen pendientes las promesas de cooperación de países de la OCDE y el G-8 desde 2005. México podría colaborar con los BRICS y Turquía para renovar esos esfuerzos de apoyo y cooperación. La próxima Cumbre del G-20 en Rusia puede ser una buena oportunidad.

f] El grupo IBSA (la India, Brasil y Sudáfrica) sigue su marcha y ha emprendido cooperación con países de menor desarrollo de África a través de un fondo especial. Además, lidera la estrategia africana en las negociaciones de la Organización Mundial del Comercio. México puede aprender mucho de su experiencia y promover una iniciativa a través de la Secretaría General Iberoamericana, que ya ha realizado algunos acercamientos con países africanos.

g] Sudáfrica está empezando a padecer conflictos por demandas salariales y empleos, así como por presiones por la tierra y por inconformidad social. Su tasa de crecimiento ha descendido. Los problemas que le generan los inmigrantes de países vecinos como Mozambique y Zimbabue exacerban esa situación. Sin embargo, sigue siendo la principal potencia política y económica de África con el sistema

[15] UNCTAD, *op. cit.*

financiero más sólido, la mejor infraestructura de comunicaciones y transportes (carreteras, aeropuertos, puertos marítimos y telecomunicaciones), gran producción agrícola, minera e industrial, y empresas privadas y del Estado dinámicas que invierten y comercian en todo el continente, así como en Asia y en Latinoamérica. México debe estructurar un programa parcial de comercio, inversiones y cooperación con ese país, lo que permitiría que algunos productos agropecuarios y sobre todo industriales se comercien libres de impuestos.

h] Etiopía crece de manera destacada y presenta una gran oportunidad de negocios y cooperación. Tiene recursos significativos apenas aprovechados y todavía tiene grandes problemas de alimentación, salud y vivienda. Tiene, sobre todo, un gran potencial turístico debido a su magnífico acervo monumental artístico, pero no cuenta con la infraestructura de comunicaciones, transportes y hoteles apropiadas. México podría compartir su experiencia en la materia, como lo hizo España con Ecuador, apoyada en el Instituto Nacional de Antropología e Historia y nuestro sector turístico y hotelero. Nuestra embajada en ese país debe ser fortalecida para ese fin, apoyada en la larga tradición de amistad México-Etiopía.

i] Un área tradicional de cooperación de México con África y con importante potencial de crecimiento y negocios es la agroindustrial. México ha tenido programas bilaterales y multilaterales (vía la Organización de las Naciones Unidas para la Agricultura) de cooperación con diversos países de maguey (Sudáfrica), de henequén (Tanzania) y de nopal-tuna (Etiopía, Marruecos y Sudáfrica), tanto en materia de producción, consumo e industrialización, como en materia sanitaria. Lamentablemente, ha habido poca continuidad en los programas, pero podrían activarse con un buen plan de cooperación y negocios.

j] Lo que pocos conocen es que los mexicanos desde hace algunos años han participado desde la Universidad Autónoma de Chapingo y particularmente a través de los programas del Centro Internacional de Mejoramiento de Maíz y Trigo (CIMMYT), y la fundación japonesa Sasakawa en la transferencia de conocimientos, habilidades y variedades mejoradas de trigo y sobre todo maíz resistente a la sequía. Los líderes africanos, muchas veces provenientes de familias rurales, aprecian bien estas experiencias.

k] Hoy, cuando la seguridad alimentaria constituye una preocupación global y México inicia su Cruzada contra el Hambre, al mismo tiempo que se inicia una revolución verde del maíz en varias regiones de África (el sur es gran productor y consumidor) en la que el CIMMYT está jugando un papel importante, el gobierno mexicano debería aprovechar ese activo institucional para formular y echar andar un programa de cooperación en un grupo seleccionado de países africanos. Recientemente, se ha iniciado un modesto programa en Kenia que puede ampliarse y replicarse en otros países vecinos.

l] Cuba ha sido enormemente exitosa en África con su programa de cooperación en salud que ha justificado su red de 30 pequeñas, pero políticamente exitosas, embajadas, con contingentes de 30 a 400 médicos en la mayor parte de los países africanos, apoyada por secretarios de salud hispano-parlantes educados en la isla y frecuentemente con salarios pagados por otros países. Esa cooperación les ha redituado excelentemente en la ONU y otros foros internacionales. El gobierno mexicano podría emular esa experiencia con apoyo de nuestros experimentados centros de investigación y universidades en el terreno del maíz y, al mismo tiempo, impulsar negocios e inversiones de empresas mexicanas relacionadas como Maseca, Bimbo y otras más.

m] De la misma manera, México podría concebir programas de cooperación en áreas como políticas de salud, vivienda popular, alivio a la pobreza y eficiencia energética (similares a los que tienen Brasil y la India), aprovechando nuestra presencia en organismos internacionales de ayuda al desarrollo.

n] En 2011 surgió una nueva revolución política, económica, social y de aspiraciones de vida (empleo, salarios, etc.) en el Norte de África y en otros países árabes que ha tumbado a gobiernos autoritarios que gobernaron por dos, tres o cuatro décadas, y que ya se está extendiendo a países subsaharianos con importante presencia islámica.

- La Revolución de los Jazmines en Túnez detonó el proceso democrático y desembocó en la caída de Zine Ben Ali y propició las elecciones democráticas.
- La rebelión en Egipto condujo a la caída de Hosni Mubarak, a la celebración de elecciones y a un nuevo gobierno liderado por Mohamed Morsi y los Hermanos Musulmanes, con el apoyo tácito de los militares y de Estados Unidos.
- La rebelión en Libia condujo a la intervención extranjera (el Consejo de Seguridad de la ONU y la Organización del Tratado del Atlántico Norte) en el colapso del régimen de Muamar el Ga-

dafi y en el surgimiento de un gobierno de transición, que aún no acaba de estabilizarse.

- Marruecos supo ajustar su régimen legal e institucional para que todo siguiera prácticamente igual, pero con algunos avances democráticos.

- Argelia, Chad, Malí, Níger y Somalia están siendo afectados adversamente por estos procesos y por el fundamentalismo terrorista, y actualmente están generando reacciones de Estados Unidos y de algunos países europeos.

- Nigeria es un país que ha tenido en la última década elecciones democráticas, pero mantiene, desde su independencia, una situación inestable entre el norte islámico y el sur cristiano exacerbada por la mala distribución geográfica de los recursos petroleros y de los ingresos; también, muestra signos preocupantes de desintegración étnica y social, similares a los que se han dado en Sudán y otros países.

El gobierno mexicano debe formular e instrumentar una estrategia para hacerle frente a esos escenarios —más en el Norte de África—, sobre todo si pretende en los próximos seis años volver a desempeñar un papel activo como miembro no permanente en el Consejo de Seguridad de la ONU.

Las perspectivas de crecimiento económico y desarrollo democrático y social de África para la próxima década son positivas en lo general, según la ONU, la OCDE y el Banco Mundial, y excelentes en el caso de algunos países que, hace apenas unos años, eran considerados como problemas sin solución; según *The Economist*, posiblemente superen a algunos asiáticos. México debe aprovechar esta oportunidad con una estrategia integral público-privada-académica e instrumentos apropiados para promover nuestras relaciones políticas y culturales, y en particular, las de negocios y cooperación.

La SRE debe encabezar esa iniciativa con el apoyo de la Secretaría de Economía, ProMéxico, Bancomext, el Consejo Nacional de Ciencia y Tecnología, el Consejo Nacional para la Cultura y las Artes y el COMCE, inspirándose en las estrategias exitosas que han adoptado los países del grupo de los BRICS. El Senado y, en especial, la Comisión de Relaciones Exteriores África podrían tener un papel de apoyo, como lo hizo a principios de los años sesenta el gobierno de Adolfo López Mateos ante los procesos de independencia de África. Lo importante es que no se desaproveche este nuevo amanecer de África, con todos sus desafíos y oportunidades.

ANEXO 1. INDICADORES AFRICANOS DE POBLACIÓN Y TERRITORIO 2011

	Población *(miles)*	*Superficie* *(miles de km²)*	*Densidad pobla-cional* *(pob. / km²)*
Argelia	35 980	2 382	15
Angola	19 618	1 247	16
Benín	9 100	115	79
Botsuana	2 031	582	3
Burkina Faso	16 968	274	62
Burundi	8 575	28	308
Camerún	20 030	476	42
Cape Verde	501	4	124
Rep. Central Africana	4 487	623	7
Chad	11 525	1 284	9
Islas Comoras	754	2	337
Congo	4 140	342	12
República Democráti-ca del Congo	67 758	2345	29
Costa de Marfil	20 153	322	62
Yibuti	906	23	39
Egipto*	82 537	1 001	82
Guinea Ecuatorial	720	28	26
Eritrea	5 415	118	46
Etiopía*	84 734	1 104	77
Gabón	1 534	268	6
Gambia	1 776	11	157
Ghana	24 966	239	105
Guinea	10 222	246	42
Guinea-Bissau	1 547	36	43
Kenia	41 610	593	70
Lesoto	2 194	30	72
Liberia	4 129	111	37
Libia	6 423	1 760	4
Madagascar	21 315	587	36
Malawi	15 381	118	130
Malí	15 840	1 240	13
Mauritania	3 542	1 026	3

ANEXO 1 *(cont.)*			
Mauricio	1 307	2	640
Marruecos	32 273	711	45
Mozambique	23 930	802	30
Namibia	2 324	824	3
Níger	16 069	1 267	13
Nigeria	162 471	924	176
Ruanda	10 943	26	415
Santo Tomé y Príncipe	169	1	175
Senegal	12 768	197	65
Seychelles	87	0.455	192
Sierra Leona	5 997	72	84
Somalia	9 557	638	15
Sudáfrica	50 460	1 221	41
Sudán del Sur	—	620	—
Sudán	44 632	1 886	24
Suazilandia	1 203	17	69
Tanzania	46 218	945	49
Togo	6 155	57	108
Túnez	10 594	164	65
Uganda	34 509	241	143
Zambia	13 475	753	18
Zimbabue	12 754	391	33
TOTAL África	1 044 304	30 323	34

Fuente: OECD, African Economic Outlook 2012.

ANEXO 2: CRECIMIENTO DEL PIB EN TÉRMINOS REALES 2003-2011

	PIB basado en PPA (paridad del poder adquisitivo) (US $ millones) 2011	PIB per cápita (PPA 2011 valuación, $)	Crecimiento real anual del PIB (% de 2003-2011)
Argelia	255 344	7 097	3.7
Angola	115 277	5 876	11.0
Benín	14 977	1 646	3.5
Botsuana	26 514	13 056	3.9
Burkina Faso	22 285	1 313	5.8
Burundi	3 582	418	3.2
Camerún	49 078	2 450	3.2
Cape Verde	2 397	4 789	6.1
Rep. Central Africana	3 360	749	2.0
Chad	24 838	2 155	10.1
Islas Comoras	866	1 149	1.8
Congo	19 506	4 712	4.9
República Democrática del Congo	23 823	352	6.1
Costa de Marfil	33 971	1 686	0.7
Yibuti	2 198	2 427	4.1
Egipto*	519 396	6 293	4.9
Guinea Ecuatorial	25 781	35 797	11.2
Eritrea	4 018	742	0.7
Etiopía*	113 729	1 342	9.7
Gabón	25 191	16 419	3.6
Gambia	4 165	2 345	6.1
Ghana	76 347	3 058	7.0
Guinea	13 637	1 334	2.4
Guinea-Bissau	1 919	1 240	2.6
Kenia	79 720	1 916	4.6
Lesoto	2 527	1 152	4.0
Liberia	2 683	650	2.0
Libia	50 636	7 884	0.7
Madagascar	19 211	901	3.9
Malawi	14 179	922	6.2
Malí	18 184	1 148	4.8

ANEXO 2 *(cont.)*			
Mauritania	8 991	2 539	4.5
Mauricio	19 193	14 689	4.2
Marruecos	170 758	5 291	4.8
Mozambique	26 719	1 117	7.3
Namibia	15 571	6 700	5.0
Níger	12 148	756	4.9
Nigeria	401 539	2 471	7.5
Ruanda	13 608	1 244	7.7
Santo Tomé y Príncipe	331	1 964	5.4
Senegal	22 506	1 763	4.4
Seychelles	2 484	28 407	3.3
Sierra Leona	5 374	896	6.4
Somalia	...	...	...
Sudáfrica	515 877	10 223	3.6
Sudán del Sur	...	...	...
Sudán	97 850	2 192	6.6
Suazilandia	6 056	5 033	2.4
Tanzania	74 026	1 602	7.0
Togo	5 946	966	3.1
Túnez	101 636	9 594	4.1
Uganda	57 451	1 665	6.9
Zambia	27 523	2 043	6.1
Zimbabue	4 087	320	-3.3
TOTAL África	3 159 013	3 025	5.2

Fuente: OECD, African Economic Outlook 2012.

CUARTA PARTE

AMÉRICA LATINA: PERSPECTIVAS EN CLAROSCURO

MÉXICO Y CENTROAMÉRICA: UNA POLÍTICA INTEGRAL

MARCO A. ALCÁZAR[1]

Durante las últimas dos décadas del siglo XX, México mostró un claro interés en Centroamérica. Sus acciones contribuyeron a la estabilización regional (Contadora en 1983), a procesos de pacificación nacional (El Salvador en 1992 y Guatemala en 1996) y, en alguna medida, a la reconstrucción económica y social (Acuerdo Tuxtla en 1990 y Comisión Mexicana para la Cooperación con Centroamérica en 1990).

En el inicio del siglo XXI, el interés de México en Centroamérica se fue diluyendo. Los esquemas de cooperación creados en los años noventa se sustituyeron por nuevos esquemas, muy ambiciosos (Plan Puebla Panamá en 2001 y el Proyecto Mesoamérica en 2008), pero con pocos resultados.

En los años noventa presenciamos una evolución política hacia procesos democráticos en todo Centroamérica, un proceso de integración económica importante (Sistema de la Integración Centroamericana, SICA) y un crecimiento sostenido en sus economías. Sin embargo, a partir de 2008, factores estructurales y coyunturales han llevado a la región a una situación en la que los rezagos económicos y sociales se han sumado a graves problemas de seguridad pública —crimen organizado y presencia de pandillas—, debilidad institucional —en particular en la persecución del delito y en la procuración de justicia— y crisis económica, lo cual conforma un escenario que plantea riesgos para la estabilidad política y la gobernabilidad en estos países, con potenciales consecuencias regionales. Muchos de estos problemas se manifiestan a diario en la frontera sur de México, limítrofe con Belice y Guatemala.

Frente a estos escenarios, México no ha dado un paso adelante —como lo hizo a inicios de los años ochenta— con iniciativas políticas, económicas o sociales que contribuyan a la estabilidad política, la

[1] Este texto es resultado de las experiencias y reflexiones del autor, sumadas a las discusiones sobre el tema entre los miembros de Grupo Coppan. Agradecemos a la Fundación Friedrich Ebert en México por su apoyo para el desarrollo de este proyecto.

seguridad, la fortaleza institucional y al desarrollo económico y social de la región, lo que ciertamente favorecería el interés nacional de México.

Después de dos administraciones de gobiernos del Partido Acción Nacional (2000-2012), el Partido Revolucionario Institucional volvió a la presidencia el 1 de diciembre de 2012. El nuevo gobierno tiene frente a sí una Centroamérica que no ve a México como un socio importante, que le tiene reclamos por la forma en que son tratados sus migrantes y por la presencia de bandas criminales mexicanas en sus territorios, a quienes atribuyen su crisis de seguridad.

A pesar del desinterés de México en la región en la última década, la experiencia histórica nos indica que lo que suceda en Centroamérica seguirá afectando a México pero que, en el momento en el que México decida actuar, la receptividad e interés de los centroamericanos se irá incrementando conforme perciban concreción y continuidad en las acciones.

En este análisis se presentan algunas ideas que pueden servir para conformar una estrategia de México hacia Centroamérica que responda a la situación actual en la región, a las preocupaciones mexicanas y, sobre todo, que siente las bases para la construcción de una relación a partir de una política de Estado transexenal y con horizontes en el largo plazo.

DE CONTADORA A 2012

No hay duda de que el gobierno mexicano ha procurado mantener a lo largo del tiempo relaciones cordiales con las naciones centroamericanas, pero tampoco la hay en el sentido de que, salvo en coyunturas especiales, tales relaciones han tenido un carácter formal y no se han impulsado esfuerzos para desarrollar vínculos de mayor contenido político.

Por su carácter puntual, conviene referir dos acciones relevantes que se produjeron en los años ochenta y principios de los noventa: primero, en el contexto de la situación de la violencia en la región y, después, en el proceso de pacificación.

En primer lugar, de acuerdo con datos del Alto Comisionado de las Naciones Unidas para los Refugiados, entre 1981 y 1982 ingresaron a

México más de 200 000 refugiados guatemaltecos, de los cuales, 46 000 permanecieron en nuestro territorio. A partir de 1984, alrededor de 18 000 fueron trasladados a asentamientos construidos ex profeso por el gobierno mexicano en los estados de Campeche y Quintana Roo, en donde recibieron alojamiento, tierras, ayuda alimentaria y diversos servicios sociales. Con el paso del tiempo, la mayoría (70%) retornó a sus comunidades de origen, acogiéndose al Programa de Repatriación Voluntaria, acordado por los gobiernos de Guatemala y México. El resto se asimiló a nuestro país.

En segundo lugar, como resultado de los acuerdos de paz en El Salvador suscritos en 1992 en el Alcázar del Castillo de Chapultepec, México participó en la Misión de Observadores de las Naciones Unidas en El Salvador enviando 120 policías para apoyar la conformación de la Policía Nacional Civil salvadoreña.

De lo que no queda duda es del impacto político del esfuerzo realizado por México, por los demás integrantes del Grupo Contadora y por los amigos del proceso de paz, pues salvo el relativamente reciente golpe de Estado en Honduras, en la región se instaló la normalidad democrática como forma de convivencia en naciones que habían transitado por largas etapas de inestabilidad política y quiebres de la institucionalidad.

Con posterioridad a esa etapa, en la perspectiva multilateral es posible identificar varios momentos en los que nuestro gobierno ha mostrado interés por el conjunto de la región y ha emprendido acciones al respecto, las que han corrido con suerte diversa.

Una primera acción relevante fue la suscripción, en agosto de 1980, del Acuerdo de San José, mediante el cual México y Venezuela se comprometieron a aportar petróleo a Centroamérica (160 000 barriles diarios) en condiciones preferentes y a destinar parte del valor de la factura a la creación de un fondo para el desarrollo. Cabe recordar que en el istmo se vivía un momento complicado por la combinación de las severas crisis políticas que confrontaban varios países con el alza de los precios internacionales del petróleo. El acuerdo se renovó anualmente hasta 2005 y en el camino sus beneficios se extendieron a otros países, entre ellos Cuba y República Dominicana. Está pendiente una valoración del cumplimiento del acuerdo, tanto en términos de los volúmenes del hidrocarburo suministrado, como del destino dado a los recursos del citado fondo, para establecer los impactos que se derivaron del mismo.

Un segundo esfuerzo, que de alguna manera constituyó la prolongación del compromiso adquirido por México en el proceso de respaldo a la pacificación regional, en particular como integrante del Grupo Contadora, fue la creación, en 1990, durante la presidencia de Carlos Salinas, de la Comisión Mexicana para la Cooperación con Centroamérica, concebida como un "mecanismo para la coordinación de acuerdos, programas, proyectos y acciones de cooperación que lleven a cabo entidades del sector público con Centroamérica". Con la conducción de la Secretaría de Relaciones Exteriores (SRE), que alcanzó un excelente nivel de convocatoria entre las dependencias y entidades del gobierno federal, este mecanismo consiguió generar una visión de conjunto respecto de la importancia de las relaciones con la región vecina, y se tradujo en un programa de acción que incluía una amplia gama de ámbitos en la cooperación económica, educativo-cultural y técnico-científica, como parte de sus estrategias de apoyo a la consolidación del proceso de integración centroamericano.

Las comisiones mixtas de cooperación, establecidas a nivel bilateral entre México y los siete países centroamericanos, funcionaron de manera cada vez más eficaz y los acuerdos se tradujeron en acciones concretas. Todavía durante la administración federal de 1988 a 1994, se suscribió el Acuerdo General de Cooperación que tenía entre sus propósitos establecer las bases para un Acuerdo de Complementación Económica entre México y Centroamérica. Esta ambiciosa meta, de alcance regional, no se consiguió, pero al paso del tiempo el gobierno mexicano suscribió los tratados de libre comercio con Costa Rica, Nicaragua y el llamado Triángulo del Norte (El Salvador, Guatemala y Honduras).

En la siguiente administración, encabezada por Ernesto Zedillo, se instituyó un mecanismo de diálogo y concertación entre México y Centroamérica que establecía la celebración de reuniones anuales de cancilleres y bianuales de jefes de Estado y de gobierno, para el seguimiento y evaluación de los acuerdos que se fuesen adoptando. Es importante señalar que en este nuevo intento de vinculación fueron incluidos los mandatarios de Panamá y de Belice, quienes por diversas razones habían permanecido al margen, no sólo de las relaciones de Centroamérica con México, sino también de los procesos de integración centroamericana. En el marco de este mecanismo se generaron los primeros programas de cooperación con sentido regional en diversas materias, entre ellas, televisión educativa, prevención y mitigación de desastres, y protección de recursos naturales en el corredor biológico mesoamericano.

Resulta indispensable señalar que entre los criterios de aplicación de los proyectos de cooperación se tuvo siempre en consideración la situación de debilidad institucional relativa, que en algunos casos limitaba la capacidad de ejecución de los proyectos por parte de los gobiernos de Centroamérica. Este tema se atendía mediante la incorporación en los proyectos de las etapas iniciales del fortalecimiento de tales capacidades.

La vida de la Comisión Mexicana para la Cooperación con Centroamérica se extendió hasta 2001 cuando, a la llegada de Vicente Fox, se puso en marcha el Plan Puebla Panamá (PPP), una ambiciosa propuesta orientada a propiciar el desarrollo concertado de las regiones sur y sureste de México —integrada por nueve estados—[2] y del total del istmo centroamericano. Entre los principales componentes del PPP estaban la realización de obras de infraestructura que facilitasen la movilización de bienes en el conjunto regional y la integración energética.

Sin embargo, con la desaparición de dicha comisión, se perdió la visión de conjunto que se había logrado gracias al trabajo en equipo del contingente de dependencias coordinadas por la SRE, para dar paso a una entidad ubicada en forma directa en la Presidencia de la República. La iniciativa del Plan Puebla Panamá, que en su despegue contó con el mayor interés del Banco Interamericano de Desarrollo (BID), fue ampliamente publicitada y en ese marco se perfilaron un centenar de proyectos.

En esa dinámica de nuevas ideas se inscribe el anuncio del presidente Vicente Fox, en septiembre de 2005, de que México apoyaría la instalación de una refinería en Centroamérica, propósito que, por diversas razones, no se cumplió.

El Plan Puebla Panamá fue propuesto por el presidente electo Vicente Fox el 30 de noviembre de 2000 (un día antes de asumir el cargo) a los presidentes de Costa Rica, El Salvador, Guatemala, Honduras, Nicaragua, Panamá y al primer ministro de Belice.

En junio de 2001 se habían definido como parte del plan iniciativas mesoamericanas de desarrollo sustentable, desarrollo humano,

---

[2] Campeche, Chiapas, Guerrero, Oaxaca, Puebla, Quintana Roo, Tabasco, Veracruz y Yucatán.

prevención y mitigación de desastres, turismo, facilitación del inter-cambio comercial, integración vial, interconexión eléctrica e interco-nexión de los servicios eléctricos.

El PPP captó el interés del BID, el cual inició actividades de apoyo al proyecto, invitando a otras posibles fuentes de apoyo, entre ellas el Banco Mundial, la Corporación Andina de Fomento, el Banco Cen-troamericano de Integración Económica (BCIE), la Agencia de Coo-peración Internacional del Japón y la Agencia de los Estados Unidos para el Desarrollo Internacional.

En ese marco se llegaron a identificar alrededor de 100 proyectos, de los cuales sólo 5 o 6 tuvieron algún avance en la práctica.

Para dar una idea de las expectativas que levantó el PPP, cabe men-cionar el ejemplo de la Red Internacional de Carreteras Mesoame-ricanas, considerada en septiembre de 2002 como "catalizador para atraer inversiones a la región", con una extensión de 9 000 kilómetros de caminos y una inversión prevista de 3 550 millones de dólares.

Después de varios intentos fallidos por hacer avanzar el PPP, la ad-ministración de Felipe Calderón promovió en 2008 su conversión en Proyecto de Integración y Desarrollo de Mesoamérica, con una car-tera que se redujo a 22 programas y proyectos específicos, 14 de los cuales se encontraban en etapa de diseño.

El sustrato de frustración que, de manera inevitable, se ha creado a lo largo del tiempo por el escaso avance en la concreción de iniciati-vas como el PPP, su sucesor, el Proyecto Mesoamérica, y por importan-tes anuncios carentes de sustento que nunca se concretaron, como el de la refinería, se tradujo entre los centroamericanos en una pérdida de credibilidad respecto de México como un socio capaz de apoyar los procesos de desarrollo e integración centroamericanos.

No deben dejar de mencionarse otras acciones del gobierno mexi-cano a lo largo del tiempo, entre las que destacan su determinación de ser admitido como observador regional en el SICA y como socio extra-regional en el BCIE, desde marzo de 2004.

ELEMENTOS DE UNA POLÍTICA

Un primer prerrequisito para el trazo de una política mexicana hacia Centroamérica debe ser el pleno reconocimiento de que en la región están ubicadas siete naciones soberanas con perfiles y proyectos propios, así como con voluntad de actuar en forma coordinada en diversos temas de relevancia para su desarrollo. Este último aspecto es esencial para el trazo de líneas de entendimiento y colaboración entre México y Centroamérica.

La anterior afirmación puede sonar como una verdad de Perogrullo, pero de manera alguna resulta ocioso como un llamado a superar de manera definitiva la pretensión de liderazgo que en muchos momentos ha guiado la forma en la que México, el gobierno y sus élites han tratado de relacionarse con los países de la multicitada región, lo que ha generado actitudes de rechazo cuya explicación se extiende a sucesos históricos que tuvieron lugar en el nacimiento de nuestras naciones en la vida independiente.

En virtud de lo anterior, resulta necesario generar en México una visión compartida por los tomadores de decisiones, públicos y privados, acerca de la conveniencia de mantener relaciones sistemáticas, duraderas de amistad y colaboración con los gobiernos y pueblos centroamericanos, en los más diversos ámbitos, para contribuir a la continuidad de un ambiente de paz y desarrollo económico, político y social en la región.

A partir de esa convicción, es pertinente efectuar una revisión cuidadosa de los acontecimientos que han tenido lugar en las relaciones bilaterales y regionales, incluidos los que se han producido al amparo de los trabajos de la Comisión Mexicana para la Cooperación con Centroamérica, así como del Plan Puebla Panamá y del Proyecto Mesoamérica, para establecer cuáles fueron los avances y cuáles son las perspectivas para dar continuidad a programas y acciones específicos.

La idea es proceder a un trabajo de revisión detallado de las acciones concretas llevadas a cabo por la Comisión Mexicana para la Cooperación con Centroamérica, el Plan Puebla Panamá y el Proyecto Mesoamérica. La información específica de las tres iniciativas debe obrar en el poder de la SRE. Esta investigación resulta particularmente pertinente para conocer cuáles fueron las expectativas puntuales que generaron en la región, así como los efectos de sus avances o frustraciones.

Otra tarea que resulta impostergable es la definición de las prioridades en las relaciones económicas, sociales y políticas, así como de cooperación, en las vertientes bilateral y regional, con el propósito de generar compromisos en los que se produzca el aporte de las entidades gubernamentales, el sector privado y la sociedad civil.

PRIORIDADES: MIGRACIÓN, COMERCIO, INVERSIÓN Y DIÁLOGO POLÍTICO

Resulta una obviedad decir que cualquier nación requiere un entorno armónico para llevar adelante sus propósitos y acciones de desarrollo. Por lo tanto, en su interés y al alcance de sus posibilidades, una política de contribución a la promoción y permanencia de ese ambiente debe ocupar un lugar destacado.

Lo anterior resulta particularmente válido para México en lo que respecta a su contigüidad con Centroamérica, pues como ya se ha visto en el pasado y se advierte en el presente, las manifestaciones de inestabilidad social, económica y política en el istmo tienen, de manera inevitable, consecuencias negativas para México.

A diferencia de lo que ocurre con la vecindad de México con Estados Unidos, con las naciones centroamericanas existen estrechos vínculos históricos y culturales, con la sola excepción de Belice, aunque al paso del tiempo han ido surgiendo factores de acercamiento con ese país cada día más sólidos.

Entre las consideraciones que México y sus dirigentes tienen que hacer de manera obligada, hay dos que se deben destacar: primero, la dimensión poblacional del conglomerado centroamericano (45 millones de personas, aproximadamente) y, segundo, los avances alcanzados en el proceso de la institucionalización tendiente a la integración regional. Las razones para ello son, por una parte, la existencia de un mercado potencial que debe ser aprovechado y, por otra, la posibilidad de concretar acuerdos en diversos campos entre México y la totalidad del conjunto centroamericano.

Lo anterior de alguna manera elimina la necesidad de hacer una valoración de las condiciones sociales, económicas y políticas que privan en cada país, la manera en que las mismas influyen —positiva o negativamente— en sus procesos de desarrollo y las repercusiones que dichos procesos tienen para el interés de México.

La definición de la agenda debe considerar, además, que los principales temas que preocupan a México en Centroamérica forman parte de la agenda nacional y regional de estos países, pero que también son parte de una dinámica más amplia que incluye a Canadá, a Estados Unidos y a los países del Caribe. Esta mención tiene particular significado pues no se puede ver la relación de México con Centroamérica aislada de lo que sucede en este entorno geopolítico, en particular en temas de naturaleza transnacional como migración, narcotráfico y seguridad. Es claro que su tratamiento implica acciones bilaterales, pero también de carácter regional y subregional. Son temas en los que México debe buscar, en la medida de lo posible, involucrar a Canadá y Estados Unidos para apoyar a las naciones centroamericanas en estos asuntos.

Migración. La migración aparece como un tema prioritario en esta agenda, pues a pesar de ser un fenómeno de naturaleza económico-social, la forma en que se mueven los flujos genera consecuencias en el ámbito jurídico (soberanía), de seguridad pública (delitos asociados) y de seguridad humana (vulnerabilidad de los migrantes), que han derivado en verdaderas tragedias para muchos de los migrantes y sus familias, que han puesto en evidencia las condiciones de inseguridad pública en México y la incapacidad de sus autoridades para brindar la protección necesaria a estos flujos. Esta problemática se genera por la ausencia de canales seguros, legales y ordenados, para quienes deciden movilizarse en función de las condiciones de los mercados laborales, lo que hace que en la región de América del Norte se concentre el mayor número de delitos asociados a la migración.

Es previsible que estos flujos continuarán, al menos en las siguientes décadas, lo que obliga a hacer proyecciones acerca de los movimientos migratorios que se originan en el istmo y se adentran al territorio mexicano, para traducirse en la adopción de medidas para su adecuado manejo, en términos de soberanía nacional, de seguridad pública y de respeto a los derechos humanos.

Los migrantes centroamericanos llevan al menos cinco décadas cruzando por México en su paso a Estados Unidos; sin embargo, la situación por la que han debido atravesar estos migrantes en tiempos recientes ha llevado a situaciones sin precedente, como las matanzas de migrantes en el estado de Tamaulipas, que han puesto a México en el centro de la atención internacional y han tenido un efecto muy negativo en los países centroamericanos. Reflejo de ello ha sido la reciente "Caravana de Madres Centroamericanas", integrada por poco menos de 60 mujeres hondureñas, nicaragüenses, guatemaltecas y salvadoreñas, que decidieron hacerse presentes en 23 localidades de 14 entidades federativas de México, a lo largo de la ruta que recorren los migrantes centroamericanos para llegar a Estados Unidos, con el propósito de reclamar a las autoridades mexicanas información sobre sus familiares desaparecidos en ese trayecto.

Desde luego que el fenómeno migratorio tiene condicionamientos y referentes nacionales concretos en cada uno de los países de la región, incluyendo a México, pero no cabe duda de que se trata de un asunto de alcance regional, que debería obligar a una revisión cuidadosa de los esquemas multilaterales establecidos para su análisis y atención, como es el caso de la Conferencia Regional sobre Migración, también conocida como Proceso Puebla, creada en 1996, que ha celebrado hasta ahora 17 reuniones plenarias anuales para abordar una problemática que no muestra síntomas sensibles de mejoría.

La migración tiene aristas bilaterales, subregionales y regionales, y la estrategia de México debe abordar los tres planos. El simple hecho de mostrar a los gobiernos centroamericanos una mayor preocupación por sus migrantes y colocar el tema de los flujos de alguna manera en la agenda geopolítica de América del Norte abonará en el interés de México. Desde luego es un tema complejo, en el entendido de que la migración no es un problema que se resuelve, sino un fenómeno, con muchos bemoles, que requiere de una mejor administración. Es claro que México tiene márgenes en esta dirección que no ha aprovechado y que, en particular con Centroamérica, su mayor atención puede tener un efecto muy positivo en la relación con gobiernos y pueblos de la región.

Comercio e inversión. Otra vertiente derivada de los diagnósticos de la situación de la región y de los países que la integran tendrá que encaminarse a la consolidación de los intercambios económicos de México en comercio e inversión extranjera, con los siete países centroamericanos. De 2000 a 2010 el comercio de México con la región centroamericana pasó de 1 836 a 6 554 millones de dólares, lo que refleja un crecimiento constante del comercio bilateral. El 40% de las exportaciones de México a la región en 2010 se concentró en Guatemala, mientras que el 65% de las importaciones provino de Costa Rica, el único de los siete países que tiene superávit comercial con México.[3]

---

[3] El total de exportaciones de México a estos países en 2010 fue de 3 662 millones de dólares, contra 2 892 millones de dólares en importaciones, lo que deja un balance

Las expectativas del comercio con Centroamérica habrán de fortalecerse con la entrada en vigor del Tratado de Libre Comercio Único entre México y Centroamérica, que consolida los acuerdos de libre comercio celebrados por México con Costa Rica en 1995, con Nicaragua en 1998 y con el Triángulo del Norte (El Salvador, Guatemala y Honduras) en 2001.

El Tratado de Libre Comercio Único entre México y Centroamérica entró en vigor el 1 de septiembre de 2012 para El Salvador y Nicaragua, y estaba en espera de que Costa Rica, Guatemala y Honduras concluyeran los procedimientos jurídicos correspondientes (lo cual, al parecer no ha ocurrido). Con el propósito de dar una idea de lo que sucede en el intercambio comercial con Centroamérica (excepto Belice), es válido mencionar las cifras que proporciona el Instituto Nacional de Estadística y Geografía para el periodo enero-agosto de 2012: 3879.6 millones de dólares de exportaciones por 3389.3 millones de dólares de importaciones, lo que arroja un saldo favorable a México de 490 millones de dólares. Este nuevo acuerdo comercial representa un paso más en las relaciones económicas de México con la mayor parte de Centroamérica.[4]

Al comercio se añade la inversión extranjera de México a la región, que hasta 2010 alcanzó 5200 millones de dólares, el cuarto destino de la inversión extranjera directa de México en Latinoamérica. Este dato es también significativo, pues si bien Centroamérica no se ha visto tradicionalmente como un mercado complementario, la población creció de 30 millones en 1990 a 45 millones en 2011, lo que significa un crecimiento del 50% en sólo 15 años, lo que nos habla de un mercado en constante expansión. Pero más allá de las cifras, la presencia de empresarios e inversionistas mexicanos en la región abona a una mayor interacción entre actores económicos y sociales, promueve el intercambio de técnicos y especialistas, y coadyuva a un mayor conocimiento y comprensión mutuos desde una perspectiva subregional.

La relación económica constituye una base sólida de la relación, que ya está encaminada, y que sólo debe vigilarse y cuidarse, en particular cuando surgen obstáculos o diferendos en los que los gobiernos

---

positivo para México de 770 millones de dólares. *Ficha informativa.* Tratado de Libre Comercio entre México y Costa Rica, El Salvador, Guatemala, Honduras y Nicaragua, Secretaría de Economía, México, noviembre de 2011.

[4] Rafael J. Escalante, *México y Centroamérica: avance en la relación comercial*, Coppan, octubre de 2012.

pueden coadyuvar a su solución. Adicionalmente, una mayor presencia económica de México en la región coadyuva a una mayor participación en los organismos económicos subregionales que puede resultar de mutuo beneficio.

Un elemento más que se debe tomar en cuenta en esta perspectiva es la presencia de otros actores extra-regionales en Centroamérica. Destacan al respecto las acciones de cooperación de la Unión Europea y de Brasil, así como las de asistencia económica de Venezuela.

Diálogo político. La dimensión a la que más atención habrá que brindarle en el momento actual es la de orden político, pues constituye el ingrediente básico para generar condiciones para una relación más amplia basada en la confianza mutua.

La concertación de distintas dependencias federales desde la cancillería mexicana no es algo ajeno a la forma de operación del gobierno mexicano. La SRE ha jugado tradicionalmente un papel central en la concertación de la política de México hacia Latinoamérica. En momentos en que México ha actuado en forma más decidida hacia la región, se ha mantenido un cuidadoso seguimiento de procesos y actores y, sobre todo, de las acciones emprendidas por México. Por otro lado, al desaparecer la Comisión Mexicana para la Cooperación con Centroamérica, esta atención se diluyó y con ello la concertación de acciones de México hacia la región. El reto actual no es sólo diseñar la estrategia sino implementarla y, para ello, se necesita un andamiaje institucional. México cuenta con un servicio exterior profesional que no se aprovecha lo suficiente por falta de directrices y objetivos claros. En el caso de Centroamérica, los diplomáticos mexicanos deben jugar un papel central en la implementación de una política más activa.

Esa concertación debe retomarse a partir de una estrategia, programas y acciones específicos. El costo adicional que esto implica en personal y recursos es marginal, pues México cuenta con los recursos humanos y con la experiencia para ello. Ciertamente habrá que innovar en función de los retos actuales, pero esto es parte del proceso de definir objetivos claros y empezar a trabajarlos.

En este proceso será importante realizar un esfuerzo sistémico para dar seguimiento al acontecer político regional, el cual, hasta ahora, casi siempre se ha hecho sólo cuando se presentan situaciones que se consideran críticas y (o) que pueden tener algún tipo de consecuencias para México. El análisis político no puede ser unidireccional, es decir, sólo la mirada desde nuestra perspectiva. Se requiere establecer mecanismos para completarlo con la imagen que se tiene de México desde cada país centroamericano y desde las diversas instituciones regionales.

SEGURIDAD

Aunque el tratamiento del problema de la seguridad y el combate al llamado crimen organizado forman parte medular de otro trabajo, no es ocioso apuntar que desde el punto de vista político, México y Centroamérica tendrían que intentar, como punto de partida, la definición de una política concertada para el diálogo sobre el particular que tienen con Estados Unidos.

A diferencia de los años ochenta, cuando el problema era entre países centroamericanos o el centro de atención estaba en los conflictos internos de algunos de estos países, en la actualidad, a las debilidades estructurales (rezagos socioeconómicos y debilidad de las instituciones del Estado) se suma el carácter transnacional de amenazas, como el terrorismo y el crimen organizado que operan a escala internacional. Esta situación plantea un reto y una oportunidad. El reto consiste en encontrar mecanismos de acción concertada para reducir niveles de violencia y criminalidad en la región; la oportunidad, para desarrollar programas subregionales que fortalezcan los sistemas de procuración de justicia, investigación, fortalecimiento de corporaciones policiacas, entre otros, para transitar hacia sistemas más compatibles para enfrentar situaciones que requieren ahora, y en el futuro, un tratamiento más allá de las fronteras nacionales. Desde esta óptica debe contemplarse la participación de la mayor parte de los países de América del Norte.

Para México existe adicionalmente el tema de su frontera sur, entendida como la zona fronteriza que comparte con sus vecinos, Belice y Guatemala. Es claro que los principales problemas que se viven en la frontera no se generan ahí. Desde este punto de vista, la frontera debe tratarse con un doble enfoque: en lo que respecta a la zona fronteriza, buscando las formas de administrar mejor los cruces legales de bienes y mercancías, construir mejores condiciones de seguridad pública para quienes viven, trabajan y transitan por la frontera, y centrar los controles en movimientos que constituyan amenazas a la seguridad nacional; por otro lado, adoptando un enfoque regional para temas como el crimen organizado y la migración, con programas y acciones que ayuden a despresurizar la frontera. Tal es el caso del terrorismo internacional y el crimen organizado en sus distintas vertientes (trafico de drogas, armas, tráfico y trata de personas, etc.), en donde se necesita un trabajo fino de inteligencia y acciones concertadas entre los países más afectados para avanzar en estos temas. Hay problemas que se manifiestan en la frontera pero que no se resuelven en la frontera.

En marzo de 2001, el gobierno de México inició negociaciones con Guatemala para el establecimiento de un Grupo de Alto Nivel de Seguridad Fronteriza. Este grupo se estableció formalmente en 2002 y, un año después, se replicó el mismo esquema con Belice. Estos mecanismos tienen como propósito central identificar conjuntamente los principales problemas de seguridad en la frontera común y establecer los mecanismos de atención operativa en aquellos temas que requieran de la cooperación de los dos países. Tanto el Grupo de Alto Nivel de Seguridad Fronteriza México-Belice como el Grupo de Alto Nivel de Seguridad México-Guatemala están integrados por la parte mexicana por la Secretaría de la Defensa Nacional, la Secretaría de Marina, la SRE, la Procuraduría General de la República, el Instituto Nacional de Migración y el Centro de Investigación y Seguridad Nacional.

Los grupos de Alto Nivel de Seguridad Fronteriza con Belice y Guatemala avanzaron en sus trabajos y en 2005 se planteó por primera vez, con la aceptación de los tres gobiernos, la realización de una reunión trilateral sobre seguridad de fronteras, que no llegó a realizarse. Solamente alcanzar ese acuerdo tuvo un enorme significado político, pues implícitamente Guatemala aceptaba hablar, con alguien más en la mesa, de su situación fronteriza con Belice.

Con el cambio de gobierno en México en 2006 se perdió este impulso y, aunque los mecanismos todavía existen, hasta ahora se han limitado al intercambio de información, pero se encuentran lejos de alcanzar los objetivos para los que se crearon. Parte de las tareas del nuevo gobierno será revisar la pertinencia de estos mecanismos y, si fuera el caso, tomar las iniciativas necesarias para su reactivación.

CONSIDERACIONES FINALES

En un repaso de los temas que han nutrido las relaciones entre México y los países centroamericanos, surge la pérdida de influencia de nuestras instituciones educativas y culturales en la región. Por esto, habrá que rastrear lo ocurrido en varios ámbitos. Uno de ellos es el número de centroamericanos que históricamente obtenían su formación en universidades públicas y privadas mexicanas; habrá que analizar las causas que han mediado para que se produzca un descenso notable en dicho rubro y que ha llevado a la reorientación de los estudiantes a otros países.

Otro de los rubros es la promoción de productos culturales y educativos de México en la región. Por historia y por idioma, los productos culturales mexicanos tienen una gran aceptación en Centroamérica. La realización de ferias, eventos culturales y manifestaciones artísticas sirven para acercar a México a la región, diluir asperezas políticas y generar mejores referentes de comunicación. Más que cuantiosos recursos financieros, se requiere para ello de capacidad de concertación entre el sector público y el privado para hacer de esta presencia una constante en la relación. Ciertamente en este rubro habrá que incluir instituciones académicas, organizaciones sociales y centros de investigación en ciencia y tecnología.

En ese sentido, se advierte la necesidad de promover, en concierto con una instancia como el SICA, la creación de un centro de estudios de las relaciones entre Centroamérica y México, al cual podrían estar asociadas instituciones académicas mexicanas y centroamericanas que ya vienen cooperando en el Programa de Intercambio entre la Asociación Nacional de Universidades e Instituciones de Educación Superior y el Consejo Superior Universitario Centroamericano, en vigor desde 1998, y que da preferencia a proyectos en las áreas de medio ambiente, salud, agricultura y ganadería, educación y prevención de desastres, a las que habría que añadir el análisis de los problemas sociales que nos son comunes y la evaluación de las relaciones económicas y políticas regionales. Este centro puede contener distintos capítulos que resulten atractivos para el sector privado, los académicos y las organizaciones sociales.

En suma, es necesario identificar cuáles han sido las oportunidades perdidas o no identificadas y hacer un trazo firme de política hacia Centroamérica para recuperar espacios y enriquecer la relación.

Además de la geografía, la historia y la lengua, que nos colocan en una misma latitud y frecuencia con los países de Centroamérica, actualmente los ocho países comparten tres temas fundamentales para el presente y el futuro de todos: la migración, los problemas de seguridad y los rezagos económicos y sociales. Estos temas pueden servir para unir o para separar. De las iniciativas que tome el gobierno de Enrique Peña Nieto dependerá, en buena medida, si los hechos van por una u otra dirección.

CENTROAMÉRICA: OBLIGACIÓN Y OPORTUNIDAD

SERGIO SILVA CASTAÑEDA

Las relaciones entre vecinos siempre son complicadas, aunque ciertamente hay algunos que resultan más complicados que otros. México está acostumbrado a pensar que le tocó el vecino más complicado del mundo: Estados Unidos. Entre otras cosas, porque la relación bilateral parte de una situación de asimetría insoslayable. Por ejemplo, la economía mexicana, medida por PIB, representa solamente el 9% del tamaño de la economía de Estados Unidos, es decir, durante el año fiscal 2009, la economía mexicana completa cabía dentro del déficit fiscal de Estados Unidos (alrededor del 10% de su PIB). En términos de población, la asimetría se mantiene: la población de México es aproximadamente un tercio de la población de Estados Unidos. De hecho, la población total de los cuatro estados más poblados de Estados Unidos (California, Florida, Nueva York y Texas) es equivalente a la población total de México.[1]

Dicha asimetría histórica ha afectado la relación con el vecino del norte. Probablemente, la mejor forma de describir el efecto de esta asimetría sobre la relación entre Estados Unidos y México fue la que utilizó, hace ya casi una década, Jeffrey Davidow. En una forma bastante didáctica, el exembajador de Estados Unidos en México describía a su país como un oso insensible y arrogante que comparte el mismo bosque con un puercoespín celoso (México) y que fácilmente sobrerreacciona a cualquier movimiento del oso.[2] La relación es complicada y siempre lo hemos sabido.

Sin embargo, México tiene más vecinos con los que también existe una relación asimétrica y complicada. La economía de los cinco países centroamericanos que alguna vez formaron una federación representa alrededor del 15% de la economía mexicana, mientras que su po-

---

[1] Los datos son cálculos propios a partir de los datos recolectados y estandarizados por Angus Maddison: Angus Maddison, *The World Economy: A Millennial Perspective*, 2001.

[2] Jeffrey Davidow, *The Bear and the Porcupine: Testimony of the US Ambassador to Mexico 1998-2003*, Princeton, 2004.

blación representa alrededor de un tercio de la población mexicana. La fábula de Davidow funciona también 3 000 kilómetros más al sur, sólo que en ese bosque el oso sería mexicano. Si México ha desconfiado de Estados Unidos durante un par de siglos por su arrogancia y falta de tacto, como han argumentado el propio Davidow y también otros como Robert Pastor, también es cierto que pocas veces ha reconocido su propia arrogancia e insensibilidad hacia los vecinos del sur.

Hacia finales de la década de los años setenta y principios de los ochenta hay un periodo excepcional en la historia diplomática de México. Por un tiempo, Centroamérica estuvo en el centro de la política exterior de México, pues los conflictos armados en esa región representaban una amenaza para la estabilidad en la frontera sur, pero también una oportunidad para la diplomacia mexicana de mostrar que México contaba con una política exterior "activa y autónoma".[3] Esta combinación de necesidad y oportunidad volcó la atención diplomática hacia la relación con los vecinos del sur, pero sólo temporalmente. La crisis económica de los años ochenta cambió las prioridades de la política exterior mexicana mientras que los acuerdos de paz en Centroamérica redujeron la necesidad directa de poner atención en Centroamérica. A partir de 1989, México se concentró en volverse estadunidense.[4]

Veinte años después, una nueva combinación de necesidad y oportunidad nos exige volver a poner a Centroamérica en el centro de nuestras prioridades de política exterior. Por un lado, existen asuntos vitales que exigen un mayor esfuerzo de coordinación con nuestros vecinos del sur. Tres me parecen ineludibles: migración, calentamiento global y seguridad regional. Además, habría que incluir el hecho de que en materia comercial pareciera haber aún mucho terreno sobre el cual avanzar. Atender estos asuntos es sin duda una necesidad, pero, además, la naturaleza de estos problemas obliga a que las soluciones incluyan también a los vecinos del norte. Ni los problemas migratorios ni el peligro que representa el calentamiento

---

[3] Sobre la política mexicana de finales de los años setenta y principios de los ochenta, un buen resumen se puede encontrar en: Juan Carlos Rico, *Hacia la globalización*, México, El Colegio de México, Serie México y el Mundo: Historia de sus Relaciones Internacionales, 2000. Véase también Raúl Benítez y Rafael Fernández de Castro (eds.), *México-Centroamérica: desafíos a inicios del siglo XXI*, México, ITAM-Paraná Ediciones, 2001.

[4] Robert A. Pastor, *La idea de América del Norte: una visión de futuro como continente*, México, Miguel Ángel Porrúa, 2012.

global ni los grandes retos que implica la seguridad regional podrán ser enfrentados sin una estrategia regional que incluya a México, a Centroamérica y también a Estados Unidos. El reto y la oportunidad para México es si finalmente se podrá convertir en la bisagra que haga estos acuerdos posibles. ¿Puede ser México el promotor de una serie de acuerdos regionales que rebasen las desconfianzas regionales? ¿Podemos ser un puente efectivo en una región con tales asimetrías?

LOS RETOS

Durante el último año y medio, un grupo de especialistas mexicanos y centroamericanos ha estado trabajando, bajo el auspicio del Instituto Tecnológico Autónomo de México y del Centro David Rockefeller para Estudios de América Latina de la Universidad de Harvard, en un proyecto que pretende identificar aquellos retos en materia de políticas públicas a los que México y Centroamérica deben hacerle frente de forma coordinada, pues una estrategia regional tiene más posibilidades de éxito que la suma de estrategias nacionales. Los resultados de este grupo de trabajo serán publicados en 2013, sin embargo, lo que ha quedado claro desde el diseño del proyecto, y que ha quedado confirmado en las dos reuniones de trabajo que hemos realizado, es que la atención regional a los tres temas mencionados en un principio es ineludible. Además, en el caso de la integración económica regional, cambiar el *statu quo* no parece tan apremiante como en los otros tres temas. Ciertamente, hay espacios de oportunidad para mejorar el flujo legal de bienes y servicios. Una mejor integración económica puede tener efectos muy importantes en materia ambiental, de seguridad y migratoria, así que es importante no descuidar este último tema.

El calentamiento global es, probablemente, el tema más evidentemente transnacional, pues las causas y los costos están particularmente desconectados: aquellos países que han contribuido más al calentamiento global vía emisión de carbono no son necesariamente los primeros que enfrentarán las consecuencias de este fenómeno. En particular, Centroamérica es una región sumamente desafortunada en este sentido, pues mientras se trata de una región con emisiones de carbono muy por debajo del promedio mundial, al mismo tiempo es una región particularmente expuesta a los riesgos que el aumento de la temperatura global implica.

De acuerdo con los datos del Banco Mundial, en 2008, el país centroamericano con mayor emisión relativa de dióxido de carbono (CO_2) fue Belice con 2.3 toneladas métricas per cápita.[5] El país con menores emisiones relativas fue Nicaragua con 0.8 toneladas métricas per cápita. Esto sucedió en un año donde, de acuerdo con la misma fuente, las emisiones globales fueron de 4.8 toneladas métricas per cápita. México ciertamente se encuentra también por debajo del promedio mundial, pues emitió 4.3 toneladas métricas per cápita. Sin embargo, está claro que hay una brecha importante entre las emisiones promedio de México y la de los vecinos del sur. Misma brecha que, como habría de esperarse, es aún mayor con Estados Unidos que emitió 18.6 toneladas métricas per cápita.[6] Dada la estrecha correlación entre crecimiento económico y emisión de CO_2, estos números no resultan sorprendentes. Pareciera ser simplemente otra forma de medir la asimetría entre todos estos países.

Sin embargo, a pesar de esas diferencias, las costas centroamericanas, el sureste mexicano y el sur de Estados Unidos están igualmente expuestos a los efectos del sobrecalentamiento global. Independientemente de dónde se emitan las mayores cantidades de CO_2, las consecuencias, en forma de fenómenos meteorológicos extremos, tienen la misma probabilidad de sentirse en Cancún, en Nueva Orleans o en cualquier parte de la costa atlántica de Centroamérica. Al enfrentarse a este riesgo común, la región tendría que crear protocolos y mecanismos de coordinación que se activaran en cada uno de estos eventos, independientemente del lugar preciso de la catástrofe. Esto es, habría que tener una estrategia de protección común, con recursos comunes, para enfrentar eventos ambientales extremos que serán cada vez más comunes.

Si esta estrategia común además reflejara la asimetría en materia de recursos económicos, pero también en materia de responsabilidades ambientales, sería ideal y un signo importante de sensibilidad y de humildad por parte de Estados Unidos, pero también de México. En cualquier caso, la cooperación parece ineludible, aunque la reparti-

---

[5] Estos y otros datos sobre emisiones fueron tomados de <http://databank.worldbank.org/>.

[6] En términos absolutos la brecha sería todavía mayor entre Estados Unidos, México y cualquier país centroamericano.

ción de costos puede terminar adoptando demasiadas formas y muy distintas entre sí.

Por supuesto, esta colaboración podría incluir una estrategia preventiva común. Es decir, se podría articular una estrategia regional para la promoción de políticas globales de reducción de emisiones. Esto último está, sin duda, en el interés de México, Centroamérica y varios estados de Estados Unidos. Aun así, hay que reconocer que la coordinación en este sentido con ese último país es muy complicada. En este caso, habría que pensar en que, en este tema en particular, Canadá sería, probablemente, un mejor aliado regional. Por otro lado, haríamos mal en olvidar nuestros aliados potenciales en el Caribe.

En materia migratoria, los retos también son regionales y rebasan la capacidad de cada uno de los estados involucrados. La necesidad de coordinación pareciera ser obvia. Con todo y la disminución de los flujos migratorios en los últimos años, explicada primordialmente por la contracción económica en Estados Unidos, sería muy difícil asumir que Estados Unidos dejará de ser el destino más importante para los migrantes mexicanos y centroamericanos en el futuro, lo que convierte a México en un mosaico de diversos flujos humanos como consecuencia de la posición geográfica del país y de la enorme disparidad económica entre Estados Unidos y sus vecinos mediatos e inmediatos.

La flexibilización de la política migratoria en Estados Unidos o el debilitamiento del crimen organizado en México sin duda ayudaría a reducir los problemas que conlleva el flujo migratorio. Sin embargo, la invisibilidad institucional y por lo tanto la precariedad en la situación de los migrantes (ya sean mexicanos o centroamericanos en Estados Unidos, o centroamericanos en tránsito en México) no se resolverá sin acuerdos de más largo alcance que ofrezcan caminos institucionales a todo aquel interesado en migrar. Dada la naturaleza transnacional del fenómeno esto sería muy complicado de lograr vía acuerdos bilaterales. Una coordinación regional sería mucho más eficiente.

Al igual que en materia ambiental, México se encuentra en una posición ambigua en materia migratoria. Por un lado tiene la responsabilidad de proteger a sus ciudadanos más allá de la frontera norte, particularmente contra violaciones a sus derechos humanos. Al mismo tiempo, el Estado mexicano es responsable, al menos nominalmente, de la seguridad de los migrantes centroamericanos en su paso por México. Sin embargo, está claro que el Estado mexicano no cuenta con la capacidad institucional para cumplir con esa responsabilidad, por lo que probablemente tendría que ser México el más interesado en incrementar e institucionalizar la cooperación migratoria entre toda la región.

Otro asunto de carácter transnacional y que requiere de soluciones urgentes es el de la seguridad. Se trata de un asunto regional, pues la oleada de violencia de los últimos años ha sido un fenómeno claramente compartido entre México y por lo menos El Salvador, Guatemala y Honduras. En los cuatro países la violencia ha ido aumentando, aunque la cronología sea ligeramente diferente y, además, han sido incluso las mismas organizaciones criminales las que han encontrado espacios para sus actividades en estos países. En este tema, la necesidad de coordinación es otra vez evidente. De hecho, si bien la coordinación ha sido pobre, al menos las políticas de combate al crimen, correctas o no, han ido convergiendo. Esto pareciera ser un reconocimiento tácito de la necesidad de políticas regionales.

Asimismo, el asunto involucra también a los otros vecinos y sería necesario incluirlos en los esfuerzos regionales de coordinación. Así como se ha argumentado que los problemas en el triángulo norte centroamericano se han agravado por la presión que México ha ejercido sobre el crimen organizado en los últimos años, otros países, como Costa Rica y Nicaragua con niveles de violencia muy bajos para los estándares regionales, podrían ser el siguiente destino de estas bandas. Por supuesto, sin la colaboración de Estados Unidos —mercado principal para las drogas que se transportan por México y Centroamérica, y proveedor principal de armas para el crimen organizado en la región— el problema resulta casi imposible de solucionar.

Es difícil plantear la forma que tendría esa solución regional al problema de la seguridad y en particular el esquema para debilitar al crimen organizado, pero hay un elemento claramente regional que tendría que estar incluido en esa solución: el control de los flujos de armas, dinero, drogas, etc. A fin de cuentas, lo lucrativo de los principales negocios en que se han involucrado estas bandas (trata de personas, narcotráfico, etc.) está basado en la movilidad de los insumos (armas), las "mercancías" y las ganancias. Los estados de la región deben coordinarse para frenar esa movilidad.

En materia económica, México y los países centroamericanos han encontrado fórmulas para integrarse a la economía de Estados Unidos. Aun así, en este sentido, hay dos asuntos que habría que tomar en cuenta. En primer lugar, el asunto más obvio es que la integración con Estados Unidos no ha pasado por una integración previa entre la economía mexicana y las centroamericanas. Si bien es cierto que existen acuerdos de libre comercio entre México y sus vecinos del sur, tanto para Centroamérica como para México la relación más importante es con Estados Unidos, ya sea a través del Tratado de Libre Comercio de América del Norte (TLCAN) o del llamado Tratado de Libre Comercio Centroamérica-Estados Unidos-República Dominicana. La razón de la falta de integración comercial podría ser simplemente que las economías de la región México-Centroamérica no sean complementarias, es decir, que la oferta y demanda de bienes y servicios sea, en el agregado, parecida y, por lo tanto, haya pocas oportunidades de intercambio.

Sin embargo, hay razones más concretas que han reducido el potencial de la integración económica regional y que requerirían de una política común para enfrentarse. Al estudiar las razones por las que el TLCAN tuvo un efecto regionalmente diferenciado en México se puede encontrar pistas sobre cómo mejorar la integración económica de este país con Estados Unidos. Esquivel *et al.* argumentan que es la falta de infraestructura física en el sur de México lo que impidió que el auge exportador de finales de los años noventa no llegara a los estados más pobres del país.[7] Esa falta de infraestructura que se extiende más allá de la frontera sur de México tiene que estar afectando también el nivel de los intercambios entre México y sus vecinos del sur, más allá de cualquier otra consideración.

Una solución a esa limitante se planteó ya en el Plan Puebla Panamá. Sin embargo, pareciera que otros temas más urgentes, como la seguridad, han hecho que nos olvidemos de la necesidad de impulsar la construcción de infraestructura física que nos permita integrar económicamente al sur del país y que nos facilite el intercambio con los vecinos del sur.

Además, México y Centroamérica pronto tendrán que establecer una política explícita y, preferentemente, común ante el crecimiento de las economías emergentes. El crecimiento de Brasil, China y la India representarán retos cada vez más importantes para las economías

---

[7] Gerardo Esquivel, Daniel Lederman, Miguel Messmacher, Renata Villoro, *Why nafta did not reach the South*, Washington DC, Banco Mundial, <www.politiquessociales. net/IMG/pdf/Why_NAFTA_Did_Not_Reach_the_South.pdf>.

mexicana y centroamericana en términos de acceso al mercado de Estados Unidos. Probablemente, también representen eventualmente la solución a la falta de diversificación comercial que siempre han padecido estas economías. En cualquier caso, lo más probable es que en las próximas décadas tanto México como Centroamérica tendrán que interactuar más con economías diferentes a la de Estados Unidos. Articular una política común que limite los efectos de la asimetría en esas relaciones, particularmente con China y con la India, tendría que ser una prioridad para el gobierno mexicano y, aún más, para los gobiernos centroamericanos.

Por lo tanto, está claro que existen al menos cuatro asuntos complejos que le demandarán a México mayor activismo diplomático en el sur. En particular, los tres primeros asuntos descritos en estas líneas, hacen ineludible la creación de mecanismos de cooperación eficaces y permanentes desde donde Centroamérica, Estados Unidos y México puedan acordar e implementar políticas regionales para el tratamiento de problemáticas regionales.

LA OPORTUNIDAD A LA VISTA

Desde principios de los años noventa, la política exterior de México estuvo concentrada en un proyecto de integración estadunidense que desde un principio estaba limitado al ámbito comercial y que por diseño dejaría fuera temas fundamentales como la migración y la política de seguridad; otros, como los derechos laborales y el medio ambiente, se incluyeron como acuerdos suplementarios en el final de la negociación del TLCAN, pero sólo ante la presión de importantes grupos de interés de Estados Unidos.

Aun con estas limitaciones, el proyecto de integración comercial en Norteamérica no dejaba de ser ambicioso, novedoso y razonable, desde el punto de vista de la diplomacia mexicana. En primer lugar, a finales de los años noventa, el mundo parecía prepararse para entrar en un siglo XXI que estaría dominado por grandes bloques comerciales y donde la pertenencia a alguno de esos bloques sería indispensable para la construcción de una economía competitiva. En segundo lugar, buena parte de ese proceso de integración económica ya estaba en marcha y las opciones de diversificación económica para México, como un acercamiento al bloque europeo o al naciente Mercado Común del Sur, resultaban poco prometedoras. En tercer lugar, el TLCAN ciertamente dio un fuerte impulso a las exportaciones mexicanas durante la segunda mitad de la década de los años noventa, mismo que permitió a México recuperarse más o menos rápido de la crisis económica de diciembre de 1994.

Sin embargo, a partir de 2001 este proyecto de integración perdió fuerza por cuatro razones evidentemente entrelazadas: primero, los ataques terroristas del 11 de septiembre de 2001 hicieron el tránsito en la frontera mucho más complicado, no sólo para personas, sino también para bienes; segundo, la integración de China a la Organización Mundial del Comercio facilitó la importación de productos chinos en Estados Unidos que en un principio desplazaron a las exportaciones mexicanas que se habían disparado apenas unos años antes; tercero, conforme la violencia relacionada con el crimen organizado fue agudizándose, particularmente en la zona fronteriza, los flujos de inversión y comercio se vieron mermados y, finalmente, el discurso antimigrante en Estados Unidos se fue radicalizando durante los últimos años, haciendo más difícil el entendimiento entre ambos países.

Con todo esto, el proyecto de integración en Norteamérica pareciera haber alcanzado su límite mucho más pronto de lo que se esperaba. Probablemente sea cierto que la "idea de 'América del Norte' no se ha concientizado" y que ésa sea la base del problema.[8] Sin embargo, me parece que el problema reside en que la integración propuesta en el TLCAN fue rebasada temática y geográficamente. Primero, temáticamente porque varios asuntos que requieren coordinación regional y que no fueron contemplados en las negociaciones del TLCAN se han convertido durante los últimos 15 años en las áreas más sensibles de las relaciones entre los países involucrados: migración, medio ambiente y seguridad. Estos temas, además, han dificultado el desempeño del comercio entre México y los vecinos del norte, reduciendo la eficacia de aquel modelo de integración. Segundo, geográficamente porque la solución a estos problemas requiere ahora la coordinación no sólo entre Canadá, Estados Unidos y México, sino que el problema migratorio, las posibles consecuencias del cambio climático y una sólida política de seguridad regional requiere la participación de los gobiernos centroamericanos. Es decir, los acuerdos regionales deben

[8] *Ibid.*, p. 17.

extenderse más allá de la economía y considerar una definición de Norteamérica mucho más amplia.

Y esta necesidad de diálogo y construcción de acuerdos regionales tan amplios tendría que verse como una oportunidad para México si es que quiere ejercer un liderazgo regional. En todos los temas mencionados brevemente, la posición de México resulta particular: emite CO_2 en cantidad muy superior al promedio centroamericano, aunque mucho menor a la de Estados Unidos, su territorio es parte del paso intermedio en el tránsito de migrantes y drogas, y su economía tiene una parte bastante integrada a la de Estados Unidos y otra que sufre de los mismos problemas de falta de infraestructura que aqueja a los centroamericanos. México está en el centro de cada uno de estos problemas y, por lo tanto, la iniciativa tendría que venir de éste.

Probablemente no se trate de crear un enorme y complicado proyecto de integración regional. Es posible que resulte más eficiente crear comisiones *ad hoc* para cada tema que no sean, necesariamente, parte de un proceso integrador más grande. Ciertamente la situación en Europa no es favorable para plantear la profundización de un proceso de integración limitado desde su diseño.

En cualquier caso, la forma de hacerle frente a las consecuencias del calentamiento global, la crisis de seguridad pública y el fenómeno migratorio puede ser a través de un gran acuerdo regional de largo alcance, que extendiera y profundizara la integración, o a través de mecanismos de coordinación temáticos. De lo que se trata es que México tiene que poner más atención en Centroamérica y esforzarse por vencer las muy probables resistencias centroamericanas.

Si México quiere ser el constructor de los ineludibles acuerdos regionales, tendrá que entender y asumir la desconfianza que ha existido históricamente de Centroamérica hacia éste y que, en parte, es simplemente el reflejo de lo asimétrico de la relación. Para ello, la mejor herramienta se encuentra en la frontera norte: entender las complicaciones de la relación de México con Estados Unidos tendría que servirle para entender las dificultades que la diplomacia mexicana suele encontrar en Centroamérica.

BRASIL COMO SOCIO PRIORITARIO

HERNÁN F. GÓMEZ BRUERA

Si hay un ámbito de la política exterior mexicana en donde lo que se ha logrado, hasta ahora, está muy por debajo de su potencial, es precisamente la relación con Brasil. Aunque el intercambio comercial entre México y esa nación ha crecido en la última década, al aumentar más de un 120% entre 2001 y 2009, el volumen de transacciones es limitado, si se considera que actualmente no representa más de 9 000 millones de dólares anuales, el 1% del comercio total de ambos países.[9] La cifra es poco significativa, sobre todo, cuando se considera que Brasil y México son las dos economías más grandes de Latinoamérica y las dos naciones más pobladas de la región.

Lentamente y con desconfianza, Brasil y México han buscado acercarse en los últimos años, pero la relación ha estado contaminada por una idea de rivalidad —estéril y a veces casi infantil— presente especialmente entre algunos cuadros de las dos últimas administraciones panistas. Aunque el gobierno de Felipe Calderón buscó impulsar la relación con Brasil en sus dos últimos años de mandato, la pretensión de alcanzar un Acuerdo Estratégico de Integración Económica entre los dos países —que además de la eliminación de tarifas arancelarias implicaría inversión, servicios, propiedad intelectual y derechos de propiedad— terminó en un *impasse* cuando las negociaciones se vieron afectadas por las desavenencias en el ámbito automotriz, a las cuales se sumaron las resistencias de otros sectores en México, como el agropecuario, el textil y el del calzado.

Más allá de lo que favorezca o deje de favorecer a determinados sectores productivos de Brasil o México, es importante comprender que una relación estratégica con esa nación podría traernos beneficios importantes en el mediano y largo plazo. Es necesario convencerse de esos beneficios, como también entender las implicaciones más

---

[9] ProMéxico, *Síntesis de la relación comercial México-Brasil*, Gobierno Federal, 2010; Secretaría de Economía, *Acuerdo estratégico México-Brasil: Documento eje*, Gobierno Federal, 2010.

amplias que la relación con Brasil puede tener para la inserción de
México en el contexto global actual. De no entender lo que realmente
está en juego, desertarán ante las primeras dificultades. No es necesario estar de acuerdo en todo para avanzar en una relación estratégica
que favorezca la integración entre ambos países. Los procesos de integración no requieren de ideas y valores homogéneos.[10] Por el contrario, integrarse es construir asociaciones estratégicas basadas en el reconocimiento mutuo de sus diferencias, porque sólo se construyen las
bases sólidas que requiere una relación especial cuando se identifican
clara y francamente las peculiaridades de cada uno. La creación de
una relación estratégica con Brasil precisa de claridad de propósitos y
de una visión en el largo plazo. No es desde las reivindicaciones sectoriales, por justas que sean, como se debe interpretar esa relación. Se
debe estar dispuesto a cooperar con grandeza de miras, haciendo que
prevalezca un interés general. Deben estar conscientes de que si se
asocian es porque se necesitan mutuamente y porque tienen objetivos
comunes que pueden satisfacerse mejor a partir de una alianza sólida.

En este capítulo se exponen cuatro grandes razones por las cuales
no sólo es deseable sino también necesario avanzar en una relación
estratégica con Brasil: en primer lugar, porque es congruente con
el objetivo primordial e inaplazable de diversificar el comercio exterior mexicano, especialmente sus exportaciones; en segundo término, porque favorecería la integración latinoamericana, le permitiría
a México sentar un pie más firme en Sudamérica y actuar como un
puente entre Norteamérica y Sudamérica; en tercer lugar, porque una
relación estratégica le permitiría a México acercarse a las llamadas
"potencias emergentes", especialmente los BRICS (el grupo formado
por Brasil, Rusia, la India, China y Sudáfrica); y, por último, una relación más estrecha con Brasil permitiría a los dos países beneficiarse
de las amplias oportunidades que existen para la complementariedad
comercial, la cooperación y el diálogo político entre los dos países.

---

[10] Ernest Haas, *Beyond the Nation State*, Stanford, Stanford University Press, 1964.

PASO DECISIVO HACIA LA DIVERSIFICACIÓN

Cada vez son más las voces que señalan que México necesita una estrategia que permita diversificar sus relaciones comerciales, especialmente el destino de sus exportaciones, hoy mayoritariamente concentradas en Canadá y Estados Unidos (casi un 85%), reservándose márgenes muy reducidos para Latinoamérica (6.4%), Europa (6.3%) y Asia (3%). A lo largo de los años noventa, México dejó de ser un país de una sola oferta —esencialmente el petróleo—, aunque nunca logró abandonar la condición de país de un solo destino. Ni siquiera la firma de más de una docena de tratados de libre comercio que establecen acuerdos con 40 países en el mundo le ha permitido diversificar sus exportaciones de forma significativa.

La necesidad de diversificarse es hoy especialmente importante porque, como ya lo reconocía la Secretaría de Economía en los último años de la administración calderonista, tanto Estados Unidos como la Unión Europea —hacia donde se destinan la mayor parte de los productos mexicanos— están creciendo muy poco y sus perspectivas de crecimiento en el mediano plazo no son prometedoras. Incluso en los años previos a la crisis, entre 2003 y 2008, Brasil creció 5% en promedio, más que la Unión Europea (2.5%), Estados Unidos (2.4%) y Japón (1.7%). La lógica más simple aconsejaría que, para vigorizar el comercio exterior, México debe asociarse con las economías de mayor crecimiento y dinamismo.

La crisis financiera internacional mostró claramente que no es deseable ni inteligente que el mercado exportador mexicano dependa de Estados Unidos en una proporción que no supera a ningún país latinoamericano, e incluso, tampoco a otras naciones que hacen frontera con países desarrollados, como es el caso de Turquía.[11] Pero no es necesario opinar cuando se puede simplemente medir: la economía mexicana —la más dependiente de Estados Unidos en Latinoamérica— fue también la que más cayó en 2009 (–5.95% del PIB)[12]. Eso no

---

[11] De acuerdo con la CIA, Turquía posee un alto volumen de intercambio con la Unión Europea. Sin embargo, sólo la mitad de sus exportaciones va a la Unión Europea —a Alemania, su principal socio desagregado, se destina el 9.5%—. Turquía exporta también a países como Rusia (9.9%), Estados Unidos (6.7%), así como a varios países islámicos. CIA, *The World Factbook*, <https://www.cia.gov/library/publications/the-world-factbook/geos/br.html>, septiembre de 2012.

[12] Banco de Información Económica del INEGI.

es casualidad, pues 2009 fue precisamente el año en el que la recesión en Estados Unidos fue más severa. A diferencia de Brasil, por ejemplo, México no ha logrado establecer hasta ahora una relación comercial significativa con ninguno de los países que hoy más crecen a nivel mundial.

Sabemos que las economías más dinámicas se localizan hoy básicamente en Asia y, en menor medida, en Latinoamérica, donde el *gigante sudamericano* ha desempeñado un papel importante. En septiembre de 2008, la crisis sorprendió a Brasil con un crecimiento del 6.8% de su PIB. Cuando Estados Unidos y Europa se dirigían irremediablemente a la recesión, un informe de la Organización para la Cooperación y el Desarrollo Económicos, publicado a principios de 2009, ya señalaba que éste sería uno de los pocos países capaces de salvarse de una fuerte desaceleración. Los pronósticos se cumplieron: ese año Brasil sólo registró una caída en su PIB del 0.2%, sin entrar oficialmente en recesión.[13] En el año siguiente, en 2010, el PIB brasileño alcanzó su nivel más alto en dos décadas, con una expansión del 7.5 por ciento.

En los dos últimos años, Brasil no ha crecido al mismo ritmo. Sin embargo, el país se constituye hoy como la séptima economía más grande del mundo, después de haber superado al Reino Unido en el contexto de la crisis actual. Hoy el tamaño de la economía brasileña se acerca al de varias potencias europeas.[14] En el continente americano, Brasil constituye el segundo mercado más grande después de Estados Unidos. Con 190 millones de habitantes, la quinta superficie más extensa del mundo y una clase media en crecimiento que alimenta un mercado interno en expansión, la propensión al consumo en el país más poblado de Sudamérica es superior a la de países desarrollados como Canadá. Aunque Brasil está lejos de haber alcanzado niveles de crecimiento sostenido similares a los de China o la India en las últimas décadas, su economía es cada vez más pujante y es actualmente uno de los principales receptores de inversión extranjera en el mundo.

El crecimiento más reciente de Brasil ha estado vinculado, en una parte importante, a la exportación de materias primas a los mercados asiáticos, especialmente a China. Ello tiene un lado positivo, aunque

---

[13] O Estado de São Paulo, *PIB do Brasil fecha 2009 com retração de 0,2%, a primeira queda anual em 17 anos*, 10 de septiembre de 2012.

[14] Paulo Sotero y Leslie Elliot, "Brazil: to be or not to be a BRIC?", *Asian Perspective*, vol. 31, núm. 4, 2007, pp. 43-70.

la "enfermedad holandesa" no deja de representar un riesgo. Es importante señalar, sin embargo, que el consumo interno también ha jugado un papel importante en Brasil. Incluso regiones paupérrimas como el norte o noreste han crecido gracias al incremento del salario mínimo, la ampliación del crédito a poblaciones de bajos ingresos o los ambiciosos programas sociales impulsados por los gobiernos de Fernando Henrique Cardoso, Luiz Inácio Lula da Silva y Dilma Rousseff. A través del programa social Bolsa Familia, más de 13 millones de familias reciben un subsidio. Tan sólo entre 2003 y 2010, Brasil logró incorporar a 10 millones de ciudadanos al contingente de la clase media, al reducir la extrema pobreza de 32.6% a 22.7 por ciento.

PASO HACIA LA INTEGRACIÓN LATINOAMERICANA

Diversas voces han planteado, con razón, que México debe aprovechar sus ventajas como nación "puente" entre América del Sur y América del Norte.[15] Para lograr ese objetivo, el país necesita construir relaciones sólidas en ambos espacios regionales, sustentados a su vez en procesos de integración regional. En Sudamérica, difícilmente avanzará si no logra construir una relación estratégica con Brasil. Ese propósito debería ser parte de un discurso latinoamericanista, tantas veces plagado de retórica más que de contenido real. Antes que responder a posturas ideológicas, se trata de responder a desafíos de orden económico y político.

En Latinoamérica existe un potencial de 450 millones de consumidores. Después de Asia, constituye una de las regiones que más crecen en el mundo (en torno al 5% en promedio) y que mejor han logrado resistir los efectos nocivos de la crisis financiera internacional. Aunque México es un importante inversionista en Latinoamérica —empresas como Grupo Bimbo, Maseca, América Móvil o Cemex han invertido grandes sumas en la región—, ha desperdiciado, hasta ahora, el enorme potencial que existe para los negocios mexicanos en la región (especialmente en el caso de las pequeñas y medianas empresas), donde

---

[15] Emilio Lozoya y Jorge Montaño, "Propuestas para la próxima política exterior de México", *Foreign Affairs Latinoamérica*, vol. 12, núm. 2. 2012; Olga Pellicer, *Mexico: A Reluctant Middle Power?*, Nueva York, FES Briefing Paper, 2006.

existe un mercado natural para los productos y servicios mexicanos.

Según la Secretaría de Economía,[16] de los 550 000 millones de dóla-res que los países latinoamericanos importaron en 2008, México sólo tuvo una participación en torno al 4%. En un contexto de globali-zación económica, la integración del comercio regional constituye una necesidad económica para competir mejor ante otras regiones a través de la creación de economías de escala y la especialización pro-ductiva que permitan la reducción de costos. En Latinoamérica, sin embargo, el grado de integración regional es sumamente bajo, siendo sólo del 20%, frente al 75% de Europa y el 50% de Asia.[17]

El eje México-Brasil es crucial para promover la integración lati-noamericana si se considera que ambos países suman 300 millones de habitantes, representan el 58% del PIB de toda la región y nada menos que el 81% de todas sus exportaciones. Por eso, cualquier proceso de integración latinoamericana debe contemplar una sólida relación en-tre los dos países. Brasil no sólo representa a la primera economía de la región, también es uno de los principales promotores de su proceso de integración y ha desempeñado un papel político importante en la mediación de conflictos en países como Bolivia, Ecuador, Honduras, Paraguay y Venezuela, además de ejercer un papel importante en la misión de paz y estabilización de Haití.

El liderazgo que Brasil juega en Sudamérica no debería emanar sospechas. No sólo porque México podría eventualmente ejercer un papel similar —aunque se ha negado a hacerlo—, sino también porque esa nación no ejerce un poder hegemónico o incontestable. A fin de cuentas, los liderazgos no se reclaman, se otorgan cuando realmente existen. El liderazgo de Brasil en Latinoamérica, aunque importante, no siempre es reconocido entre sus vecinos ni su papel es siempre decisivo. Además, Brasil está apostando sus cartas mucho más allá de Sudamérica, y sus aspiraciones como potencia emergente no dependen necesariamente de consolidarse como un poder en el ámbito regional, como piensa Cornelia Huelsz.

México no sólo es un país latinoamericano por su cultura y su idio-ma. Lo es también porque sus problemas y sus retos son similares a los de otros países en la región. Como países latinoamericanos, Brasil y México sufren carencias similares, se asemejan en sus altos índices de

---

[16] Secretaría de Economía, *op. cit.*

[17] *Ibid.*

pobreza y, particularmente, en su alta desigualdad en la distribución del ingreso, así como en otros rubros. Brasil, a pesar de haber mostrado progresos significativos, ocupa el decimosexto lugar entre los países con la peor distribución del ingreso en el mundo por su Coeficiente de Gini. México se ubica en el decimoctavo lugar.[18] En la baja calidad de sus sistemas educativos o en sus niveles de violencia urbana, Brasil y México también se asemejan.[19] En el ámbito internacional, los dos países padecen del proteccionismo comercial de las naciones más desarrolladas y son vulnerables a los movimientos del capital internacional. Por ello y más, la integración latinoamericana es también una necesidad política. Tanto a México como a Brasil les conviene vivir en un espacio regional fortalecido, capaz de formar una masa crítica que actúe en el escenario internacional junto con otros países de América Latina, que promueva intereses comunes, fortalezca el multilateralismo y genere un contrapeso frente a las acciones unilaterales de las grandes potencias.

PUENTE HACIA LAS POTENCIAS EMERGENTES

Brasil representa mucho más que un simple mercado y más que el pilar de una estrategia ambiciosa de acercamiento a Latinoamérica. Es también parte de una categoría de países que, por sus características geográficas —su dimensión continental—, el tamaño de su población y de su economía están adquiriendo un grado de influencia internacional que hoy está redibujando el mapa geopolítico del mundo. Construir una relación más sólida con Brasil es también tender un puente a los llamados BRICS, que a pesar de su heterogeneidad, aglutinan a las potencias emergentes más importantes del mundo. Estos países hoy suman cerca de un tercio del PIB mundial y, según las proyecciones de Goldman Sachs, podrían en los próximos 20 años alcanzar el mismo tamaño que los países del G-7.[20] De continuar creciendo al ritmo actual, Goldman Sachs pronostica que en 2050 la economía

---

[18] CIA, *op. cit.*

[19] Juan Pablo Soriano, "Dilma y México: altibajos en una relación indispensable para América Latina", *Revista CIDOB d'afers internacionals*, abril de 2012, pp. 145-146.

[20] Jim O'Neill y Anna Stupnytska, *The Long-Term Outlook for the BRICS and N-11 Post Crisis*, Global Economics Paper núm. 192, Goldman Sachs Global Economics, 2009.

china tendrá dos veces el tamaño de la estadunidense y la de la India alcanzará el tamaño de la de Estados Unidos, seguida inmediatamente por Brasil.[21]

Aunque estos países todavía tienen carencias sociales importantes y grandes retos para hacerles frente, en los últimos años han logrado niveles de crecimiento económico considerables, han expandido sus inversiones en varios países del mundo y hoy están en condiciones de dejar de ser receptores de ayuda para convertirse en actores cada vez más importantes en materia de cooperación al desarrollo.[22] Las empresas brasileñas —aunque en menor medida que las de China o la India— han conseguido situar sus tentáculos en diversas partes del mundo, compitiendo exitosamente en mercados internacionales. Por ejemplo, el Grupo Gerdau, de capitales mayoritariamente brasileños, es la segunda compañía siderúrgica en Estados Unidos (en México ha anunciado inversiones por 430 millones de dólares); Embraer es la tercera fábrica de aviones a nivel mundial y ha montado una planta aeronáutica de fabricación y montaje en Manchuria (Brasil es el único país en desarrollo exportador de aviones); JBS es líder mundial en venta de frigoríficos; y Sabó, una empresa de autopartes que está presente en más de 30 países, incluidos algunos europeos. También Petrobras tiene participación en negocios petroleros de otras naciones, incluida China.

Los negocios brasileños también se han abierto espacios importantes en África. Entre 2003 y 2008 el comercio entre Brasil y África se quintuplicó, pasando de poco más de 6 000 millones a casi 30 000 millones de dólares. En África, empresas brasileñas como Petrobras, Odebrecht (dedicada a la construcción) o la minera Vale do Rio Doce invierten cada vez más. Aunque aún está lejos de los primeros sitios, Brasil ha avanzado también en innovación, registrando desde mediados de los años noventa más del doble de patentes que México.[23] En 2010, por ejemplo, a Brasil se le concedieron 481 patentes en el ex-

[21] Radhika Desai, "Dreaming in Technicolor? India as a BRIC Economy", *International Journal*, vol. 62, núm. 4, India Emerging Strength and Challenge, Canadian International Council, 2007, pp. 786-787.

[22] Sachin Chaturvedi, Tom Fues, *et al.*, *Development Cooperation and Emerging Powers: New partners or old partners*, Londres, Zed Books, 2012.

[23] Entre 1995 y 2008, Brasil registró 7 206 patentes, mientras que México alcanzó solamente 3 534 registros. OMPI, "Base de datos de estadísticas de la Organización Mundial de la Propiedad Intelectual", <www.ompi.int>, septiembre de 2012.

tranjero, lo que ubicó al país en el sitio número 33 a nivel mundial, no demasiado lejos del sitio número 20 de la India.[24]

Al igual que otros países BRICS, en materia de cooperación al desarrollo, Brasil juega un papel cada vez más importante que, aunque todavía no alcance los montos de países desarrollados, está creciendo considerablemente. En África, especialmente en países lusófonos, Brasil ha desplegado importantes esfuerzos en el ámbito de la agricultura, salud (especialmente en el combate al VIH) y educación, pero está presente también de forma creciente e importante en Sudamérica y en Centroamérica. La cooperación brasileña constituye un importante instrumento de política exterior a través del cual Brasil busca promover una mayor inserción internacional, tanto en el terreno político como en el ámbito económico.[25] En muchos casos, las iniciativas que Brasil promueve son parte de una estrategia para promover sectores en los que el país cuenta con tecnologías de punta. En África, la cooperación brasileña está fuertemente animada por la expansión de la producción de biocombustibles y busca crear un ambiente más favorable al trabajo de sus empresas. Al cooperar con países africanos en materia de biotecnología, por ejemplo, las empresas brasileñas estarían eventualmente mejor posicionadas para vender máquinas, insumos, equipos y unidades vinculadas a la producción de biodiesel y etanol.[26] Una lógica similar integra los propósitos de la cooperación con América Central, donde más del 13% de los recursos invertidos por Brasil son destinados al sector energético.

México no puede hacer caso omiso frente al nuevo escenario internacional que supone la irrupción de las potencias emergentes. El gobierno mexicano debe plantearse una agenda de política exterior que le permita vincularse de forma más provechosa a estas naciones, actualmente, las principales responsables del crecimiento económico mundial y con una creciente influencia internacional. Los BRICS no sólo están dibujando un nuevo mapa geopolítico, como se mencio-

---

[24] *Ibid.*

[25] Miriam Gomes Saraiva, "As estrategias de coperacao Sul-Sul nos marcos da politica externa brasileira 1993 a 2007", *Revista Brasileira de Politica Internacional*, 50 (2), 2007, pp. 42-59; Miriam Gomes Saraiva, "A política externa brasileira e os desafios da cooperação Sul-Sul", *Revista Brasileira de Politica Internacional*, 48 (1), 2007, pp. 24-59.

[26] B. A. Pino e I. C. Leite, "La Cooperación Sur-Sur de Brasil: proyección solidaria y política exterior", en Bruno Ayllón Pino y Javier Surasky (coords.), *La re-emergencia de la Cooperación Sur-Sur: experiencias de países latinoamericanos de ingreso medio*, Madrid, IUDC/UCM-Editorial Catarata, 2009.

nó antes. Su irrupción nos afecta directamente porque modifica la posición de poder que ha disfrutado hasta ahora nuestro principal socio comercial —Estados Unidos— y la propia dinámica del Tratado de Libre Comercio de América del Norte. Bien sabemos que tanto China como la India son hoy importantes competidores en los tres países que integran el tratado, e incluso que el primero ha desplazado a México como segundo socio comercial de Estados Unidos después de Canadá.

De todos los países BRICS, no cabe duda de que Brasil es con el que más semejanzas, afinidades y coincidencia de intereses tiene México. Tanto éste como Brasil son democracias representativas que, aunque imperfectas, están alejadas de los autoritarismos que de jure o de facto rigen en países como China o Rusia; de los conflictos interétnicos de la India o de la historia de segregación racial de Sudáfrica. Sin barreras culturales tan grandes como las que los separan de las potencias emergentes en otros continentes, Brasil y México comparten valores democráticos, códigos similares y —aunque parezca poco— pueden sentarse a la mesa casi sin necesidad de traductores.

En el ámbito internacional, Brasil y México comparten principios similares. En ambos países existe una tradición diplomática arraigada en la solución pacífica de conflictos, en el multilateralismo y el respeto a los principios del derecho internacional. A diferencia de países como China o Rusia, Brasil es un promotor internacional de libertades civiles y políticas, además de un actor internacional responsable en temas tan importantes como el cambio climático. Distinto a lo que ocurre en Asia, donde existen profundas diferencias y rivalidades que no excluyen hipótesis de conflicto —los casos de China, la India y Japón, por ejemplo—[27], entre Brasil y México, así como entre la gran parte de los estados latinoamericanos, se vive un clima de paz que eventualmente puede ser una ventaja comparativa.[28]

---

[27] Bill Emmot, *Rivals: How the power struggle between India, China and Japan will shape the next decade*, Nueva York, Houghton Mifflin Harcourt, 2008.

[28] A comienzos del siglo XX terminó de resolver de forma pacífica todas las disputas territoriales que tenía con sus vecinos y por más de 100 años es lo que se considera un Estado "geopolíticamente satisfecho". María Regina Soares de Lima y Mónica Hirst, "Brazil as an Intermediate State and Regional Power: Action, Choice and Responsibilities", *International Affairs*, vol. 82, núm. 1, 2006, pp. 21-40. Algunos autores plantean, con razón, que Brasil no deriva su poder de una influencia militar, sino en todo caso de su capacidad de desplegar "poder blando". Paulo Sotero y Leslie Elliot, *op. cit.*

Cada vez se habla más de un desplazamiento del poder económico y político mundial de Occidente a Oriente y de Norte a Sur. En esa ecuación cabe preguntarse si una relación más sólida entre Brasil y México, donde ambos países pudieran ejercer mayor influencia en el ámbito internacional, podría permitir que Latinoamérica se posicione mejor frente a las potencias emergentes asiáticas (China, la India e Indonesia, hasta cierto punto). Para que eso ocurra, sin embargo, es necesario que México se decida a jugar un papel relevante en el escenario internacional. El tamaño de su economía, territorio y población le permitirían ubicarse entre las potencias emergentes o —cuando menos— entre las llamadas "potencias medias".[29] Sin embargo, México no ha alcanzado un grado mayor de influencia en el ámbito internacional, porque sus dirigentes han mostrado poco interés y su diplomacia ha tenido temor de asumir un papel más protagónico.[30]

En este aspecto, como en otros más, un acercamiento a Brasil, tanto en el terreno económico-comercial como en el político, podría tener algunos efectos pedagógicos positivos. Conocer la experiencia brasileña podría servirle a México para aprender lecciones. Sabemos que las naciones que han logrado convertirse en potencias emergentes no han alcanzado ese sitio solamente por su dimensión geográfica, el tamaño de su población o el crecimiento de su economía. Han buscado también, de forma consciente, adquirir un mayor grado de influencia en los asuntos internacionales que en virtud de su tamaño y su fuerza consideran merecer. A lo largo del tiempo, de forma estable y continua, estos países han desarrollado una comprensión clara sobre la posición que buscan jugar en el orden internacional, aun cuando ello implique desafiar el poder de las potencias tradicionales o reformar las instituciones internacionales que frustran el deseo de los emergentes de jugar un papel más protagónico.[31]

Desde su independencia, Brasil —siendo en sus primeros años un imperio internacional reconocido en medio de repúblicas— buscó

---

[29] Para una distinción conceptual entre potencias medias y potencias emergentes véase Eduard Jordaan, "The Concept of a Middle Power in International Relations: Distinguishing Between Emerging and Traditional Middle Powers", *Politikon*, 30 (2), 2003, pp.165-181; Cornelia Huelsz, *Middle Power Theories and Emerging Powers in International Political Economy: A Case Study of Brazil*, 2009. (Tesis doctoral presentada en la Universidad de Manchester.)

[30] Así lo han señalado, entre otros, Olga Pellicer. Olga Pellicer, *op. cit.*

[31] Cornelia Huelsz, *op. cit.*

insertarse entre las grandes potencias, entonces ubicadas en Europa.[32] Una buena parte de las élites brasileñas ha considerado desde entonces que el país reunía y reúne todos los criterios para convertirse en una potencia mundial. Más tarde, entrado el siglo XX, Brasil buscaría ampliar su espacio de influencia promoviendo su propio proyecto de desarrollo nacional y su industrialización, objetivos a los que se ligó indisolublemente su política exterior. Con el fin de ampliar su influencia en el orden internacional que emanó de la segunda guerra mundial, Brasil envió incluso un contingente de tropas a Italia en 1945, con el fin de asegurar el apoyo de Estados Unidos y alcanzar un asiento permanente en el Consejo de Seguridad de Naciones Unidas. Sin embargo, ese ansiado apoyo nunca llegó, generando una marca muy fuerte entre las élites brasileñas que a partir de esa experiencia aprendieron que no necesariamente se adquiere grandeza por contigüidad, menos aún por subordinarse a las naciones más poderosas.

Aunque Brasil se mantuvo del lado de Estados Unidos en los primeros años de la guerra fría, ya no se llamaría a engaño. A partir de los años sesenta buscó impulsar una política exterior independiente que comenzó a adquirir fuerza durante los gobiernos militares de los años setenta, cuando el gobierno de Emílio Garrastazu Médici (1969-1974) promovió el paradigma de "Brasil potencia", que buscaba deliberadamente posicionar a Brasil a nivel mundial a partir de un pensamiento militar geoestratégico,[33] aunque ello quedó entonces en mera retórica. La política exterior brasileña desde entonces ha buscado mantener una posición autónoma frente a Estados Unidos y otras naciones poderosas, sin necesidad de asumir posturas beligerantes, y ha procurado actuar en espacios institucionales no necesariamente dominados por los países centrales. Brasil sigue reivindicando hasta hoy un asiento en el Consejo de Seguridad. Aunque no ha logrado todavía ese objetivo, ha sido, junto con la India, uno de los dos países que por más tiempo han ocupado asientos no permanentes en el consejo, lo que confirma su firme intensión de asumir un papel protagónico en este organismo.[34]

---

[32] Celso Lafer, *A Indentidade Internacional do Brasil e a Política Externa Brasileira: Passado, Presente e Futuro*, São Paulo, Editora Perspectiva, 2001.

[33] Andrew Hurrell, "Hegemony, Liberalism and Global Order: What Space for Would-be Great Powers?", *International Affairs*, 82 (1), 2006, pp.1-19.

[34] Entre 1945 y 1996, Brasil ocupó durante 14 años (no consecutivos) un asiento

A diferencia de las élites mexicanas, que a partir de los años noventa optaron por ligar su destino a una nación —Estados Unidos— y a un bloque regional —América del Norte—, el "Gigante Sudamericano" ha buscado históricamente diversificar sus relaciones comerciales. Si a principios del siglo XX Estados Unidos era el principal socio comercial brasileño, orientándose hacia esa nación más del 50% de sus exportaciones,[35] en 2011 la cifra apenas superó el 10%.[36] Brasil se planteó competir en distintos frentes, sin ligar su destino a un solo socio ni a una sola región. Hoy China es su principal socio comercial pues recibe 17.3% de sus exportaciones. También Brasil mantiene una presencia fundamental en la Unión Europea, donde orienta más del 20% de sus exportaciones. No menos importante es Latinoamérica, donde coloca el 25% de sus productos. En este último caso, Brasil tiene la siguiente ventaja: a diferencia de lo que ocurre con China, un país al que exporta esencialmente *commodities* y del que importa bienes industriales (una fórmula poco feliz), la mayor parte de sus exportaciones a América Latina consiste en bienes manufacturados.

La diversificación no ha sido resultado sólo de acuerdos comerciales (paradójicamente México ha firmado muchos más acuerdos comerciales). Ésta ha sido posible, en gran medida, por el decidido apoyo que ha recibido el sector exportador, apuntalado fuertemente por el Banco Nacional de Desarrollo Económico y Social, el cual hoy posee una cartera superior a la del Banco Mundial. Gracias al apoyo estatal —en todos los países BRICS el Estado ha jugado y juega un papel clave en la economía—, un gran número de empresas brasileñas han logrado aprovechar oportunidades en todo tipo de países y regiones. Como resultado, Brasil ha sufrido menos con la actual crisis financiera, en parte, porque su suerte no está atada a una economía en particular.

Claro que no todo es miel sobre hojuelas. Brasil todavía es mayoritariamente un productor de materias primas y depende en buena medida del agronegocio para mantener una balanza comercial favo-

---

rotativo en el Consejo de Seguridad de las Naciones Unidas, superando a la India que lo hizo durante 12 años. María Regina Soares de Lima y Mónica Hirst, *op. cit.*

[35] Rubens Ricupero, "O Brasil, a América Latina e os EUA desde 1930: 60 Anos de uma Relação Triangular", en José A.G. Albuquerque (ed.), *Sessenta Anos de Política Externa Brasileira 1930-1990: Crescimento, Modernização e Política Externa*, São Paulo, Cultura Editores, 1996.

[36] CIA, *op. cit.*

rable. Su sistema fiscal es muy complejo, su infraestructura es aún sumamente precaria en algunas regiones, las tarifas eléctricas son sumamente altas y la inversión es limitada. Sin embargo, la diversificación le ha dado mayor autonomía, densidad y consistencia a sus relaciones exteriores. Algunos economistas han señalado que las perspectivas de desarrollo en el futuro próximo podrían ser más prometedoras para Brasil que para México, en gran medida porque tiene un comercio exterior más diversificado, mientras que el de México está concentrado en Estados Unidos.

Acercarse a una potencia emergente como Brasil —con retos y dificultades propias de una nación latinoamericana— puede servirle a México para sacar lecciones tanto de sus éxitos como de sus fracasos. El mundo no se agota en Norteamérica, aunque allí se limite, muchas veces, el mapa mental de gran parte de las élites mexicanas. Naturalmente, nuestro país está inmerso en un contexto geográfico muy distinto al brasileño, porque su amplia frontera con Estados Unidos condiciona, aunque no frena, sus posibilidades como potencia emergente. A diferencia de otros países, México no puede situarse en una sola región, pues pertenece tanto a Norteamérica como a Sudamérica. Sería inútil optar por un solo "código postal", como lo han sugerido algunos comentaristas.[37] Para aprovechar las oportunidades que el mundo ofrece, México debe impulsar una estrategia de dos partes: por un lado, expandir sus relaciones con las naciones más económicamente dinámicas —en gran medida, las potencias emergentes— y, por el otro, actuar como puente entre Sudamérica y Norteamérica, y afianzar sus relaciones en ambos bloques. Brasil simboliza esa necesaria ecuación como ningún otro país.

OPORTUNIDAD PARA LA RELACIÓN BILATERAL

No existen razones de fondo ni incentivos reales para que Brasil y México deban verse como rivales ni en el terreno comercial, mucho menos en el político. Ambos países no tienen diferencias irreconciliables ni grandes obstáculos que les impidan cooperar. Por el con-

---

[37] Jorge Castañeda y Héctor Aguilar Camín, *Un futuro para México*, México, Santillana, 2009.

trario, tienen mucho más que ganar a partir de una asociación estratégica. Las oportunidades para el comercio entre Brasil y México son muy amplias. Grandes empresas brasileñas, como Samot, Gerdau y Odebrecht han invertido en México, mientras que empresas como Telmex, América Móvil, Elektra, Grupo Bimbo y Mabe han logrado abrirse espacio en Brasil.[38] En el contexto económico actual, existen posibilidades amplias para que se dé la complementariedad entre las economías de los dos países.

Según la Secretaría de Economía, las importaciones de Brasil suman más de 170 000 millones de dólares, siendo que 95% de ellas están formadas por bienes industriales en los que México tiene fortaleza y hoy sólo le vende el 2%.[39] Brasil importa bienes industriales de forma creciente, mientras que cada vez exporta más productos primarios y agroalimentarios. La estructura de las importaciones mexicanas, en cambio, se concentra en un 95% en el mercado de manufacturas. Como potencia manufacturera (la décima a nivel mundial), México tiene amplias posibilidades para abrirse espacios en el mercado brasileño. Pueden vislumbrarse oportunidades para el sector químico, eléctrico, de perfumería y cosméticos; en el ámbito de la telefonía y los audiovisuales; en productos de línea blanca en los que México cuenta con una fuerte especialización; e incluso para el sector automotriz, donde hasta ahora se ha concentrado el grueso del comercio entre los dos países.

Desde los inicios de la segunda administración de da Silva (2007-2010), Brasil ha impulsado un ambicioso programa de infraestructura, con participación público-privada —el Programa de Aceleración del Crecimiento—, por el que se programó invertir cerca de 50 000 millones de dólares en infraestructura básica (carreteras, puertos, ferrocarriles, etc.). Este programa, que ha tenido un nuevo impulso en el gobierno de Dilma Rousseff, puede representar oportunidades importantes para fabricantes mexicanos. Junto con Brasil, México podría también formar cadenas productivas y alianzas tecnológicas en sectores estratégicos. En su momento, grandes empresas energéticas como Pemex y Petrobras podrían alcanzar acuerdos de intercambio tecnológico y capacitación. Ello puede cobrar importancia luego de los recientes hallazgos de crudo en aguas profundas —el llamado

---

[38] ProMéxico, *op. cit.*
[39] Secretaría de Economía, *op. cit.*

Presal—, con los que Brasil se perfila como el sexto país petrolero del planeta con un potencial de producción para 2020 de 5 millones de barriles diarios.

Otra área importante tiene que ver con los alimentos. En un mundo en el que la seguridad alimentaria no está garantizada, hay razones más que justificadas para que México estreche su relación con Brasil. México es desde hace varios años un importador de comestibles, lo que pone al país en una posición de extrema vulnerabilidad en un momento de crisis en el precio internacional de los alimentos. Brasil, en cambio, es una potencia agropecuaria —el principal agroexportador latinoamericano—, y uno de los mayores productores de alimentos a nivel mundial. Tan sólo en 2008 la exportación de productos agropecuarios en Brasil alcanzó los 61 000 millones de dólares, sólo superado por Estados Unidos y la Unión Europea.[40]

Por otro lado, ningún otro país tiene tantas reservas de agua y tierra sin explorar. Brasil es líder mundial en producción de soya, café, jugo de naranja, maíz y caña de azúcar, y bien puede ser una fuente alternativa de productos en los que hoy somos deficitarios. Dadas las amplias posibilidades que Brasil tiene de avanzar como potencia agroexportadora en los próximos años, podría eventualmente ser un socio capaz de ayudarnos a resolver más de un problema. Un acuerdo satisfactorio con Brasil podría ser importante para generar condiciones que garanticen el abasto al mejor precio y en mejores condiciones, como ha señalado Luz María de la Mora.[41] Además, el acuerdo sería una oportunidad para romper con la dependencia que México tiene del sector agropecuario estadunidense y le daría más armas de negociación.

En las páginas previas se han enumerado las razones que justifican un acercamiento hacia Brasil. La necesidad de diversificar el comercio exterior mexicano fue señalada en términos llanos —aunque quizá no con el énfasis necesario— en un ensayo reciente de Emilio Lozoya, entonces coordinador de Vinculación Internacional de la campaña presidencial de Enrique Peña Nieto, y Jorge Montaño. Sus autores sugerían lo siguiente: "hagamos la lista de aquellos que tienen crecimiento sostenido y veamos cómo podemos comerciar e invertir

---

[40] *Ibid.*

[41] Hernán Gómez Bruera, "Razones para un acuerdo con Brasil", *El Universal*, 13 de noviembre de 2010.

más con ellos, para tener la posibilidad de integrarnos mejor económica y comercialmente".[42] Lozoya y Montaño señalaban también que "considerar a Brasil como un adversario comercial es una visión y una mentalidad anquilosada" y llegaron a señalar que Brasil no debe verse como "un socio más, sino como un socio estratégico".[43] Si éstas no son sólo formulaciones huecas y no se quedan en simples buenos propósitos, tal vez México esté frente a un buen inicio.

---

[42] Emilio Lozoya y Jorge Montaño, *op. cit.*
[43] *Ibid.*

AMÉRICA LATINA EN LA POLÍTICA EXTERIOR: DE LA IMPORTANCIA SIMBÓLICA A LA OPORTUNIDAD REAL

GUADALUPE GONZÁLEZ GONZÁLEZ[1]

Hace tiempo que en México no se desarrolla un pensamiento estratégico sobre la importancia de sus relaciones con Latinoamérica. Dos décadas después de que México optara por una asociación económica formal con los países de América del Norte, es posible constatar que la opinión pública y los líderes políticos, económicos y sociales mexicanos tienen una clara preferencia por América Latina, pero que ésta obedece, sobre todo, a razones de identidad y pertenencia antes que de interés. De acuerdo con la última encuesta México, las Américas y el Mundo 2012-2013,[2] uno de cada dos mexicanos se identifica como latinoamericano, en fuerte contraste con el sector minoritario (8%) que se siente norteamericano o centroamericano (7%). La mitad del público (48%) y de los líderes (50%) considera que México es un país más latinoamericano que norteamericano en términos de su pertenencia regional. Además, una visión optimista de la región prevalece frente a la lectura pesimista que se tiene de la situación mundial: mientras dos de cada cinco mexicanos creen que Latinoamérica ha mejorado en los últimos diez años y continuará haciéndolo en la próxima década, una amplia mayoría (68%) opina que el mundo está peor y otros (49%) que continuará empeorando. Los líderes mexicanos son optimistas respecto del futuro de la región, pues ocho de cada diez creen que en 10 años América Latina estará mejor.

A pesar de que no hay dudas con respecto a la identidad latinoamericana de México ni a que soplan vientos favorables que le abren

---

[1] El punto de partida de las siguientes reflexiones es un ensayo previo en coautoría con Rafael Velázquez Flores, por lo que muchas de ellas son el resultado de discusiones conjuntas. Guadalupe González González y Rafael Velázquez Flores, "La política exterior de México hacia América Latina 2012-2018", en Jorge A. Schiavon y Rafael Velázquez Flores (eds.), *La política exterior de México 2012-2018: diagnóstico y propuestas*, México, AMEI, 2012, pp. 21-29.

[2] La encuesta se levantó entre julio y septiembre de 2012 a una muestra nacional de 2 400 personas y a 500 líderes mexicanos.

nuevas oportunidades al país en esta región, el lugar y el nivel de atención que México debe asignar a Latinoamérica continúa siendo un problema de definición para la política exterior. Las diversas aristas del problema de indefinición estratégica frente a América Latina plantean la necesidad de responder con claridad a la pregunta básica sobre el papel que quiere jugar México en Latinoamérica y a la dirección en que debe hacerlo. Algunas voces hablan de retomar un supuesto liderazgo perdido, en tanto que otras critican, por considerarlo poco realista, cualquier pretensión de liderazgo en una región cada vez más diversa y fragmentada. Frente a esta situación, hay quienes se inclinan por una aproximación regional orientada hacia una mayor integración, en tanto que otros favorecen un enfoque subregional, con agendas y políticas diferenciadas hacia la multiplicidad de la región. En suma, la elaboración de un planteamiento estratégico con visión de largo plazo es quizás la primera asignatura pendiente por resolver para el gobierno de Enrique Peña Nieto en cuanto a su relación con los países al sur de la frontera de México.

Los estudios de opinión nos dan algunas pistas de los factores que explican la dificultad mexicana para definir con claridad lo que quiere y puede hacer el país en una región de la que se siente parte. La primera dificultad reside en que los intereses de México, a diferencia de sus identidades históricas y culturales, apuntan al norte antes que al sur. Esta dualidad genera brechas de opinión respecto de qué región debe ser prioritaria para la diplomacia mexicana. El 35% de la población mexicana identifica a América del Norte como la prioridad regional de México, seguida por América Latina (29%), mientras que los líderes colocan a Latinoamérica (32%) en primer lugar y a América del Norte en segundo (26%).[3] Frente a las alternativas regionales de integración económica, las opiniones se dividen en tercios y sin mayorías claras: el 32% de la opinión pública opina que la prioridad económica de México debe ser integrarse con América del Norte, 28% con América Latina y 29% con ambas regiones. Entre los líderes, la situación es similar, aunque la balanza se inclina ligeramente a favor de la integración con Latinoamérica (36%), con América del Norte (33%) y con ambas (26%) en tercer lugar.

[3] La pregunta específica es "Dígame, ¿a qué región del mundo debe México prestar más atención? América del Norte, América Latina, Europa, Asia, Medio Oriente, África, Oceanía, otra".

La segunda dificultad es la ambigüedad en relación con el papel que aspira desempeñar México en América Latina. Los estudios de opinión ponen en evidencia una tibia voluntad de liderazgo regional. Poco más de un tercio de la opinión pública mexicana (38%) piensa que México debería buscar ser el líder en la región, aunque el porcentaje de los que opinan que debe participar sin pretender ser líder (44%) es mayor. Los líderes mexicanos son más proclives a la idea del liderazgo regional para México, pero no de manera contundente: poco más de la mitad opta por el liderazgo (52%), frente a 45% que prefiere un activismo regional sin pretensiones de liderazgo. Se observa también una baja disposición entre la población a invertir recursos en Centroamérica, la zona de influencia natural para México por su cercanía, a pesar de que se le percibe como un espacio de oportunidades. Este tema divide por completo a la población: 49% está a favor de destinar recursos a la cooperación para el desarrollo en Centroamérica y 48% en contra. Este tema separa a la población de los líderes, quienes están mayoritariamente a favor (71%). Es probable que la falta de definición de México en sus vínculos con Latinoamérica en general y, con Centroamérica en particular, tenga que ver con la ausencia de un sentido de urgencia o necesidad para desplegar acciones de mayor compromiso con la región, misma lógica que ha caracterizado a la política de Estados Unidos hacia México. Desde México no se perciben grandes problemas al sur de la frontera: 47% de la población y 65% de los líderes piensan que la vecindad con Centroamérica representa para México más ventaja que problema, frente a 38 y 31% que opinan lo contrario.

Las raíces de la ambivalencia y la indefinición mexicana frente a América Latina son más profundas y quizás tienen que ver con la forma en la que históricamente las élites políticas mexicanas perciben esta relación, a partir de una visión dicotómica de las implicaciones de la posición geopolítica del país, al sur de América del Norte y al norte de Latinoamérica. Generalmente la discusión pública se plantea como un dilema entre intereses e identidades, entre mercado y cultura, entre lo material y lo simbólico. Como si la geografía, la historia y el mercado obligaran a México a tener que optar entre una de las dos integraciones, o con América del Norte o con América Latina. Se trata de un planteamiento que actualmente impide una comprensión adecuada de la realidad y del contexto internacional.

Por razones económicas, sociales y de seguridad, México está inmerso en ambas regiones al grado que las decisiones que se toman hacia el norte tienen repercusiones inmediatas en el sur y viceversa. Para México, aunque quisiera, no es posible aislarse o desentenderse de ninguna de sus dos fronteras geopolíticas. El reto de entendimiento y comprensión del problema reside precisamente en superar este falso dilema y articular una visión integral no segmentada de la dualidad geopolítica del país. En un mundo global, el dilema entre América del Norte y Latinoamérica no sólo es incorrecto, sino que también resulta anacrónico. Sin presencia en el sur, se pierde capacidad de maniobra en el norte y, sin anclaje en el norte, se pierden las ventajas de la geografía y del mercado.

Un aspecto adicional que suele pasar inadvertido es que la relación de México con Latinoamérica tiene, además de un eje Norte-Sur centrado en lo continental, un eje Oeste-Este de alcance extracontinental. Hacia el este, el vértice europeo de nuestra relación con América Latina ha tendido a concentrarse en el espacio iberoamericano a través de la Secretaría General Iberoamericana y, más recientemente, en los mecanismos de diálogo birregional entre la Unión Europea y Latinoamérica. La situación prolongada de crisis económica en Europa (España en particular) ha significado un repliegue de los mecanismos europeos de cooperación para el desarrollo con América Latina y el Caribe, y el endurecimiento de los controles migratorios, de particular impacto, en los países andinos. A raíz de estos cambios, el espacio iberoamericano ha entrado en un proceso de redefinición en el que se busca dotar de un nuevo sentido estratégico a la institucionalidad de las Cumbres Iberoamericanas. El repliegue europeo ha incrementado las expectativas de que México juegue un papel más activo y comprometido con la agenda de cooperación para el desarrollo y en la conformación de un enfoque latinoamericano en materia de migración.

Hacia el oeste, el vértice asiático de nuestra relación con América Latina está adquiriendo una importancia sin precedentes. Resulta cada vez más difícil entender la realidad actual y el futuro de Latinoamérica sin comprender a la vertiente asiática y a su impacto en este continente. En un mundo global en el que los polos del dinamismo económico se mueven del Atlántico Norte hacia Asia-Pacífico, la definición de una gran estrategia mexicana hacia América Latina debe tomar muy en cuenta las implicaciones de la creciente presencia económica de China en la región, así como los retos y las oportunidades que esto representa. La admisión de México en iniciativas como la Alianza del Pacífico refleja la necesidad que perciben países como China de trabajar con algunos países con los que México comparte estrategias similares de inserción económica internacional. Sin embargo, para aprovechar estas oportunidades, nuestro país debe cubrir el rezago actual en sus relaciones con Asia, en tanto que otros países de Latinoamérica nos llevan la delantera en su acercamiento a esa región.

NUEVA LECTURA MEXICANA

La relación con América Latina ha sido históricamente significativa para México por diversas razones. En primer lugar, su pertenencia a esa región ha tenido un peso "simbólico" muy importante para efectos de su política exterior. La mirada hacia la región ha servido para equilibrar y contrarrestar el gran peso que tiene la relación con el norte generando espacios de autonomía y diversificación tanto a nivel regional como multilateral. Otra faceta de la importancia simbólica del vínculo con Latinoamérica tiene que ver con el potencial de una fuerte matriz cultural compartida, lo que ofrece a México significativas posibilidades de proyección de su poder suave a través de la difusión de la lengua, las artes, la literatura y las industrias culturales. América Latina tiene adicionalmente un valor simbólico dual en la vida política interna del país, como punto de referencia para las diversas fuerzas políticas del sistema político mexicano y como fuente de legitimidad interna. En México, en general, la cercanía con Latinoamérica concita más consensos que conflictos debido a la fuerte identificación cultural con la región, la ausencia de un historial de políticas intrusivas o de competencia geopolítica que generen una sensación de amenaza entre los diversos sectores sociales, y la percepción de que México comparte con los países latinoamericanos problemas similares y desafíos comunes.

En segundo lugar, la relación de México con América Latina ha sido significativa por consideraciones "materiales" de carácter económico y geoestratégico. Por ejemplo, la región es un destino importante de inversiones mexicanas y ha probado ser un amplio horizonte para la diversificación de las exportaciones de los productos nacionales. En tiempos recientes, varias empresas mexicanas han aumentado su interés en colocar sus capitales en la región, debido a la estabilidad y al crecimiento económico que representan algunos países en la zona. Por otro lado, aunque el porcentaje del comercio total de México con Latinoamérica es reducido (6.3% de las exportaciones y 4.5% de las importaciones totales en 2010), el volumen de esa actividad ha crecido debido a los tratados de libre comercio y los acuerdos de complementación económica firmados con 16 países de la región.

Finalmente, la política exterior mexicana hacia esa zona ha tenido un peso geopolítico destacado por razones de migración y seguridad (dos temas prioritarios en la agenda nacional relacionados con intereses de seguridad interna). México representa una zona de paso para miles de migrantes latinoamericanos que buscan llegar a Estados Unidos. Por otro lado, los fenómenos migratorios y la delincuencia transnacional han incrementado las preocupaciones mexicanas en su frontera sur. La violencia desatada por el crimen organizado en dicha frontera, asociada con el tráfico de drogas y de armas, los secuestros de migrantes y otras amenazas que se manifiestan en la frontera, ha sido un tema de creciente preocupación para los gobiernos de México.

En distintos momentos y coyunturas, la política exterior de México hacia América Latina ha respondido a tres diferentes tipos de factores: la dinámica de la política interna, los requerimientos del modelo económico y el papel de Estados Unidos en la región. En relación con el funcionamiento del sistema político, los equilibrios internos y los intereses de los actores políticos han sido factores que en gran medida han condicionado posiciones y acciones de México hacia la región. La política hacia Latinoamérica ha estado en función de la naturaleza de la coalición en el poder, de la presión ejercida por los partidos políticos, de la naturaleza de la relación entre el ejecutivo y el Congreso, y de la influencia de los grupos de interés predominantes. El segundo factor lo determina el modelo de desarrollo económico. La política exterior de México hacia América Latina ha dependido de las estrategias económicas marcadas por el gobierno para la promoción del desarrollo, que han apuntado mayoritariamente hacia América del Norte. El tercer factor tiene relación con las condiciones cambiantes del entorno internacional.

El funcionamiento del sistema internacional ha ejercido presiones sobre México para el diseño de su política exterior en dos vertientes: la primera vinculada con el equilibrio de poder y la segunda ligada a la naturaleza de los actores, sus intereses y objetivos. En la política exterior de México hacia Latinoamérica, Estados Unidos ha sido un elemento de enorme peso. México suele mirar de reojo a su vecino del norte en el momento en el que diseña su política latinoamericana. Cuando Washington ejerce mucha presión sobre México a partir de sus intereses prioritarios en América Latina, se reduce entonces el margen de maniobra de la política exterior mexicana en la región, pero cuando Estados Unidos reduce esa presión y desatiende a la zona, entonces la presencia e influencia de México tiende a aumentar.

Cuando alguno de los factores mencionados se modifica en forma significativa, entonces es posible que la relación de México con la región sufra cambios importantes. Una muestra de ello fue el triunfo electoral del Partido Acción Nacional en 2000. La llegada de un partido diferente al Partido Revolucionario Institucional cambió la correlación de fuerzas al interior del sistema político. Este hecho trajo modificaciones a la política exterior de México para América Latina al elevar la importancia del tema de los derechos humanos y la promoción de la democracia en la agenda internacional de México. Cuando el gobierno adoptó el modelo sustitutivo de importaciones, la relación con Latinoamérica era cordial, debido a la ausencia de controversias comerciales. Sin embargo, cuando México cambia al modelo neoliberal en los años ochenta y firma el Tratado de Libre Comercio de América del Norte en 1992, se abre una distancia relativa con la región, pues cambiaron las prioridades mexicanas hacia América del Norte. Si el ambiente internacional cambia significativamente, entonces la política exterior de México tiende a sufrir ajustes importantes. Bajo el sistema bipolar de la guerra fría (1945-1989), México adoptó una política que buscaba no involucrarse en el conflicto Este-Oeste. Esta posición impactó en su relación con América Latina, pues el principal referente de la política continental de Estados Unidos era su política anticomunista, frente a la que era muy delicado oponerse. Cuando se desvanece la guerra fría y desaparece el sistema bipolar, México adapta su política exterior a la nueva realidad y ubica sus prioridades en América del Norte.

A raíz de las distintas visiones que hemos comentado, podríamos hablar de cuatro lecturas actuales en México sobre Latinoamérica. La primera considera que la próxima será "la década de América Latina" y que, de consolidarse los avances en materia de apertura política, crecimiento económico, reducción de la pobreza y autonomía internacional, estará en condiciones de convertirse en "la región del futuro".[4] La segunda lectura prevé una "región fracturada" en dos regiones, una al norte y otra al sur. La tercera apunta hacia "la orientalización de América Latina" a consecuencia de la creciente irrelevancia de Estados Unidos y de la Unión Europea, y la última habla de una inevitable dispersión de América Latina, de una región fragmentada.

Las distintas lecturas proyectan una región de claroscuros, de oportunidades y de riesgos. Existe mayor autonomía y margen de acción para una relación más equilibrada con el mundo desde que América Latina perdió su "mentalidad de patio trasero" y el sistema internacional es más permisivo. La región avanza sin un guión uniforme, sino con varios, y sin un liderazgo único, sino varios. La región ha entrado en una nueva etapa de recomposición geopolítica como resultado de cambios políticos en varios países de la región que habían actuado como ejes de articulación. La problemática política interna en Venezuela, en la antesala del poschavismo, tendrá implicaciones regionales sobre todo en la Alianza Bolivariana para los Pueblos de Nuestra América (ALBA). Es previsible que se desdibuje el liderazgo venezolano, lo que anuncia vacíos en la región y posibles turbulencias políticas por el reacomodo de élites y por la competencia entre distintas corrientes de izquierda.

En el ámbito económico, la reducción del ritmo de crecimiento en Brasil ha comenzado a generar dudas con respecto a su capacidad para seguir sosteniendo una activa visibilidad en la construcción de la integración sudamericana, así como cierta preocupación ante la posibilidad de un ánimo proteccionista en los países más grandes del Mercado Común del Sur (Mercosur). Frente a esta situación, algunos de los países medianos vuelven la mirada hacia México como factor de equilibrio regional y mercado potencial. Es el caso de países como Chile, Colombia, Perú y Uruguay. El mayor desafío frente a un entorno internacional frágil y turbulento, pero permisivo, es exactamente el mismo para los dos países más grandes de América Latina. El principal riesgo para ambos es el de la inacción colectiva, aunque por razones distintas. Para Brasil y América del Sur existe el riesgo de "dormirse en sus laureles" a partir del éxito económico continuado y, en caso de mayores dificultades económicas, de insuficiente liderazgo político para continuar avanzando en la Unión de Naciones Sudamericanas. Para México, el mayor riesgo consiste en seguir ignorando a la región, sobre todo a Centroamérica.

[4] Véase información del Banco Interamericano de Desarrollo.

En el actual contexto internacional, Latinoamérica gana importancia para México como área de oportunidad y como zona de preocupación. El mapa de oportunidades deriva del aumento de los intereses reales, particularmente en las áreas de comercio e inversión. Esta situación coincide con el prolongado estancamiento de los socios comerciales tradicionales de México en Estados Unidos y Europa, lo que obliga a mirar hacia las regiones de mayor crecimiento en búsqueda de mercados. En los últimos años se ha registrado un aumento importante de las inversiones mexicanas en la región, particularmente en Brasil, Chile, Colombia y Perú, de tal forma que existe un anclaje mayor por parte del sector privado favorable a un mayor acercamiento. El comercio con América Latina ha dado muestras de dinamismo, aunque también tiende a ser más susceptible frente a eventuales crisis económicas y políticas. Sin embargo, Latinoamérica y Centroamérica aparecen en este momento como una de las mayores oportunidades de diversificación económica para México, pues ofrecen un amplio potencial de inversión, sobre todo en los sectores de infraestructura, telecomunicaciones, transportes y minería.

LATINOAMÉRICA COMO OPORTUNIDAD

Las relaciones de México con América Latina pasan por un momento de normalidad positiva después de los altibajos del primer lustro del siglo XXI que llevaron a tensiones diplomáticas con varios países. En esos años, los cuestionamientos al Consenso de Washington, el vuelco regional a la izquierda, el despegue de los liderazgos brasileño y venezolano, la fragmentación del regionalismo latinoamericano en diversos esquemas subregionales, la orientación unilateralista de Estados Unidos después de los atentados del 11-S y la polarización política en México impidieron la articulación de una agenda mexicana con la región que le permitiera desempeñar un papel destacado y proactivo.

Sin embargo, en los últimos seis años las condiciones para un relanzamiento de la presencia de México en América Latina han mejorado. Las relaciones entre Estados Unidos y la región han tomado un vuelco más positivo con la llegada de la administración de Barack Obama, el conflicto entre Colombia y sus vecinos se ha distendido, Cuba se ha reincorporado a algunos de los principales foros multilaterales de la región, la incidencia de golpes de Estado ha disminuido, se han mantenido tasas de crecimiento económico positivas, se ha logrado sortear la crisis financiera internacional y, aunque las democracias latinoamericanas adolecen de serios déficits, se han sostenido y se ha mantenido el recambio político por la vía electoral e institucional. Por último, la reciente creación de la Comunidad de Estados Latinoamericanos y Caribeños (CELAC) es un claro indicio del interés, por parte de muchos países, en revivir el espacio propiamente latinoamericano para dejar atrás la fragmentación y la superposición de mecanismos subregionales tan diversos como Mercosur, Unasur, Comunidad Andina, ALBA, Sistema de la Integración Centroamericana, el Proyecto Mesoamérica o Comunidad del Caribe.

A pesar de estos vientos favorables y de la mejoría general de las relaciones de México con los países de la región, la relación está aún muy por debajo de lo que podría convenirle. Por un lado, está pendiente la construcción de una necesaria relación estratégica con Brasil ante la dificultad para avanzar las negociaciones para un eventual tratado comercial entre ambos países y sostener posiciones comunes en foros multilaterales. Por otro lado, la situación de inseguridad y violencia criminal en México genera preocupación en América Latina, debilita su imagen y limita la capacidad para sostener una presencia más consistente en la región. Los estudios de opinión como Las Américas y el Mundo y Latinobarómetro, revelan que México se encuentra a media tabla en las valoraciones de países latinoamericanos, debajo de Brasil, Chile y Argentina, y que no es percibido como un país líder en la región ni como modelo a seguir. Lo que apuntan estos sondeos es que México se percibe distante y que las numerosas iniciativas mexicanas hacia la región carecen de la visibilidad y la articulación necesarias para darle al país un perfil propio y definido en el ámbito latinoamericano.

La segunda década del siglo se perfila como un tiempo de definiciones estratégicas de largo aliento para las relaciones de México con Latinoamérica. La coyuntura de reordenamiento del sistema internacional hacia una mayor multipolaridad plantea una gran oportunidad a México para jugar un papel de liderazgo regional que le permita apuntalar su economía y fortalecer su presencia en otras regiones del mundo. América Latina se ha convertido en la segunda región económica más dinámica del mundo, después de Asia, con un mercado de 450 millones de consumidores potenciales. En los últimos cinco años, las exportaciones de México a América Latina y el Caribe crecieron más rápidamente (en promedio 21%) que a otras regiones (Asia 19%, Europa 14% y América del Norte 7%). Sin embargo, sólo alrededor del 7% de las exportaciones de México van hacia Latinoamérica y el Caribe, y aún está pendiente el reto de ampliar y afianzar su acceso a los mercados más grandes y dinámicos de la región pero que están menos abiertos, como Argentina y Brasil.

El despegue económico y social de la región anuncia que existen oportunidades de mercado e inversión para una mayor y mejor proyección de México en América Latina. Al mismo tiempo, la persistencia de rezagos en materia de productividad, fortaleza estatal, calidad democrática, desigualdad social, seguridad pública, vulnerabilidad ambiental y fronteriza, aumentará la urgencia para que México asuma un papel proactivo en la región y actúe con mayor determinación y consistencia en la búsqueda de soluciones a problemas comunes. Los países medianos de Latinoamérica tienen interés en una mayor presencia de México en la región, como un mecanismo para equilibrar sus relaciones con Brasil como potencia regional y para mejorar su capacidad competitiva frente al dinamismo de los países asiáticos. La vertiente asiática de la relación de México con América Latina adquiere en este momento una importancia singular y debiera ser uno de los ejes centrales para una nueva estrategia hacia la región.

América Latina ha ganado importancia para México como mercado y espacio de inversión, pero también ha adquirido mayor relevancia por los riesgos que se derivan de la creciente diferenciación entre el norte y el sur de la región, y el eventual resurgimiento de vientos proteccionistas en un contexto de incertidumbre económica mundial. De igual forma, algunos de los problemas más apremiantes que enfrenta el país, como la escalada de violencia criminal y el tráfico de drogas, requieren de acciones inmediatas para profundizar la cooperación con los países de Latinoamérica, en especial con Centroamérica y la región andina. La inseguridad en México ha dejado de ser un asunto de carácter exclusivamente interno, pues se ha convertido en el talón de Aquiles de la imagen internacional del país y en un foco potencial de tensión en las relaciones con los países de la región.

En las actuales condiciones, la tradicional brecha entre la importancia simbólica y real de América Latina para México tiende a cerrarse a medida que esta región gana autonomía internacional y avanza —poco a poco, de manera desigual y con vaivenes—, en la ruta de la democratización, el crecimiento económico y el desarrollo social. El mundo se encamina rápidamente hacia una mayor multipolaridad como resultado del desplazamiento de los viejos polos de crecimiento económico (en los países industrializados occidentales) hacia las economías emergentes del mundo en vías de desarrollo —en Asia, Latinoamérica y África—. Los problemas económicos que afectan a Estados Unidos y Europa apuntan hacia la necesidad de aprovechar las actuales condiciones de estabilidad política y crecimiento económico en los países latinoamericanos. Por otra parte, la reconfiguración del poder mundial ha traído consigo un incremento del peso relativo de los países emergentes en los foros multilaterales. Para México, la ampliación de los espacios multilaterales plantea la oportunidad de fortalecer en forma inmediata sus capacidades de diálogo, concertación y coordinación con los países de América Latina y el Caribe.

Como punto de partida, se sugiere una forma distinta de entender y mirar a la región cuya base sea el reconocimiento de tres realidades. La primera es que Latinoamérica es hoy una región diversa en la que no existe un único modelo compartido de desarrollo económico, sino una pluralidad de estrategias de inserción internacional y de modelos político-ideológicos que abarcan un amplio espectro de combinaciones distintas entre mercado y Estado. La segunda realidad a considerar es que, a pesar de la diversidad creciente, la integración regional se mantiene como un objetivo estratégico compartido por todos los países latinoamericanos, lo que ha llevado a una proliferación de esquemas subregionales de integración económica y de mecanismos de concertación política de todo tipo y alcance. Si bien el enfoque del regionalismo abierto en torno a la promoción del libre comercio ha perdido impulso, está surgiendo un nuevo tipo de regionalismo pragmático y acotado que privilegia los aspectos de interconexión física, cooperación técnica y concertación política. Así, el menú de opciones de cooperación regional es más amplio y plural que nunca. La tercera realidad es la disminución del interés y de la influencia de Estados Unidos en la región, tanto en el ámbito económico, como en el de seguridad y el aumento de la vertiente asiática de la dinámica intrarregional.

Para México su gran ventana de oportunidad se sustenta en los avances recientes en la región en materia económica, política, institucional y social, y en la creciente pluralidad de mecanismos de integración y concertación política. Los países de América Latina y

el Caribe han crecido de manera sostenida y con estabilidad macroeconómica en los últimos diez años —con una tasa de crecimiento
promedio anual de 5% entre 2003 y 2008, que se recuperó en 2010 y
2011 después de la contracción por la crisis financiera internacional
de 2009—. Por primera vez desde la "década perdida" de los ochenta,
el ingreso por habitante ha tenido un crecimiento promedio anual de
4% y se ha registrado una notable disminución de la pobreza hasta
alcanzar el nivel más bajo de la historia, aunque la región sigue siendo
una de las más desiguales del mundo. Esto ha permitido una mejora
gradual de las condiciones sociales en la mayoría de los países de la
región, así como la emergencia de mercados internos cada vez más
dinámicos por el crecimiento de las clases medias.

En resumen, lo que nos indica este panorama es que para México
el futuro se encuentra en la intersección entre América del Norte,
América Latina y Asia. Un juego rico y complejo, pero viable y promi-
sorio si México sabe acomodar sus piezas.

AGENDAS PENDIENTES Y LÍNEAS DE ACCIÓN

En un escenario de creciente diversidad regional y de turbulencia internacional como el actual y frente a una apretada agenda nacional
pendiente de reformas por concertar, cualquier pretensión de liderazgo regional de carácter discursivo podría resultar fuera de lugar y
contraproducente. Los liderazgos no se generan a partir de discursos,
sino de encontrar respuestas a problemas comunes. Sólo resolviendo
sus propios problemas con modelos eficientes y viables México podrá
convertirse en modelo a seguir por otros países de la región. Mismo es
el caso en sus formas de interacción con el exterior, que pueden servir
de punto de referencia cuando muestran sólidos resultados.

En las condiciones actuales, todo apunta a que la reactivación de
la presencia mexicana en la región debe orientarse principalmente a
dos objetivos: primero, cimentar una sólida presencia económica que
optimice el potencial de comercio e inversión y, segundo, convertir a
México en un factor de equilibrio y estabilidad regional que promueva
la convergencia de intereses para la concertación de posiciones frente
a problemas globales y la mejor articulación entre las diversas opciones de integración regional. Por estas vías México podrá incrementar

su presencia en el subcontinente para favorecer su interés nacional y al mismo tiempo contribuir a fortalecer la cooperación regional.

La reactivación de la presencia de México en América Latina debe ir más allá del espacio estrictamente intergubernamental. Las relaciones con la región tienen un enorme potencial para fincarse en amplias y sólidas redes transnacionales en las que participen los distintos actores sociales. Es importante que el gobierno acompañe y apoye a sus empresarios para incrementar sus inversiones en la región con activos programas de promoción. Es urgente diseñar una estrategia proactiva para enfrentar y contrarrestar las posibles tentaciones proteccionistas en la región, en el actual contexto de incertidumbre económica internacional. Debe buscarse negociar el reforzamiento de los actuales Acuerdos de Complementación Económica en el marco de la Asociación Latinoamericana de Integración para incrementar el acceso a esos mercados y mejorar los sistemas de solución de controversias. Como parte de esta estrategia, México debe buscar insertarse en forma orgánica a los diversos esfuerzos de integración económica y concertación política sudamericanos, participando en los proyectos de interconexión física, modernización energética y desarrollo fronterizo de toda la región.

México debe actualizar e innovar en materia de cooperación técnica y científica, educativa y cultural, para impulsar un intercambio mucho más dinámico del que existe hasta ahora y sacar ventaja del enorme mercado de consumos culturales e información que representa el mundo de habla hispana. En estas dos vertientes México tiene ventajas comparativas difícilmente inigualables. La administración Peña Nieto deberá fortalecer los diferentes mecanismos de cooperación con la región. México debe convertirse en uno de los principales promotores de cooperación Sur-Sur y, por su experiencia como receptor y país de ingreso medio, en un gestor y administrador de cooperación de terceros países. Con la aprobación de la Ley de Cooperación Internacional para el Desarrollo y la creación de la Agencia Mexicana de Cooperación Internacional para el Desarrollo, México cuenta con un marco legal e institucional para lanzar mecanismos de cooperación para el desarrollo más imaginativos y de largo alcance. El país debe ir más allá de esfuerzos de naturaleza retórica como el Plan Puebla Panamá y el Proyecto Mesoamérica, para adoptar mecanismos verdaderamente viables a través de la captación de recursos financieros internacionales.

Asimismo el actual gobierno debe dar continuidad a los programas establecidos por las anteriores administraciones que han funcionado y que han permitido generar sinergias entre el sector privado, la banca de desarrollo multilateral y el sector social. La búsqueda de socios estratégicos en el campo de la cooperación para el desarrollo debe ser parte de esta estrategia, en la que destacan países como Corea del Sur, Noruega y el Reino Unido, así como instancias multilaterales regionales como el Banco Interamericano de Desarrollo, la Comisión Económica para América Latina y el Caribe, y el Banco de Desarrollo de América Latina.

México debe también incrementar su presencia en los distintos foros multilaterales latinoamericanos para apuntalar sus iniciativas y contar con el apoyo de otros países del subcontinente. Dos objetivos deben guiar esta línea de acción: el primero, promover la convergencia, la sintonización y el ordenamiento de la diversidad de mecanismos multilaterales regionales. El principal reto para la diplomacia mexicana en este ámbito será identificar y definir los mecanismos y canales institucionales idóneos para avanzar en este objetivo. Una posibilidad es participar en forma directa y proactiva en la formulación e instrumentación de la agenda de la CELAC, a partir del objetivo estratégico de avanzar gradualmente hacia un ordenamiento, convergencia y sistematización de la diversidad de esfuerzos de integración y concertación política en la región. La CELAC es el único mecanismo multilateral exclusivamente latinoamericano y caribeño en el que participan todos los países del área y podría llegar a ser el foro más adecuado para reducir la dispersión regional y la separación creciente entre Sudamérica, Centroamérica y Norteamérica. Sin embargo, es importante tomar en cuenta que la CELAC es un organismo "en construcción", sin fortaleza institucional y carente de contenido programático sustantivo. De igual forma, si bien hay posibilidades para que México desempeñe un papel más activo en la construcción y el fortalecimiento de la CELAC, la estrategia debe contener un mejor diálogo con Cuba y un nivel de interlocución directo y franco con los países del ALBA.

El segundo objetivo es convertir a México en un verdadero impulsor del diálogo y la concertación entre los países de la región para la articulación de posiciones conjuntas en los foros multilaterales globales —principalmente en el G-20, en las negociaciones ambientales sobre cambio climático y en la reactivación de la agenda comercial—, lo que significa desplegar un esfuerzo constante de consultas en el ámbito latinoamericano. La promoción de candidaturas mexicanas a organismos multilaterales puede ser un valioso instrumento para construir mecanismos regulares de consulta con la región, pero es necesario seleccionar y preparar adecuadamente las candidaturas para evitar que sean tema de tensión o desacuerdo con otros países o que no se logren, lo que al final resulta contraproducente. La posibilidad de que México pueda llegar a desempeñar un papel relevante como vocero de la región requiere de al menos dos condiciones: en primer lugar, desplegar en forma activa un esfuerzo sostenido y regular de consulta con todos los países de Latinoamérica sobre los temas centrales de la agenda multilateral, en particular aquellos como el G-20, la Organización Mundial del Comercio o la Organización para la Cooperación y el Desarrollo Económicos; en segundo lugar, lograr un mejor diálogo político con Brasil que eventualmente pueda derivar en un mayor nivel de entendimiento. La política mexicana hacia Brasil debe ir más allá de la relación entre gobiernos y apoyar fuertemente la construcción y el fortalecimiento de una amplia red de relaciones entre actores no gubernamentales, tanto en el ámbito económico, como en el cultural.

El propósito de fincar la proyección multilateral y mundial de México en el espacio latinoamericano sólo se hará realidad si asume mayor responsabilidad en las iniciativas multilaterales de carácter humanitario en la región para hacerle frente a problemas de violencia y desastres naturales. Esto implica la participación directa en operaciones de mantenimiento de la paz y en esfuerzos conjuntos en materia de defensa y seguridad regional. Está pendiente en la región llevar a cabo una evaluación de las políticas de control de drogas y combate al crimen organizado transnacional encaminada al objetivo de identificar alternativas eficaces y democráticas, de reducción de la violencia y la inseguridad.

Está pendiente el fortalecimiento de las alianzas con los países latinoamericanos para apuntalar su capacidad de negociación internacional, especialmente frente a Estados Unidos. No se trata de crear un frente latinoamericano contra la presencia de Estados Unidos en la región, sino de ampliar el margen de maniobra de México mediante alianzas estratégicas en temas de interés común, como los flujos migratorios. Lograr un consenso latinoamericano puede funcionar como un mecanismo de presión y gestión para impulsar cambios en la política migratoria de Estados Unidos hacia la región. La misma estrategia es necesaria para responder al endurecimiento de las políticas migratorias en Europa. México podría tomar la iniciativa para concertar, con otros países latinoamericanos, modelos alternativos de gestión migratoria en la región que respondan a las necesidades de los mercados laborales y aseguren el tránsito seguro y ordenado de personas.

En cuanto al contenido de la agenda mexicana en América Latina, es importante dar atención sostenida a los temas de democracia y derechos humanos como uno de los ejes de la política hacia la región. La consolidación de esta agenda le permitirá a México anclar los avances democráticos del país luego de la alternancia iniciada en 2000. Los asuntos de seguridad y migración deben mantenerse como una prioridad en la agenda mexicana con los vecinos centroamericanos. La cooperación subregional es clave para la construcción de acuerdos en estas dos materias. México debe trabajar conjuntamente con los países centroamericanos y andinos en la coordinación de políticas y estrategias para combatir al crimen organizado que secuestra a los migrantes de la región que andan en busca de mejores oportunidades económicas en territorio estadunidense. México debe también apoyar a los países de la subregión en la construcción de mecanismos de cooperación más eficientes para combatir a las bandas de narcotraficantes que han ampliado sus operaciones en los territorios al sur de México.

México debe modificar sustantivamente su política hacia Latinoamérica en aras de diversificar e incrementar sus relaciones económicas, pero también para colocarse como un interlocutor de la región válido frente a Estados Unidos. Para ello, la legitimidad debe construirse en ambas direcciones. Adicionalmente, México puede y debe ser el puente de comunicación entre América Latina y Washington, pero también el punto de balance y equilibrio entre el Pacífico y el Atlántico latinoamericano, y entre Mesoamérica y Sudamérica. La posición geográfica y el peso económico del país le otorgan ese privilegio. En el caso de México este objetivo de amplios horizontes no es una quimera, sino una posibilidad real.

En lo inmediato, es importante elevar el nivel de interlocución de México con todas las fuerzas políticas de la región, especialmente con aquellas con las que se ha perdido contacto directo; mandar una señal clara y convincente de México hacia la región, a través de la elección cuidadosa y la renovación de los perfiles de los embajadores; hacer uso selectivo de la diplomacia presidencial focalizando el diálogo con los mandatarios clave, en particular con la presidenta Dilma Rousseff; buscar y construir un entendimiento con Brasil o al menos mantener canales de comunicación del más alto nivel. En la medida en que la relación con Brasil fluya, mejorarán las relaciones con otros países, en particular, con Argentina.

Para alcanzar estos objetivos, el gobierno de México debe emprender un esfuerzo importante en la preparación y el fortalecimiento de su andamiaje institucional. La política hacia Latinoamérica compromete e involucra no sólo al gobierno. Los empresarios y otros actores económicos juegan un papel determinante en esta estrategia y deben participar en su diseño e implementación. Igual sucede con académicos, actores de la cultura y diversas organizaciones sociales que tienen interacción continua en la región y que también deben participar de estos esfuerzos. Corresponde al gobierno federal, en particular a la Secretaría de Relaciones Exteriores, concertar esfuerzos, aceitar mecanismos de coordinación y hacer alianzas con distintos sectores de la sociedad para marchar en forma ordenada y eficiente hacia el alcance de los objetivos mencionados. El gobierno de México debe promover no sólo una nueva visión hacia la región, sino también una nueva forma de diseñar e implementar políticas y programas; más coordinada, más participativa y con horizontes y perspectivas de largo alcance.

LA INSEGURIDAD: UN DESAFÍO REGIONAL

RAFAEL FERNÁNDEZ DE CASTRO Y NADJELI BABINET

El presidente Enrique Peña Nieto tiene dos grandes prioridades: crecimiento económico y seguridad. Desde la década de los setenta el quehacer mexicano internacional se economizó: la renegociación de la deuda se convirtió en esa década y en la siguiente en un tema central. Las negociaciones de tratados de libre comercio y apertura de mercados han sido prioritarias en los años noventa y a principios de este siglo.

La política exterior de Peña Nieto necesita "securitizarse", es decir, estar al servicio de la seguridad de los mexicanos y hacer de la cooperación internacional en la materia una prioridad. Para esto, es necesario realizar una serie de ajustes en la estructura de la cancillería y de las embajadas, desarrollando áreas especializadas en seguridad, mejorando y profundizando la coordinación interinstitucional entre las dependencias del gobierno federal que participan en seguridad nacional, pública y ciudadana.[1]

La "securitización" de la diplomacia mexicana enfrenta un reto triple: primero, buscar mayor y mejor cooperación internacional —modelos, experiencias, recursos y tecnologías de otros países— para incidir en la seguridad de todos los connacionales; segundo, ejercer mayor cooperación en seguridad, especialmente hacia nuestras dos regiones contiguas —en el norte Estados Unidos y en el sur el istmo centroamericano—, y tercero, incidir para mejorar la imagen de México en el exterior.

¿Qué tipo de diplomacia y de cooperación internacional en seguridad necesitamos para lograr estos propósitos? Primero, hacer conciencia de que la inseguridad no sólo es un reto mexicano, sino también

---

[1] La seguridad nacional hace referencia a los retos y desafíos que provienen del exterior y está vinculada con la soberanía de las naciones; la seguridad pública se concentra en la estabilidad de las instituciones públicas y los poderes del Estado; y la seguridad ciudadana se concentra en el individuo, en que éste tenga las libertades para su desarrollo humano.

latinoamericano. Por lo tanto, se requiere hacer de la seguridad una prioridad en la agenda interamericana. Segundo, ampliar el espectro de la cooperación, esto es complementar la cooperación tradicional como la que se realiza desde hace varias décadas con Estados Unidos en materia de narcotráfico y crimen organizado transnacional, con los nuevos esquemas de cooperación en materia de seguridad pública y ciudadana desarrollados especialmente por las instituciones internacionales como el Banco Interamericano de Desarrollo (BID) y el Banco Mundial. Finalmente, ejercer una cooperación internacional multi-actor, en la que participen tanto los gobiernos federales, estatales y locales, como los actores no estatales (sociedad civil organizada, academia, empresarios y movimientos de víctimas, entre otros).

LA VIOLENCIA EN MÉXICO

La inseguridad tiene costos enormes para México en el aspecto interno y en su imagen internacional. En lo interno, la inseguridad afecta a los mexicanos y las mexicanas, al tejido social, a las instituciones y a la economía. En el exterior, se ha deteriorado la imagen de México. En Estados Unidos se considera que México es el país más peligroso de Latinoamérica.[2]

La violencia en México con altos niveles de homicidios —más de 10 000 al año— es relativamente nueva. Más allá de un debate inacabado sobre si la violencia fue disparada o no por la declaración de guerra del presidente Felipe Calderón al narcotráfico y al crimen organizado,[3] lo relevante es que la violencia con altos niveles de homicidio es nueva si se le compara con Brasil, Colombia y el Triángulo del Norte Centroamericano, que presentan más de dos décadas con altos niveles de violencia.

Como se puede notar en la gráfica 1, los niveles de homicidios

[2] Vianovo, "American attitudes on Mexico: Survey results", octubre 2013, <http://vianovo.com/files/U.S._Attitudes_on_MX_TOPLINE_RESULTS.pdf, 17 de febrero de 2013>.

[3] Véase Viridiana Ríos y David Shirk, "Drug Violence in Mexico: Data and Analysis Through 2010", <http://www.cide.edu.mx/publicaciones/status/dts/DTEI%20196. PDF> <http://www.wilsoncenter.net/sites/default/files/Shared%20Responsibility–Olson,%20Shirk,%20Selee.pdf#page=338>.

por 100 000 habitantes, comparados entre los países de la región que también enfrentan espirales crecientes de violencia, son menores en México, incluso también el crecimiento reciente de la misma proporción. La violencia en México, como una práctica relativamente novedosa, condiciona que la diplomacia mexicana apenas esté aceptando que nos hemos convertido en un país violento y que aún sean incipientes las prácticas diplomáticas para cooperar internacionalmente en la materia.

GRÁFICA 1. EVOLUCIÓN DE LOS HOMICIDIOS

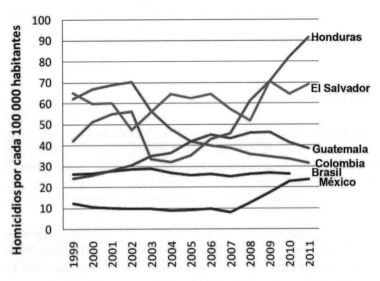

FUENTE: Elaboración personal basada en los datos de homicidios de UNODC 2011 <www. unodc.org/unodc/en/data-and-analysis/homicide.html>, y en Julio Jacobo Waiselfisz, "Mapa da Violência 2012: Os Novos Padrões da Violência Homicida no Brasil", São Paulo, Instituto Sangari, <http://mapadaviolencia.org.br/mapa2012.php>. Los datos de 2010 son preliminares para Brasil.

La inseguridad no sólo afecta a la vida y la libertad de las personas, sino también al desarrollo y a la competitividad de los países. Con 23.7 homicidios por cada 100 000 habitantes en 2011,[4] los costos de la inseguridad en México son muy elevados. Desplazamientos internos, cierre de empresas, disminución de la inversión o pérdida de empleos son algunos de los costos paralelos de la inseguridad. El

[4] UNODC Homicide Report 2012.

presidente de la Confederación Patronal de la República Mexicana (Coparmex) señaló que, tan sólo en 2011, dejaron de operar en México más de 160 000 empresas.[5] Investigadores de la Universidad de Stanford encontraron en el periodo 2006-2010 un rezago de 6.8% anual entre las regiones más violentas y las menos violentas del país en materia de crecimiento económico. En otro estudio se destaca una caída del precio de las viviendas dado el aumento en los homicidios.[6]

No se trata de un reto homogéneo, como muestran los datos sobre homicidios, la violencia letal se concentra en ciertos estados e incluso dentro de municipios o localidades específicas. El 80% de los homicidios acontecidos entre diciembre de 2006 y julio de 2010 se focalizan en el 7% de los municipios, representando principalmente a cinco de los 32 estados de la federación: Baja California, Chihuahua, Guerrero, Michoacán y Sinaloa.[7] Esta heterogeneidad de la violencia debe ser tomada en consideración en nuestra relación con Canadá, Estados Unidos y los países que son fuentes de turistas hacia México. Después de mucha insistencia de la diplomacia mexicana, el Departamento de Estado de Estados Unidos ha accedido a que sus alertas a viajeros sean regionales o sobre un estado, y no condenando a la zonas seguras del país, que son la mayoría.

También cabe resaltar que las fuentes de la inseguridad en México no son únicamente importadas. Si bien, una parte sustantiva de la violencia puede explicarse por redes externas como el crimen organizado transnacional (incluyendo el narcotráfico), o el tráfico de armas proveniente en gran parte de Estados Unidos, hay que tomar en cuenta que hay fuentes locales como el delito callejero, la violencia de género y la intrafamiliar, y la corrupción gubernamental.

Ahora bien, en un contexto globalizado como el que experimenta-

---

[5] EFE, "160 mil empresas dejaron México por la violencia en 2011", Noticias Univisión, 4 de marzo de 2012. <http://noticias.univision.com/narcotrafico/noticias/article/2012-04-03/unas-160000-empresas-dejaron-mexico#ixzz2LCW8W3T7>, 17 de febrero de 2013.

[6] Beatriz Magaloni, Gustavo Robles y Gabriela Calderón, "The Economic Consequences of Drug Trafficking Violence in Mexico, The Cost of Crime and Violence in Latin America and the Caribbean", Inter-American Development Bank, Stanford University, 2012.

[7] Gino Acosta, "La situación de la seguridad ciudadana en América Latina", Latin America Working Group, Inter-American Dialogue, 2012, p. 3, <www.thedialogue.org/PublicationFiles/GinoCostaSpanishFINAL.PDF>.

mos, es indispensable fortalecer la cooperación internacional no sólo para enfrentar en su justa dimensión al crimen organizado transnacional, sino también para aprender lecciones y modelos de otros países para enfrentar esquemas de violencia local.

LA VIOLENCIA COMO PROBLEMA REGIONAL

La inseguridad no es solamente un tema mexicano: es un desafío latinoamericano. A pesar de concentrar menos de la quinta parte de los habitantes del mundo y de encontrarse libre de conflictos bélicos, Latinoamérica se ha consolidado como la región más insegura del planeta. Concentrando más del 40% de los homicidios del mundo,[8] América Latina duplica en promedio la tasa global de homicidios y es además la única región del mundo en donde el homicidio ha crecido en la última década. En 14 de los 18 países de Latinoamérica[9] hay niveles de violencia superiores a ocho homicidios por 100 000 habitantes, rango calificado como "criminalidad epidémica" por la Organización Panamericana de la Salud.[10]

Cada país, e incluso cada zona dentro de los países latinoamericanos, enfrenta diferentes retos para la seguridad de sus habitantes. Por ejemplo, en Sudamérica, en donde la violencia letal no es un problema, como en Argentina, Chile o Uruguay, hay una epidemia creciente de robos y delitos comunes. A pesar de que la inseguridad adopta diferentes rostros en cada país, tiene algunos rasgos compartidos desde Monterrey hasta Santiago de Chile. El énfasis de la violencia se encuentra en las zonas urbanas, en donde plantea desafíos complejos para las autoridades locales y retos de colaboración entre éstas y las otras esferas gubernamentales. Los jóvenes son los protagonistas de la violencia, como víctimas y victimarios principales de los homicidios, lesiones y otros delitos.[11] El homicidio por armas de fuego entre el

[8] Programa de Naciones Unidas para los Asentamientos Humanos (ONU-Habitat), *Guía para la prevención local: hacia políticas de cohesión social y seguridad ciudadana*, Chile, ONU-Habitat y Universidad Alberto Hurtado, 2009, p. 21.

[9] Los únicos países latinoamericanos que se encuentran debajo de ocho homicidios por cada 100 000 habitantes son Argentina, Chile, Costa Rica, Cuba, Perú y Uruguay.

[10] CEPAL y Organización Iberoamericana de la Juventud, *La juventud en Iberoamérica: tendencias y urgencias*, Santiago de Chile, CEPAL, 2004, p. 94.

[11] José Miguel Abad y Jaime Andrés Gómez, *¡Preparados, listos, ya! Una síntesis de in-*

grupo etario juvenil es sistemáticamente superior al promedio de la población.[12] En este contexto, los hombres son las principales víctimas de los homicidios en la región, aglutinando el 90% de las muertes por armas de fuego.[13]

La sensación de victimización compartida en toda la región es enorme, lo cual trae implicaciones para su imagen, erosiona su tejido social y la confianza en sus instituciones, limitando con ello el crecimiento económico y la consolidación democrática. Los resultados del Latinobarómetro 2011 indican que 28% de los entrevistados respondieron que la inseguridad es el problema más relevante de la región, 18% piensan que "a la gente como uno nos da lo mismo un régimen democrático que uno no democrático" y 17% consideran que en algunas circunstancias puede ser preferible un régimen autoritario.[14] Esto es particularmente preocupante dados los problemas estructurales de la región, como la desigualdad y la pobreza, que generan un círculo vicioso de marginación, alimentando con ello un terreno fértil para la violencia basado en la desconfianza y en la falta de oportunidades.

Tomar conciencia de este desafío compartido debe llevar a la diplomacia mexicana a desarrollar una visión regional de seguridad y a fortalecer la cooperación Sur-Sur, es decir, la colaboración entre países de Latinoamérica. Una visión regional está en la base de ejercer una política de seguridad responsable con la región, es decir, estar pendientes del efecto globo hacia Centroamérica de ciertas políticas mexicanas hacia el crimen organizado. Esto no solamente resulta relevante por el desafío que compartimos, sino por los avances y las lecciones que podemos aprender de experiencias locales.

---

tervenciones efectivas para la prevención de violencia que afecta a adolescentes y jóvenes, Lima, OPS–GTZ, 2008, p.1.

[12] ONU-Habitat, *op. cit.,* p. 12.

[13] UNODC, 2011, pp. 63-64.

[14] Marta Lagos y Lucía Dammert, *La seguridad ciudadana: el problema principal de América Latina,* Lima, Latinobarómetro, 2012, p. 3, <www.latinobarometro.org/documentos/LATBD_La_seguridad_ciudadana.pdf>, 20 de noviembre de 2011.

COOPERACIÓN EN SEGURIDAD

El Programa de las Naciones Unidas para el Desarrollo ha impulsado el concepto de seguridad ciudadana para llamar la atención de los estados sobre el efecto de la violencia en el desarrollo humano. Es un concepto muy valioso, pues redirige los análisis de los impactos de la violencia al individuo; a cómo su derecho a la vida y libertad, el núcleo de sus derechos humanos, está siendo afectado. Sin embargo, este desarrollo conceptual ha generado rivalidad entre el tradicional concepto de seguridad nacional, que enfatiza los retos transnacionales hacia el Estado-nación y busca garantizar su autonomía; el concepto de seguridad pública, que se enfoca en las instituciones y en el orden interno; y el de seguridad ciudadana, que pone al individuo en el centro de la búsqueda de ampliar sus posibilidades de desarrollo.

Es evidente que la "rivalidad" conceptual no debe incidir en las prácticas de cooperación en materia de seguridad. México requiere fortalecer tanto la cooperación que obtiene para mejorar su seguridad interna, como la cooperación que ejerce, especialmente hacia nuestra región contigua del sur. Esto, debido a que los tipos de inseguridad que enfrentan los países de la región reflejan las diferentes aristas de la inseguridad: nacional, pública y ciudadana. Las amenazas de seguridad nacional, como el crimen organizado o el tráfico de armas se entrecruzan con otros tipos de violencias vinculadas con la seguridad ciudadana, como el delito común y las pandillas.

Igualmente, la falta de estabilidad y eficacia de las instituciones para garantizar la seguridad pública repercute en desconfianza ciudadana. Por ejemplo, la confianza en la policía y el sistema judicial en Latinoamérica es bajo, teniendo un promedio anual de 34% para la primera y de 31% para el segundo, de acuerdo con el Latinobarómetro.[15] Esta desconfianza en las instituciones, los problemas de corrupción y la impunidad se vinculan, a su vez, con el deterioro del tejido social y con las limitaciones de las oportunidades de desarrollo humano, desdibujando con ello las fronteras entre las problemáticas de seguridad pública y seguridad ciudadana.

Por otra parte, las políticas públicas locales, nacionales e internacionales requeridas para garantizar la seguridad de los habitantes de la región deben complementarse desde las esferas de la seguridad

---

[15] Gino Acosta, *op. cit.*

nacional, la seguridad pública y la seguridad ciudadana. Las políticas internacionales ante el tráfico de armas y drogas impactan en la provisión nacional y local de la seguridad. Por ejemplo, el fácil acceso a armas en países centroamericanos, vinculado con el tráfico internacional y con las legislaciones locales, explica las altas tasas de homicidios relacionados con armas de fuego. En contraparte, las reformas al sistema de justicia, al funcionamiento de las cárceles y policías a nivel local impactan en la correcta aplicación de las disposiciones internacionales y en el uso del financiamiento internacional para mejorar la seguridad en general.

UNA RESPONSABILIDAD COMÚN

La responsabilidad de la seguridad recae fundamentalmente en el Estado, que es el actor responsable de garantizar la seguridad de forma incluyente para todos sus habitantes. Sin embargo, en vista de las fallas de los estados latinoamericanos para proteger la vida y la libertad de sus habitantes, se han desarrollado diversas iniciativas desde la ciudadanía (vecinos, academias, *think tanks*, organizaciones no gubernamentales, etc.) y el sector privado para buscar contribuir a su seguridad y a la de su entorno.

Estas estrategias pueden y deben complementar la acción del Estado, compensar sus debilidades, buscar incidir en sus decisiones o incluso competir con ellas, repercutiendo en cualquier caso en las diferentes esferas de la seguridad. Por lo tanto, resulta relevante buscar estrategias tanto nacionales como internacionales para alinear los esfuerzos de los diferentes actores y sumar con ello a la construcción de una región más segura.

En el ámbito nacional, las iniciativas que han tenido avances considerables para reducir la violencia se han enfocado en las diferentes áreas de la seguridad y han incluido no solamente la participación del sector público, sino también del sector privado y de la ciudadanía. La violencia se vive en el barrio y las principales iniciativas de seguridad ciudadana en la región se localizan en la esfera local como es el caso de dos ciudades emblemáticas para este tipo de políticas: Medellín y São Paulo. En ambos casos, los alcaldes han desarrollado diversas políticas de seguridad ciudadana mediante estrategias que buscan integrar a las personas que experimentan cotidianamente esta problemática, apostando a superar el arraigado miedo social y a recuperar la confianza en las instituciones para dar mayor estabilidad de los resultados.

Por su parte, en el caso de la tregua de las maras de El Salvador, no se puede perder de vista el objetivo final de toda política de seguridad: disminuir la violencia. En este sentido, los estigmas hacia las pandillas u otros actores que podrían ser considerados como amenazas para la seguridad pueden ser superados para desarrollar estrategias creativas y colaborativas para garantizar —desde los diferentes sectores— la seguridad de los habitantes de la región latinoamericana.

Eso es importante para abordar la problemática de la violencia desde y hacia los jóvenes, quienes son los principales protagonistas, como objetos y sujetos centrales del delito, las lesiones y los homicidios en Latinoamérica. Para evitar reforzar la vulnerabilidad de este grupo etario, es indispensable complementar los enfoques de seguridad nacional que analizan a los pandilleros centroamericanos, jóvenes narcomenudistas en México o aquellos que delinquen en las calles de las tradicionalmente seguras ciudades de Sudamérica como solamente una amenaza, dado que también son parte de una comunidad —de sus problemas y de sus posibilidades de salir adelante de este desafío.

Sin embargo, es cierto que en materia de cooperación internacional, estos temas de seguridad pública y seguridad ciudadana son particularmente difíciles de posicionar en el debate internacional debido a las implicaciones que tienen para los paradigmas como la soberanía nacional. Esto explica en parte que México no había aceptado ayuda del BID para la seguridad ciudadana, que el tema de seguridad no se aborde dentro de los Objetivos de Desarrollo del Milenio o que Estados Unidos enfoque la agenda de la cooperación hemisférica de forma prioritaria hacia la seguridad nacional.

A pesar de estas dificultades, de la política detrás de la cooperación, para posicionar una visión integral de la problemática —y soluciones— de la inseguridad, cabe resaltar los avances desde diferentes sectores hacia este enfoque. En los últimos años resalta la irrupción de los bancos y las organizaciones regionales en seguridad ciudadana. Desde los organismos internacionales, el BID llamó en 2012 a los gobiernos a aprovechar las experiencias en la región a partir de un fondo y asistencia técnica en materia de seguridad. A pesar de los impedimentos del banco para financiar la gestión de la seguridad, este fondo servirá para colaborar en áreas específicas del fortalecimiento institucional y la prevención de la violencia, vinculados con la seguridad pública y ciudadana.[16]

En una encuesta realizada en Estados Unidos por la consultoría Vianovo en noviembre de 2012, se destaca el reto para mejorar la imagen de México hacia el exterior, en particular hacia Estados Unidos. Entre los entrevistados que vieron, escucharon o leyeron noticias sobre México en el último mes, el 81% fueron sobre problemas de drogas y violencia vinculada con los cárteles y 42% sobre asesinatos y balaceras. Esto puede explicar que más del 70% de los entrevistados señalen a México como un país inseguro para viajar, colocándolo incluso por encima de Colombia.[17]

Ciertamente, México enfrenta un problema de violencia creciente cuyos costos directos e indirectos son enormes. Además, tanto por el contexto internacional como por el regional, América Latina ha ganado importancia. La región no sólo es interesante por el contrapeso a Estados Unidos, sino por las oportunidades económicas que ofrece. Sin embargo, la región enfrenta diferentes desafíos que difícilmente se pueden resolver si no es en conjunto, como la migración y la seguridad.

En este marco, la diplomacia mexicana requiere dejar de lado los "adjetivos" de la seguridad y enfocarse en el objetivo común de evitar la reproducción de la violencia en los países de Latinoamérica. Igualmente, es necesario fomentar la cooperación entre los diferentes sectores (el público, el privado y la ciudadanía) para complementar sus esfuerzos.

A partir de este cambio de enfoque, México podría posicionarse como un engrane regional entre Latinoamérica, Estados Unidos y el resto del mundo, buscando alternativas que dialoguen entre la seguridad local y regional, así como entre los enfoques de seguridad. Para ello, es necesario detonar el diálogo sobre qué es lo que requerimos para garantizar la seguridad y prosperidad de la región latinoamericana y cómo podemos alcanzarlo en conjunto.

---

[16] Véase <www.iadb.org/es/reunion-anual/2012/noticias-de-la-reunion-anual,6405.html?amarticleid=9878>.

[17] Vianovo, *op. cit.*

MÉXICO EN EL PANORAMA MUNDIAL DE ENERGÍA

JUAN EIBENSCHUTZ y ROLANDO ALMADA REYES COURET

La energía es un insumo indispensable para el funcionamiento y desarrollo de la sociedad; su disponibilidad es fundamental para aprovechar el potencial económico de los países, independientemente de la cuantía de los recursos energéticos propios. La energía ha sido durante los últimos siglos uno de los factores determinantes de las relaciones de poder entre los estados, del diseño de sus estrategias nacionales y del ejercicio de la soberanía nacional.

En el caso de México, el petróleo tiene un carácter político muy especial, su nacionalización en 1938 consolidó la independencia del país y por ello la soberanía nacional sobre los hidrocarburos constituye uno de los pilares de la nacionalidad. Esta cultura ha llevado a México a una situación única, compartida sólo con Vietnam, en la administración de su sector energético.

La interpretación que se da a la soberanía y a la independencia en este caso confunde el legítimo derecho a ejercer el dominio sobre los recursos naturales con la exclusividad operativa de agencias gubernamentales que por su propia naturaleza no pueden funcionar como empresas y cuya ineficiencia está garantizada por la infinidad de controles ejercidos para su operación.

Sin embargo, la "renacionalización" de los hidrocarburos, inevitable para que el esquema de retribución a la nación por su extracción se materialice, requiere hacerle ver a la sociedad lo absurdo de la situación actual. La contribución fiscal de Petróleos Mexicanos (Pemex) es presentada e interpretada como que el gobierno le quita sus ganancias a Pemex, siendo la realidad que el organismo no es el dueño de los hidrocarburos y lo que el gobierno se apropia corresponde a regalías que en todo el mundo se pagan al Estado, propietario de los recursos.

Se trata, sin embargo, de un problema político serio, aun aceptando que las leyes se hacen para servir a la sociedad y por lo tanto deben adecuarse a los cambios del mundo y de los países mismos.

Los combustibles fósiles —carbón, petróleo y gas— han jugado un papel central en el desarrollo de la economía moderna desde la Revolución industrial. Actualmente, más del 80% del consumo de energía depende de dichas fuentes, y se prevé que, con los más diversos escenarios internacionales, continúen siendo la fuente principal de energía primaria en el futuro previsible.[1] Como consecuencia del desarrollo acelerado del sector de transporte, el petróleo ha dominado el mercado desde principios del siglo xx, mientras que el gas natural ha adquirido un papel mundial importante y creciente en la generación de energía eléctrica en las últimas décadas. A pesar de que las reservas petroleras son finitas, en el corto plazo no existe la amenaza de quedarnos sin petróleo. El desarrollo de nuevas tecnologías hace posible recuperar más petróleo de los campos existentes de lo que antes se consideraba técnicamente posible. Además, a medida que los precios del petróleo aumentan, los yacimientos que anteriormente no eran explotados por los requerimientos geológicos-técnicos y económicos se convierten en opciones viables para su explotación y desarrollo. Tal es el caso de los yacimientos de petróleo en aguas profundas o, entre otros, de lo que se conoce como gas *shale* o gas de esquisto.[2]

Los energéticos han sido un elemento central de la política internacional, ya que su desigual distribución ha obligado a los estados a definir acciones para garantizar su seguridad energética, tanto si son grandes productores como si son grandes consumidores. Hoy, a medida que aumentan las preocupaciones por asegurar el abasto de hidrocarburos y se intensifican las presiones por reducir las emisiones de carbono, los países empiezan a insertar su política energética en un contexto estratégico mucho más complejo.

México ha sido un productor de petróleo importante; sin embargo, ha experimentado un declive en los últimos años a partir del pico que alcanzó su producción en 2004. El deterioro de la misma es, en parte, legado de una política petrolera que ha aislado al país de grandes avances tecnológicos en materia de exploración, producción, re-

[1] International Energy Agency, *World Energy Outlook 2012*, París, IEA Publications, 2012, p. 51.

[2] Véase Leonardo Maugeri, *Oil: The Next Revolution,* Belfer Center for Science and International Affairs / Harvard University / John F. Kennedy School of Government, Cambridge, 2012. Véase <http://belfercenter.ksg.harvard.edu/files/Oil-%20The%20 Next%20Revolution.pdf>; Daniel Yergin, *The Quest: energy, security, and the remaking of the modern world*, Nueva York, Penguin Books, 2012.

finación y petroquímica; en parte, resultado de una política fiscal de carácter rentista y de corto plazo. México ha usado gran parte de su renta petrolera para subsidiar a los sectores ineficientes de su economía.[3] Por esta razón, México se encuentra en un momento en que debe tomar decisiones críticas para enfrentar sus desafíos energéticos, más diversos y difíciles que en el pasado.

Este ensayo se divide en tres partes. La primera describe algunas de las características del panorama de la energía en el mundo, a raíz de los cambios que han tenido lugar en la última década. La segunda se refiere al renacimiento energético que tiene lugar en Estados Unidos gracias a los avances en la tecnología de explotación de sus reservas no convencionales de hidrocarburos. La tercera analiza los desafíos que las circunstancias anteriores presentan a las relaciones exteriores de México.

LOS CAMBIOS EN LA SITUACIÓN ENERGÉTICA MUNDIAL

Desde la primera década del siglo XX ha tenido lugar una gran transformación en la naturaleza del sistema internacional de energía. La relativa estabilidad que predominó desde los años ochenta hasta 2003 se caracterizó por el acceso a energía fósil relativamente barata, por consumidores principalmente occidentales, por productores con capacidad agregada excedente y por poca conciencia global sobre las consecuencias ambientales de la quema excesiva de combustibles fósiles. Estos factores condicionaban la falta de interés, sobre todo en Estados Unidos, en la promoción de la eficiencia energética y las fuentes alternativas de energía para reducir la dependencia en hidrocarburos.[4]

Semejante situación se modificó con una rapidez y alcances que pocos esperaban. El estado actual del sistema internacional de ener-

[3] Roger Tissot, "Energy security in Latin America", en Andreas Wenger, Robert W. Orttung, Jeronim Perović (eds.), *Energy and the transformation of international relations: toward a new producer-consumer framework*, Oxford, Oxford University Press/Oxford Institute for Energy Studies, 2009, pp. 187-188.

[4] Andreas Wenger, Robert W. Orttung, Jeronim Perović, "The Changing International Energy System and its Implication for Cooperation in International Politics", en Andreas Wenger, Robert W. Orttung, Jeronim Perović (eds.), *op. cit.*, p. 3.

gía es consecuencia de múltiples cambios en los mercados energéticos, la concientización de los fenómenos de cambio climático y una nueva ola de nacionalismo sobre los recursos petroleros y gasíferos que se ha expresado en diversos países.

Una de las realidades de los mercados energéticos es la alta volatilidad de los precios del petróleo crudo, por ejemplo, a partir de 2003 cuando pasó de menos de 30 dólares por barril a casi 100 dólares en 2008. Este cambio es la consecuencia principal de dos sucesos: la pérdida de la capacidad de producción iraquí como consecuencia de la guerra en Iraq y la emergencia de China y la India como dos nuevos grandes consumidores, hechos que resultaron en grandes presiones a la oferta frente a una demanda global a la alza. Lo anterior, aunado con los bajos niveles en los inventarios de Estados Unidos y las economías de la Organización para la Cooperación y el Desarrollo Económicos (OCDE), fueron los principales factores que empujaron los precios del petróleo a nuevos récords históricos.[5] Hubo una caída en los precios del petróleo crudo a raíz de la crisis financiera, descendiendo a 61.67 dólares por barril en 2009, sin embargo, tras la recuperación económica, los precios avanzaron hasta 111.26 dólares en 2011 y, actualmente, se mantienen en esos niveles.[6]

La importancia de China y la India como nuevos consumidores deriva de su situación de economías emergentes. Ambas economías están experimentando acelerados cambios en su consumo energético a medida que sus ciudadanos se concentran en las urbes y empiezan a tener acceso al automóvil o la motocicleta, a comodidades domésticas tales como refrigeración y calefacción, además del uso de nuevos electrodomésticos. En el caso de China, la mayor parte del incremento en su demanda energética proviene de su industria pesada y de la mezcla entre lo que China produce para su mercado interno y lo que produce para el mercado internacional.[7] De hecho, el crecimiento de sus necesidades energéticas es hoy el factor principal detrás de las pro-

---

[5] *Ibid.*, pp. 27-29.

[6] La mezcla de petróleo usada como referencia aquí es el barril Brent. Véase British Petroleum (2012), *Statistical Review of World Energy*, Londres, BP, junio de 2012, <http://www.bp.com/assets/bp_internet/globalbp/globalbp_uk_english/reports_and_publications/statistical_energy_review_2011/STAGING/local_assets/pdf/statistical_review_of_world_energy_full_report_2011.pdf>.

[7] Daniel H. Rosen, Trevor, Housen, *China Energy: A Guide for the Perplexed*, Washington D.C., Center for Strategic and International Studies/Peterson Institute for International Economics, 2007, pp. 4-16.

yecciones de demanda mundial. Es evidente, tras múltiples análisis sobre los patrones de consumo energético de China, que su balance energético basado en la quema de carbón (70% de su canasta energética actual) es insostenible ambientalmente, y por ello, se ha convertido en uno de los grandes jugadores internacionales en el campo energético para lograr una mayor diversificación en su matriz energética, incursionando intensamente en petróleo y, en menor medida, en gas natural. La India, por su parte, pese a no tener un crecimiento tan acelerado como China, es también una de las mayores fuentes de demanda en el mundo. En consecuencia, compite con los consumidores tradicionales y China por el acceso a las fuentes de combustibles fósiles, sin embargo, en algunos casos específicos, colaboran para no empujar a la alza los precios de dichos energéticos.[8]

Tanto en el caso de China como de la India debe señalarse que ambos cuentan con ambiciosos programas nucleares para equilibrar sus balanzas energéticas y disminuir la emisión de gases de combustión.

En lo que concierne al cambio climático, existe ya un consenso mundial sobre el hecho de que la quema de combustibles fósiles es la principal causa "antropogénica" de dicho cambio. Los consumidores tradicionales, los nuevos consumidores y los productores están respondiendo de maneras muy distintas al problema; no obstante tal diversidad, todos han integrado esta problemática a sus políticas nacionales e internacionales.[9]

Los consumidores tradicionales están conscientes de que sus políticas energéticas actuales son insostenibles y que no es cuestión solamente de buscar nuevas fuentes de petróleo y gas; reconocen que es necesario un enfoque renovado de la eficiencia energética para reducir su demanda y desarrollar fuentes alternativas de energía que puedan, en el largo plazo, sustituir el lugar de los combustibles fósiles.[10] La energía nuclear, que actualmente produce casi la misma cantidad de electricidad que las hidroeléctricas, será eventualmente la solución a las limitaciones ambientales.

Los nuevos consumidores también aceptan el hecho y su responsabilidad frente al cambio climático, pero sus ciudadanos aspiran a los niveles de bienestar y comodidad que gozan los países desarrollados

[8] Véase International Energy Agency, *World Energy Outlook 2007: China and India Insights*, París, IEA Publications, 2007.

[9] Andreas Wenger, Robert W. Orttung, Jeronim Perovâic, *op. cit.*, pp. 7-9.

[10] *Ibid.*, pp. 78-79.

para lo cual existe todavía una brecha bastante amplia. Por ello, sostienen que no pueden ser forzados a renunciar a los beneficios de su crecimiento económico y, como resultado, sus políticas para reducir las emisiones de bióxido de carbono se encuentran subordinadas a su política industrial y a los objetivos de desarrollo económico.[11] De acuerdo con lo anterior, los nuevos consumidores enfatizan la responsabilidad de los consumidores tradicionales en la puesta en marcha de medidas para pasar del sistema energético existente hacia uno bajo en emisiones de bióxido de carbono.[12]

Los productores, por su parte, reconocen el problema pero se empeñan en mantener la primacía de las fuentes fósiles en la canasta energética mundial. Son los productores los que están detrás del impulso a nuevas tecnologías de captura y secuestro de carbono, que permitirían continuar, si acaso se logra, con el uso de fuentes fósiles de manera amigable con el medio ambiente. Igual de importante será la transición de carbón y petróleo a gas natural en la generación de electricidad. Esta transición podría ayudar a reducir las emisiones de bióxido de carbono hasta en un 20% y complementaría, de gran manera, la generación por medio de energías renovables.[13]

Los problemas de suministro de gas ruso a Europa y, por otra parte, los efectos en los incrementos en los consumos de combustibles fósiles en Alemania y Japón, derivados del accidente en Fukushima Daiichi, han incrementado la preocupación por atender con menos pasión y más racionalismo la necesidad de equilibrar los portafolios energéticos.

En resumen, hay una gran movilidad en el panorama mundial de energía que debe ser tomada en cuenta en un país importador y exportador como es México. Dentro de ese panorama, el aspecto de mayor importancia por la cercanía geográfica y los lazos tan estrechos que ya se tienen en materia de energía son las transformaciones que han tenido lugar en Estados Unidos.

Todo cambio genera al mismo tiempo retos y oportunidades; en la transformación del sistema internacional de energía, la manera en

[11] Ángel de la Vega Navarro, "Transformación de los sistemas energéticos: componente fundamental de un nuevo crecimiento en crisis energética", en José Luis Calva (coord.), *Crisis energética mundial y el futuro de la energía en México*, México, Consejo Nacional de Universitarios/Juan Pablos Editores, 2012, p. 40.

[12] Andreas Wenger, Robert W. Orttung, Jeronim Perovicâc, *op. cit.*, pp. 80-83.

[13] *Ibid.*

que los productores y consumidores redefinan sus políticas energéticas y ajusten la relación entre sí tendrá consecuencias mundiales importantes para la seguridad, el desarrollo económico y el equilibrio ambiental en nuestro planeta.

LAS TRANSFORMACIONES EN EL PAPEL DE ESTADOS UNIDOS

Estados Unidos es el segundo consumidor de energía mundial en términos absolutos y el primero per cápita entre las naciones más pobladas e industrializadas. Su alto consumo energético ha sido uno de los factores principales que repercuten en su propia seguridad energética y en la del resto del mundo. Por otro lado, también sigue siendo un gran productor y uno de los líderes mundiales en el desarrollo de tecnologías para exploración, producción y conservación de energía. Si bien es criticado constantemente por su voraz consumo de petróleo y demás combustibles fósiles, la canasta energética de Estados Unidos se ha comportado de manera muy similar a la media mundial. Lo anterior es importante porque presume que hay similitud de intereses entre Estados Unidos y el resto del mundo en cuanto a garantizar el abasto energético y, por lo tanto, existen grandes incentivos para cooperar en temas energéticos y de desarrollo, dado que su consumo agregado es muy parecido, en términos de seguridad energética; lo que es negativo para el mundo lo es para Estados Unidos y viceversa, dicen algunos analistas.[14]

En los últimos años, los retos del cambio climático y el alza de los precios del petróleo causaron cambios profundos en Estados Unidos. Una renovada acción del gobierno a nivel federal, estatal y local combinada con una dramática e inesperada revolución tecnológica, cambiaron el panorama. Hace apenas media década, la demanda, y con ello la seguridad energética de Estados Unidos, estaba enfocada en incrementar sus fuentes externas de gas y petróleo. El panorama de entonces se basaba en el declive de la producción nacional y el consecuente incremento de las importaciones. Lo anterior generaba una ansiedad constante, que derivaba en una estrategia geopolí-

---

[14] Michael E. Webber, "The USA: The Key Global Driver", en Andreas Wenger, Robert W, Orttung, Jeronim Peroviâc (eds.), *op. cit.*, pp. 219-220.

tica con altos costos y confrontaciones, especialmente con los países pertenecientes a la Organización de Países Exportadores de Petróleo (OPEP) de donde provenían mayormente sus suministros petroleros. En cuanto a la importación de gas natural, la preocupación en Estados Unidos ha sido muy distinta, dado que su importación proviene, casi exclusivamente, de Canadá.[15]

El auge de las tecnologías para la explotación de hidrocarburos no convencionales, principalmente por la combinación de la perforación horizontal y el fracturamiento hidráulico, además de los avances en computación para la visualización sísmica y otras tecnologías exploratorias, está causando una transformación en la producción doméstica con consecuencias estructurales sin antecedentes. Las importaciones netas de petróleo se han reducido de un máximo histórico de 60% en 2005 a 41% en 2012, según los datos provistos por la Administración de Información de Energía de Estados Unidos.[16] Dicha reducción se ha logrado, en parte, por la moderada recuperación económica que ha sucedido a la crisis financiera global de 2008, los nuevos estándares de eficiencia en vehículos de transporte y, sobre todo, del incremento de la producción doméstica, la cual proviene, fundamentalmente, de la explotación de hidrocarburos no convencionales.[17] En efecto, dicho incremento ha provenido de la explotación de petróleo en formaciones compactas o *tight oil*. En el campo del gas natural, un auge aún más notable se origina en la explotación del gas de esquisto o gas *shale* para abastecer el mercado de electricidad. Ahora, expertos están concentrando su atención en el potencial de la explotación del petróleo de esquisto o *shale oil*, considerada la siguiente etapa de esta revolución tecnológica.[18]

Las consecuencias de la previsible expansión de oferta de petróleo y gas no convencionales han puesto a Estados Unidos en una senda que prácticamente aseguraría su autosuficiencia en materia energética en las próximas décadas, reduciendo sus importaciones totales de

---

[15] *Ibid.* p. 222.

[16] U.S. Energy Information Administration, *Annual Energy Outlook 2013 Early Release Overview*, Washington D.C., EIA, 2013, p. 10, <www.eia.gov/forecasts/aeo/er/pdf/0383er(2013).pdf>.

[17] HIS, *America's Energy Future: The Unconventional Oil and Gas Revolution and the US economy*, Colorado, IHS, 2012, p. 7.

[18] PricewaterhouseCoopers, *Shale oil: the next energy revolution*, Londres, PwC, 2013, <www.pwc.com/en_GX/gx/oil-gas-energy/publications/pdfs/pwc-shale-oil.pdf>.

energía a un mínimo de 10% para 2035, según la Agencia Internacional de Energía (AIE), y podría ser un gran exportador de gas natural cuando el mercado global se consolide en las próximas décadas.[19] Por lo anterior, la tendencia de producción en Canadá y Estados Unidos los colocará en las próximas décadas como potencias en hidrocarburos no convencionales,[20] de muy bajos costos relativos. Esto convertirá a la región en una mucho más competitiva gracias a la reducción de sus costos de dependencia energética frente a Asia-Pacífico, donde dicha dependencia se incrementará, y frente a la Unión Europea, que sólo logrará reducirla a una tasa moderada. Aún más importante es el hecho de que este nuevo paradigma se inclina hacia la innovación tecnológica, alejando a Estados Unidos de una política exterior ofensiva orientada a garantizar el abasto de los hidrocarburos convencionales concentrados en unos cuantos países productores.[21]

Es importante ser precavidos y no dejarse llevar por el optimismo sobre las tendencias actuales de gas *shale* en Estados Unidos. Todavía es muy reciente y es necesario ver el desarrollo de los factores que podrían amenazar la continuación y expansión de tales tendencias. Un factor fundamental es el comportamiento de la industria frente a precios muy bajos; ello impactaría en la velocidad de desarrollo de la industria. El segundo factor que agrega incertidumbre y amenaza las operaciones de gas *shale* en Estados Unidos es la creciente preocupación sobre los impactos ambientales negativos de la fracturación hidráulica, haciéndose visible la oposición, a nivel local, de las organizaciones no gubernamentales ambientalistas.

Otra cuestión que sigue sin resolverse por el momento es que las condiciones que crearon la revolución de gas *shale* en Estados Unidos pueden replicarse con éxito en el resto del mundo, en especial en las regiones con grandes reservas recuperables de estos hidrocarburos no convencionales.

En este mismo sentido, el renacimiento de la energía nuclear en Estados Unidos es un hecho que se basa en la experiencia derivada

---

[19] U.S. Energy Information Administration (EIA), *op. cit.,* p.10.

[20] Philip K Verleger Jr.,"The coming US boom and how shale gas will fuel it", *Financial Times,* 23 de abril 2012, <www.ft.com/intl/cms/s/0/09fbb2ac-87b8-11e1-ade2-00144feab49a.html#axzz2M53mx8wX>.

[21] Isidro Morales Moreno, "La revolución energética de gas natural estadounidense", *El gas natural en México: una energía de futuro,* México, EGAP-ITESM/Fundación Gas Natural Fenosa, 2013.

de la operación de más de 100 unidades nucleares, que suministran el 19% de la electricidad en ese país, y en el inicio reciente de la construcción de dos nuevos proyectos.

Por lo pronto, la revolución en Estados Unidos sí ha tenido repercusiones regionales y ha impactado ya a la industria energética mexicana del gas natural, cuyas cuencas sedimentarias de gas no convencional son extensiones, ya probadas, de las existentes en el sur de Estados Unidos. El potencial de desarrollo de dichas reservas dependerá de la capacidad de México para superar las limitaciones en infraestructura, de acceso a la tecnología y a las mejores prácticas, así como a las regulaciones de mercado y medio ambientales que por ahora inhiben el desarrollo de la industria mexicana de gas.[22]

LOS DESAFÍOS A LAS RELACIONES EXTERIORES DE MÉXICO

Por motivos poco comprensibles, la situación internacional es un factor que no se ha incorporado en los proyectos del gobierno mexicano en materia de energía. Ésta es, junto con los sindicatos, la estructura de gestión y la corrupción, uno de los puntos omitidos en el documento sobre la Estrategia Nacional de Energía que ha sido sometido al Senado de la República en marzo de 2013.

Suponer que los factores externos no afectan el devenir de la energía en México es evidentemente un error. Sin embargo, eludirlos no es novedoso en un país tradicionalmente reticente a hacer explícitas las influencias externas sobre las decisiones en materia de energéticos, en particular, del petróleo. Semejante actitud refleja uno de los temores que acompaña la política petrolera en México desde hace muchos años: dar la impresión que hay subordinación de los intereses nacionales a Estados Unidos. Lo anterior no propicia un mayor conocimiento y toma de conciencia sobre lo mucho que ha cambiado el mundo de la energía durante los últimos años y los desafíos que ello presenta a la política energética mexicana.

México es actualmente un actor secundario en el panorama mundial de energía. Como ya señalamos, su producción de petróleo, después de haber llegado a un máximo de 3.4 millones de barriles diarios

[22] Isidro Morales Moreno, *op. cit.*

en 2004, ha caído para estabilizarse en 2.6 millones en 2012. Esto ha sido resultado del debilitamiento de yacimientos tradicionales, como Cantarell, y de las dificultades para adaptarse a nuevas circunstancias que requieren mayor inversión y nuevas tecnologías. Su capacidad en materia de refinación y petroquímicos es deficiente: importa gas y gasolina de Estados Unidos, y el gas natural para mantener en funcionamiento la mayoría de sus centrales eléctricas es importado de diversos países por medio de terminales de gas natural licuado. Lo anterior no significa que el país no tenga potencial para el desarrollo de riquezas energéticas. Posee vastos yacimientos de petróleo en aguas profundas y se ha dicho que ocupa el cuarto lugar en importancia de reservas de gas *shale*.[23] Sin embargo, la explotación de esas riquezas necesita cambios en las normas constitucionales y leyes secundarias que rigen la actividad del petróleo; inversiones que, además de recursos financieros, aporten las nuevas tecnologías que han avanzado notablemente en los últimos años; por último, requiere un desarrollo mejor planeado de energías alternativas que actualmente representan sólo alrededor del 28% del total de generación de energía eléctrica en el país.

La posición de México en el panorama mundial se define a partir de su doble posición de exportador e importador de hidrocarburos, de su papel como importador de gas y otros combustibles, y de sus requerimientos en materia de inversión y tecnología. Los cambios en el panorama mundial, que mayormente lo pueden afectar, son el nuevo papel de Estados Unidos al que nos hemos referido, la diversificación de la demanda de energéticos y la oferta de tecnología, el fortalecimiento, o no, de las organizaciones internacionales de productores y consumidores, y las exigencias en materia de combate al cambio climático.

La relación de México ante Estados Unidos en materia de energía ha estado caracterizada por un ánimo defensivo fuertemente enraizado en los sectores políticos del país, en algunos casos sólo a nivel discursivo, en otros como aglutinador fundamental de su ideario político y de su relación con la opinión pública. Las encuestas sobre opinión pública y política exterior, al llegar al punto de la relación con Estados Unidos en materia de energía, ponen en evidencia la persistencia de

---

[23] U.S. Energy Information Administration, *World Shale Gas Resources: An initial assessment of 14 regions outside the U.S.*, Washington D.C., EIA, 2011, p. 4, <www.eia.gov/analysis/studies/worldshalegas/pdf/fullreport.pdf>.

los ánimos defensivos y la insistencia en la soberanía basada en Pemex y no en el dominio nacional de los hidrocarburos.

Es cierto que el petróleo mexicano no ha sido ajeno a los intereses de Estados Unidos. En los años de los nuevos descubrimientos petroleros en México, a finales de los años setenta, hubo interés en la firma de un convenio que asegurase la exportación de ciertas cantidades a Estados Unidos a cambio de diversas ventajas. México se negó siempre a aceptar ese tipo de compromisos. Expresando bien el sentir de la ciudadanía en aquellos momentos, el conocido escritor Carlos Fuentes escribió un emotivo artículo que tituló "¡Escucha yanqui! México es una nación, no un pozo petrolero" (*Washington Post*, 05/02/79). Esas palabras reflejaban bien el ánimo nacional que, a pesar del paso del tiempo, sigue presente en importantes grupo políticos. No en balde el petrolero es un aspecto que quedó fuera de las negociaciones del Tratado de Libre Comercio de América del Norte.

Mucho ha cambiado desde aquellos años en que México era percibido como un jugador de peso en el mundo de la energía. El mal estado de Pemex, el atraso tecnológico y la nueva geopolítica de la energía a partir, entre otras cosas, del probable papel de Estados Unidos como significativo exportador de hidrocarburos, han cambiado los márgenes de negociación de México con el país del norte. Actualmente, se podrían imaginar tres escenarios para la relación con Estados Unidos.

El primero es mantener el *statu quo*; es decir, seguir la inercia que lleva a una dependencia seria de las importaciones de combustibles baratos procedentes de ese país y no actuar sobre el estancamiento tecnológico de Pemex. En este escenario, se correría el riesgo de llegar al momento en el que México se convierte en importador neto de petróleo crudo.

El segundo es llegar a un acuerdo para trabajar conjuntamente hacia la autosuficiencia energética de América del Norte en el corto, mediano y largo plazos. Semejante escenario comprometería a México a un gran proyecto en el que, además de mejorar su posición como productor, tendría que poner sus recursos potenciales en una misma canasta con Canadá y Estados Unidos, así como planear conjuntamente el desarrollo de energías alternativas. Sin embargo, por la situación política interna en México, por la experiencia histórica y por el factor tiempo, que implica resultados de largo plazo que no se ven en un sexenio, es muy poco probable que en este tiempo pudiese implementarse. Por lo pronto, en el momento de escribir este artículo se desconocía el destino que tendría la prometida reforma energética. Lo que sí se conoce, como ya señalábamos, es la persistencia del nacionalismo defensivo.

Finalmente, se puede optar por una estrategia más conservadora en la que se abren, dentro de los márgenes que permiten las leyes actuales, ciertos sectores específicos de transporte, gas natural o recursos compartidos (en la plataforma marina y en yacimientos transfronterizos), así como hidrocarburos no convencionales, para mayor presencia de inversores estadunidenses. De hecho, este escenario ya es una realidad y sólo se trataría de profundizarlo para dinamizar y hacer más eficiente al sector energético.

Los desafíos que presentan la demanda de energéticos de potencias emergentes y la diversidad de la oferta tecnológica son de naturaleza distinta. La mayor demanda de petróleo y el desarrollo impresionante de nuevas tecnologías lleva a reflexionar sobre la conveniencia para México de usar sus riquezas energéticas, bajo el supuesto que haya la decisión de explotarlas, como importante instrumento de diversificación, tanto por el lado de la oferta como el de la utilización de equipo y tecnología. ¿A qué nuevos clientes nos interesaría vender petróleo? ¿Con quiénes nos interesaría formar alianza para explorar en aguas profundas? Parece evidente que las preguntas anteriores no pueden responderse desde un punto de vista puramente comercial. Interesa verlas, entre otras cosas, en el contexto de las dificultades que tenemos para combatir el déficit comercial con China, o para afianzar una relación política y estratégica con Brasil, o bien para el mejor entendimiento con espacios más cercanos como Centroamérica y el Caribe.

Otro tema por tratar es el de la pertenencia a organizaciones internacionales que se ocupan de cuestiones energéticas. Éstas pueden dividirse en activas y pasivas: entre las primeras está Naciones Unidas (ONU), la Organización de Países Exportadores de Petróleo (OPEP), y la AIE de la OCDE; mientras que en la segunda categoría se encuentran el Consejo Mundial de Energía, el Congreso Mundial del Petróleo, la Organización Latinoamericana de Energía y muchas más. Las activas son generalmente intergubernamentales, aun cuando existen organizaciones vinculadas con la energía como Greenpeace, una de las organizaciones no gubernamentales más beligerantes, que actúa para influir en las políticas energéticas, sobre todo en algunos países que atienden sus recomendaciones y sus actos de poder.

La ONU ha incursionado por diversos caminos respecto al tema energético: mediante acciones vinculadas con embargos a naciones petroleras renuentes a cumplir resoluciones del Consejo de Seguridad, patrocinando estudios sobre el calentamiento de la tierra y la responsabilidad que en ello tiene el uso de los combustibles fósiles y, sobre todo, impulsando marcos jurídicos vinculantes para comprometer a los estados miembros a limitar los efectos de la emisión de gases de efecto invernadero. La política de México en la ONU en materia de cambio climático ha sido la de apoyar fuertemente el tratamiento del tema dentro del marco universal de Naciones Unidas, así como los esfuerzos para alcanzar, hasta ahora y sin lograrse, acuerdos jurídicamente vinculantes.

La OPEP y la AIE tienen como principal objetivo establecer compromisos formales entre sus estados miembros para controlar el mercado petrolero mundial; la primera, mediante la asignación de cuotas de producción; la segunda, a través de mecanismos de racionamiento del consumo para paliar el efecto de repercusiones negativas posibles en el suministro internacional del petróleo. En los momentos actuales, de posible relanzamiento de la actividad energética en México, las reflexiones sobre la conveniencia de ingresar a la OPEP o a la AIE están presentes. Es posible que la posición más recomendable, dado el doble papel de México como importador y exportador de petróleo, sea mantenerse al margen. En todo caso, el debate está abierto.

Si bien la AIE y México ya trabajan de manera muy cercana pese a que el último no es miembro de la organización, buscar la incorporación de México como miembro implicaría ciertas obligaciones importantes para un país productor de petróleo, tales como la implementación de las medidas coordinadas de respuesta a emergencias, mecanismo diseñado para proveer una respuesta flexible y rápida ante una disrupción al sistema de abasto de petróleo. Para México, esto podría ser una limitación a su libertad de actuar en los mercados internacionales petroleros. Por otra parte, también podría haber beneficios sustanciales para México si contrajera los compromisos de implementación de una mayor eficiencia energética, de transparencia y del desarrollo de capital humano que garantice una mejor gobernabilidad y coordinación internacional del sector. Ello podría sacar a México de un papel secundario o casi inexistente en la gobernanza energética global e insertarlo como uno de los actores con capacidad genuina para establecer puentes entre productores y consumidores de energía.

Una cuarta reflexión se refiere a las presiones externas e internas para ampliar el uso de energías alternativas como forma de combate a las amenazas de cambio climático. México no es ajeno a lo que ocurre a nivel internacional en ese campo. De hecho, a la luz de los llamados internacionales, se aprobó una ley en 2010 en la cual el 50% de la energía eléctrica del país deberá provenir de fuentes alternativas a partir de 2050.

Aunque el partido verde en México no tiene la influencia ni la autoridad moral que dichos partidos tienen en otras partes del mundo, como es el caso del partido verde en Alemania, sí obtuvo un número significativo de votos en las últimas elecciones nacionales y sí hay una sociedad civil movilizada que, partiendo del conocimiento que generan las agencias internacionales, ejercerá influencia sobre las políticas en materia de energías alternativas.

Dos temas interesa comentar sobre los problemas asociados a la política en materia de energías alternativas. El primero es un fenómeno preocupante relacionado con la planeación energética. Con anterioridad, la planeación consistía en pronosticar la demanda y proponer entonces la mejor manera de atenderla. La demanda se refiere a energéticos secundarios: gasolina, electricidad, gas y otros. Las necesidades de energéticos primarios —carbón, hidrocarburos, energía hidráulica, viento, geotermia, entre otros— se deriva de estos pronósticos y así se elaboran los programas de suministro.

Los ejercicios anteriores son objetivos, se estiman las necesidades y se propone la mejor manera de satisfacerlos. El nuevo paradigma consiste en aceptar soluciones subjetivas para atender las demandas pronosticadas, o visto de otra manera, incorporar factores derivados de posibles desarrollos en la determinación de soluciones.

Así, se observan propuestas de alternativas energéticas que definitivamente confunden las buenas intenciones con las soluciones posibles, tal es el caso de la generación de electricidad con carbón acoplada al "secuestro y almacenamiento de CO_2" que en muchos países se contempla como alternativa a la energía nuclear. Confundir soluciones deseables con posibles ha conducido y seguramente conducirá a errores muy costosos para los sectores de energía. Desafortunadamente, en muchas de las estrategias energéticas las políticas planteadas para energías alternativas son inasequibles y, a pesar de la buena voluntad de ciertos gobiernos, las emisiones de gases, como consecuencia de la combustión, siguen creciendo.

Para terminar, algunas reflexiones sobre la energía nuclear en el marco del panorama nacional e internacional existente. La energía nuclear ofrece la única solución física para sustituir a los combustibles fósiles, en tanto los desarrollos científicos no brinden una solución viable, por ejemplo, la transformación directa de la energía nuclear en energía secundaria aprovechable.

Desafortunadamente, la primera aplicación masiva de la energía nuclear la caracteriza justamente como la antípoda de las renovables. La euforia a favor de las energías intermitentes es el equivalente, en negativo, al pesimismo en el caso nuclear.

A pesar de Fukushima, Chernóbil y Three Mile Island, las nucleoeléctricas generan en el mundo prácticamente la misma cantidad de electricidad que las hidroeléctricas, con mejores resultados en cuanto a efectos deletéreos y, si bien la inversión financiera para estas centrales es elevada, ofrecen una garantía de costos operativos que no existe en el caso de los combustibles fósiles, donde la volatilidad de precios es uno de los principales retos.

En el caso de la energía, como en los otros insumos vitales para el funcionamiento de las naciones, la política correcta es el "portafolio diversificado", esto vale para alimentación, infraestructura, agua e incluso educación y desarrollo tecnológico.

De manera muy resumida conviene recuperar los siguientes hechos:

a] Los grandes cambios en el panorama mundial de energía son, en primer lugar, la aparición de nuevos consumidores en las potencias emergentes de Asia (China y la India) que modificaron profundamente la demanda y, en consecuencia, los precios de los hidrocarburos. En segundo lugar, la toma de conciencia de los efectos del uso de combustibles fósiles sobre el cambio climático, pues ningún país puede actualmente prescindir de las consideraciones ambientales al delinear su política energética.

b] Consecuencia de lo anterior fue la urgencia de mejorar la eficiencia energética y desarrollar nuevas tecnologías que dieran acceso a hidrocarburos no convencionales y menos contaminantes. El resultado ha sido, por una parte, la exploración y explotación de petróleo en aguas profundas; por la otra, el uso de tecnologías sofisticadas para la explotación de gas natural que ha permitido niveles de producción y precios bajos que no se habían imaginado hace pocos años. Una expresión de esas tendencias se encuentra sobre todo en Estados Unidos. El papel de ese país en el mapa energético mundial se ha transformado sustantivamente.

c] México no ha sido un participante activo de las transformaciones anteriores. El declive de su producción, la debilidad de sus capacidades endógenas en materia de tecnología, las deficiencias en la gestión y operación de Pemex y la persistencia de profundas deficiencias respecto a los caminos para superar sus problemas han resultado en una política energética titubeante. Sin profundos cambios en el marco normativo y las formas de operación de Pemex es difícil imaginar a México como actor destacado en la política energética mundial. Aun con esos cambios, los logros serán en el mediano y largo plazos.

d] No ser un sujeto activo no significa que México no resienta, y mucho, los cambios que han ocurrido. Por ejemplo, la baja de los precios del gas natural en Estados Unidos ha llevado a que las centrales eléctricas dependan cada vez más de las importaciones de ese país.

e] La moneda está en el aire. México puede tomar medidas que lo encaminen para ser en algunos años un actor respetado de la política energética internacional o permanecer como un actor marginal que, con mayor o menor habilidad, se va ajustando a los cambios que allí ocurren.

f] De darse transformaciones positivas en la política energética nacional, México podría hacer de sus relaciones con el exterior, en materia de energía, un útil instrumento para orientarlas, profundizarlas o equilibrarlas. La mayor integración con Estados Unidos o la diversificación sería uno de los dilemas por resolver.

LAS TENDENCIAS DE LA SITUACIÓN FINANCIERA INTERNACIONAL

MIGUEL MOLINA

Estamos en el inicio de 2013. Para muchos observadores destacados, la economía internacional, particularmente la estadunidense y la europea, está creciendo con debilidad. China y la India, en Asia, y Brasil, en América, por ejemplo, también están creciendo a tasas sustancialmente inferiores a sus máximos históricos de hace apenas algunos años. Podría decirse que, en algún sentido, persiste la crisis económica que explotó en 2008.

Este artículo es la propuesta de un conjunto de hipótesis que dan respuesta al porqué de este crecimiento débil y a la persistencia de signos de crisis económica a nivel internacional y en muchas de las economías más importantes del mundo, incluyendo la mexicana. Se presentan elementos para demostrar que el sector financiero es, paradójicamente, el sector económico menos afectado por la crisis de 2008 —cuando fue éste el que la provocó— y se explican los mecanismos que le permiten ser beneficiario privilegiado de los frutos del crecimiento económico. El beneficio desigual del que goza el sector financiero provoca un desincentivo estructural para otras actividades de generación de valor agregado, que afectan al crecimiento y provocan desigualdad e injusticia en la distribución del ingreso.

En los últimos cuatro años, la economía mundial ha transitado por una crisis de proporciones y efectos sin paralelo desde 1929; para muchos, es incluso más amplia y profunda, pues en esta ocasión afectó de manera importante a prácticamente todas las zonas económicas del orbe.

Algunos de los efectos inmediatos de esa crisis (desaceleración y recesión económicas, rescates multibillonarios de bancos y pérdida de patrimonio de millones de personas) parecen estarse disipando (si bien están interrelacionados con otra crisis —la europea— que todavía no tiene visos de solución por lo menos en los siguientes dos o tres años). Hasta mediados de 2012 muchas economías ya parecían haber entrado en franca recuperación, lideradas por Estados Unidos; sin embargo, la perspectiva a principios de 2013 es menos halagüeña y hay cierto desconcierto[1] en cómo inducir tasas de crecimiento más aceleradas y ampliar la prosperidad en las economías emergentes.

En la gráfica que se presenta a continuación se puede apreciar cómo los niveles de crecimiento económico mundial en 2011 y 2012 están claramente localizados en un rango muy inferior a los que experimentaba antes de la crisis. Incluso los esperados para los próximos tres años también están en un escalón inferior al de los primeros años de esta década.

PRODUCTO INTERNO BRUTO MUNDIAL (VARIACIÓN PORCENTUAL ANUAL)

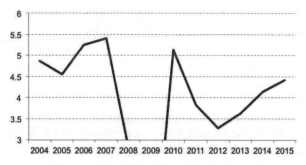

Fuente: International Monetary Fund, World Economic Outlook Database, octubre de 2012.

Las expectativas de crecimiento económico mundial son débiles. Se está desatando con mucho vigor un viejo debate sobre cuáles son los principales mecanismos para inducir las tasas de crecimiento más aceleradas observadas a principios del siglo XXI: están las posiciones más rígidas de los alemanes con relación a España, Grecia y Portugal que exigen reducción de gasto público e incremento en ingresos impositivos, o los sectores republicanos en Estados Unidos, con la propuesta de ajuste radical al gasto social *versus* las demócratas que proponen un mayor nivel de impuestos a los ricos; otras voces, menos poderosas, proponen la continuación de una política similar a la seguida por Estados Unidos y otros países en los últimos dos años de expansión del gasto público para inducir el crecimiento y, finalmente, la

---

[1] Paul Krugman, "The Big Fail", *The New York Times*, 6 de enero de 2013.

posposición de los ajustes al déficit público una vez que las economías
se encuentren en franco crecimiento.

No es mi propósito entrar en esa polémica, sino destacar la ausencia de aquellos comentarios y análisis que se abrieron después de la
crisis de 2008, y que argumentaban problemas estructurales en las
relaciones económicas en y entre los países. Estas discusiones se han
olvidado. Hoy la discusión es acerca de la política económica en el
corto plazo: keynesianismo o monetarismo, menos o más gasto, más
o menos impuestos.

Lo que se propone en este artículo es que la salida de la crisis,
además de si es posible contener una problemática de administración
económica en el corto plazo, debería incluir un cambio profundo en
las relaciones económicas que existen entre los sectores económicos
de la economía mundial. Refraseando: se propone la hipótesis de que
se seguirán presentando crisis económicas globales en la medida en
que no se cambie la relación entre los diferentes sectores de actividad
económica; existe un agudo desbalance entre el valor agregado que
aporta el sector financiero (internacional y nacional de cada país) y
su retribución excesiva. Para el caso de la economía estadunidense
(que sí cuenta con la información disponible), mientras que el valor
agregado del sector financiero es de alrededor del 10% del total de
ese país, el mismo sector financiero se apropia de más del 30% de las
utilidades totales que se generan.

ELEMENTOS CENTRALES DE LA CRISIS ECONÓMICA 2008-2011

No obstante los diagnósticos existentes, se concentran más en las consecuencias de la crisis que en sus causas profundas. La secuencia de
eventos que culminan en el quiebre de la burbuja hipotecaria se sin-
tetizan a continuación:

En términos generales, se acusa a la autoridad monetaria estadunidense de inducir una expansión en el crédito barato que finalmente
generó un crecimiento irracional de hipotecas denominadas *subestán-*
dar. A su vez, se desató una explosión en el mercado de instrumentos
financieros derivados, particularmente, en valores respaldados por
hipotecas, que se distribuyeron a inversionistas de cualquier tipo por
todo el mundo.

La expansión y la disponibilidad prácticamente ilimitada de los recursos para financiar hipotecas hizo que el sistema financiero relacionado relajara sus criterios para otorgar hipotecas, llegando a excesos, tales como financiar más del valor total de las casas hipotecadas o el establecimiento de montos imposibles de pagar por parte del acreditado. Las hipotecas se otorgaban, asimismo, en un mercado de casas-habitación cuyos precios también iban a la alza de manera casi exponencial desde 2003-2004.

ÍNDICE DE PRECIOS DE CASAS-HABITACIÓN EN ESTADOS UNIDOS

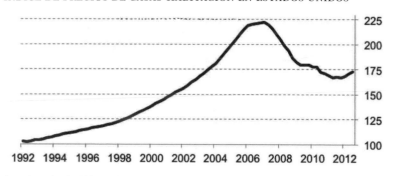

1er trimestre de 1991 = 100.
Fuente: US Federal Housing Finance Agency (FHFA).

Los precios de las casas-habitación llegaron a niveles absurdos, pues, a mediados de 2006, habían crecido más de 30% durante los últimos dos años. Se rompió entonces la "burbuja especulativa en el mercado hipotecario" que arrastró a la baja de precios a otros mercados, que finalmente provocaron una recesión aguda en 2008 y 2009 en Estados Unidos, primero, y después en prácticamente todo el mundo, en donde sigue manifestándose con severidad en algunas partes de Europa y mantiene cierta debilidad en las economías de Asia.

EVOLUCIÓN DE LA BANCA POSCRISIS

La crisis de 2008 fue de corta duración para el sector financiero. No hay duda de que los grandes bancos e instituciones financieras internacionales se recapitalizaron aceleradamente. En la gráfica que se presenta a continuación se aprecia cómo las utilidades del sector financiero de Estados Unidos experimentaron una aguda caída durante 2008, e incluso fueron negativas a finales de ese año. A finales de 2009, casi habían recuperado sus niveles de años anteriores. Parte de esta recuperación es atribuible al apoyo del gobierno estadunidense a través del mecanismo Troubled Asset Relief Program (TARP).[2]

PARTICIPACIÓN DE LAS UTILIDADES DEL SECTOR FINANCIERO EN LAS GANANCIAS TOTALES DOMÉSTICAS EN ESTADOS UNIDOS

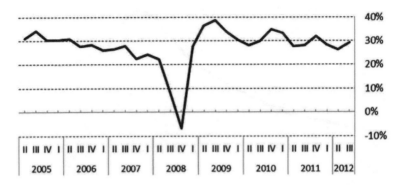

Fuente: US Bureau of Economic Analysis.

El mecanismo de apoyo que alcanzó hasta 475 000 millones de dólares ya fue recuperado con intereses y el Departamento del Tesoro de Estados Unidos afirma que incluso hubo utilidad para los contribuyentes. El resultado del apoyo es, en ese sentido, un éxito financiero. Sin embargo, parece que no hubo, ya en la poscrisis, diagnósticos claros de qué fue lo que pasó y, sobre todo, cómo se pueden prevenir crisis similares en el futuro. Aunque la información sobre los montos financiados y las instituciones beneficiadas es vasta, no es transparente en cuanto a la cifra de los apoyos que fueron otorgados para la compra de cartera de crédito y en la cifra empleada para la capitalización

[2] Inicialmente autorizado para desembolsar hasta 700 000 millones de dólares, dispuso de un total de 475 000 millones. De acuerdo con información de la Secretaria del Tesoro, al cierre de noviembre de 2012, se habían recuperado más del 90% del total de fondos otorgados. Felix Salmon, "Chart of the day: US financial profits", *Thomson Reuters*, 30 de marzo de 2011.

de bancos e instituciones de seguros y otras.[3] La diferencia es muy relevante, pues el efecto que tiene una o la otra forma de apoyo sobre los accionistas de los bancos es muy significativo. Cuando el apoyo es a través de la compra de cartera, no se afecta la estructura accionaria del banco, sino nada más se afecta la rentabilidad del mismo; en cambio, cuando el apoyo es a través de la capitalización con la compra de acciones, el efecto es diluir (o desaparecer en casos extremos) a los accionistas de la institución en su porcentaje de propiedad. La información en este crucial aspecto es poco clara en el caso estadunidense; en el caso mexicano, por ejemplo, desconozco cómo y de qué tipo fueron los apoyos para el rescate bancario después de la crisis de 1995.

Por supuesto que no hay información sobre el efecto de la crisis sobre las miles de personas que perdieron sus patrimonios personales e institucionales en Estados Unidos y en otras partes del mundo, pero hay cientos de casos narrados por los medios. Por ejemplo, no sabemos cómo les fue a los banqueros (en su papel de dueños de bancos o instituciones financieras), pero, considerando los mecanismos de apoyo TARP, no hay duda de que les fue mejor (o "menos peor") que al resto de los ahorradores e inversionistas en todo el mundo, pues, como grupo, gozaron de un tratamiento privilegiado. Se puede argumentar, como lo declara el Departamento del Tesoro, que de todos modos al final hubo utilidad en la recuperación de los fondos canalizados al rescate; sin embargo, ello no cambia la situación de trato privilegiado de la que gozaron los banqueros y los financieros como grupo social: se armó un rescate sin saber si ello iba a significar una ganancia o una pérdida para el Departamento del Tesoro; además, existe la posibilidad de que la utilidad de la operación haya sido mucho mayor si se hubiesen realizado capitalizaciones y no dar apoyos para resarcir el valor de la cartera de crédito, incluso, una cantidad

---

[3] En la página oficial de la Secretaría del Tesoro se dice lo siguiente para el caso de Citigroup: "[...] Treasury made three separate investments in Citigroup Inc. (Citigroup) under the CPP, Targeted Investment Program (TIP), and Asset Guarantee Program (AGP) for a total of $49 billion. On 6/9/2009, Treasury entered into an agreement with Citigroup to exchange up to $25 billion of Treasury's investment in Fixed Rate Cumulative Perpetual Preferred Stock, Series H (CPP Shares) 'dollar for dollar' in Citigroup's Private and Public Exchange Offerings. On 7/23/2009 and 7/30/2009, Treasury exchanged a total of $25 billion of the CPP shares for Series M Common Stock Equivalent ('Series M') and a warrant to purchase shares of Series M. On 9/11/2009, Series M automatically converted to 7 692 307 692 shares of common stock and the associated warrant terminated on receipt of certain shareholder approvals [...]".

importante de los apoyos se otorgaron sin afectar la estructura y los porcentajes de propiedad de los dueños de los bancos y las instituciones financieras. El sistema financiero recuperó su vigor y generación de utilidades mucho antes que cualquier otra rama de actividad en la economía global; sin embargo, se debatió muy poco la conveniencia de repensar la estructura económica y financiera del orden internacional. Una ironía trágica es que los banqueros centrales (tal vez las personas que fueron más irresponsables al permitir la "exuberancia irracional" de los mercados financieros) siguen en sus puestos dirigiendo la política monetaria y, peor aún, como si no hubiesen probado su incompetencia, les seguimos consultando acerca del camino a seguir.

Para evitar una crisis similar, existe el aparente consenso de que se deben ajustar más las regulaciones y las acciones prudenciales, pero no se está discutiendo (salvo unas cuantas voces disidentes)[4] la necesidad de cambiar la estructura de operación del sistema financiero internacional en su relación con toda la esfera económica. El problema no es nacional o de algún país en particular, sino que es global y ningún país queda fuera.

La reacción de ajuste de las autoridades se aprecia en la nueva legislación estadunidense denominada la ley Dodd-Frank para la protección de usuarios de servicios financieros. Esta ley establece el robustecimiento y la consolidación de las entidades reguladoras que, además, evalúan el riesgo sistémico, la operación más transparente en los mercados de instrumentos financieros derivados y también de instrumentos tradicionales de ahorro e inversión; mayor regulación de las empresas calificadoras de valores, y la ampliación de facultades de intervención y cierre de empresas financieras insolventes, aun en los casos de los grandes bancos (le restará discrecionalidad al gobierno para decidir qué bancos se salvarán y cuáles no en una crisis futura); finalmente, se hizo una adición —*Volcker rule*— para reducir el monto que los bancos pueden invertir de su propio capital en fondos privados de inversión. En el Reino Unido también se hicieron algunos ajustes a la regulación, pero nada sustancialmente distinto. Aunque el robustecimiento es bienvenido, la tesis que se presenta en este artículo es que ninguna nueva regulación (ni de las ya aprobadas ni en

[4] Matt Taibbi, "Griftopia: Bubble Machines, Vampire Squids, and the Long Con that is Breaking America", Nueva York, Spiegel & Grau, 2010.

discusión) ataca las causas estructurales de la crisis y, por lo tanto, no son relevantes para prevenir crisis venideras.

LAS CAUSAS DE LA CRISIS

Las causas que generalmente se le atribuyen a la crisis de 2008 son resumidas brevemente en dos puntos:

- Una política monetaria expansiva que dio origen a una burbuja en el precio de los bienes raíces, que a su vez, se retroalimentó de un crecimiento sin precedentes del otorgamiento de hipotecas, cada vez de mayor riesgo para la institución acreedora (y que fueron empaquetadas y revendidas en instrumentos de inversión "derivados" en todo el mundo).

- Al alcanzar límites absurdos, los precios de las casas-habitación que respaldaban las hipotecas se desplomaron estrepitosamente, provocando una crisis de incapacidad de pago para millones de deudores hipotecarios. La crisis misma provocada por el desplome en los precios se agudizó aún más al descubrirse que muchos créditos se habían otorgado de manera irregular, o simplemente, se habían otorgado a individuos sin capacidad de pago. Los instrumentos derivados (*mortgage-backed securities*), que se habían vendido por todo el mundo con el respaldo de las hipotecas, perdieron valor abruptamente y significaron la pérdida de miles de millones de dólares para instituciones y personas en Estados Unidos y en todo el mundo. Eso profundizó una recesión que sigue afectando a muchos sectores y economías del mundo.

La secuencia de eventos descritos de la crisis de 2008 son aparentes causas que, desde el punto de vista de la hipótesis que se presenta a continuación, son consecuencias de otras causas más profundas, como las estructurales (la forma en la que está organizado el sistema financiero internacional y su relación con el resto de los sectores económicos). Se presenta como hipótesis porque es apenas un esbozo de la investigación que se tendría que hacer para darle solidez al planteamiento analítico. La hipótesis básica es que el sector financiero goza de un beneficio desigual al compararse con otros sectores de la economía, que provocan, como consecuencia, un desincentivo estructural para otras actividades de generación de valor agregado, afectando el crecimiento y provocando desigualdad e injusticia en la distribución del ingreso.

El beneficio desigual que presenta el sector financiero con relación al resto de las actividades económicas se puede apreciar claramente al comparar su aportación al producto interno bruto (PIB) y su participación en las utilidades de todo el sector corporativo. Las gráficas que se presentan a continuación se refieren únicamente a Estados Unidos, pues no se cuenta con series históricas similares para la economía internacional en su conjunto.

En la gráfica siguiente se observa que la participación de las utilidades que ha generado el sector financiero en la suma de las utilidades totales del sector corporativo estadunidense ha ido creciendo significativamente, pues pasó de representar alrededor del 15%, a mediados de los años ochenta, a representar casi el 25% en los últimos cuatro años (no obstante un año negativo en 2009).

PARTICIPACIÓN DE LAS UTILIDADES DEL SECTOR FINANCIERO EN EL
TOTAL DE LAS UTILIDADES DEL SECTOR CORPORATIVO DE ESTADOS
UNIDOS

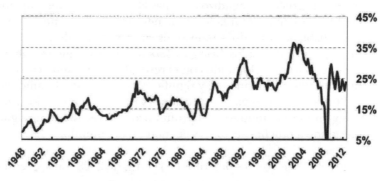

Fuente: Corporate Profits by Industry; Bureau of Economic Analysis; 17 de agosto de 2009.

En cambio su contribución al PIB de ese país fue de apenas el 8% en 2011, como se puede constatar en la siguiente gráfica.

La desproporción de sus contribuciones es sorprendente: mientras que participa con alrededor del 25% del total de las utilidades corporativas en Estados Unidos, únicamente contribuye con el 8% del PIB de ese país. ¿Por qué las utilidades que genera el sector financiero son

PARTICIPACIÓN DEL SECTOR FINANCIERO EN EL PIB. ESTADOS UNIDOS

Fuente: US Department of Commerce, Bureau of Economic Analysis (BEA).

tres veces más superiores a su correspondiente contribución al PIB? ¿Qué mecanismos provoca esta desproporción entre la generación de utilidades y generación de valor agregado? En el próximo inciso se presenta un posible razonamiento.

INFORMACIÓN PRIVILEGIADA Y SUS CONSECUENCIAS

La relación entre el sector financiero con otros sectores, por ejemplo, con el industrial, de servicios, de telecomunicaciones y (o) el comercial es desigual en términos de información e influencia: el sector financiero, a través de bancos, casas de bolsa, fondos institucionales de inversión y aseguradoras, tiene un acceso privilegiado a la información no-pública de prácticamente cualquier empresa, simplemente porque la mayoría de éstas utilizan crédito bancario, emiten bonos o acciones, o son beneficiarias de inversiones institucionales y seguros.

La información privilegiada a la que tiene acceso el sector financiero es atribuible a su doble papel en el desarrollo de la economía: *a*] de canalizador de crédito o de intermediario entre acreedores-accionistas y los usuarios finales de dinero —empresas—, y *b*] en su papel de intermediario entre inversionistas y ahorradores con los usuarios del crédito o inversión. Ningún otro sector de la economía goza de ese acceso a la información privilegiada y muchas veces confidencial. Algunas empresas asesoras, como podrían ser las de los grandes despachos de contabilidad y asesoría fiscal, laborales o de sistemas y tecnologías, también tienen acceso a información confidencial de las empresas asesoradas, pero generalmente ésta es de naturaleza menos amplia y (o) está restringida a únicamente ciertos aspectos de las operaciones de las empresas que asesoran.

Hasta ahora, se han descrito las diferencias del acceso a la información que tiene el sector financiero al compararse con otras empresas no financieras. El sector financiero, además, interactúa con la mayoría de las empresas productivas, comerciales y de servicios. En cambio, la información que tienen las empresas no financieras sobre las financieras es escasa y casi siempre nula.

En conclusión, hay una asimetría en el acceso a la información entre los sectores financieros y no financieros de la economía. Esta asimetría en el acceso a la información y a las oportunidades y riesgos de todos los sectores de la economía, y lo que las instituciones hacen con esa información privilegiada, tendría como reflejo evidente la desproporción que existe entre lo que el sector financiero aporta a la economía (en el caso de Estados Unidos, el 8% del PIB) y el nivel de utilidades que genera el sector dentro del total de las utilidades corporativas en Estados Unidos —que es de alrededor del 25%, en una tendencia, además, creciente y acelerada—. (Se recuerda que se utilizan estadísticas de Estados Unidos por no disponer de las de México y otros países.) Las utilidades desproporcionadas que genera el sector financiero se atribuirían, por lo tanto, a la hipótesis que se está presentando en este trabajo y que propone lo siguiente: el sector financiero (particularmente bancos y casas de bolsa) tiene acceso privilegiado a la información sobre las oportunidades y los riesgos de todos los sectores de la economía, lo que le ha permitido generar utilidades para sí mismo, muy por encima de lo que le correspondería si fuese cualquier otro sector económico. En última instancia, los beneficiarios de esta asimetría son los accionistas de los bancos, las casas de bolsa y las otras empresas del sector financiero, que en conjunto, obtienen utilidades proporcionalmente mayores a su contribución al desempeño económico en su conjunto.

El sector financiero se compone de empresas y éstas de personas; entre las principales destacan las siguientes: los banqueros, los "caseros de bolsa", los operadores de fondos de inversión, los aseguradores y, de manera muy destacada, los accionistas. Con frecuencia, los empleados del sector también son accionistas.

Estas personas —empleados bancarios y del sector financiero— gozan, por definición, del acervo de información sobre las oportunidades y debilidades a las que le hacen frente, tanto las empresas y mercados en las que operan las empresas no financieras, como las condiciones y expectativas de los mercados financieros mismos.

En cambio, los directivos y empleados de mediano y alto nivel en empresas no financieras únicamente tienen acceso a la información de su propia empresa (muchas veces incompleta) y algo del mercado específico en donde operan. Sin embargo, no tienen acceso a la información de otras empresas, sectores y, mucho menos, sobre las oportunidades que existen en esos mercados.

Vistos como asesores de ahorradores y de inversionistas, los banqueros y funcionarios de casas de bolsa y fondos de inversión recomiendan áreas de oportunidad para obtener utilidades y sugieren mecanismos para reducir el riesgo a los ahorradores e inversionistas, pero además, ellos mismos —en su papel de ahorradores e inversionistas individuales— también se convierten en inversionistas en áreas de oportunidad. También son, por lo tanto, beneficiarios de la asimetría de información que favorece al sector financiero.

CONCLUSIÓN

La desproporción, con tendencia a crecer aún más, entre la contribución del sector financiero a la economía *versus* las utilidades que genera podría ser una de las causas estructurales que impiden que la economía internacional alcance tasas de crecimiento más elevadas.

Probablemente, el reparto desigual de las utilidades entre sectores también ha repercutido en la mayor concentración del ingreso en todos los países, tal vez siendo todavía más grave en economías más pobres como la mexicana.

He propuesto la hipótesis de que la distribución desigual de utilidades entre el sector financiero y otros sectores de la economía es atribuible a la posición única que tiene el primer sector (especialmente bancos, casas de bolsa y fondos de inversión), pues goza del privilegio de tener acceso a la mejor información confidencial y reservada sobre riesgos y oportunidades de inversión de toda la economía. Ningún otro sector goza de información privilegiada similar.

La hipótesis propuesta se debe estudiar y analizar con mayor profundidad en el corto plazo, pues, de confirmarse, serviría para repensar el orden económico nacional e internacional para un crecimiento y desarrollo económicos más elevados y con mejor distribución del valor agregado.

LA POLÍTICA MEXICANA DE COOPERACIÓN INTERNACIONAL: DE LA INOCUIDAD A LA RELEVANCIA

ROGELIO GRANGUILLHOME y JOSÉ OCTAVIO TRIPP

La cooperación internacional constituye una herramienta de política pública fundamentalmente diseñada para propiciar o acelerar el desarrollo. Desde esa perspectiva, en países como México que la reciben y brindan de manera simultánea, la cooperación se convierte en un vehículo de apoyo al progreso interno, así como en un instrumento para la proyección de los intereses nacionales en el ámbito internacional. Conforme a lo anterior, la importancia de una política de alcance dual como ésta entraña sin duda un enorme potencial. En México, sin embargo, su explotación ha sido históricamente modesta y a la zaga de los rendimientos que podría reportar.

Varias razones explican dicho fenómeno, como se verá en las páginas siguientes. No obstante, de momento basta con destacar, con este ensayo en calidad de hipótesis, que una comprensión precisa de los alcances inherentes a la política de cooperación, diseñada con un propósito estratégico, podría convertirse en uno de los instrumentos de acción más productivos y relevantes de la próxima administración gobernante en México. Dicha política estaría en posibilidad de incidir en áreas cruciales para el desarrollo nacional mediante el aporte que podrían imprimirle ciertos flujos provenientes del extranjero y, de manera simultánea y quizá más señalada, resultaría pertinente para desplegar en el exterior el "poder suave"[1] que supone la cooperación internacional, proyectando por esa vía los intereses de México de una manera positiva y en contraposición con la imagen violenta del país que suele predominar en la percepción internacional. Las políticas de cooperación implementadas en los últimos años por países de renta media como Brasil y China son experiencias ilustrativas en este senti-

---

[1] El "poder suave" o "poder blando" alude, de acuerdo con Nye, a "la habilidad de obtener lo que se quiere a través de la atracción antes que la coerción". Joseph S. Nye Jr., "El poder blando y la política exterior americana", *Relaciones Internacionales*, núm. 14, GERI-UAM, junio de 2010.

do, cuyos beneficios subyacentes deberían constituir incentivos suficientes para acometerla con decisión.

De ahí que el propósito central de este ensayo consista en delinear las pautas básicas para el diseño y ejecución de una política de cooperación que permita alcanzar dos de los objetivos referidos: incidir en el desarrollo del país y hacer lo propio en el exterior, acreditando con ello la imagen y los intereses de México. Para tales efectos, primero, se procurará una delimitación de los conceptos centrales que definen la llamada cooperación internacional para el desarrollo. Después, se reseñará la evolución que ésta ha observado dentro de las estructuras gubernamentales mexicanas desde los años setenta. En seguida se denotarán las fortalezas y debilidades registradas en ese tránsito para contrastarlas después con dos casos internacionales pertinentes: China y Brasil. Finalmente, se concluirá con una serie de sugerencias que permitirían forjar una política de cooperación estratégica y eficaz.

DELIMITACIONES CONCEPTUALES

Una premisa básica en la formulación de cualquier política pública se conforma por un principio: su entendimiento cabal y la comprensión de su objeto fundamental de estudio. Tal advertencia metodológica, si bien deriva del sentido común más elemental, no siempre aplica para casos de conceptos complejos, como el de la cooperación internacional para el desarrollo, pues este último es confundido de modo recurrente con nociones similares como la Ayuda Oficial al Desarrollo (AOD) o incluso con actividades propias de la filantropía.

Dichas confusiones se han traducido en la ausencia de enfoques definidos alrededor de la cooperación internacional, así como en constantes mudanzas administrativas dentro del entramado gubernamental encargado de esta materia, dando por resultado acciones sin un norte estratégico y presupuestos exiguos que suelen condenar la política de cooperación, *ex ante*, a expresiones casi simbólicas de solidaridad internacional; generosas quizá, pero sin impacto real en el desarrollo.

Como es natural en el ámbito de las ciencias sociales, no existe una definición única de la llamada Cooperación Internacional para el Desarrollo (CID). No obstante, una delimitación general permite advertir que se trata de una categoría conceptual que, como lo sugiere su propio nombre, gira alrededor del propósito de generar progreso. Así, en el contexto de Naciones Unidas (ONU) se le define como aquella práctica "que apoya a los países en sus esfuerzos por promover el desarrollo y fomentar un ambiente económico propicio (para tales efectos) a nivel global".[2]

Desde una perspectiva académica, Prado y Ochoa recurren a una definición más amplia al sostener que la CID alude "un cúmulo de acciones, estrategias y modalidades de colaboración, tales como técnica, científica, tecnológica, económica, política, educativa, deportiva, etc., que abarcan tanto el sector público (incluyendo gobiernos nacionales, estatales-provinciales y locales) como al privado (organizaciones civiles, fundaciones, empresas y universidades) practicadas entre dos o más partes, sean de naturaleza multilateral o bilateral, que convergen en el interés por la realización de acciones concretas a favor de sí o, en su caso, de terceros beneficiarios".[3]

En línea con esa lógica, la Agencia Mexicana de Cooperación Internacional para el Desarrollo (Amexcid) maneja la siguiente conceptualización de la CID: "[son] los flujos de intercambio no lucrativos, que se producen entre diversos actores del sistema internacional para promover el desarrollo integral y sustentable del orbe, a través de acciones que pueden incluir la movilización de recursos financieros, humanos, técnicos y tecnológicos".[4]

Este ejercicio de política pública, para que sea considerado genuinamente de cooperación, supone un ejercicio bidireccional en donde los involucrados intercambian en mayor o menor medida, información, experiencias o recursos de distinta índole. En caso contrario, cuando se registra una praxis exclusivamente unidireccional de un donante hacia un receptor para otorgar algún tipo de colaboración, se trata de una actividad asistencialista, susceptible de calificársele como un acto de cooperación (Norte-Sur), pero asentada en la lla-

---

[2] Página de Internet de la Organización de las Naciones Unidas, <www.un.org/en/globalissues/development/>, 15 de octubre de 2012.

[3] Juan Pablo Prado Lallande y Luis Ochoa Bilbao, "El sistema de cooperación internacional para el desarrollo: frente a la securitización y la crisis económica global", *Revista de Relaciones Internacionales de la* UNAM, núm. 105, 2009, p. 40.

[4] Agencia Mexicana de Cooperación Internacional para el Desarrollo, <http://amexcid.gob.mx/index.php/es/politica-mexicana-de-cid/ique-es-la-cooperacion-internacional-para-el-desarrollo>, 15 de octubre de 2012.

mada AOD, de conformidad con la terminología de los países donantes aglutinados alrededor del Comité de Ayuda al Desarrollo (CAD) de la Organización para la Cooperación y el Desarrollo Económicos (OCDE).[5]

Desde esa óptica, la CID es un concepto que en la práctica resulta más equitativo (al entrañar una interacción de mayor horizontalidad entre los involucrados), pero menos tangible en comparación con la AOD, ya que esta última incluye también préstamos (así sean concesionales) que siempre tendrán un valor pecuniario definido. Dicha connotación diferenciada no implica que la CID sea un bien superior a la AOD, simple y sencillamente se trata de nociones y herramientas de política pública distintas.

México en tal contexto ha sido un fiel practicante de la CID desde hace varias décadas. A medida que ha ido escalando su nivel de desarrollo, ha tomado cada vez más distancia de la AOD toda vez que, como receptor de ella, el país ya no es prioritario para los donantes tradicionales, y, además, nunca se ha asumido como oferente de la misma (México brinda cooperación, no AOD). Consecuentemente, el reto para el Estado mexicano se ubica en la esfera de la cooperación internacional y es ahí en donde tiene que diseñar una política *ad hoc* y eficaz.

El repunte en los montos de AOD registrados en 2010 obedecen, en buena medida, al hecho de que Estados Unidos reporta como tal la ayuda dispensada en el marco de la Iniciativa Mérida contra la delincuencia organizada, rubro que, para varios analistas, no es asistencia "al desarrollo".

[5] Para el CAD, la AOD entraña "flujos oficiales de financiamiento para la promoción del desarrollo económico y el bienestar de los países en desarrollo, que son concesionales por naturaleza y que tienen un elemento de al menos 25% de donación". En esa línea, el Banco Mundial define a la AOD como "los desembolsos de préstamos en condiciones concesionales (netos de reembolsos del principal) y las donaciones otorgadas por organismos oficiales de los miembros del CAD, por instituciones multilaterales y por países que no integran el CAD, a fin de promover el desarrollo y el bienestar económico en los países y territorios que figuran en la lista del CAD como destinatarios de AOD". Véase "Glosario de Términos Estadísticos de la OCDE", Organización para la Cooperación y el Desarrollo Económicos (OCDE), <http://stats.oecd.org/glossary/detail. asp?ID=6043>, 15 de octubre de 2012 y "Ayuda Oficial al Desarrollo", Banco Mundial, <http://datos.bancomundial.org/indicador/DT.ODA.ODAT.GN.ZS>, 15 de octubre de 2012.

GRÁFICA 1. EVOLUCIÓN DE LA AOD RECIBIDA POR MÉXICO
(MILLONES DE DÓLARES)

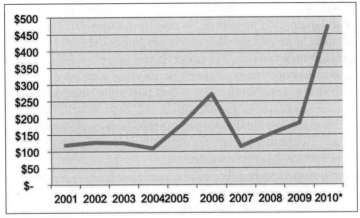

Fuente: OCDE.

LOS CAMINOS ANDADOS

Por su nivel de desarrollo, caracterizado por el Banco Mundial como un país de renta media alta, México es un actor peculiar y acaso por ello relevante en el mundo de la cooperación internacional. La diversidad representa en ese marco su atributo dominante. La situación de México como país de renta media es dual por su naturaleza, pues recibe y brinda cooperación internacional de manera simultánea; sin embargo, no es oferente neto de ella ni receptor puro de la misma; puede, no obstante, desempeñar ambos papeles a la vez.

Por su accionar, el país es un actor multidimensional que opera en prácticamente todos los foros y plataformas del ramo. A nivel global participa dentro del sistema de la ONU, el Grupo de los 20 y la OCDE, entre otros.[6] En el plano regional y subregional, México despliega gran activismo en el sistema interamericano a través de la Organización de los Estados Americanos, y en el hispanoamericano mediante la Secretaría General Iberoamericana (SEGIB). En el ámbito meso-

---

[6] En Naciones Unidas, el Consejo Económico y Social, particularmente el Foro sobre Cooperación para el Desarrollo y el Programa de las Naciones Unidas para el Desarrollo (PNUD) constituyen los foros de cooperación más importantes. Dentro del G-20, lo es el Grupo de Trabajo de Desarrollo (el GTD) y en la OCDE, como ya se señaló previamente, es el CAD.

americano, las iniciativas instrumentadas en torno al Programa y el Proyecto Mesoamérica ilustran con nitidez este dinamismo polifacético. A nivel bilateral, la vigencia de 411 programas de cooperación en 2011 dan igualmente prueba de este activismo mexicano en la materia. Además, la mezcla de ellos revela con nitidez el perfil dual de la cooperación mexicana: en 211 programas o proyectos México asume de manera preponderante el papel de receptor y en los otros 200 el papel de cooperante Sur-Sur (en 165 el país tiene una participación principal como oferente y en 35 opera con esquemas horizontales). En los últimos años, México ha promovido también el despliegue de iniciativas emergentes de carácter triangular[7] que han expandido aún más su portafolio de colaboración.

Desde otra perspectiva, la política mexicana ha sido pluritemática por el número de sectores que ha atendido a lo largo de los años, tal y como lo sugiere el llamado *Catálogo de Capacidades Mexicanas de Cooperación Internacional para el Desarrollo 2012* elaborado por la Amexcid junto con la Agencia Japonesa de Cooperación Internacional, en donde se documenta que México habría dado cooperación en al menos 14 sectores durante los últimos 15 años.[8]

Estos atributos han permitido a México actuar con frecuencia como puente entre países con distinto nivel de desarrollo y prácticas de cooperación. Es decir, como una suerte de mediador entre los donantes tradicionales, los receptores netos de ella y los países emergentes; en otras palabras, entre el Norte y el Sur.

La postura adoptada por México durante el IV Foro de Alto Nivel sobre la Eficacia de la Ayuda celebrado en Busán, Corea del Sur, en 2011, ilustra con nitidez este papel. En aras de posibilitar el consenso (en particular entre los países desarrollados y los conocidos como BRICS: Brasil, Rusia, la India, China y Sudáfrica), México propuso, como fórmula de compromiso para la construcción de una nueva arquitectura de cooperación internacional, el principio de "responsabi-

---

[7] En términos generales, la cooperación triangular se refiere a la implementación de proyectos conjuntos, por lo regular, entre un país donante, un país emergente y un país en desarrollo. La cooperación triangular facilita que los casos de éxito de la cooperación bilateral puedan replicarse en otros países en desarrollo. Véase la página de la Agencia Alemana de Cooperación, <www.giz.de/Themen/en/SID-FB146E7C-A4F70A4C/28290.htm> y Talita Yamashiro Fordelone, "Triangular Co-operation and Aid Effectiveness".

[8] *Catálogo de Capacidades Mexicanas de Cooperación Internacional para el Desarrollo 2012*, México, SRE-Amexcid-JICA, 2012.

lidades compartidas pero diferenciadas", denotando con ello que, si bien la promoción del desarrollo es una tarea compartida, los niveles de compromiso en ese sentido son diversos, considerando las posibilidades y capacidades asimétricas que tienen unos y otros (por ejemplo, Estados Unidos con la India o la Unión Europea con Sudáfrica). Así, después de arduas negociaciones, el principio citado fue aceptado por todos los países y se logró en consecuencia el consenso en turno a la Declaración de Busán (en el párrafo 14 de ese documento se incorporó el principio en cuestión).

De este modo, el análisis morfológico de la política mexicana de cooperación revela como rasgo básico y general el de la polivalencia y, a partir de él, se identifican cuatro atributos específicos como lo ilustra el cuadro siguiente:

CARACTERÍSTICAS DE LA POLÍTICA MEXICANA DE COOPERACIÓN INTERNACIONAL

Rasgo general	Atributos específicos
Polivalencia	Dualidad
	Multidimensionalidad
	Pluralidad temática
	Intermediación política

Fuente: Elaboración propia.

Dicha heterogeneidad, sumada a la ausencia de un entendimiento cabal de los objetivos asociados a una política de cooperación, ha dado por resultado un corolario de activos y pasivos que gravitan de manera simultánea. Por una parte, la heterogeneidad ha dado lugar a una práctica mexicana de cooperación prolija y diversificada en la arena internacional. Su despliegue —a pesar de no ser del todo ordenado y guiado por una orientación estratégica—, su constancia y su genuino sentido de solidaridad le han permitido a México brindar apoyo para el desarrollo a varios países; en particular, a aquellos que le resultan prioritarios, como los de Centroamérica.

Por otro lado, el fenómeno mencionado ha propiciado agendas de cooperación bilateral demasiado grandes en aras de intentar satisfacer todas las demandas de aquellos socios que la solicitan. De ese modo, los esfuerzos se otorgan en un sinfín de temas, afectando con ello la eficacia de la cooperación dispensada y provocando, a su vez, que los receptores de la colaboración mexicana suelan subvalorarla y expresar, en consecuencia, poco reconocimiento por ella.

En tales circunstancias, la política de cooperación internacional de México, si bien ha sido la suerte de "caballito de batalla" de la diplomacia mexicana, ha tenido una capitalización política muy discreta. Poco ha ayudado en ese sentido la inestabilidad institucional que ha caracterizado la gestión de la cooperación internacional al interior de la Secretaría de Relaciones Exteriores (SRE), donde las unidades administrativas encargadas de esta responsabilidad han sido, indistintamente, direcciones generales, subsecretarías e institutos, hasta llegar en la actualidad a un órgano desconcentrado como lo es la Amexcid, en una trayectoria que ha distado de ser lineal, tal y como lo ilustra la evolución reflejada en la gráfica siguiente:

GRÁFICA 2. UNIDADES ADMINISTRATIVAS DE LA SRE ENCARGADAS DE COOPERACIÓN INTERNACIONAL (EVOLUCIÓN HISTÓRICA)

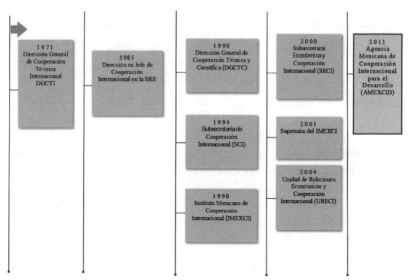

Fuente: Agencia Mexicana de Cooperación Internacional para el Desarrollo.

EXPERIENCIAS GLOBALES: LOS CASOS DE CHINA Y BRASIL

La cooperación internacional también es una herramienta de la política mundial contemporánea con usos y efectos múltiples. En primer lugar, constituye un componente relevante de los flujos orientados al desarrollo global junto con aquellos que destinan los países industrializados bajo el concepto de AOD y los que, de modo creciente, aporta el sector privado a través de grandes fundaciones como la Bill & Melinda Gates o la Clinton, entre otras.

Derivado de lo anterior, la CID es asimismo un instrumento político para promover los intereses nacionales y alentar el progreso en países y regiones del planeta prioritarias para quien quiere colaborar con ellas. De tal suerte, las estrategias eficaces de cooperación se traducen, para quienes las ejercen con un sentido estratégico, en prestigio e influencia en el plano internacional. De ahí el interés de los donantes tradicionales aglutinados en el CAD y de varios países de renta media —tanto de los que se autodenominan BRICS como de aquellos que no lo son— por desplegar políticas de cooperación agresivas y de alta visibilidad pública. Los recursos financieros documentados alrededor de esta actividad son sugerentes de este interés: en 2010, los países del CAD destinaron 128 728 millones de dólares a la AOD,[9] mientras que Brasil erogó 362 millones en 2009.[10] China, por su parte, reportó que, desde mediados del siglo pasado, ha erogado alrededor de 40 000 millones de dólares para la CID.[11]

Países como los nórdicos, al igual que los Países Bajos, son ejemplos ilustrativos de naciones que fundamentan parte de su prestigio y buen nombre en el mundo en la cooperación internacional que dispensan y cuyo gasto en AOD es de los pocos que alcanzan el 0.7% de su PIB, de conformidad con los compromisos multilaterales existentes en la materia.

En el campo de los países en desarrollo, los dos países BRICS recién mencionados (China y Brasil) son casos interesantes de estudio. Beijing, mediante una inyección creciente de recursos al desarrollo destinados a países particularmente de África y Latinoamérica, se ha convertido en uno de sus principales socios, los cuales, a su vez, son sus proveedores de petróleo o materias primas.

[9] Cuadro 1, "Net Official Development Assistance in 2010", OCDE-CAD, <www.oecd.org/dac/aidstatistics/47515917.pdf>, 15 de octubre de 2012.

[10] Instituto de Investigación Económica Aplicada (IPEA), *Cooperação Brasileira Para O Desenvolvimento Internacional: 2005-2009*, Brasilia, IPEA/ABC, 2010, p. 21.

[11] Oficina de Información del Consejo Estatal de China, "China's Foreign Aid White Paper", <http://news.xinhuanet.com/english2010/china/2011-04/21/c_13839683.htm>, 15 de octubre de 2012.

GRÁFICA 3. APORTACIONES AOD DE ALGUNOS PAÍSES OCDE
EN PROPORCIÓN A SU PIB (2010)

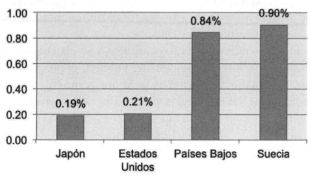

Fuente: OCDE.

En aras de fortalecer las relaciones con aquellos países (la prioridad fundamental de la política exterior china), Beijing ha respaldado desde la construcción de proyectos de infraestructura hidroeléctrica y petrolera, hasta edificaciones deportivas. Dicha praxis ha despertado el recelo de los donantes occidentales (por el argumento de que esa cooperación es simple asistencia atada a intereses chinos). No obstante, para las naciones receptoras de esos apoyos, atados o no, representan una ayuda de gran valor que muy difícilmente habrían podido obtener de otras fuentes, menos aún si se considera la astringencia financiera provocada por la crisis económica de varios países europeos. La construcción del estadio nacional de Costa Rica por China (en retribución a la ruptura de relaciones del país centroamericano con Taiwán) es ilustrativa en este sentido.[12]

Por su parte, Brasil, con menos recursos, pero con una estrategia de cooperación hábilmente diseñada y mejor divulgada, ha desplegado una praxis que le ha redundado en presencia y prestigio internacionales, acordes con su propósito de obtener un espacio permanente en el Consejo de Seguridad de la ONU. En ese país, la cooperación internacional es un mandato constitucional y desde 1990 constituye uno de los pilares de su política exterior. Sin embargo, es hasta 2002, con el ascenso al poder de Luiz Inácio Lula da Silva, cuando la CID

---

[12] Cf. Michael T. Klare, "¿Es China imperialista?", *Le Monde Diplomatique en español,* octubre de 2012, pp. 12 y 13.

experimenta un auge, a merced de una reforma institucional en el ramo que dotó de mayor poder y presupuesto a la Agencia Brasileña de Cooperación de conformidad con tres factores de *realpolitik*:[13]

- El autorreconocimiento brasileño como economía (y poder) emergente.
- Su capacidad (técnica) en diversos sectores del desarrollo como la aeroindustria, la agricultura y el desarrollo social.
- Su liderazgo en Sudamérica y creciente proyección internacional en el mundo.

De este modo, Brasilia ha desplegado un poder suave que le ha permitido construir vínculos sistemáticos de diálogo y colaboración con distintos grupos de países en desarrollo (de África, Latinoamérica, el mundo árabe y algunos de Asia), al mismo tiempo que implementa esquemas de cooperación triangular con naciones desarrolladas y organismos internacionales (muy señaladamente con Japón y el Programa de las Naciones Unidas para el Desarrollo). En este contexto, resulta sugerente que sea precisamente a partir de 2002 cuando Brasil empieza a experimentar un crecimiento sostenido en el escenario mundial y a incrementar su presencia e influencia en el orbe de acuerdo con el Índice Elcano de Presencia Global.[14] Hoy, China y Brasil ocupan una posición destacada en el campo de la cooperación internacional para el desarrollo, instrumentando una estrategia quizá controvertida,[15] pero funcional para sus intereses; China asegurando su avituallamiento energético y alimenticio y Brasil granjeándose apoyos para una silla permanente en el Consejo de Seguridad de la ONU.

[13] Bruno Ayllón Pino, "La cooperación de Brasil: un modelo en construcción para una potencia emergente", *Real Instituto Elcano*, Madrid, ARI 143, 2010, p. 2.

[14] En la página del Instituto Elcano, véase "Decadentes pero no caídos, emergentes pero no emergidos. Resultados de la nueva edición del Índice Elcano de Presencia Global (IEPG)", <www.realinstitutoelcano.org/wps/portal/rielcano/contenido?WCM_GLOBAL_CONTEXT=/elcano/elcano_es/especiales/indiceelcanopresenciaglobal/comentario_olivie_iepg_2edicion>.

[15] A juicio de varios analistas, la política y estrategias de cooperación de ambos países es controvertida en la medida en que no aceptan las reglas establecidas por los donantes tradicionales y los receptores netos de cooperación en la Declaración de París y optan, en consecuencia, por actuar de manera autónoma. De ahí que, por ejemplo, ni Beijing ni Brasilia reporten montos de cooperación en línea con los criterios metodológicos del CAD.

NUEVAS RUTAS PARA MÉXICO

La aprobación de la Ley de Cooperación Internacional para el Desarrollo (LCID) en abril de 2011 en México imprimió un sentido de orden en la materia que indudablemente marcará un punto de inflexión en la política mexicana. La LCID no sólo reglamentó el principio constitucional de la cooperación internacional que existe desde 1988 en la Carta Magna, sino que también estableció las bases para la construcción de un sistema integral que generará mejores condiciones estructurales para el diseño y la aplicación de políticas y estrategias eficaces en este rubro.

La LCID perfila un sistema conformado por cinco pilares: *a*] el jurídico, representado por la propia ley; *b*] el orgánico-administrativo, encarnado por la Amexcid; *c*] el financiero, representado por el Fondo Nacional de Cooperación Internacional para el Desarrollo (Foncid), *d*] el programático, expresado en el Programa de Cooperación Internacional para el Desarrollo (Procid) y, finalmente, *e*] el estadístico, configurado por el Registro Nacional de la Cooperación Internacional para el Desarrollo (Rencid).

El engranaje diseñado por el sistema referido determina, al menos en el plano teórico, una articulación complementaria entre todas sus piezas, en donde el basamento lo aporta un ordenamiento legal; su representación institucional, una agencia; y su operación, un fondo *ad hoc*, en tanto que la orientación estratégica y la transparencia informativa la dan un programa y un registro como se ilustra en la gráfica 4.

En esas circunstancias, dos de los desafíos centrales para el gobierno de Enrique Peña Nieto en este ámbito consisten, primero, en desplegar plenamente todos los componentes del sistema referido con objeto de hacerlo totalmente operativo y empezar así a cosechar sus frutos en el corto plazo. El segundo reto, y quizá más importante aún, consiste en dar norte estratégico a la política de cooperación; en establecer en ese contexto un objeto toral equiparable a los adoptados por Brasil y China de acuerdo con sus intereses. Son varias las posibilidades en ese sentido: consolidar a México como un jugador global y referente obligado entre los países en desarrollo en el tema del cambio climático, o bien, procurar la misma meta pero a través de la ayuda humanitaria o incluso convertirse en uno de los dos principales donantes mundiales en Centroamérica, en el terreno del desarrollo,

GRÁFICA 4. EL SISTEMA MEXICANO DE COOPERACIÓN INTERNACIONAL
DISPUESTO POR LA LCID

Fuente: Agencia Mexicana de Cooperación Internacional para el Desarrollo.

con el propósito de construir un corredor geopolítico de prosperidad
compartida en donde México sea el Estado pivote.[16]

Por otra parte, desde una perspectiva de arquitectura institucional,
la Amexcid requerirá un diseño más refinado, ya que actualmente
refleja la misma estructura que le heredó el área administrativa que
le precedía (la Unidad de Relaciones Económicas y Cooperación Internacional), originando situaciones muy peculiares y un tanto disfuncionales para una agencia de cooperación debido a la cantidad y
diversidad de temas sujetos a su responsabilidad.

En contraste, la Amexcid adolece de algunas áreas cuya existencia
es imprescindible en esta clase de organismos, tales como las de planeación, divulgación y asuntos jurídicos. Su coordinación administrativa (diseñada originalmente para atender los requerimientos de la
unidad) resulta ahora insuficiente para encarar las exigencias de una
entidad desconcentrada como la Amexcid.

El Foncid, por su parte, además de constituirse formalmente tendrá que recibir los recursos presupuestales que, de acuerdo con la
LCID, deberá asignarle el congreso por vez primera con el propósito

[16] Un propósito de esta naturaleza descartaría desde luego la colaboración militar,
la cual, desde la óptica de México, no se considera como un componente de la cooperación para el desarrollo.

de que puedan financiarse las acciones de cooperación desplegadas por la Amexcid a partir de 2013.

El monto que para tales efectos establezca el legislativo determinará en buena medida los alcances que podrá tener la política mexicana de cooperación, al menos durante el arranque del gobierno del presidente Peña Nieto. Determinar con precisión la cuantía de fondos que deben canalizarse a una entidad como la Amexcid no es un trabajo sencillo. No obstante, considerar al respecto los montos de cooperación brindada por países de renta media como la República Checa o Brasil (los cuales van de los 80 a los 362 millones de dólares de modo respectivo),[17] puede constituir un punto de referencia útil para los congresistas mexicanos.

GRÁFICA 5. APORTES PECUNIARIOS POR CONCEPTO DE CID O AOD REPORTADOS POR ALGUNOS PAÍSES DE RENTA MEDIA EN 2009 (MILLONES DE DÓLARES)

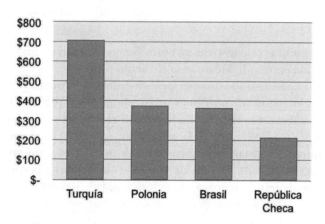

Fuente: Elaboración propia con base en datos de la OCDE y del Instituto de Investigación Económica Aplicada.

El Procid, en tanto, deberá ser incorporado al proceso de elaboración del próximo Plan Nacional de Desarrollo con el propósito de que se le inserte en calidad de programa especial, conforme a lo dis-

---

[17] IPEA, *Cooperação Brasileira*, p. 21 y tabla 33 en "Statistics on resource flows to developing countries", OCDE-DAC, <www.oecd.org/dac/aidstatistics/statisticsonresourceflows-todevelopingcountries.htm>, 15 de octubre de 2012.

puesto por la Ley Nacional de Planeación.[18] Un punto de partida en esta dirección puede constituirlo el anteproyecto elaborado por el gobierno de Felipe Calderón.

El programa tendrá que circunscribirse a las 11 prioridades sectoriales y temáticas determinadas por la LCID y, a partir de ellas, procurar decantamientos más específicos al interior de cada uno de ellos, de tal manera que se induzca la focalización de esfuerzos y se incremente el impacto y la visibilidad de la cooperación mexicana.

El Rencid deberá de robustecerse con el objetivo de estar capacitado técnicamente para atender las exigencias impuestas por la LCID y reportar, en tiempo real, tanto lo que se recibe como lo que se otorga por concepto de cooperación internacional. Actualmente, al interior de la Amexcid subsisten varios sistemas de información que no son interoperables. Además, el que aplica en el ámbito de la cooperación técnica y científica sólo abarca la colaboración brindada por México en favor de terceros países u organismos internacionales, pero no registra la que los donantes brindan.

De manera adicional a estos esfuerzos encaminados a la consolidación del sistema de cooperación, es necesario promover las primeras reformas a la LCID con el objetivo de enmendar algunos de sus yerros o insuficiencias, y propiciar con ello la optimización en la materia y la acreditación temprana de las próximas autoridades en virtud del mensaje de inclusión que podrían mandar dichas reformas.

En la misma línea de esa lógica, deberá ampliarse el Consejo Consultivo de la Amexcid con el objetivo de dar cabida en él a cooperantes, ajenos al gobierno federal, provenientes del sector privado, los gobiernos locales, la academia y las organizaciones de la sociedad civil. De esa forma, se fortalecerá la legitimidad de la Amexcid y estará mejor posicionado para establecer sinergias exitosas entre todos los actores nacionales que propician la cooperación internacional.

Asimismo, será conveniente abogar por la autorización de aportes privados al Foncid, ya que, actualmente, la LCID no lo permite, dejando en el margen a socios potenciales tan importantes como las grandes fundaciones internacionales: la Bill & Melinda Gates, la Clinton y la Carlos Slim, entre otras.

---

[18] El Plan Nacional de Desarrollo comprende cuatro clases de programas (sectoriales, especiales, institucionales y regionales). El Procid tendrá que ser de carácter especial en virtud de la naturaleza transversal de su materia (la cooperación internacional) y al hecho de que ella atañe a varias dependencias del ejecutivo federal.

Sin embargo, el sector político es en donde se vislumbra el desafío más significativo para la administración del presidente Peña Nieto en el tema de la cooperación internacional. En este ámbito, resultará imprescindible un espaldarazo político de arranque que reconozca la importancia que el nuevo gobierno le otorgará a la política del ramo, con el fin de proyectar por su conducto los intereses y la imagen de México en el mundo, y así coadyuvar al interior del país a desarrollarse en áreas cruciales mediante la colaboración de socios extranjeros.

Para ello, deberá existir una comprensión exacta de la potencialidad inherente a una política de cooperación forjada con una visión estratégica que permita recuperar presencia en países y zonas de interés especial para México, así como la voluntad explícita del jefe del poder ejecutivo y de su canciller, para darle mayor peso y visibilidad al vehículo operacional de esa política: la Amexcid.

La evidencia empírica existente a nivel internacional revela que el ejercicio de una política de cooperación eficaz reporta beneficios importantes para quien la ejerce. México ha sido practicante asiduo de ésta en los últimos cuarenta años. No obstante, su capitalización en términos políticos ha sido modesta en razón de un entendimiento insuficiente de su potencial por parte de las élites gubernamentales. También ha incidido en ese fenómeno la vigencia de agendas hiperdilatadas, a merced de innumerables temas y prioridades, que no sólo han limitado el impacto de la cooperación mexicana en el desarrollo de quien la recibe, sino que han provocado, a su vez, escasa valoración de esos receptores. Frente a la cooperación prestada por otros países de renta media, la de México parece estar a la zaga, cuando menos, en términos mediáticos y de percepción pública.

En ese contexto, el cambio de gobierno en México plantea una coyuntura adecuada para redefinir y fortalecer la política nacional en la materia, con el objetivo de que cumpla a plenitud las oportunidades que plantea la dualidad que le es consubstancial: apoyar al desarrollo interno y hacer lo propio en el exterior mediante una cooperación de ganancias compartidas que beneficie a los países que la reciban, posicione los intereses mexicanos en ellos y determine una posición más influyente de México en el mundo. Las pautas de operación perfiladas en este ensayo están construidas, precisamente, en función de esas expectativas.

SEMBLANZAS DE LOS AUTORES

Marco Antonio Alcázar Ávila es licenciado en Relaciones Internacionales por El Colegio de México. Ha tenido diversas responsabilidades en los tres órdenes de gobierno, entre las cuales figuran haber sido director general de Límites y Ríos Internacionales y director general de Cooperación con Centroamérica y el Caribe en la Secretaría de Relaciones Exteriores, embajador de México en Belice, cónsul general de México en San José, California, y secretario técnico de la Comisión de Relaciones Exteriores del Senado de la República. También se ha desempeñado como consultor privado en varias etapas.

Rolando Almada Reyes Couret es estudiante de Relaciones Internacionales en el Instituto Tecnológico Autónomo de México (ITAM) y miembro del equipo de Cambio Climático y Energía de la Embajada británica en México. Es colaborador regular de los boletines quincenales *México en el Mundo* y *Carta de la Unión Europea* del Departamento de Estudios Internacionales del ITAM. Ha realizado labores de investigación en el Instituto de Estudios de la Integración Europea del ITAM y prácticas profesionales en la Dirección General de Asuntos Internacionales de la Secretaría de Energía.

Alejandro Anaya es profesor-investigador titular de la División de Estudios Internacionales y director de la Sede Región Centro del Centro de Investigación y Docencia Económicas (CIDE). Es miembro del Sistema Nacional de Investigadores, Nivel I, con licenciatura en Relaciones Internacionales (Universidad Iberoamericana), maestría en Teoría y Práctica de los Derechos Humanos y doctorado en Ciencia Política (Universidad de Essex). Ha sido académico visitante del Woodrow Wilson Center for International Scholars. Su libro más reciente es *El país bajo presión. Debatiendo el papel del escrutinio internacional de derechos humanos sobre México* (CIDE, 2012).

Nadjeli Babinet Rojas es licenciada en Relaciones Internacionales por el Instituto Tecnológico Autónomo de México (ITAM). Ha llevado a cabo tareas de investigación y análisis para el diseño de políticas públicas sobre cuestiones de seguridad pública y ciudadana en diversas instituciones como la consultoría Kroll, el ITAM y el Programa de Naciones Unidas para el Desarrollo (PNUD). Igualmente cuenta con experiencia en el sector social donde ha trabajado en procesos de construcción de paz y mediación desde el diálogo en el Centro de Colaboración Cívica (CCC).

Raúl Benítez Manaut es investigador del Centro de Investigaciones sobre América del Norte de la Universidad Nacional Autónoma de México (CISAN-UNAM) y presidente del Colectivo de Análisis de la Seguridad con Democracia (CASEDE). Licenciado en Sociología (UNAM), maestro en Economía y Política Internacional (CIDE) y candidato a doctor en Estudios Latinoamericanos (UNAM). Ha sido académico visitante del Woodrow Wilson Center for International Scholars y profesor en la Universidad de Columbia y la American University. Sus recientes publicaciones son *Crimen organizado e Iniciativa Mérida en las relaciones México-Estados Unidos* y la coedición del *Atlas de la Seguridad y la Defensa de México 2012*.

Leonardo Curzio es investigador titular B del Centro de Investigaciones sobre América del Norte de la UNAM e Investigador Nacional Nivel II del SNI. Conduce la primera emisión de *Enfoque* en NRM Comunicaciones, participa en el programa *Primer Plano* de Canal Once y es articulista de *El Universal*. Es licenciado en Sociología y maestro en Sociología Política (Universidad de Provenza) y doctor en Historia (Universidad de Valencia). Ha sido profesor en la UNAM, la Universidad Iberoamericana, la Universidad de las Américas, la Escuela Nacional de Antropología e Historia, el Centro de Estudios Superiores Navales y el Colegio de Defensa Nacional.

Luz María de la Mora Sánchez es profesora afiliada de la División de Estudios Internacionales del CIDE y directora de la consultoría LMMConsulting. Es doctora en Ciencia Política por la Universidad de Yale y miembro del Consejo Mexicano de Asuntos Internacionales (Comexi). Ha sido jefa de la Unidad de Relaciones Económicas y Cooperación Internacional en la SRE, jefa de la Unidad de Negociaciones Comerciales Internacionales y titular de las oficinas de representación ante la Unión Europea y ante la ALADI de la Secretaría de Economía.

Su reciente libro se titula *Apertura con reciprocidad* (CIDE, 2013).

MAURICIO DE MARIA Y CAMPOS es director del Instituto de Investigaciones sobre Desarrollo Sustentable y Equidad Social de la Universidad Iberoamericana. Es economista y maestro en Desarrollo Económico. Se ha desempeñado como subsecretario de Fomento Industrial
y en otros puestos directivos en el gobierno federal. Ha sido embajador de México en Sudáfrica y para Proyectos Especiales, representante personal del presidente de la República en el G-16 y director
general de la Organización de las Naciones Unidas para el Desarrollo
Industrial. Es miembro de la Sección Mexicana del Club de Roma, del
Consejo Mexicano de Asuntos Internacionales (Comexi) y del Centro
Tepoztlán.

JUAN EIBENSCHUTZ es ingeniero nuclear y director general de la Comisión Nacional de Seguridad Nuclear y Salvaguardias (CNSNS). Ha
desempeñado funciones directivas en la CFE, la Secretaría de Energía,
Minas e Industria Paraestatal y la Secretaría de Energía. Desde 1965
ha participado en actividades nucleoeléctricas nacionales e internacionales ocupando numerosos cargos como secretario ejecutivo de
la Comisión Nacional de Energéticos, director del Comité Nacional
Mexicano para el Consejo Mundial de Energía, vicepresidente hono-
rario de su Asamblea Ejecutiva Internacional, presidente del Comité sobre Cuestiones Energéticas en los Países en Vías de Desarrollo
y experto sénior del Organismo Internacional de Energía Atómica.
Miembro de los consejos de administración de diversas empresas del
sector energético.

RAFAEL FERNÁNDEZ DE CASTRO es jefe del Departamento Académico
de Estudios Internacionales en el Instituto Tecnológico Autónomo
de México (ITAM). Maestro en Políticas Públicas (UT-Austin) y doctor en Ciencia Política (Georgetown University). Ha sido fundador y
director de la revista *Foreign Affairs Latinoamérica*, director del Comité
para América del Norte e investigador visitante de The Brookings Ins-
titution y de la Universidad de Harvard. En el sector público ha sido
asesor en Asuntos Internacionales y Competitividad en la Presidencia
de la República y director de Asuntos Políticos de la Dirección General para América del Norte en la SRE.

HERNÁN F. GÓMEZ BRUERA es analista político, internacionalista y especialista en América Latina. Doctor por el Instituto de Estudios de Desarrollo de la Universidad de Sussex y maestro en Relaciones Internacionales por la International School for Hummanities and Social Sciences de la Universidad de Ámsterdam. Ha sido consultor de organismos internacionales como la FAO, la CEPAL, el PNUD y el Banco Mundial. Ha publicado *Desde el Sur* (Altamira, 2005), *Conversaciones sobre el hambre: derecho a la alimentación en el Brasil de Lula* (CEDRSSA, 2005) y *Lula, the PT and the governability dilemma in Brazil* (Routledge, 2013).

ALEJANDRO GONZÁLEZ MORGADO es licenciado en Relaciones Internacionales por el ITAM. Actualmente se desempeña como consultor de inversiones de la Corporación Financiera Internacional (Grupo Banco Mundial) asesorando a gobiernos de México y Centroamérica en la estructuración de proyectos de Asociación Público Privada para la provisión de infraestructura. Ha sido investigador y colaborador regular del boletín quincenal *México en el Mundo* del Departamento de Estudios Internacionales del ITAM.

GUADALUPE GONZÁLEZ GONZÁLEZ es profesora-investigadora titular de la División de Estudios Internacionales del Centro de Investigación y Docencia Económicas (CIDE), directora general del proyecto de opinión pública y política exterior México, las Américas y el Mundo y socio fundador del Consejo Mexicano de Asuntos Internacionales (Comexi). Ha sido directora de la División de Estudios Internacionales, del Instituto de Estados Unidos y del Programa de Estudios de las Relaciones Internacionales de México en el CIDE. Ha participado en consejos directivos y editoriales de instituciones académicas nacionales e internacionales. *México, las Américas y el Mundo 2012-2013* (CIDE, 2013) es su más reciente publicación.

ROGELIO GRANGUILLHOME es internacionalista y economista con una amplia trayectoria diplomática. En la Secretaría de Relaciones Exteriores ha sido director ejecutivo de la Agencia Mexicana de Cooperación Internacional para el Desarrollo (Amexcid) y director general de Relaciones Económicas con América Latina y el Caribe. Se ha desempeñado como embajador de México en la República Oriental del Uruguay, en la República de Corea, en la India y representante permanente ante la Asociación Latinoamericana de Integración (ALADI).

Ha colaborado en la Secretaría de Hacienda y Crédito Público como director de Política Económica Internacional. Ha sido profesor de la UNAM y del Instituto Matías Romero.

DANIELA GONZÁLEZ IZA es internacionalista y analista política. Licenciada en Relaciones Internacionales por el Instituto Tecnológico Autónomo de México (ITAM). Actualmente se desempeña como investigadora de Coppan 2050 en las áreas de migración internacional, derechos humanos y sociedad civil. Está a cargo del Sistema de Información Migratoria de las Américas (SIMAS). Es colaboradora regular del boletín quincenal *México en el Mundo*, publicado por el Departamento de Estudios Internacionales del ITAM.

CARLOS HEREDIA ZUBIETA es profesor-investigador del CIDE, coordinador del Grupo de Estudios sobre Estados Unidos y exdirector de la División de Estudios Internacionales. Sus líneas de investigación son la integración de América del Norte, la política interna y exterior de Estados Unidos, los migrantes mexicanos en Estados Unidos, y los estudios regionales de Asia Oriental. Es asociado del Consejo Mexicano de Estudios Internacionales (Comexi) y miembro del Consejo Consultivo del Instituto de México en el Woodrow Wilson Center for International Scholars. Ha sido diputado federal y funcionario en los gobiernos del Distrito Federal y del estado de Michoacán.

PAOLA IZA estudió la licenciatura en Relaciones Internacionales en el ITAM. Es miembro del equipo de investigación de Coppan 2050 en temas de política internacional y regional. Sus áreas de interés y especialización son el proceso político estadunidense, el multilateralismo y el derecho humanitario. Colabora regularmente en la elaboración de análisis sobre temas internacionales para varias publicaciones electrónicas como *Analítica Internacional* de Coppan 2050 y *México en el Mundo* del Departamento de Relaciones Internacionales del ITAM.

LUIS HERRERA-LASSO MIJARES es internacionalista especialista en temas de seguridad nacional, política exterior y migración. Actualmente es director general de Grupo Coppan S.C. consultoría internacional especializada en temas de inteligencia, seguridad y política exterior. Es licenciado en Relaciones Internacionales (El Colegio de México) y maestro en Política Internacional (LSE). Ha sido miembro del Ser-

vicio Exterior Mexicano y ha ocupado diversos cargos en la Secretaría
de Relaciones Exteriores, la Secretaría de Hacienda y Crédito Público
y la Secretaría de Gobernación. Ha sido catedrático universitario en
distintas instituciones educativas públicas y privadas de México.

José Luis León Manríquez es internacionalista y politólogo especialista en relaciones internacionales y desarrollo económico en el
Este de Asia. Doctorado en la Universidad de Columbia. Es profesor-
investigador del Departamento de Política y Cultura de la UAM-Xo-
chimilco, catedrático del Centro de Estudios de Asia y África de El
Colegio de México, e Investigador Nacional nivel II. Fue miembro
del Servicio Exterior Mexicano y ocupó diversos cargos en el Instituto Matías Romero de Estudios Diplomáticos. Ha sido consultor de
organismos internacionales como el Mecanismo de Cooperación Asia
Pacífico (APEC). Su libro más reciente es *China Engages Latin America.
Tracing the Trajectory* (Lynne Rienner, 2011).

Genaro Lozano es profesor del Departamento de Relaciones Internacionales del Instituto Tecnológico Autónomo de México (ITAM)
y subdirector de la revista *Foreign Affairs Latinoamérica*. Candidato a
doctor en Ciencia Política por The New School for Social Research,
donde fue coordinador del Programa Janey para Estudios Latinoamericanos. Ha sido profesor en la Universidad Iberoamericana. Coautor
de tres libros académicos y dos de divulgación. Escribe semanalmente
en la sección de Opinión del diario *Reforma* y es analista político para
CNN México y CNN en español. Conduce el programa *Sin Filtro* en Fo-
roTV de Televisa, una mesa de análisis con estudiantes universitarios.

Miguel Augusto Molina Foncerrada es maestro en Economía.
Fundador y principal socio de CFI Consultores, S. C., despacho de ingeniería financiera y numérica con presencia en el mercado mexicano por veinte años. Especialista en análisis econométrico, estadístico
y financiero, arquitectura de mercados microeconómicos, ingeniería
financiera, banca de inversión y estudios demográficos y del desarrollo. Entre sus publicaciones destacan *La estructura y regulación de los
mercados eléctricos. Una contribución para el debate en México (*Miguel Ángel Porrúa, 2002) y diversos artículos en revistas especializadas y de
opinión sobre temas financieros.

OLGA PELLICER es internacionalista, diplomática y profesora del Departamento de Estudios Internacionales del ITAM. Ha sido docente en El Colegio de México, el CIDE, la UNAM y directora del Instituto Matías Romero de Estudios Diplomáticos. Ha tenido cargos diplomáticos de alto nivel y misiones internacionales sobre desarme, trabajo y la mujer como embajadora en Austria y en Grecia, embajadora alterna ante las Naciones Unidas, representante permanente ante organismos internacionales con sede en Viena y presidenta de la Comisión de la ONU para la Mujer. Es miembro del Consejo de Administración de *Este País*; del Consejo Rector de Transparencia Mexicana; de la sección mexicana del Club de Roma, y del Consejo Académico para las Naciones Unidas (ACUNS). Es articulista de la revista *Proceso*.

LORENA RUANO es profesora-investigadora de la División de Estudios Internacionales del CIDE, Catedrática Jean Monnet y miembro del SNI. Licenciada por El Colegio de México, maestra y doctora en Relaciones Internacionales por la Universidad de Oxford (Reino Unido), y fue Jean Monnet Fellow en el Instituto Universitario Europeo, Florencia (Italia). Su trabajo se ha centrado en el estudio y la docencia acerca de la integración europea y de las relaciones de la Unión Europea con México y con América Latina, con numerosas publicaciones nacionales y extranjeras. *The Europeanization of National Foreign Policies Towards Latin America* (2012), es su más reciente publicación.

STÉPHAN SBERRO es profesor en el Departamento de Estudios Internacionales del ITAM y codirector nacional del Instituto de Estudios de la Integración Europea, un esfuerzo conjunto del ITAM, la Secretaría de Relaciones Exteriores y la Comisión Europea. Es titular de la cátedra Jean Monnet de la Comisión Europea e investigador nacional del Conacyt nivel II. Doctor en Ciencias Políticas por el Instituto de Altos Estudios Latinoamericanos de la Sorbonne-París III. Ha sido profesor invitado en dicha universidad así como en Sciences Po-París y en las universidades de Nueva York (NYU) y Montreal. Cuenta con numerosas publicaciones académicas y es articulista en *El Financiero*.

JOSÉ OCTAVIO TRIPP es ministro de carrera del Servicio Exterior Mexicano y cónsul general de México en Dallas. Licenciado en Relaciones Internacionales, maestro en Estudios Diplomáticos por el Instituto Matías Romero de Estudios Diplomáticos y doctor en Políticas Públi-

cas por la Universidad de Costa Rica. Ha ocupado diversas responsabilidades en el servicio público entre las que destacan: director general
de Cooperación Técnica y Científica de la Secretaría de Relaciones
Exteriores, cónsul general de México en Guatemala y encargado de
asuntos políticos en la Embajada de México en Washington.

SERGIO SILVA CASTAÑEDA es licenciado en Economía por el Centro de
Investigación y Docencia Económicas y doctor en Historia de América
Latina por la Universidad de Harvard. Fue profesor visitante en el
Departamento de Historia y en el programa en Estudios Sociales de la
Universidad de Harvard y, además, estuvo a cargo del Programa para
México y Centroamérica del Centro David Rockefeller para Estudios
de América Latina de la misma universidad. Actualmente es profesor
asociado del Departamento Académico de Estudios Internacionales
del ITAM.

JESÚS VELASCO GRAJALES es Joe and Teresa Long Endowed Chair in
Social Sciences en Tarleton State University. Estudió el doctorado en
Ciencias Políticas en la Universidad de Texas en Austin y por más de
quince años fue profesor-investigador titular en la División de Estudios Internacionales del CIDE. Es autor de numerosas publicaciones
académicas entre las que destacan *Neoconservatives in US Foreign Policy
under Ronald Reagan and George W. Bush: Voices Behind the Throne* (Johns
Hopkins University y Wilson Center, 2010) y *Bridging the Border: Trans-
forming US-Mexican Relations* (Rowman and Littlefield, 1997), este
último en coedición con Rodolfo de la Garza.

ÍNDICE